BĒOWULF:

TEXT AND GLOSSARY

JAMES A. HARRISON, LL.D., LITT. D.,

PROFESSOR OF ENGLISH AND MODERN LANGUAGES,
WASHINGTON AND LEE UNIVERSITY,

AND

ROBERT SHARP (PH.D. LIPS.),
PROFESSOR OF GREEK AND ENGLISH,
TULANE UNIVERSITY OF LOUISIANA.

FOURTH EDITION. REVISED, WITH NOTES.

Bēowulf: Text And Glossary
Copyright © Jiahu Books 2013
First Published in Great Britain in 2013 by Jiahu Books – part of Richardson-Prachai Solutions Ltd, 34 Egerton Gate, Milton Keynes, MK5 7HH
ISBN: 978-1-909669-43-7
Conditions of sale
All rights reserved. You must not circulate this book in any other binding or cover and you must impose the same condition on any acquirer.
A CIP catalogue record for this book is available from the British Library
Visit us at: **jiahubooks.co.uk**

PREFACES   5

BEOWULF – THE OLD ENGLISH TEXT

I. THE PASSING OF SCYLD.	12	XV. HROTHGAR'S GRATULATION.	35
II. THE HALL HEOROT.	13	XVI. THE BANQUET AND THE GIFTS.	37
III. GRENDEL'S VISITS.	15	XVII. SONG OF HROTHGAR'S POET	38
IV. HYGELAC'S THANE.	16	XVIII. THE GLEEMAN'S TALE IS ENDED.	40
V. THE ERRAND.	18	XIX. BĒOWULF'S JEWELLED COLLAR.	42
VI. BĒOWULF'S SPEECH.	20	XX. GRENDEL'S MOTHER ATTACKS THE RING-DANES.	43
VII. HROTHGAR'S WELCOME.	21	XXI. SORROW AT HEOROT: AESCHERE'S DEATH	45
VIII. HROTHGAR TELLS OF GRENDEL.	23	XXII. BĒOWULF SEEKS THE MONSTER IN THE HAUNTS OF THE NIXIES.	47
IX. HUNFERTH OBJECTS TO BĒOWULF.	24	XXIII. THE BATTLE WITH THE WATER-DRAKE.	49
X. BĒOWULF'S CONTEST WITH BRECA.	26	XXIV. BĒOWULF SLAYS THE SPRITE.	51
XI. THE WATCH FOR GRENDEL.	28	XXV. HROTHGAR'S GRATITUDE: HE DISCOURSES.	53
XII. GRENDEL'S RAID.	30	XXVI. THE DISCOURSE IS ENDED.-BĒOWULF PREPARES TO LEAVE.	56
XIII. BĒOWULF TEARS OFF GRENDEL'S ARM.	32	XXVII. THE PARTING WORDS.	57
XIV. THE JOY AT HEOROT.	33	XXVIII. BĒOWULF RETURNS TO GEATLAND.	59

XXIX. HIS ARRIVAL. HYGELAC'S RECEPTION.	61	XXXVII. BĒOWULF WOUNDED TO DEATH.	79
XXX. BĒOWULF'S STORY OF THE SLAYINGS.	63	XXXVIII. THE JEWEL-HOARD.	81
XXXI. HE GIVES PRESENTS TO HYGELAC.	66	XXXIX. THE COWARD-THANES.	83
XXXII. THE FIRE-DRAKE. THE HOARD.	68	XL. THE SOLDIER'S DIRGE AND PROPHECY.	84
XXXIII. BEOWULF RESOLVES TO KILL THE FIRE-DRAKE.	70	XLI. HE TELLS OF THE SWEDES AND THE GEATAS	86
XXXIV. RETROSPECT OF BĒOWULF.	72	XLII. WĪGLAF SPEAKS.	88
XXXV. MEMORIES OF PAST TIME.	74	XLIII. BĒOWULF'S FUNERAL PYRE.	90
XXXVI. WIGLAF HELPS BĒOWULF IN THE FEUD	77		

THE ATTACK IN FINNSBURG. - A FRAGMENT	92
LIST OF NAMES	94
GLOSSARY	108

PREFACE TO THE FOURTH EDITION.

The favor with which the successive editions of "Bēowulf" have been received during the past thirteen years emboldens the editors to continue the work of revision in a fourth issue, the most noticeable feature of which is a considerable body of explanatory Notes, now for the first time added. These Notes mainly concern themselves with new textual readings, with here and there grammatical, geographical, and archæological points that seemed worthy of explanation. Parallelisms and parallel passages are constantly compared, with the view of making the poem illustrate and explain itself. A few emendations and textual changes are suggested by the editors with all possible diffidence; numerous corrections have been made in the Glossary and List of Names; and the valuable parts of former Appendices have been embodied in the Notes.

For the Notes, the editors are much indebted to the various German periodicals mentioned on page 116, to the recent publications of Professors Earle and J. L. Hall, to Mr. S. A. Brooke, and to the Heyne-Socin edition of "Bēowulf." No change has been made in the system of accentuation, though a few errors in quantity have been corrected. The editors are looking forward to an eventual fifth edition, in which an entirely new text will be presented.

October, 1893.

NOTE TO THE THIRD EDITION.

This third edition of the American issue of Bēowulf will, the editors hope, be found more accurate and useful than either of the preceding editions. Further corrections in text and glossary have been made, and some additional new readings and suggestions will be found in two brief appendices at the back of the book. Students of the metrical system of Bēowulf will find ample material for their studies in Sievers' exhaustive essay on that subject (Beitræge, X. 209-314).

Socin's edition of Heyne's Bēowulf (called the fifth edition) has been utilized to some extent in this edition, though it unfortunately came too late to be freely used. While it repeats many of the omissions and inaccuracies of Heyne's fourth edition, it contains much that is valuable to the student, particularly in the notes and commentary. Students of the poem, which has been subjected to much searching criticism during the last decade, will also derive especial help from the contributions of Sievers and Kluge on difficult questions appertaining to it. Wülker's new edition (in the Grein Bibliothek) is of the highest value, however one may dissent from particular textual views laid down in the 'Berichtigter Text.' Paul and Braune's Beitræge contain a varied miscellany of hints, corrections, and suggestions principally embodying the views of Kluge, Cosijn, Sievers, and Bugge, some of the more important of which are found in the appendices to the present and the preceding edition. Holder and Zupitza, Sarrazin and Hermann Möller (Kiel, 1883), Heinzel (Anzeiger f.d. Alterthum, X.), Gering (Zacher's Zeitschrift, XII.), Brenner (Eng. Studien, IX.), and the contributors to Anglia, have assisted materially in the textual and metrical interpretation of the poem.

The subject of Anglo-Saxon quantity has been discussed in several able essays by Sievers, Sweet, Ten Brink (Anzeiger, f.d. Alterthum, V.), Kluge (Beitræge, XI.), and others; but so much is uncertain in this field that the editors have left undisturbed the marking of vowels found in the text of their original edition, while indicating in the appendices the now accepted views of scholars on the quantity of the personal pronouns (mē, wē, þū, þē, gē, hē); the adverb nū, etc. Perhaps it would be best to banish absolutely all attempts at marking quantities except in cases where the Ms. has them marked.

JAMES A. HARRISON,

ROBERT SHARP.

WASHINGTON AND LEE UNIVERSITY, LEXINGTON, VA., May, 1888.

NOTE TO THE SECOND REVISED EDITION.

The editors feel so encouraged at the kind reception accorded their edition of Bēowulf (1883), that, in spite of its many shortcomings, they have determined to prepare a second revised edition of the book, and thus endeavor to extend its sphere of usefulness. About twenty errors had, notwithstanding a vigilant proof-reading, crept into the text,- errors in single letters, accents, and punctuation. These have been corrected, and it is hoped that the text has been rendered generally accurate and trustworthy. In the List of Names one or two corrections have been made, and in the Glossary numerous mistakes in gender, classification, and translation, apparently unavoidable in a first edition, have been rectified. Wherever these mistakes concern single letters, or occupy very small space, they have been corrected in the plates; where they are longer, and the expense of correcting them in the plates would have been very great, the editors have thought it best to include them in an Appendix of Corrections and Additions, which will be found at the back of the book. Students are accordingly referred to this Appendix for important longer corrections and additions. It is believed that the value of the book has been much enhanced by an Appendix of Recent Readings, based on late criticisms and essays from the pens of Sievers, Kluge, Cosijn, Holder, Wülker, and Sweet. A perplexed student, in turning to these suggested readings, will often find great help in unravelling obscure or corrupt passages.

The objectionable æ and ǣ, for the short and the long diphthong, have been retained in the revised edition, owing to the impossibility of removing them without entirely recasting the plates.

In conclusion, the editors would acknowledge their great indebtedness to the friends and critics whose remarks and criticisms have materially aided in the correction of the text,-particularly to Profs. C.P.G. Scott, Baskervill, Price, and J.M. Hart; to Prof. J.W. Bright; and to the authorities of Cornell University, for the loan of periodicals necessary to the completeness of the revision. While the second revised edition still contains much that might be improved, the editors cannot but hope that it is an advance on its predecessor, and that it will continue its work of extending the study of Old English throughout the land.

JUNE, 1885.

NOTE I.

The present work, carefully edited from Heyne's fourth edition, (Paderborn, 1879), is designed primarily for college classes in Anglo-Saxon, rather than for independent investigators or for seekers after a restored or ideal text. The need of an American edition of "Bēowulf" has long been felt, as, hitherto, students have had either to send to Germany for a text, or secure, with great trouble, one of the scarce and expensive English editions. Heyne's first edition came out in 1863, and was followed in 1867 and 1873 by a second and a third edition, all three having essentially the same text.

So many important contributions to the "Bēowulf" literature were, however, made between 1873 and 1879 that Heyne found it necessary to put forth a new edition (1879). In this new, last edition, the text was subjected to a careful revision, and was fortified by the views, contributions, and criticisms of other zealous scholars. In it the collation of the unique "Bēowulf" Ms. (Vitellius A. 15: Cottonian Mss. of the British Museum), as made by E. Kölbing in Herrig's Archiv (Bd. 56; 1876), was followed wherever the present condition of the Ms. had to be discussed; and the researches of Bugge, Bieger, and others, on single passages, were made use of. The discussion of the metrical structure of the poem, as occurring in the second and third editions, was omitted in the fourth, owing to the many controversies in which the subject is still involved. The present editor has thought it best to do the same, though, happily, the subject of Old English Metrik is undergoing a steady illumination through the labors of Schipper and others.

Some errors and misplaced accents in Heyne's text have been corrected in the present edition, in which, as in the general revision of the text, the editor has been most kindly aided by Prof. J.M. Garnett, late Principal of St. John's College, Maryland.

In the preparation of the present school edition it has been thought best to omit Heyne's notes, as they concern themselves principally with conjectural emendations, substitutions of one reading for another, and discussions of the condition of the Ms. Until Wülker's text and the photographic fac-simile of the original Ms. are in the hands of all scholars, it will be better not to introduce such matters in the school room, where they would puzzle without instructing.

For convenience of reference, the editor has added a head-line to each "fit" of the poem, with a view to facilitate a knowledge of its episodes.

WASHINGTON AND LEE UNIVERSITY, LEXINGTON, VA., June, 1882.

NOTE II.

The editors now have the pleasure of presenting to the public a complete text and a tolerably complete glossary of "Bēowulf." The edition is the first published in America, and the first of its special kind presented to the English public, and it is the initial volume of a "Library of Anglo-Saxon Poetry," to be edited under the same auspices and with the coöperation of distinguished scholars in this country. Among these scholars may be mentioned Professors F.A. March of Lafayette College,

T.K. Price of Columbia College, and W.M. Baskervill of Vanderbilt University.

In the preparation of the Glossary the editors found it necessary to abandon a literal and exact translation of Heyne for several reasons, and among others from the fact that Heyne seems to be wrong in the translation of some of his illustrative quotations, and even translates the same passage in two or three different ways under different headings. The orthography of his glossary differs considerably from the orthography of his text. He fails to discriminate with due nicety the meanings of many of the words in his vocabulary, while criticism more recent than his latest edition (1879) has illustrated or overthrown several of his renderings. The references were found to be incorrect in innumerable instances, and had to be verified in every individual case so far as this was possible, a few only, which resisted all efforts at verification, having to be indicated by an interrogation point (?). The references are exceedingly numerous, and the labor of verifying them was naturally great. To many passages in the Glossary, where Heyne's translation could not be trusted with entire certainty, the editors have added other translations of phrases and sentences or of special words; and in this they have been aided by a careful study of the text and a comparison and utilization of the views of Kemble and Professor J.M. Garnett (who takes Grein for his foundation). Many new references have been added; and the various passages in which Heyne fails to indicate whether a given verb is weak or strong, or fails to point out the number, etc., of the illustrative form, have been corrected and made to harmonize with the general plan of the work. Numerous misprints in the glossary have also been corrected, and a brief glossary to the Finnsburh-fragment, prepared by Dr. Wm. Hand Browne, and supplemented and adapted by the editor-in-chief, has been added.

The editors think that they may without immodesty put forth for themselves something more than the claim of being re-translators of a translation: the present edition is, so far as they were able to make it so, an adaptation, correction, and extension of the work of the great German scholar to whose loving appreciation of the Anglo-Saxon epic all students of Old English owe a debt of gratitude. While following his usually sure and cautious guidance, and in the main appropriating his results, they have thought it best to deviate from him in the manner above indicated, whenever it seemed that he was wrong. The careful reader will notice at once the marks of interrogation which point out these deviations, or which introduce a point of view illustrative of, or supplementary to, the one given by the German editor. No doubt the editors are wrong themselves in many places,-"Bēowulf" is a most difficult poem,-but their view may at least be defended by a reference to the original text, which they have faithfully and constantly consulted.

A good many cognate Modern English words have been introduced here and there in the Glossary with a view to illustration, and other addenda will be found between brackets and parenthetical marks.

It is hoped that the present edition of the most famous of Old English poems will do something to promote a valuable and interesting study.

JAMES A. HARRISON, Washington and Lee University, Lexington, Va.

ROBERT SHARP, University of Louisiana, New Orleans.

April, 1883.

The responsibility of the editors is as follows: H. is responsible for the Text, and for the Glossary from hrīnan on; S. for the List of Names, and for the Glossary as far as hrīnan.

ARGUMENT.

The only national [Anglo-Saxon] epic which has been preserved entire is Bēowulf. Its argument is briefly as follows:-The poem opens with a few verses in praise of the Danish Kings, especially Scild, the son of Sceaf. His death is related, and his descendants briefly traced down to Hroðgar. Hroðgar, elated with his prosperity and success in war, builds a magnificent hall, which he calls Heorot. In this hall Hroðgar and his retainers live in joy and festivity, until a malignant fiend, called Grendel, jealous of their happiness, carries off by night thirty of Hroðgar's men, and devours them in his moorland retreat. These ravages go on for twelve years. Bēowulf, a thane of Hygelac, King of the Goths, hearing of Hroðgar's calamities, sails from Sweden with fourteen warriors-to help him. They reach the Danish coast in safety; and, after an animated parley with Hroðgar's coastguard, who at first takes them for pirates, they are allowed to proceed to the royal hall, where they are well received by Hroðgar. A banquet ensues, during which Bēowulf is taunted by the envious Hunferhð about his swimming-match with Breca, King of the Brondings. Bēowulf gives the true account of the contest, and silences Hunferhð. At night-fall the King departs, leaving Bēowulf in charge of the hall. Grendel soon breaks in, seizes and devours one of Bēowulf's companions; is attacked by Bēowulf, and, after losing an arm, which is torn off by Bēowulf, escapes to the fens. The joy of Hroðgar and the Danes, and their festivities, are described, various episodes are introduced, and Bēowulf and his companions receive splendid gifts. The next night Grendel's mother revenges her son by carrying off AEschere, the friend and councillor of Hroðgar, during the absence of Bēowulf. Hroðgar appeals to Bēowulf for vengeance, and describes the haunts of Grendel and his mother. They all proceed thither; the scenery of the lake, and the monsters that dwell in it, are described. Bēowulf plunges into the water, and attacks Grendel's mother in her dwelling at the bottom of the lake. He at length overcomes her, and cuts off her head, together with that of Grendel, and brings the heads to Hroðgar. He then takes leave of Hroðgar, sails back to Sweden, and relates his adventures to Hygelac. Here the first half of the poem ends. The second begins with the accession of Bēowulf to the throne, after the fall of Hygelac and his son Heardred. He rules prosperously for fifty years, till a dragon, brooding over a hidden treasure, begins to ravage the country, and destroys Bēowulf's palace with fire. Bēowulf sets out in quest of its hiding-place, with twelve men. Having a presentiment of his approaching end, he pauses and recalls to mind his past life and exploits. He then takes leave of his followers, one by one, and advances alone to attack the dragon. Unable, from the heat, to enter the cavern, he shouts aloud, and the dragon comes forth. The dragon's scaly hide is proof against Bēowulf's sword, and he is reduced to great straits. Then Wiglaf, one of his followers, advances to help him. Wiglaf's shield is consumed by the dragon's fiery breath, and he is compelled to seek shelter under Bēowulf's shield of iron. Bēowulf's sword snaps asunder, and he is seized by the dragon. Wiglaf stabs the dragon from underneath, and Bēowulf cuts it in two with his dagger. Feeling that his end is near, he bids Wiglaf bring out the treasures from the cavern, that he may see them before he dies. Wiglaf enters the dragon's den, which is described, returns to Bēowulf, and receives his last commands. Bēowulf dies, and Wiglaf bitterly reproaches his companions for their cowardice. The disastrous consequences of Bēowulf's death are then foretold, and the poem ends with his funeral.-H. Sweet, in Warton's History of English Poetry, Vol. II. (ed. 1871). Cf. also Ten Brink's History of English Literature.

BĒOWULF.

I. THE PASSING OF SCYLD.

Hwǣt! wē Gār-Dena   in geār-dagum
þēod-cyninga   þrym gefrūnon,
hū þā ǣðelingas   ellen fremedon.
Oft Scyld Scēfing   sceaðena þrēatum,
monegum mǣgðum   meodo-setla otēah.
Egsode eorl,   syððan ǣrest wearð
fēa-sceaft funden: hē þǣs frōfre gebād,
wēox under wolcnum,   weorð-myndum ðāh,
oð þǣt him ǣghwylc   þāra ymb-sittendra
10   ofer hron-rāde   hȳran scolde,
gomban gyldan: þǣt wǣs gōd cyning!
þǣm eafera wǣs   ǣfter cenned
geong in geardum,   þone god sende
folce tō frōfre;   fyren-þearfe ongeat,
15   þǣt hīe ǣr drugon   aldor-lēase
lange hwīle.   Him þǣs līf-frēa,
wuldres wealdend,   worold-āre forgeaf;
Bēowulf wǣs brēme   (blǣd wīde sprang),
Scyldes eafera   Scede-landum in.
20   Swā sceal geong guma,   gōde gewyrcean,
fromum feoh-giftum   on fǣder wine,
þǣt hine on ylde   eft gewunigen
wil-gesīðas,   þonne wīg cume,
lēode gelǣsten: lof-dǣdum sceal
25   in mǣgða gehwǣre   man geþēon.
Him þā Scyld gewāt   tō gescǣp-hwīle
fela-hrōr fēran   on frēan wǣre;
hī hyne þā ǣtbǣron   tō brimes faroðe.
swǣse gesīðas,   swā hē selfa bǣd,
30   þenden wordum wēold   wine Scyldinga,
lēof land-fruma   lange āhte.
Þǣr ǣt hȳðe stōd   hringed-stefna,
īsig and ūtfūs,   ǣðelinges fǣr;
ā-lēdon þā   lēofne þēoden,
35   bēaga bryttan   on bearm scipes,
mǣrne be mǣste.   Þǣr wǣs mādma fela,
of feor-wegum   frǣtwa gelǣded:
ne hȳrde ic cȳmlīcor   cēol gegyrwan

```
             hilde-wæpnum      and heaðo-wædum,
40           billum and byrnum;      him on bearme læg
             mādma mænigo,      þā him mid scoldon
             on flōdes æht      feor gewītan.
             Nalas hī hine læssan      lācum tēodan,
             þēod-gestrēonum,      þonne þā dydon,
45           þē hine æt frumsceafte      forð onsendon
             ænne ofer ȳðe      umbor wesende:
             þā gȳt hīe him āsetton      segen gyldenne
             hēah ofer hēafod,      lēton holm beran,
             gēafon on gār-secg:      him wæs geōmor sefa,
50           murnende mōd.      Men ne cunnon
             secgan tō soðe      sele-rædende,
             hæleð under heofenum,      hwā þæm hlæste onfēng.
```

II. THE HALL HEOROT.

```
             Þā wæs on burgum      Bēowulf Scyldinga,
             lēof lēod-cyning,      longe þrāge
55           folcum gefræge      (fæder ellor hwearf,
             aldor of earde),      oð þæt him eft onwōc
             hēah Healfdene;      hēold þenden lifde,
             gamol and gūð-rēow,      glæde Scyldingas.
             Þæm fēower bearn      forð-gerīmed
60           in worold wōcun,      weoroda ræswan,
             Heorogār and Hrōðgār      and Hālga til;
             hȳrde ic, þat Elan cwēn      Ongenþēowes wæs
             Heaðoscilfinges      heals-gebedde.
             Þā wæs Hrōðgāre      here-spēd gyfen,
65           wīges weorð-mynd,      þæt him his wine-māgas
             georne hȳrdon,      oð þæt sēo geogoð gewēox,
             mago-driht micel.      Him on mōd bearn,
             þæt heal-reced      hātan wolde,
             medo-ærn micel      men gewyrcean,
70           þone yldo bearn      æfre gefrūnon,
             and þær on innan      eall gedælan
             geongum and ealdum,      swylc him god sealde,
             būton folc-scare      and feorum gumena.
             Þā ic wīde gefrægn      weorc gebannan
75           manigre mægðe      geond þisne middan-geard,
             folc-stede frætwan.      Him on fyrste gelomp
```

```
         ǣdre mid yldum,    þæt hit wearð eal gearo,
         heal-ǣrna mǣst;    scōp him Heort naman,
         sē þe his wordes geweald    wīde hæfde.
80       Hē bēot ne ālēh,    bēagas dǣlde,
         sinc æt symle.    Sele hlīfade
         hēah and horn-gēap:    heaðo-wylma bād,
         lāðan līges;    ne wæs hit lenge þā gēn
         þæt se ecg-hete    āðum-swerian
85       æfter wæl-nīðe    wæcnan scolde.
         Þā se ellen-gǣst    earfoðlīce
         þrāge geþolode,    sē þe in þȳstrum bād,
         þæt hē dōgora gehwām    drēam gehȳrde
         hlūdne in healle;    þǣr wæs hearpan swēg,
90       swutol sang scopes.    Sǣgde sē þe cūðe
         frum-sceaft fīra    feorran reccan,
         cwæð þæt se ælmihtiga    eorðan worhte,
         wlite-beorhtne wang,    swā wæter bebūgeð,
         gesette sige-hrēðig    sunnan and mōnan
95       lēoman tō lēohte    land-būendum,
         and gefrætwade    foldan scēatas
         leomum and lēafum;    līf ēac gesceōp
         cynna gehwylcum,    þāra þe cwice hwyrfað.
         Swā þā driht-guman    drēamum lifdon
100      ēadiglīce,    oð þæt ān ongan
         fyrene fremman,    fēond on helle:
         wæs se grimma gǣst    Grendel hāten,
         mǣre mearc-stapa,    sē þe mōras hēold,
         fen and fæsten;    fīfel-cynnes eard
105      won-sǣlig wer    weardode hwīle,
         siððan him scyppend    forscrifen hæfde.
         In Caines cynne    þone cwealm gewræc,
         ēce drihten,    þæs þe hē Ābel slōg;
         ne gefeah hē þǣre fǣhðe,    ac hē hine feor forwræc,
110      metod for þȳ māne    man-cynne fram.
         Þanon untȳdras    ealle onwōcon,
         eotenas and ylfe    and orcnēas,
         swylce gīgantas,    þā wið gode wunnon
         lange þrāge;    hē him þæs lēan forgeald.
```

III. GRENDEL'S VISITS.

115 Gewāt þā nēosian,   syððan niht becōm,
     hēan hūses,   hū hit Hring-Dene
     æfter bēor-þege   gebūn hæfdon.
     Fand þā þǣr inne   æðelinga gedriht
     swefan æfter symble;   sorge ne cūðon,
120 won-sceaft wera.   Wiht unhǣlo
     grim and grǣdig   gearo sōna wæs,
     rēoc and rēðe,   and on ræste genam
     þrītig þegna: þanon eft gewāt
     hūðe hrēmig   tō hām faran,
125 mid þǣre wæl-fylle   wīca nēosan.
     Þā wæs on ūhtan   mid ǣr-dǣge
      Grendles gūð-cræft   gumum undyrne:
     þā wæs æfter wiste   wōp up āhafen,
     micel morgen-swēg.   Mǣre þēoden,
130 æðeling ǣr-gōd,   unblīðe sæt,
     þolode þrȳð-swȳð,   þegn-sorge drēah,
     syððan hīe þæs lāðan   lāst scēawedon,
     wergan gāstes;   wæs þæt gewin tō strang,
     lāð and longsum.   Næs hit lengra fyrst,
135 ac ymb āne niht   eft gefremede
     morð-beala māre   and nō mearn fore
     fǣhðe and fyrene;   wæs tō fæst on þām.
     Þā wæs ēað-fynde,   þē him elles hwǣr
     gerūmlīcor   ræste sōhte,
140 bed æfter būrum,   þā him gebēacnod wæs,
     gesǣgd sōðlīce   sweotolan tācne
     heal-þegnes hete;   hēold hine syððan
     fyr and fæstor,   sē þǣm fēonde ætwand.
     Swā rīxode   and wið rihte wan
145 āna wið eallum,   oð þæt īdel stōd
     hūsa sēlest.   Wæs sēo hwīl micel:
     twelf wintra tīd   torn geþolode
     wine Scyldinga,   wēana gehwelcne,
     sīdra sorga;   forþām syððan wearð
150 ylda bearnum   undyrne cūð,
     gyddum geōmore,   þætte Grendel wan,
     hwīle wið Hrōðgār;--   hete-nīðas wæg,
     fyrene and fǣhðe   fela missēra,
     singāle sæce,   sibbe ne wolde

```
155    wið manna hwone      mægenes Deniga
       feorh-bealo feorran,      fēo þingian,
       nē þǣr nǣnig witena      wēnan þorfte
       beorhtre bōte      tō banan folmum;
       atol ǣglǣca      ēhtende wǣs,
160    deorc dēað-scūa      duguðe and geogoðe
       seomade and syrede.      Sin-nihte hēold
       mistige mōras;      men ne cunnon,
       hwyder hel-rūnan      hwyrftum scrīðað.
       Swā fela fyrena      fēond man-cynnes,
165    atol ān-gengea,      oft gefremede
       heardra hȳnða;      Heorot eardode,
       sinc-fāge sel      sweartum nihtum
       (nō hē þone gif-stōl      grētan mōste,
       māððum for metode,      nē his myne wisse);
170    þæt wæs wrǣc micel      wine Scyldinga,
       mōdes brecða.      Monig-oft gesǣt
       rīce tō rūne;      rǣd eahtedon,
       hwǣt swīð-ferhðum      sēlest wǣre
       wið fǣr-gryrum      tō gefremmanne.
175    Hwīlum hīe gehēton      æt hǣrg-trafum
       wīg-weorðunga,      wordum bǣdon,
       þæt him gāst-bona      gēoce gefremede
       wið þēod-þrēaum.      Swylc wæs þēaw hyra,
       hǣðenra hyht;      helle gemundon
180    in mōd-sefan,      metod hīe ne cūðon,
       dǣda dēmend,      ne wiston hīe drihten god,
       nē hīe hūru heofena helm      herian ne cūðon,
       wuldres waldend.      Wā bið þǣm þe sceal
       þurh slīðne nīð      sāwle bescūfan
185    in fȳres fæðm,      frōfre ne wēnan,
       wihte gewendan;      wēl bið þǣm þe mōt
       æfter dēað-dǣge      drihten sēcean
       and tō fæder fæðmum      freoðo wilnian.
```

IV. HYGELAC'S THANE.

```
       Swā þā mǣl-ceare      maga Healfdenes
190    singāla sēað;      ne mihte snotor hǣleð
       wēan onwendan:      wæs þæt gewin tō swȳð,
       lāð and longsum,      þē on þā lēode becōm,
```

```
              nȳd-wracu nīð-grim,    niht-bealwa mǣst.
              Þæt fram hām gefrægn    Higelāces þegn,
    195       gōd mid Gēatum,    Grendles dǣda:
              sē wæs mon-cynnes    mægenes strengest
              on þæm dæge    þysses līfes,
              æðele and ēacen.    Hēt him ȳð-lidan
              gōdne gegyrwan;    cwæð hē gūð-cyning
    200       ofer swan-rāde    sēcean wolde,
              mǣrne þēoden,    þā him wæs manna þearf.
              Þone sīð-fæt him    snotere ceorlas
              lȳt-hwōn lōgon,    þēah hē him lēof wǣre;
              hwetton higerōfne,    hǣl scēawedon.
    205       Hæfde se gōda    Gēata lēoda
              cempan gecorone,    þāra þe hē cēnoste
              findan mihte;    fīftȳna sum
              sund-wudu sōhte;    secg wīsade,
              lagu-cræftig mon,    land-gemyrcu.
    210       Fyrst forð gewāt:    flota wæs on ȳðum,
              bāt under beorge.    Beornas gearwe
              on stefn stigon;    strēamas wundon
              sund wið sande;    secgas bǣron
              on bearm nacan    beorhte frætwe,
    215       gūð-searo geatolīc;    guman ūt scufon,
              weras on wil-sīð    wudu bundenne.
              Gewāt þā ofer wǣg-holm    winde gefȳsed
              flota fāmig-heals    fugle gelīcost,
              oð þæt ymb ān-tīd    ōðres dōgores
    220       wunden-stefna    gewaden hæfde,
              þæt þā līðende    land gesāwon,
              brim-clifu blīcan,    beorgas stēape,
              sīde sǣ-næssas:    þā wæs sund liden,
              eoletes æt ende.    Þanon up hraðe
    225       Wedera lēode    on wang stigon,
              sǣ-wudu sǣldon    (syrcan hrysedon,
              gūð-gewǣdo);    gode þancedon,
              þæs þe him ȳð-lāde    ēaðe wurdon.
              Þā of wealle geseah    weard Scildinga,
    230       sē þe holm-clifu    healdan scolde,
              beran ofer bolcan    beorhte randas,
              fyrd-searu fūslīcu;    hine fyrwyt brǣc
              mōd-gehygdum,    hwæt þā men wǣron.
              Gewāt him þā tō waroðe    wicge rīdan
```

```
235     þegn Hrōðgāres,     þrymmum cwehte
        mægen-wudu mundum,     meðel-wordum frægn:
        "Hwǣt syndon gē     searo-hæbbendra
        "byrnum werede,     þē þus brontne cēol
        "ofer lagu-strǣte     lǣdan cwōmon,
240     "hider ofer holmas     helmas bǣron?
        "Ic wǣs ende-sǣta,     ǣg-wearde hēold,
        "þæt on land Dena     lāðra nǣnig
        "mid scip-herge     sceððan ne meahte.
        "Nō hēr cūðlīcor     cuman ongunnon
245     "lind-hæbbende;     nē gē lēafnes-word
        "gūð-fremmendra     gearwe ne wisson,
        "māga gemēdu.     Nǣfre ic māran geseah
        "eorla ofer eorðan,     þonne is ēower sum,
        "secg on searwum;     nis þæt seld-guma
250     "wǣpnum geweorðad,     nǣfne him his wlite lēoge,
        "ǣnlīc an-sȳn.     Nū ic ēower sceal
        "frum-cyn witan,     ǣr gē fyr heonan
        "lēase scēaweras     on land Dena
        "furður fēran.     Nū gē feor-būend,
255     "mere-līðende,     mīnne gehȳrað
        "ān-fealdne geþōht:     ofost is sēlest
        "tō gecȳðanne,     hwanan ēowre cyme syndon."
```

V. THE ERRAND.

```
        Him se yldesta     andswarode,
        werodes wīsa,     word-hord onlēac:
260     "Wē synt gum-cynnes     Gēata lēode
        "and Higelāces     heorð-genēatas.
        "Wæs mīn fæder     folcum gecȳðed,
        "æðele ord-fruma     Ecgþēow hāten;
        "gebād wintra worn,     ǣr hē on weg hwurfe,
265     "gamol of geardum;     hine gearwe geman
        "witena wēl-hwylc     wīde geond eorðan.-
        "Wē þurh holdne hige     hlāford þinne,
        "sunu Healfdenes,     sēcean cwōmon,
        "lēod-gebyrgean:     wes þū ūs lārena gōd!
270     "Habbað wē tō þǣm mǣran     micel ǣrende
        "Deniga frēan;     ne sceal þǣr dyrne sum
        "wesan, þǣs ic wēne.     Þū wāst, gif hit is,
```

"swā wē sōðlice   secgan hȳrdon,
"þǣt mid Scyldingum   sceaða ic nāt hwylc,
275 "dēogol dǣd-hata,   deorcum nihtum
"ēaweð þurh egsan   uncūðne nīð,
"hȳnðu and hrā-fyl.   Ic þæs Hrōðgār mæg
"þurh rūmne sefan   rǣd gelǣran,
"hū hē frōd and gōd   fēond oferswȳðeð,
280 "gyf him ed-wendan   ǣfre scolde
"bealuwa bisigu,   bōt eft cuman
"and þā cear-wylmas   cōlran wurðað;
"oððe ā syððan   earfoð-þrāge,
"þrēa-nȳd þolað,   þenden þǣr wunað
285 "on hēah-stede   hūsa sēlest."
Weard maðelode,   þǣr on wicge sǣt
ombeht unforht: "Ǣghwæðres sceal
"scearp scyld-wiga   gescād witan,
"worda and worca,   sē þe wēl þenceð.
290 "Ic þæt gehȳre,   þæt þis is hold weorod
"frēan Scyldinga.   Gewītað forð beran
"wǣpen and gewǣdu,   ic ēow wīsige:
"swylce ic magu-þegnas   mīne hāte
"wið fēonda gehwone   flotan ēowerne,
295 "nīw-tyrwedne   nacan on sande
"ārum healdan,   oð þæt eft byreð
"ofer lagu-strēamas   lēofne mannan
"wudu wunden-hals   tō Weder-mearce.
"Gūð-fremmendra   swylcum gifeðe bið,
300 "þæt þone hilde-rǣs   hāl gedīgeð."
Gewiton him þā fēran   (flota stille bād,
seomode on sāle   sīd-fæðmed scyp,
on ancre fǣst);   eofor-līc scionon
ofer hlēor-beran   gehroden golde
305 fāh and fȳr-heard,   ferh wearde hēold.
Gūðmōde grummon,   guman ōnetton,
sigon ǣtsomne,   oð þæt hȳ sǣl timbred
geatolīc and gold-fāh   ongytan mihton;
þæt wæs fore-mǣrost   fold-būendum
310 receda under roderum,   on þǣm se rīca bād;
līxte se lēoma   ofer landa fela.
Him þā hilde-dēor   hof mōdigra
torht getǣhte,   þæt hīe him tō mihton
gegnum gangan;   gūð-beorna sum

315   wicg gewende,   word æfter cwæð:
       "Mæl is mē tō fēran;   fæder alwalda
       "mid ār-stafum   ēowic gehealde
       "sīða gesunde!   ic tō sæ wille,
       "wið wrāð werod   wearde healdan."

VI. BĒOWULF'S SPEECH.

320   Strǣt wæs stān-fāh,   stīg wīsode
       gumum ætgædere.   Gūð-byrne scān
       heard hond-locen,   hring-īren scīr
       song in searwum,   þā hīe tō sele furðum
       in hyra gryre-geatwum   gangan cwōmon.
325   Setton sǣ-mēðe   sīde scyldas,
       rondas regn-hearde   wið þæs recedes weal,
       bugon þā tō bence;   byrnan hringdon,
       gūð-searo gumena;   gāras stōdon,
       sǣ-manna searo,   samod ætgædere,
330   æsc-holt ufan græg: wæs se īren-þrēat
       wæpnum gewurðad.   Þā þær wlonc hæleð
       ōret-mecgas   æfter æðelum frægn:
       "Hwanon ferigeað gē   fætte scyldas,
       "græge syrcan   and grīm-helmas,
335   "here-sceafta hēap?--   Ic eom Hrōðgāres
       "ār and ombiht.   Ne seah ic el-þēodige
       "þus manige men   mōdiglīcran.
       "Wēn' ic þæt gē for wlenco,   nalles for wræc-sīðum,
       "ac for hige-þrymmum   Hrōðgār sōhton."
340   Him þā ellen-rōf   andswarode,
       wlanc Wedera lēod   word æfter spræc,
       heard under helme: "Wē synt Higelāces
       "bēod-genēatas;   Bēowulf is mīn nama.
       "Wille ic āsecgan   suna Healfdenes,
345   "mǣrum þēodne   mīn ǣrende,
       "aldre þīnum,   gif hē ūs geunnan wile,
       "þæt wē hine swā gōdne   grētan mōton."
       Wulfgār maðelode   (þæt wæs Wendla lēod,
       wæs his mōd-sefa   manegum gecȳðed,
350   wīg and wīs-dōm):   "ic þæs wine Deniga,
       "frēan Scildinga   frīnan wille,
       "bēaga bryttan,   swā þū bēna eart,

        "þēoden mǣrne   ymb þīnne sīð ;
        "and þē þā andsware   ǣdre gecȳðan,
355   "þē mē se gōda   āgifan þenceð."
        Hwearf þā hrǣdlīce,   þǣr Hrōðgār sǣt,
        eald and unhār   mid his eorla gedriht;
        ēode ellen-rōf,   þæt hē for eaxlum gestōd
        Deniga frēan,   cūðe hē duguðe þēaw.
360   Wulfgār maðelode   tō his wine-drihtne:
        "Hēr syndon geferede   feorran cumene
        "ofer geofenes begang   Gēata lēode:
        "þone yldestan   ōret-mecgas
        "Bēowulf nemnað.   Hȳ bēnan synt,
365   "þæt hīe, þēoden mīn,   wið þē mōton
        "wordum wrixlan;   nō þū him wearne getēoh,
        "þīnra gegn-cwida   glǣdnian, Hrōðgār!
        "Hȳ on wīg-geatwum   wyrðe þinceað
        "eorla geǣhtlan;   hūru se aldor dēah,
370   "sē þǣm heaðo-rincum   hider wīsade."

VII. HROTHGAR'S WELCOME.

        Hrōðgār maðelode,   helm Scyldinga:
        "Ic hine cūðe   cniht-wesende.
        "Wǣs his eald-fæder   Ecgþēo hāten,
        "þǣm tō hām forgeaf   Hrēðel Gēata
375   "āngan dōhtor;   is his eafora nū
        "heard hēr cumen,   sōhte holdne wine.
        "þonne sǣgdon þæt   sǣ-līðende,
        "þā þe gif-sceattas   Gēata fyredon
        "þyder tō þance,   þæt hē þrīttiges
380   "manna mægen-cræft   on his mund-grīpe
        "heaðo-rōf hæbbe.   Hine hālig god
        "for ār-stafum   us onsende,
        "tō West-Denum,   þæs ic wēn hæbbe,
        "wið Grendles gryre: ic þǣm gōdan sceal
385   "for his mōd-þrǣce   mādmas bēodan.
        "Bēo þū on ofeste,   hāt hig in gān,
        "sēon sibbe-gedriht   samod ætgædere;
        "gesaga him ēac wordum,   þæt hīe sint wil-cuman
        "Deniga lēodum."   Þā wið duru healle
390   Wulfgār ēode,   word inne ābēad:

"Ēow hēt secgan   sige-drihten mīn,
"aldor Ēast-Dena,   þæt hē ēower æðelu can
"and gē him syndon   ofer sǣ-wylmas,
"heard-hicgende,   hider wil-cuman.
395 "Nū gē mōton gangan   in ēowrum gūð-geatawum,
"under here-grīman,   Hrōðgār gesēon;
"lǣtað hilde-bord   hēr onbidian,
"wudu wæl-sceaftas,   worda geþinges."
Ārās þā se rīca,   ymb hine rinc manig,
400 þrȳðlīc þegna hēap;   sume þǣr bidon,
heaðo-rēaf hēoldon,   swā him se hearda bebēad.
Snyredon ætsomne,   þā secg wīsode
under Heorotes hrōf;   hyge-rōf ēode,
heard under helme,   þæt hē on heoðe gestōd.
405 Bēowulf maðelode   (on him byrne scān,
searo-net sēowed   smiðes or-þancum):
"Wes þū Hrōðgār hāl!   ic eom Higelāces
"mǣg and mago-þegn;   hæbbe ic mǣrða fela
"ongunnen on geogoðe.   Mē wearð Grendles þing
410 "on mīnre ēðel-tyrf   undyrne cūð:
"secgað sǣ-līðend,   þæt þes sele stande,
"reced sēlesta,   rinca gehwylcum
"īdel and unnyt,   siððan ǣfen-lēoht
"under heofenes hādor   beholen weorðeð.
415 "Þā mē þæt gelǣrdon   lēode mīne,
"þā sēlestan,   snotere ceorlas,
"þēoden Hrōðgār,   þæt ic þē sōhte;
"forþan hīe mægenes cræft   mīnne cūðon:
"selfe ofersāwon,   þā ic of searwum cwōm,
420 "fāh from fēondum,   þǣr ic fīfe geband,
"ȳðde eotena cyn,   and on ȳðum slōg
"niceras nihtes,   nearo-þearfe drēah,
"wrǣc Wedera nīð   (wēan āhsodon)
"forgrand gramum;   and nū wið Grendel sceal,
425 "wið þām āglǣcan,   āna gehegan
"þing wið þyrse.   Ic þē nū þā,
"brego Beorht-Dena,   biddan wille,
"eodor Scyldinga,   ānre bēne;
"þæt þū mē ne forwyrne,   wīgendra hlēo,
430 "frēo-wine folca,   nū ic þus feorran cōm,
"þæt ic mōte āna   and mīnra eorla gedryht,
"þes hearda hēap,   Heorot fǣlsian.

          "Hæbbe ic ēac geāhsod,   þæt se æglæca
          "for his won-hȳdum   wæpna ne rēceð;
435   "ic þæt þonne forhicge,   swā mē Higelāc sīe,
          "mīn mon-drihten,   mōdes blīðe,
          "þæt ic sweord bere   oððe sīdne scyld
          "geolo-rand tō gūðe;   ac ic mid grāpe sceal
          "fōn wið fēonde   and ymb feorh sacan,
440   "lāð wið lāðum;   þær gelȳfan sceal
          "dryhtnes dōme   sē þe hine dēað nimeð.
          "Wēn' ic þæt hē wille,   gif hē wealdan mōt,
          "in þæm gūð-sele   Gēatena lēode
          "etan unforhte,   swā hē oft dyde
445   "mægen Hrēðmanna.   Nā þū mīnne þearft
          "hafalan hȳdan,   ac hē mē habban wile
          "drēore fāhne,   gif mec dēað nimeð;
          "byreð blōdig wæl,   byrgean þenceð,
          "eteð ān-genga   unmurnlīce,
450   "mearcað mōr-hopu: nō þū ymb mīnes ne þearft
          "līces feorme   leng sorgian.
          "Onsend Higelāce,   gif mec hild nime,
          "beadu-scrūda betst,   þæt mīne brēost wereð,
          "hrægla sēlest;   þæt is Hrēðlan lāf,
455   "Wēlandes geweorc.   Gæð ā Wyrd swā hīo scel!"

VIII. HROTHGAR TELLS OF GRENDEL.

          Hrōðgār maðelode,   helm Scyldinga:
          "for were-fyhtum þū,   wine mīn Bēowulf,
          "and for ār-stafum   ūsic sōhtest.
          "Geslōh þin fæder   fæhðe mæste,
460   "wearð hē Heaðolāfe   tō hand-bonan
          "mid Wilfingum;   þā hine Wedera cyn
          "for here-brōgan   habban ne mihte.
          "Þanon hē gesōhte   Sūð-Dena folc
          "ofer ȳða gewealc,   Ār-Scyldinga;
465   "þā ic furðum wēold   folce Deninga,
          "and on geogoðe hēold   gimme-rīce
          "hord-burh hæleða: þā wæs Heregār dēad,
          "mīn yldra mæg   unlifigende,
          "bearn Healfdenes.   Sē wæs betera þonne ic!
470   "Siððan þā fæhðe   fēo þingode;

```
           "sende ic Wylfingum     ofer wæteres hrycg
           "ealde mādmas:     hē mē āðas swōr.
           "Sorh is mē tō secganne     on sefan mīnum
           "gumena ǣngum,     hwæt mē Grendel hafað
475        "hȳnðo on Heorote     mid his hete-þancum,
           "fǣr-nīða gefremed.     Is mīn flet-werod,
           "wīg-hēap gewanod;     hīe Wyrd forswēop
           "on Grendles gryre.     God ēaðe mæg
           "þone dol-scaðan     dǣda getwǣfan!
480        "Ful oft gebēotedon     bēore druncne
           "ofer ealo-wǣge     ōret-mecgas,
           "þæt hīe in bēor-sele     bīdan woldon
           "Grendles gūðe     mid gryrum ecga.
           "Þonne wæs þēos medo-heal     on morgen-tīd,
485        "driht-sele drēor-fāh,     þonne dæg līxte,
           "eal benc-þelu     blōde bestȳmed,
           "heall heoru-drēore:     āhte ic holdra þȳ lǣs,
           "dēorre duguðe,     þē þā dēað fornam.
           "Site nū tō symle     and onsǣl meoto,
490        "sige-hrēð secgum,     swā þīn sefa hwette!"
           Þā wæs Gēat-mæcgum     geador ætsomne
           on bēor-sele     benc gerȳmed;
           þǣr swīð-ferhðe     sittan ēodon
           þrȳðum dealle.     Þegn nytte behēold,
495        sē þe on handa bǣr     hroden ealo-wǣge,
           scencte scīr wered.     Scop hwīlum sang
           hādor on Heorote;     þǣr wæs hæleða drēam,
           duguð unlȳtel     Dena and Wedera.
```

IX. HUNFERTH OBJECTS TO BĒOWULF.

```
           Unferð maðelode,     Ecglāfes bearn,
500        þē æt fōtum sæt     frēan Scyldinga;
           onband beadu-rūne     (wæs him Bēowulfes sīð,
           mōdges mere-faran,     micel æf-þunca,
           forþon þe hē ne ūðe,     þæt ænig ōðer man
           ǣfre mǣrða þon mā     middan-geardes
505        gehēdde under heofenum     þonne hē sylfa):
           "Eart þū sē Bēowulf,     sē þe wið Brecan wunne,
           "on sīdne sǣ     ymb sund flite,
           "þǣr git for wlence     wada cunnedon
```

	"and for dol-gilpe on dēop wæter
510	"aldrum nēðdon? Nē inc ænig mon,
	"nē lēof nē lāð, belēan mihte
	"sorh-fullne sīð; þā git on sund rēon,
	"þær git ēagor-strēam earmum þehton,
	"mæton mere-stræta, mundum brugdon,
515	"glidon ofer gār-secg; geofon ȳðum wēol,
	"wintres wylme. Git on wæteres æht
	"seofon niht swuncon; hē þē æt sunde oferflāt,
	"hæfde māre mægen. Þā hine on morgen-tīd
	"on Heaðo-ræmas holm up ætbær,
520	"þonon hē gesōhte swæsne ēðel
	"lēof his lēodum lond Brondinga,
	"freoðo-burh fægere, þær hē folc āhte,
	"burg and bēagas. Bēot eal wið þē
	"sunu Bēanstānes sōðe gelæste.
525	"Þonne wēne ic tō þē wyrsan geþinges,
	"þēah þū heaðo-ræsa gehwær dohte,
	"grimre gūðe, gif þū Grendles dearst
	"niht-longne fyrst nēan bīdan!"
	Bēowulf maðelode, bearn Ecgþēowes:
530	"Hwæt! þū worn fela, wine mīn Unferð,
	"bēore druncen ymb Brecan spræce,
	"sægdest from his sīðe! Sōð ic talige,
	"þæt ic mere-strengo māran āhte,
	"earfeðo on ȳðum, þonne ænig ōðer man.
535	"Wit þæt gecwædon cniht-wesende
	"and gebēotedon (wæron bēgen þā gīt
	"on geogoð-feore) þæt wit on gār-secg ūt
	"aldrum nēðdon; and þæt geæfndon swā.
	"Hæfdon swurd nacod, þā wit on sund rēon,
540	"heard on handa, wit unc wið hron-fixas
	"werian þōhton. Nō hē wiht fram mē
	"flōd-ȳðum feor flēotan meahte,
	"hraðor on holme, nō ic fram him wolde.
	"Þā wit ætsomne on sæ wæron
545	"fīf nihta fyrst, oð þæt unc flōd tōdrāf,
	"wado weallende, wedera cealdost,
	"nīpende niht and norðan wind
	"heaðo-grim andhwearf; hrēo wæron ȳða,
	"Wæs mere-fixa mōd onhrēred:
550	"þær mē wið lāðum līc-syrce mīn,

```
            "heard hond-locen,    helpe gefremede;
            "beado-hrægl brōden    on brēostum læg,
            "golde gegyrwed.    Mē tō grunde tēah
            "fāh fēond-scaða,    fæste hæfde
    555     "grim on grāpe:    hwæðre mē gyfeðe wearð,
            "þæt ic āglæcan    orde geræhte,
            "hilde-bille;    heaðo-ræs fornam
            "mihtig mere-dēor    þurh mīne hand.
```

X. BĒOWULF'S CONTEST WITH BRECA.-THE FEAST.

```
            "Swā mec gelōme    lāð-getēonan
    560     "þrēatedon þearle.    Ic him þēnode
            "dēoran sweorde,    swā hit gedēfe wæs;
            "næs hīe þære fylle    gefēan hæfdon,
            "mān-fordædlan,    þæt hīe mē þēgon,
            "symbel ymb-sæton    sæ-grunde nēah,
    565     "ac on mergenne    mēcum wunde
            "be ȳð-lāfe    uppe lægon,
            "sweordum āswefede,    þæt syððan nā
            "ymb brontne ford    brim-līðende
            "lāde ne letton.    Lēoht ēastan cōm,
    570     "beorht bēacen godes;    brimu swaðredon,
            "þæt ic sæ-næssas    gesēon mihte,
            "windige weallas.    Wyrd oft nereð
            "unfægne eorl,    ðonne his ellen dēah!
            "Hwæðere mē gesælde,    þæt ic mid sweorde ofslōh
    575     "niceras nigene.    Nō ic on niht gefrægn
            "under heofones hwealf    heardran feohtan,
            "nē on ēg-strēamum    earmran mannan;
            "hwæðere ic fāra feng    fēore gedīgde,
            "sīðes wērig.    Þā mec sæ oðbær,
    580     "flōd æfter faroðe,    on Finna land,
            "wadu weallendu.    Nō ic wiht fram þē
            "swylcra searo-nīða    secgan hȳrde,
            "billa brōgan:    Breca næfre gīt
            "æt heaðo-lāce,    nē gehwæðer incer
    585     "swā dēorlīce    dæd gefremede
            "fāgum sweordum    .......
            "....... nō ic þæs gylpe;
            "þēah þū þīnum brōðrum    tō banan wurde,
```

```
              "hēafod-mǣgum;      þǣs þū in helle scealt
590           "werhðo drēogan,    þēah þīn wit duge,
              "Secge ic þē tō sōðe,   sunu Ecglāfes,
              "þæt nǣfre Grendel swā fela    gryra gefremede,
              "atol ǣglǣca       ealdre þīnum,
              "hȳnðo on Heorote,    gif þīn hige wǣre,
595           "sefa swā searo-grim,   swā þū self talast.
              "Ac hē hafað onfunden,   þæt hē þā fǣhðe ne þearf,
              "atole ecg-þrǣce     ēower lēode
              "swīðe onsittan,    Sige-Scyldinga;
              "nymeð nȳd-bāde,    nǣnegum ārað
600           "lēode Deniga,      ac hē on lust wīgeð,
              "swefeð ond sendeð,    secce ne wēneð
              "tō Gār-Denum.   Ac him Gēata sceal
              "eafoð and ellen    ungeāra nū
              "gūðe gebēodan.   Gǣð eft sē þe mōt
605           "tō medo mōdig,    siððan morgen-lēoht
              "ofer ylda bearn    ōðres dōgores,
              "sunne swegl-wered    sūðan scīneð!"
              Þā wæs on sālum    sinces brytta
              gamol-feax and gūð-rōf,    gēoce gelȳfde
610           brego Beorht-Dena;    gehȳrde on Bēowulfe
              folces hyrde    fæst-rǣdne geþōht.
              Þǣr wæs hæleða hleahtor;    hlyn swynsode,
              word wǣron wynsume.   Ēode Wealhþēow forð,
              cwēn Hrōðgāres,    cynna gemyndig,
615           grētte gold-hroden    guman on healle,
              and þā frēolīc wīf    ful gesealde
              ǣrest Ēast-Dena    ēðel-wearde,
              bæd hine blīðne    æt þǣre bēor-þege,
              lēodum lēofne;    hē on lust geþeah
620           symbel and sele-ful,    sige-rōf kyning.
              Ymb-ēode þā    ides Helminga
              duguðe and geogoðe    dǣl ǣghwylcne;
              sinc-fato sealde,    oð þæt sǣl ālamp,
              þæt hīo Bēowulfe,    bēag-hroden cwēn,
625           mōde geþungen,    medo-ful ætbǣr;
              grētte Gēata lēod,    gode þancode
              wīs-fæst wordum,    þæs þe hire se willa gelamp,
              þæt hēo on ǣnigne    eorl gelȳfde
              fyrena frōfre.   Hē þæt ful geþeah,
630           wæl-rēow wiga    æt Wealhþēon,
```

```
            and þā gyddode     gūðe gefȳsed,
            Bēowulf maðelode,     bearn Ecgþēowes:
            "Ic þæt hogode,     þā ic on holm gestāh,
            "sǣ-bāt gesæt     mid mīnra secga gedriht,
635         "þæt ic ānunga     ēowra lēoda
            "willan geworhte,     oððe on wæl crunge,
            "fēond-grāpum fæst.     Ic gefremman sceal
            "eorlīc ellen,     oððe ende-dæg
            "on þisse meodu-healle     mīnne gebīdan."
640         Þām wīfe þā word     wēl līcodon,
            gilp-cwide Gēates;     ēode gold-hroden
            frēolīcu folc-cwēn     tō hire frēan sittan.
            Þā wæs eft swā ǣr     inne on healle
            þrȳð-word sprecen,     þēod on sǣlum,
645         sige-folca swēg,     oð þæt semninga
            sunu Healfdenes     sēcean wolde
            ǣfen-ræste;     wiste ǣt þǣm āhlǣcan
            tō þǣm hēah-sele     hilde geþinged,
            siððan hīe sunnan lēoht     gesēon ne meahton,
650         oððe nīpende     niht ofer ealle,
            scadu-helma gesceapu     scrīðan cwōman,
            wan under wolcnum.     Werod eall ārās.
            Grētte þā giddum     guma ōðerne,
            Hrōðgār Bēowulf,     and him hæl ābēad,
655         wīn-ærnes geweald     and þæt word ācwæð:
            "Næfre ic ǣnegum men     ǣr ālȳfde,
            "siððan ic hond and rond     hebban mihte,
            "þrȳð-ærn Dena     būton þē nū þā.
            "Hafa nū and geheald     hūsa sēlest;
660         "gemyne mǣrðo,     mǣgen-ellen cȳð,
            "waca wið wrāðum!     Ne bið þē wilna gād,
            "gif þū þæt ellen-weorc     aldre gedīgest."
```

XI. THE WATCH FOR GRENDEL.

```
            Þā him Hrōðgār gewāt     mid his hæleða gedryht,
            eodur Scyldinga     ūt of healle;
665         wolde wīg-fruma     Wealhþēo sēcan,
            cwēn tō gebeddan     Hæfde kyninga wuldor
            Grendle tō-gēanes,     swā guman gefrungon,
            sele-weard āseted,     sundor-nytte behēold
```

```
              ymb aldor Dena,      eoton weard ābēad;
670           hūru Gēata lēod      georne truwode
              mōdgan mægnes,       metodes hyldo.
              Þā hē him of dyde    īsern-byrnan,
              helm of hafelan,     sealde his hyrsted sweord,
              īrena cyst   ombiht-þegne,
675           and gehealdan hēt    hilde-geatwe.
              Gespræc þā se gōda   gylp-worda sum
              Bēowulf Gēata,       ǣr hē on bed stige:
              "Nō ic mē an here-wæsmum    hnāgran talige
              "gūð-geweorca,       þonne Grendel hine;
680           "forþan ic hine sweorde     swebban nelle,
              "aldre benēotan,     þēah ic eal mæge.
              "Nāt hē þāra gōda,   þæt hē mē on-gēan slēa,
              "rand gehēawe,       þēah þe hē rōf sīe
              "nīð-geweorca;   ac wit on niht sculon
685           "secge ofersittan,   gif hē gesēcean dear
              "wīg ofer wǣpen,     and siððan wītig god
              "on swā hwæðere hond     hālig dryhten
              "mærðo dēme,     swā him gemet þince."
              Hylde hine þā heaðo-dēor,    hlēor-bolster onfēng
690           eorles andwlitan;    and hine ymb monig
              snellīc sǣ-rinc      sele-reste gebēah.
              Nǣnig heora þōhte    þæt hē þanon scolde
              eft eard-lufan,      ǣfre gesēcean,
              folc oððe frēo-burh,     þǣr hē āfēded wæs,
695           ac hīe hæfdon gefrūnen,     þæt hīe ǣr tō fela micles
              in þǣm wīn-sele      wæl-dēað fornam,
              Denigea lēode.   Ac him dryhten forgeaf
              wīg-spēda gewiofu,   Wedera lēodum
              frōfor and fultum,   þæt hīe fēond heora
700           þurh ānes cræft      ealle ofercōmon,
              selfes mihtum:       sōð is gecȳðed,
              þæt mihtig god       manna cynnes
              wēold wīde-ferhð.    Cōm on wanre niht
              scrīðan sceadu-genga.    Scēotend swǣfon,
705           þā þæt horn-reced    healdan scoldon,
              ealle būton ānum.    Þæt wæs yldum cūð,
              þæt hīe ne mōste,    þā metod nolde,
              se syn-scaða    under sceadu bregdan;
              ac hē wæccende      wrāðum on andan
710           bād bolgen-mōd      beadwa geþinges.
```

XII. GRENDEL'S RAID.

        Þā cōm of mōre   under mist-hleoðum
        Grendel gongan,   godes yrre bǣr.
        Mynte se mān-scaða   manna cynnes
        sumne besyrwan   in sele þām hēan;
715   wōd under wolcnum,   tō þǣs þe hē wīn-reced,
        gold-sele gumena,   gearwost wisse
        fǣttum fāhne.   Ne wǣs þæt forma sīð,
        þæt hē Hrōðgāres   hām gesōhte:
        nǣfre hē on aldor-dagum   ǣr nē siððan
720   heardran hǣle,   heal-þegnas fand!
        Cōm þā tō recede   rinc sīðian
        drēamum bedǣled.   Duru sōna onarn
        fȳr-bendum fǣst,   syððan hē hire folmum hrān;
        onbrǣd þā bealo-hȳdig,   þā hē ābolgen wǣs,
725   recedes mūðan.   Raðe æfter þon
        on fāgne flōr   fēond treddode,
        ēode yrre-mōd;   him of ēagum stōd
        līge gelīcost   lēoht unfǣger.
        Geseah hē in recede   rinca manige,
730   swefan sibbe-gedriht   samod ætgædere,
        mago-rinca hēap: þā his mōd āhlōg,
        mynte þæt hē gedǣlde,   ǣr þon dæg cwōme,
        atol āglǣca,   ānra gehwylces
        līf wið līce,   þā him ālumpen wǣs
735   wist-fylle wēn.   Ne wǣs þæt wyrd þā gēn,
        þæt hē mā mōste   manna cynnes
        þicgean ofer þā niht.   Þrȳð-swȳð behēold
        mǣg Higelāces,   hū se mān-scaða
        under fǣr-gripum   gefaran wolde.
740   Nē þæt se āglǣca   yldan þōhte,
        ac hē gefēng hraðe   forman sīðe
        slǣpendne rinc,   slāt unwearnum,
        bāt bān-locan,   blōd ēdrum dranc,
        syn-snǣdum swealh: sōna hæfde
745   unlyfigendes   eal gefeormod
        fēt and folma.   Forð nēar ætstōp,
        nam þā mid handa   hige-þīhtigne
        rinc on rǣste;   rǣhte ongēan
        fēond mid folme,   hē onfēng hraðe
750   inwit-þancum   and wið earm gesæt.

        Sōna þæt onfunde   fyrena hyrde,
        þæt hē ne mētte   middan-geardes
        eorðan scēata   on elran men
        mund-gripe māran: hē on mōde wearð
755   forht on ferhðe,   nō þȳ ær fram meahte;
        hyge wæs him hin-fūs,   wolde on heolster flēon,
        sēcan dēofla gedræg: ne wæs his drohtoð þær,
        swylce hē on ealder-dagum   ær gemētte.
        Gemunde þā se gōda   mæg Higelāces
760   æfen-spræce,   up-lang āstōd
        and him fæste wiðfēng.   Fingras burston;
        eoten wæs ūt-weard,   eorl furður stōp.
        Mynte se mæra,   þær hē meahte swā,
        wīdre gewindan   and on weg þanon
765   flēon on fen-hopu;   wiste his fingra geweald
        on grames grāpum.   Þæt wæs gēocor sīð,
        þæt se hearm-scaða   tō Heorute ātēah:
        dryht-sele dynede,   Denum eallum wearð,
        ceaster-būendum,   cēnra gehwylcum,
770   eorlum ealu-scerwen.   Yrre wæron bēgen,
        rēðe rēn-weardas.   Reced hlynsode;
        þā wæs wundor micel,   þæt se wīn-sele
        wiðhæfde heaðo-dēorum,   þæt hē on hrūsan ne fēol,
        fæger fold-bold;   ac hē þæs fæste wæs
775   innan and ūtan   īren-bendum
        searo-þoncum besmiðod.   Þær fram sylle ābēag
        medu-benc monig   mīne gefræge,
        golde geregnad,   þær þā graman wunnon;
        þæs ne wēndon ær   witan Scyldinga,
780   þæt hit ā mid gemete   manna ænig
        betlīc and bān-fāg   tōbrecan meahte,
        listum tōlūcan,   nymðe līges fæðm
        swulge on swaðule.   Swēg up āstāg
        nīwe geneahhe;   Norð-Denum stōd
785   atelīc egesa   ānra gehwylcum
        þāra þe of wealle   wōp gehȳrdon,
        gryre-lēoð galan   godes andsacan,
        sige-lēasne sang,   sār wānigean
        helle hæftan.   Hēold hine tō fæste
790   sē þe manna wæs   mægene strengest
        on þæm dæge   þysses līfes.

31

XIII. BĒOWULF TEARS OFF GRENDEL'S ARM.

      Nolde eorla hlēo   ǣnige þinga
      þone cwealm-cuman   cwicne forlǣtan,
      nē his līf-dagas   lēoda ǣnigum
795 nytte tealde. Þǣr genehost brǣgd
      eorl Bēowulfes   ealde lāfe,
      wolde frēa-drihtnes   feorh ealgian
      mǣres þēodnes,   þǣr hīe meahton swā;
      hīe þǣt ne wiston,   þā hīe gewin drugon,
800 heard-hicgende   hilde-mecgas,
      and on healfa gehwone   hēawan þōhton,
      sāwle sēcan,   þǣt þone syn-scaðan
      ǣnig ofer eorðan   īrenna cyst,
      gūð-billa nān   grētan nolde;
805 ac hē sige-wǣpnum   forsworen hǣfde,
      ecga gehwylcre. Scolde his aldor-gedāl
      on þǣm dǣge   þysses līfes
      earmlīc wurðan   and se ellor-gāst
      on fēonda geweald   feor sīðian.
810 Þā þǣt onfunde   sē þe fela ǣror
      mōdes myrðe   manna cynne
      fyrene gefremede   (hē wæs fāg wið god)
      þǣt him se līc-homa   lǣstan nolde,
      ac hine se mōdega   mǣg Hygelāces
815 hǣfde be honda;   wæs gehwǣðer ōðrum
      lifigende lāð. Līc-sār gebād
      atol ǣglǣca,   him on eaxle wearð
      syn-dolh sweotol,   seonowe onsprungon
      burston bān-locan. Bēowulfe wearð
820 gūð-hrēð gyfeðe;   scolde Grendel þonan
      feorh-sēoc flēon   under fen-hleoðu,
      sēcean wyn-lēas wīc;   wiste þē geornor,
      þǣt his aldres wæs   ende gegongen,
      dōgera dǣg-rīm. Denum eallum wearð
825 ǣfter þām wæl-rǣse   willa gelumpen.
      Hǣfde þā gefǣlsod,   sē þe ǣr feorran cōm,
      snotor and swȳð-ferhð   sele Hrōðgāres,
      genered wið nīðe. Niht-weorce gefeh,
      ellen-mǣrðum;   hǣfde Ēast-Denum
830 Gēat-mecga lēod   gilp gelǣsted,
      swylce oncȳððe   ealle gebētte,

```
            inwid-sorge,     þē hīe ǣr drugon
            and for þrēa-nȳdum    þolian scoldon,
            torn unlȳtel.    Þæt wæs tācen sweotol,
835         syððan hilde-dēor    hond ālegde,
            earm and eaxle   (þǣr wæs eal geador
            Grendles grāpe)     under gēapne hrōf.
```

XIV. THE JOY AT HEOROT.

```
            Þā wæs on morgen     mīne gefrǣge
            ymb þā gif-healle    gūð-rinc monig:
840         fērdon folc-togan    feorran and nēan
            geond wīd-wegas      wundor scēawian,
            lāðes lāstas.    Nō his līf-gedāl
            sārlīc þūhte     secga ǣnegum,
            þāra þe tīr-lēases    trode scēawode,
845         hū hē wērig-mōd      on weg þanon,
            nīða ofercumen,    on nicera mere
            fǣge and geflȳmed    feorh-lāstas bǣr.
            Þǣr wæs on blōde     brim weallende,
            atol ȳða geswing     eal gemenged
850         hātan heolfre,    heoro-drēore wēol;
            dēað-fǣge dēog,    siððan drēama lēas
            in fen-freoðo    feorh ālegde
            hǣðene sāwle,     þǣr him hel onfēng.
            Þanon eft gewiton    eald-gesīðas,
855         swylce geong manig    of gomen-wāðe,
            fram mere mōdge,    mēarum rīdan,
            beornas on blancum.    Þǣr wæs Bēowulfes
            mǣrðo mǣned;    monig oft gecwǣð,
            þǣtte sūð nē norð    be sǣm tweonum
860         ofer eormen-grund    ōðer nǣnig
            under swegles begong    sēlra nǣre
            rond-hæbbendra,    rīces wyrðra.
            Nē hīe hūru wine-drihten    wiht ne lōgon,
            glǣdne Hrōðgār,    ac þæt wæs gōd cyning.
865         Hwīlum heaðo-rōfe    hlēapan lēton,
            on geflīt faran    fealwe mēaras,
            þǣr him fold-wegas    fǣgere þūhton,
            cystum cūðe;    hwīlum cyninges þegn,
            guma gilp-hlǣden    gidda gemyndig,
```

870	sē þe eal-fela eald-gesegena
	worn gemunde, word ōðer fand
	sōðe gebunden: secg eft ongan
	sīð Bēowulfes snyttrum styrian
	and on spēd wrecan spel gerāde,
875	wordum wrixlan, wēl-hwylc gecwǣð,
	þæt hē fram Sigemunde secgan hȳrde,
	ellen-dǣdum, uncūðes fela,
	Wǣlsinges gewin, wīde sīðas,
	þāra þe gumena bearn gearwe ne wiston,
880	fǣhðe and fyrene, būton Fitela mid hine,
	þonne hē swylces hwæt secgan wolde
	ēam his nefan, swā hīe ā wǣron
	æt nīða gehwām nȳd-gesteallan:
	hæfdon eal-fela eotena cynnes
885	sweordum gesǣged. Sigemunde gesprong
	æfter dēað-dæge dōm unlȳtel,
	syððan wīges heard wyrm ācwealde,
	hordes hyrde; hē under hārne stān,
	æðelinges bearn, āna genēðde
890	frēcne dǣde; ne wæs him Fitela mid.
	Hwæðre him gesǣlde, þæt þæt swurd þurhwōd
	wrǣtlīcne wyrm, þæt hit on wealle ætstōd,
	dryhtlīc īren; draca morðre swealt.
	Hæfde āglǣca elne gegongen,
895	þæt hē bēah-hordes brūcan mōste
	selfes dōme: sǣ-bāt gehlōd,
	bǣr on bearm scipes beorhte frætwa,
	Wǣlses eafera; wyrm hāt gemealt.
	Sē wæs wreccena wīde mǣrost
900	ofer wer-þēode, wīgendra hlēo
	ellen-dǣdum: hē þæs āron þāh.
	Siððan Heremōdes hild sweðrode
	eafoð and ellen. Hē mid eotenum wearð
	on fēonda geweald forð forlācen,
905	snūde forsended. Hine sorh-wylmas
	lemede tō lange, hē his lēodum wearð,
	eallum æðelingum tō aldor-ceare;
	swylce oft bemearn ærran mǣlum
	swīð-ferhðes sīð snotor ceorl monig,
910	sē þe him bealwa tō bōte gelȳfde,
	þæt þæt þēodnes bearn geþēon scolde,

        fæder-æðelum onfōn,   folc gehealdan,
        hord and hlēo-burh,   hæleða rīce,
        ēðel Scyldinga.   Hē þǣr eallum wearð,
915   mǣg Higelāces   manna cynne,
        frēondum gefǣgra;   hine fyren onwōd.

        Hwīlum flītende   fealwe strǣte
        mēarum mǣton.   Þā wæs morgen-lēoht
        scofen and scynded.   Ēode scealc monig
920   swīð-hicgende   tō sele þām hēan,
        searo-wundor sēon,   swylce self cyning,
        of brȳd-būre   bēah-horda weard,
        tryddode tīr-fæst   getrume micle,
        cystum gecȳðed,   and his cwēn mid him
925   medo-stīg gemǣt   mǣgða hōse.

XV. HROTHGAR'S GRATULATION.

        Hrōðgār maðelode   (hē tō healle gēong,
        stōd on stapole,   geseah stēapne hrōf
        golde fāhne   and Grendles hond):
        "þisse ansȳne   al-wealdan þanc
930   "lungre gelimpe!   Fela ic lāðes gebād,
        "grynna æt Grendle: ā mæg god wyrcan
        "wunder æfter wundre,   wuldres hyrde!
        "Þæt wæs ungeāra,   þæt ic ǣnigra mē
        "wēana ne wēnde   tō wīdan feore
935   "bōte gebīdan   þonne blōde fāh
        "hūsa sēlest   heoro-drēorig stōd;
        "wēa wīd-scofen   witena gehwylcne
        "þāra þe ne wēndon,   þæt hīe wīde-ferhð
        "lēoda land-geweorc   lāðum beweredon
940   "scuccum and scinnum.   Nū scealc hafað
        "þurh drihtnes miht   dǣd gefremede,
        "þē wē ealle   ǣr ne meahton
        "snyttrum besyrwan.   Hwæt! þæt secgan mæg
        "efne swā hwylc mǣgða,   swā þone magan cende
945   "æfter gum-cynnum,   gyf hēo gȳt lyfað,
        "þæt hyre eald-metod   ēste wǣre
        "bearn-gebyrdo.   Nū ic Bēowulf
        "þec, secg betsta,   mē for sunu wylle

```
            "frēogan on ferhðe;    heald forð tela
950     "nīwe sibbe.    Ne bið þē nǣnigra gād
        "worolde wilna,    þē ic geweald hǣbbe.
        "Ful-oft ic for lǣssan    lēan teohhode
        "hord-weorðunge    hnāhran rince,
        "sǣmran ǣt sǣcce.    Þū þē self hafast
955     "dǣdum gefremed,    þæt þīn dōm lyfað
        "āwa tō aldre.    Alwalda þec
        "gōde forgylde,    swā hē nū gȳt dyde!"
        Bēowulf maðelode,    bearn Ecgþēowes:
        "Wē þæt ellen-weorc    ēstum miclum,
960     "feohtan fremedon,    frēcne genēðdon
        "eafoð uncūðes;    ūðe ic swīðor,
        "þæt þū hinc selfne    gesēon mōste,
        "fēond on frǣtewum    fyl-wērigne!
        "Ic hine hrǣdlīce    heardan clammum
965     "on wæl-bedde    wrīðan þōhte,
        "þæt hē for mund-gripe    mīnum scolde
        "licgean līf-bysig,    būtan his līc swice;
        "ic hine ne mihte,    þā metod nolde,
        "ganges getwǣman,    nō ic him þæs georne ætfealh,
970     "feorh-genīðlan;    wæs tō fore-mihtig
        "fēond on fēðe.    Hwǣðere hē his folme forlēt
        "tō līf-wraðe    lāst weardian,
        "earm and eaxle;    nō þǣr ǣnige swā þēah
        "fēa-sceaft guma    frōfre gebohte:
975     "nō þȳ leng leofað    lāð-getēona
        "synnum geswenced,    ac hyne sār hafað
        "in nȳd-gripe    nearwe befongen,
        "balwon bendum:    þǣr ābīdan sceal
        "maga māne fāh    miclan dōmes,
980     "hū him scīr metod    scrīfan wille."
        Þā wæs swīgra secg,    sunu Ecglāfes,
        on gylp-sprǣce    gūð-geweorca,
        siððan æðelingas    eorles cræfte
        ofer hēahne hrōf    hand scēawedon,
985     fēondes fingras,    foran ǣghwylc;
        wæs stēde nægla gehwylc,    stȳle gelīcost,
        hǣðenes hand-sporu    hilde-rinces
        egle unhēoru;    ǣg-hwylc gecwǣð,
        þæt him heardra nān    hrīnan wolde
990     īren ǣr-gōd,    þæt þæs āhlǣcan
```

blōdge beadu-folme   onberan wolde.

XVI. THE BANQUET AND THE GIFTS.

        Þā wæs hāten hreðe   Heort innan-weard
        folmum gefrætwod: fela þæra wæs
        wera and wīfa,   þē þæt wīn-reced,
995   gest-sele gyredon.   Gold-fāg scinon
        web æfter wāgum,   wundor-sīona fela
        secga gehwylcum   þāra þe on swylc starað
        Wæs þæt beorhte bold   tōbrocen swīðe
        eal inne-weard   īren-bendum fæst,
1000 heorras tōhlidene;   hrōf āna genæs
        ealles ansund,   þā se āglæca
        fyren-dædum fāg   on flēam gewand,
        aldres or-wēna.   Nō þæt ȳðe byð
        tō beflēonne   (fremme sē þe wille!)
1005 ac gesacan sceal   sāwl-berendra
        nȳde genȳdde   nīðða bearna
        grund-būendra   gearwe stōwe,
        þǣr his līc-homa   leger-bedde fæst
        swefeð æfter symle.   Þā wæs sæl and mæl,
1010 þæt tō healle gang   Healfdenes sunu;
        wolde self cyning   symbel þicgan.
        Ne gefrægen ic þā mægðe   māran weorode
        ymb hyra sinc-gyfan   sēl gebǣran.
        Bugon þā tō bence   blǣd-āgende,
1015 fylle gefǣgon.   Fǣgere geþǣgon
        medo-ful manig   māgas þāra
        swīð-hicgende   on sele þām hēan,
        Hrōðgār and Hrōðulf.   Heorot innan wæs
        frēondum āfylled;   nalles fācen-stafas
1020 Þēod-Scyldingas   þenden fremedon.
        Forgeaf þā Bēowulfe   bearn Healfdenes
        segen gyldenne   sigores tō lēane,
        hroden hilte-cumbor,   helm and byrnan;
        mǣre māððum-sweord   manige gesāwon
1025 beforan beorn beran.   Bēowulf geþah
        ful on flette;   nō hē þǣre feoh-gyfte
        for scēotendum   scamigan þorfte,
        ne gefrægn ic frēondlīcor   fēower mādmas

```
               golde gegyrede      gum-manna fela
1030   in ealo-bence       ōðrum gesellan.
       Ymb þæs helmes hrōf      hēafod-beorge
       wīrum bewunden      walan ūtan hēold,
       þæt him fēla lāfe      frēcne ne meahton
       scūr-heard sceððan,      þonne scyld-freca
1035   ongēan gramum      gangan scolde.
       Heht þā eorla hlēo      eahta mēaras,
       fæted-hlēore,      on flet tēon
       in under eoderas;      þāra ānum stōd
       sadol searwum fāh      since gewurðad,
1040   þæt wæs hilde-setl      hēah-cyninges,
       þonne sweorda gelāc      sunu Healfdenes
       efnan wolde;      næfre on ōre læg
       wīd-cūðes wīg,      þonne walu fēollon.
       And þā Bēowulfe      bēga gehwæðres
1045   eodor Ingwina      onweald getēah,
       wicga and wæpna;      hēt hine wēl brūcan.
       Swā manlīce      mære þēoden,
       hord-weard hæleða      heaðo-ræsas geald
       mēarum and mādmum,      swā hȳ næfre man lyhð,
1050   sē þe secgan wile      sōð æfter rihte.
```

XVII. SONG OF HROTHGAR'S POET-THE LAY OF HNAEF AND HENGEST.

```
       Þā gȳt æghwylcum      eorla drihten
       þāra þe mid Bēowulfe      brim-lāde tēah,
       on þære medu-bence      māððum gesealde,
       yrfe-lāfe,      and þone ænne heht
1055   golde forgyldan,      þone þe Grendel ær
       māne ācwealde,      swā hē hyra mā wolde,
       nefne him wītig god      wyrd forstōde
       and þæs mannes mōd:      metod eallum wēold
       gumena cynnes,      swā hē nū gīt dēð;
1060   forþan bið andgit      æghwær sēlest,
       ferhðes fore-þanc!      fela sceal gebīdan
       lēofes and lāðes,      sē þe longe hēr
       on þyssum win-dagum      worolde brūceð.
       Þær wæs sang and swēg      samod ætgædere
1065   fore Healfdenes      hilde-wīsan,
       gomen-wudu grēted,      gid oft wrecen,
```

   þonne heal-gamen Hrōðgāres scop
   æfter medo-bence mǣnan scolde
   Finnes eaferum, þā hīe se fǣr begeat:
1070 "Hǣleð Healfdenes, Hnǣf Scyldinga,
   "in Fr..es wǣle feallan scolde.
   "Nē hūru Hildeburh herian þorfte
   "Eotena trēowe: unsynnum wearð
   "beloren lēofum æt þām lind-plegan
1075 "bearnum and brōðrum; hīe on gebyrd hruron
   "gāre wunde; þæt wæs geōmuru ides.
   "Nalles hōlinga Hōces dōhtor
   "meotod-sceaft bemearn, syððan morgen cōm,
   "þā hēo under swegle gesēon meahte
1080 "morðor-bealo māga, þǣr hēo ǣr mǣste hēold
   "worolde wynne: wīg ealle fornam
   "Finnes þegnas, nemne fēaum ānum,
   "þæt hē ne mehte on þǣm meðel-stede
   "wīg Hengeste wiht gefeohtan,
1085 "nē þā wēa-lāfe wīge forþringan
   "þōodnes þegne; ac hig him geþingo budon,
   "þæt hīe him ōðer flet eal gerȳmdon,
   "healle and hēah-setl, þæt hīe healfre geweald
   "wið Eotena bearn āgan mōston,
1090 "and æt feoh-gyftum Folcwaldan sunu
   "dōgra gehwylce Dene weorðode,
   "Hengestes hēap hringum wenede,
   "efne swā swīðe sinc-gestrēonum
   "fǣttan goldes, swā hē Frēsena cyn
1095 "on bēor-sele byldan wolde.
   "Þā hīe getruwedon on twā healfa
   "fæste frioðu-wǣre; Fin Hengeste
   "elne unflitme āðum benemde,
   "þæt hē þā wēa-lāfe weotena dōme
1100 "ārum heolde, þæt þǣr ǣnig mon
   "wordum nē worcum wǣre ne brǣce,
   "nē þurh inwit-searo ǣfre gemǣnden,
   "þēah hīe hira bēag-gyfan banan folgedon
   "þēoden-lēase, þā him swā geþearfod wæs:
1105 "gyf þonne Frȳsna hwylc frēcnan sprǣce
   "þæs morðor-hetes myndgiend wǣre,
   "þonne hit sweordes ecg syððan scolde.
   "Āð wæs geæfned and icge gold

```
           "āhæfen of horde.   Here-Scyldinga
1110   "betst beado-rinca    wæs on bæl gearu;
       "æt þæm āde wæs      ēð-gesȳne
       "swāt-fāh syrce,    swȳn eal-gylden,
       "eofer īren-heard,   æðeling manig
       "wundum āwyrded;   sume on wæle crungon.
1115   "Hēt þā Hildeburh    æt Hnæfes āde
       "hire selfre sunu    sweoloðe befæstan,
       "bān-fatu bærnan    and on bæl dōn.
       "Earme on eaxle    ides gnornode,
       "geōmrode giddum;   gūð-rinc āstāh.
1120   "Wand tō wolcnum    wæl-fȳra mæst,
       "hlynode for hlāwe;   hafelan multon,
       "ben-geato burston,   þonne blōd ætspranc
       "lāð-bite līces.   Līg ealle forswealg,
       "gæsta gīfrost,    þāra þe þær gūð fornam
1125   "bēga folces;    wæs hira blæd scacen.
```

XVIII. THE GLEEMAN'S TALE IS ENDED.

```
       "Gewiton him þā wīgend    wīca nēosian,
       "frēondum befeallen    Frȳsland gesēon,
       "hāmas and hēa-burh.   Hengest þā gȳt
       "wæl-fāgne winter    wunode mid Finne
1130   "ealles unhlitme;    eard gemunde,
       "þēah þe hē ne meahte    on mere drīfan
       "hringed-stefnan;    holm storme wēol,
       "won wið winde;    winter ȳðe belēac
       "īs-gebinde    oð þæt ōðer cōm
1135   "gēar in geardas,    swā nū gȳt dēð,
       "þā þe syngales    sēle bewitiað,
       "wuldor-torhtan weder.   Þā wæs winter scacen,
       "fæger foldan bearm;   fundode wrecca,
       "gist of geardum;   hē tō gyrn-wræce
1140   "swīðor þōhte,    þonne tō sæ-lāde,
       "gif hē torn-gemōt    þurhtēon mihte,
       "þæt hē Eotena bearn    inne gemunde.
       "Swā hē ne forwyrnde    worold-rædenne,
       "þonne him Hūnlāfing    hilde-lēoman,
1145   "billa sēlest,    on bearm dyde:
       "þæs wæron mid Eotenum    ecge cūðe.
```

"Swylce ferhð-frecan   Fin eft begeat
"sweord-bealo slīðen   æt his selfes hām,
"siððan grimne gripe   Gūðlaf ond Ōslāf
1150 "æfter sæ-sīðe   sorge mændon,
"ætwiton wēana dæl;   ne meahte wæfre mōd
"forhabban in hreðre.   Þā wæs heal hroden
"fēonda fēorum,   swilce Fin slægen,
"cyning on corðre,   and sēo cwēn numen.
1155 "Scēotend Scyldinga   tō scypum feredon
"eal in-gesteald   eorð-cyninges,
"swylce hīe æt Finnes hām   findan meahton
"sigla searo-gimma.   Hīe on sæ-lāde
"drihtlīce wīf   tō Denum feredon,
1160 "læddon tō lēodum."   Lēoð wæs āsungen,
glēo-mannes gyd.   Gamen eft āstāh,
beorhtode benc-swēg,   byrelas sealdon
wīn of wunder-fatum.   Þā cwōm Wealhþēo forð
gān under gyldnum bēage,   þær þā gōdan twēgen
1165 sæton suhter-gefæderan;   þā gȳt wæs hiera sib ætgædere
æghwylc ōðrum trȳwe.   Swylce þær Unferð þyle
æt fōtum sæt frēan Scyldinga: gehwylc hiora his ferhðe trēowde,
þæt hē hæfde mōd micel,   þēah þe hē his māgum nære
ārfæst æt ecga gelācum.   Spræc þā ides Scyldinga:
1170 "Onfōh þissum fulle,   frēo-drihten mīn,
"sinces brytta;   þū on sælum wes,
"gold-wine gumena,   and tō Gēatum sprec
"mildum wordum!   Swā sceal man dōn.
"Bēo wið Gēatas glæd,   geofena gemyndig;
1175 "nēan and feorran   þū nū friðu hafast.
"Mē man sægde,   þæt þū þē for sunu wolde
"here-rinc habban.   Heorot is gefælsod,
"bēah-sele beorhta;   brūc þenden þū mōte
"manigra mēda   and þīnum māgum læf
1180 "folc and rīce,   þonne þū forð scyle
"metod-sceaft sēon.   Ic mīnne can
"glædne Hrōðulf,   þæt hē þā geogoðe wile
"ārum healdan,   gyf þū ær þonne hē,
"wine Scildinga,   worold oflætest;
1185 "wēne ic, þæt hē mid gōde   gyldan wille
"uncran eaferan,   gif hē þæt eal gemon,
"hwæt wit tō willan   and tō worð-myndum
"umbor wesendum ær   ārna gefremedon."

>   Hwearf þā bī bence,   þǣr hyre byre wǣron,
> 1190   Hrēðrīc and Hrōðmund,   and hæleða bearn,
>   giogoð ætgædere;   þǣr se gōda sæt
>   Bēowulf Gēata   be þǣm gebrōðrum twǣm.

XIX. BĒOWULF'S JEWELLED COLLAR. THE HEROES REST.

>   Him wæs ful boren   and frēond-laðu
>   wordum bewǣgned   and wunden gold
> 1195   ēstum geēawed,   earm-hrēade twā,
>   hrægl and hringas,   heals-bēaga mǣst
>   þāra þe ic on foldan   gefrægen hæbbe.
>   Nǣnigne ic under swegle   sēlran hȳrde
>   hord-māððum hæleða,   syððan Hāma ætwæg
> 1200   tō þǣre byrhtan byrig   Brōsinga mene,
>   sigle and sinc-fæt,   searo-nīðas fealh
>   Eormenrīces,   gecēas ēcne rǣd.
>   Þone hring hæfde   Higelāc Gēata,
>   nefa Swertinges,   nȳhstan sīðe,
> 1205   siððan hē under segne   sinc ealgode,
>   wæl-rēaf werede;   hyne Wyrd fornam,
>   syððan hē for wlenco   wēan āhsode,
>   fǣhðe tō Frȳsum;   hē þā frǣtwe wæg,
>   eorclan-stānas   ofer ȳða ful,
> 1210   rīce þēoden,   hē under rande gecranc;
>   gehwearf þā in Francna fæðm   feorh cyninges,
>   brēost-gewǣdu   and se bēah somod:
>   wyrsan wīg-frecan   wæl rēafedon
>   æfter gūð-sceare,   Gēata lēode
> 1215   hreā-wīc hēoldon.   Heal swēge onfēng.
>   Wealhþēo maðelode,   hēo fore þǣm werede sprǣc:
>   "Brūc þisses bēages,   Bēowulf, lēofa
>   "hyse, mid hǣle,   and þisses hrægles nēot
>   "þēod-gestrēona,   and geþēoh tela,
> 1220   "cen þec mid cræfte   and þyssum cnyhtum wes
>   "lāra līðe!   ic þē þæs lēan geman.
>   "Hafast þū gefēred,   þæt þē feor and nēah
>   "ealne wīde-ferhð   weras ehtigað,
>   "efne swā sīde   swā sǣ bebūgeð
> 1225   "windige weallas.   Wes, þenden þū lifige,
>   "æðeling ēadig!   ic þē an tela

```
         "sinc-gestrēona.    Bēo þū suna mīnum
         "dǣdum gedēfe    drēam healdende!
         "Hēr is ǣghwylc eorl    ōðrum getrȳwe,
1230     "mōdes milde,    man-drihtne hold,
         "þegnas syndon geþwǣre,    þēod eal gearo:
         "druncne dryht-guman,    dōð swā ic bidde!"
         Ēode þā tō setle.    Þǣr wæs symbla cyst,
         druncon wīn weras:    wyrd ne cūðon,
1235     geō-sceaft grimme,    swā hit āgangen wearð
         eorla manegum,    syððan ǣfen cwōm
         and him Hrōðgār gewāt    tō hofe sīnum,
         rīce tō rǣste.    Reced weardode
         unrīm eorla,    swā hīe oft ǣr dydon:
1240     benc-þelu beredon,    hit geond-brǣded wearð
         beddum and bolstrum.    Bēor-scealca sum
         fūs and fǣge    flet-rǣste gebēag.
         Setton him tō hēafdum    hilde-randas,
         bord-wudu beorhtan;    þǣr on bence wæs
1245     ofer ǣðelinge    ȳð-gesēne
         heaðo-stēapa helm,    hringed byrne,
         þrec-wudu þrymlīc.    Wæs þēaw hyra,
         þæt hīe oft wæron    an wīg gearwe,
         gē æt hām gē on herge,    gē gehwǣðer þāra
1250     efne swylce mǣla,    swylce hira man-dryhtne
         þearf gesǣlde;    wæs sēo þēod tilu.
```

XX. GRENDEL'S MOTHER ATTACKS THE RING-DANES.

```
         Sigon þā tō slǣpe.    Sum sāre angeald
         ǣfen-rǣste,    swā him ful-oft gelamp,
         siððan gold-sele    Grendel warode,
1255     unriht ǣfnde,    oð þæt ende becwōm,
         swylt æfter synnum.    Þæt gesȳne wearð,
         wīd-cūð werum,    þætte wrecend þā gȳt
         lifde æfter lāðum,    lange þrāge
         æfter gūð-ceare;    Grendles mōdor,
1260     ides āglǣc-wīf    yrmðe gemunde,
         sē þe wæter-egesan    wunian scolde,
         cealde strēamas,    siððan Cain wearð
         tō ecg-banan    āngan brēðer,
         fæderen-mǣge;    hē þā fāg gewāt,
```

```
1265    morðre gemearcod    man-dream fleon,
        westen warode.   Þanon wōc fela
        geōsceaft-gāsta;    wæs þæra Grendel sum,
        heoro-wearh hetelīc,    sē æt Heorote fand
        wæccendne wer    wīges bīdan,
1270    þær him āglæca    æt-græpe wearð;
        hwæðre hē gemunde    mægenes strenge,
        gim-fæste gife,    þē him god sealde,
        and him tō anwaldan    āre gelȳfde,
        frōfre and fultum:    þȳ hē þone fēond ofercwōm,
1275    gehnægde helle gāst:    þā hē hēan gewāt,
        drēame bedæled    dēað-wīc sēon,
        man-cynnes fēond.    And his mōdor þā gȳt
        gīfre and galg-mōd    gegān wolde
        sorh-fulne sīð,    suna dēað wrecan.
1280    Cōm þā tō Heorote,    þær Hring-Dene
        geond þæt sæld swæfun.    Þā þær sōna wearð
        ed-hwyrft eorlum,    siððan inne fealh
        Grendles mōdor;    wæs se gryre læssa
        efne swā micle,    swā bið mægða cræft,
1285    wīg-gryre wīfes    be wæpned-men,
        þonne heoru bunden,    hamere geþuren,
        sweord swāte fāh    swīn ofer helme,
        ecgum dyhtig    andweard scireð.
        Þā wæs on healle    heard-ecg togen,
1290    sweord ofer setlum,    sīd-rand manig
        hafen handa fæst;    helm ne gemunde,
        byrnan sīde,    þe hine se brōga angeat.
        Hēo wæs on ofste,    wolde ūt þanon
        fēore beorgan,    þā hēo onfunden wæs;
1295    hraðe hēo æðelinga    ānne hæfde
        fæste befangen,    þā hēo tō fenne gang;
        sē wæs Hrōðgāre    hæleða lēofost
        on gesīðes hād    be sæm tweonum,
        rīce rand-wiga,    þone þe hēo on ræste ābrēat,
1300    blæd-fæstne beorn.    Næs Bēowulf þær,
        ac wæs ōðer in    ær geteohhod
        æfter māððum-gife    mærum Gēate.
        Hrēam wearð on Heorote.    Hēo under heolfre genam
        cūðe folme;    cearu wæs genīwod
1305    geworden in wīcum:    ne wæs þæt gewrixle til,
        þæt hīe on bā healfa    bicgan scoldon
```

	frēonda fēorum. Þā wæs frōd cyning,
	hār hilde-rinc, on hrēon mōde,
	syððan hē aldor-þegn unlyfigendne,
1310	þone dēorestan dēadne wisse.
	Hraðe wæs tō būre Bēowulf fetod,
	sigor-ēadig secg. Samod ǣr-dæge
	ēode eorla sum, æðele cempa
	self mid gesīðum, þǣr se snottra bād,
1315	hwæðre him al-walda ǣfre wille
	æfter wēa-spelle wyrpe gefremman.
	Gang þā æfter flōre fyrd-wyrðe man
	mid his hand-scale (heal-wudu dynede)
	þæt hē þone wīsan wordum hnægde
1320	frēan Ingwina; frægn gif him wǣre
	æfter nēod-laðu niht getǣse.

XXI. SORROW AT HEOROT: AESCHERE'S DEATH

	Hrōðgār maðelode, helm Scildinga:
	"Ne frīn þū æfter sǣlum! Sorh is genīwod
	"Denigea lēodum. Dēad is æsc-here,
1325	"Yrmenlāfes yldra brōðor,
	"mīn rūn-wita and mīn rǣd-bora,
	"eaxl-gestealla, þonne wē on orlege
	"hafelan weredon, þonne hniton fēðan,
	"eoferas cnysedan; swylc scolde eorl wesan
1330	"æðeling ǣr-gōd, swylc æsc-here wæs.
	"Wearð him on Heorote tō hand-banan
	"wæl-gǣst wǣfre; ic ne wāt hwæder
	"atol ǣse wlanc eft-sīðas tēah,
	"fylle gefrægnod. Hēo þā fǣhðe wræc,
1335	"þē þū gystran niht Grendel cwealdest
	"þurh hǣstne hād heardum clammum,
	"forþan hē tō lange lēode mīne
	"wanode and wyrde. Hē æt wīge gecrang
	"ealdres scyldig, and nū ōðer cwōm
1340	"mihtig mān-scaða, wolde hyre mǣg wrecan,
	"gē feor hafað fǣhðe gestǣled,
	"þæs þe þincean mæg þegne monegum,
	"sē þe æfter sinc-gyfan on sefan grēoteð,
	"hreðer-bealo hearde; nū sēo hand ligeð,

1345	"sē þe ēow wēl-hwylcra wilna dohte.
	"Ic þæt lond-būend lēode mīne
	"sele-rædende secgan hȳrde,
	"þæt hīe gesāwon swylce twēgen
	"micle mearc-stapan mōras healdan,
1350	"ellor-gæstas: þæra ōðer wæs,
	"þæs þe hīe gewislīcost gewitan meahton,
	"idese onlīcnes, ōðer earm-sceapen
	"on weres wæstmum wræc-lāstas træd,
	"næfne hē wæs māra þonne ænig man ōðer,
1355	"þone on geār-dagum Grendel nemdon
	"fold-būende: nō hīe fæder cunnon,
	"hwæðer him ænig wæs ær ācenned
	"dyrnra gāsta. Hīe dȳgel lond
	"warigeað, wulf-hleoðu, windige næssas,
1360	"frēcne fen-gelād, þær fyrgen-strēam
	"under næssa genipu niðer gewīteð,
	"flōd under foldan; nis þæt feor heonon
	"mīl-gemearces, þæt se mere standeð,
	"ofer þæm hongiað hrīmge bearwas,
1365	"wudu wyrtum fæst, wæter oferhelmað.
	"Þær mæg nihta gehwæm nīð-wundor sēon,
	"fȳr on flōde; nō þæs frōd leofað
	"gumena bearna, þæt þone grund wite;
	"þēah þe hæð-stapa hundum geswenced,
1370	"heorot hornum trum holt-wudu sēce,
	"feorran geflȳmed, ær hē feorh seleð,
	"aldor on ōfre, ær hē in wille,
	"hafelan hȳdan. Nis þæt hēoru stōw:
	"þonon ȳð-geblond up āstīgeð
1375	"won tō wolcnum, þonne wind styreð
	"lāð gewidru, oð þæt lyft drysmað,
	"roderas rēotað. Nū is ræd gelang
	"eft æt þē ānum! Eard gīt ne const,
	"frēcne stōwe, þær þū findan miht
1380	"sinnigne secg: sēc gif þū dyrre!
	"Ic þē þā fæhðe fēo lēanige,
	"eald-gestrēonum, swā ic ær dyde,
	"wundnum golde, gyf þū on weg cymest."

XXII. BĒOWULF SEEKS THE MONSTER IN THE HAUNTS OF THE NIXIES.

        Bēowulf maðelode,   bearn Ecgþēowes:
1385   "Ne sorga, snotor guma!   sēlre bið ǣghwǣm,
      "þæt hē his frēond wrece,   þonne hē fela murne;
      "ūre ǣghwylc sceal   ende gebīdan
      "worolde līfes;   wyrce sē þe mōte
      "dōmes ǣr dēaðe!   þæt bið driht-guman
1390   "unlifgendum   ǣfter sēlest.
      "Ārīs, rīces weard;   uton hraðe fēran,
      "Grendles māgan   gang scēawigan!
      "Ic hit þē gehāte: nō hē on helm losað,
      "nē on foldan fæðm,   nē on fyrgen-holt,
1395   "nē on gyfenes grund,   gā þǣr hē wille.
      "Þȳs dōgor þū   geþyld hafa
      "wēana gehwylces,   swā ic þē wēne tō!"
      Āhlēop þā se gomela,   gode þancode,
      mihtigan drihtne,   þæs se man gesprǣc.
1400   Þā wæs Hrōðgāre   hors gebǣted,
      wicg wunden-feax.   Wīsa fengel
      geatolīc gengde;   gum-fēða stōp
      lind-hæbbendra.   Lāstas wǣron
      æfter wald-swaðum   wīde gesȳne,
1405   gang ofer grundas;   gegnum fōr þā
      ofer myrcan mōr,   mago-þegna bǣr
      þone sēlestan   sāwol-lēasne,
      þāra þe mid Hrōðgāre   hām eahtode.
      Ofer-ēode þā   ǣðelinga bearn
1410   stēap stān-hliðo,   stīge nearwe,
      enge ān-paðas,   un-cūð gelād,
      neowle nǣssas,   nicor-hūsa fela;
      hē fēara sum   beforan gengde
      wīsra monna,   wong scēawian,
1415   oð þæt hē fǣringa   fyrgen-bēamas
      ofer hārne stān   hleonian funde,
      wyn-lēasne wudu;   wæter under stōd
      drēorig and gedrēfed.   Denum eallum wæs,
      winum Scyldinga,   weorce on mōde,
1420   tō geþolianne   þegne monegum,
      oncȳð eorla gehwǣm,   syððan æsc-heres
      on þām holm-clife   hafelan mētton.
      Flōd blōde wēol   (folc tō sǣgon)

```
              hātan heolfre.    Horn stundum song
1425    fūslīc fyrd-lēoð.    Fēða eal gesæt;
        gesāwon þā æfter wætere    wyrm-cynnes fela,
        sellīce sæ-dracan    sund cunnian,
        swylce on næs-hleoðum    nicras licgean,
        þā on undern-mæl    oft bewitigað
1430    sorh-fulne sīð    on segl-rāde,
        wyrmas and wil-dēor;    hīe on weg hruron
        bitere and gebolgne,    bearhtm ongeāton,
        gūð-horn galan.    Sumne Gēata lēod
        of flān-bogan    fēores getwæfde,
1435    ȳð-gewinnes,    þæt him on aldre stōd
        here-stræl hearda;    hē on holme wæs
        sundes þē sænra,    þē hyne swylt fornam.
        Hræðe wearð on ȳðum    mid eofer-sprēotum
        heoro-hōcyhtum    hearde genearwod,
1440    nīða genæged    and on næs togen
        wundorlīc wæg-bora;    weras scēawedon
        gryrelīcne gist.    Gyrede hine Bēowulf
        eorl-gewædum,    nalles for ealdre mearn:
        scolde here-byrne    hondum gebrōden,
1445    sīd and searo-fāh,    sund cunnian,
        sēo þe bān-cofan    beorgan cūðe,
        þæt him hilde-grāp    hreðre ne mihte,
        eorres inwit-feng,    aldre gesceððan;
        ac se hwīta helm    hafelan werede,
1450    sē þe mere-grundas    mengan scolde,
        sēcan sund-gebland    since geweorðad,
        befongen frēa-wrāsnum,    swā hine fyrn-dagum
        worhte wæpna smið,    wundrum tēode,
        besette swīn-līcum,    þæt hine syððan nō
1455    brond nē beado-mēcas    bītan ne meahton.
        Næs þæt þonne mætost    mægen-fultuma,
        þæt him on þearfe lāh    þyle Hrōðgāres;
        wæs þæm hæft-mēce    Hrunting nama,
        þæt wæs ān foran    eald-gestrēona;
1460    ecg wæs īren    āter-tēarum fāh,
        āhyrded heaðo-swāte;    næfre hit æt hilde ne swāc
        manna ængum    þāra þe hit mid mundum bewand,
        sē þe gryre-sīðas    gegān dorste,
        folc-stede fāra;    næs þæt forma sīð,
1465    þæt hit ellen-weorc    æfnan scolde.
```

```
       Hūru ne gemunde      mago Ecglāfes
       eafoðes cræftig,     þæt hē ær gespræc
       wīne druncen,     þā hē þæs wæpnes onlāh
       sēlran sweord-frecan:     selfa ne dorste
1470   under ȳða gewin     aldre genēðan,
       driht-scype drēogan;     þær hē dōme forlēas,
       ellen-mærðum.     Ne wæs þæm ōðrum swā,
       syððan hē hine tō gūðe     gegyred hæfde.
```

XXIII. THE BATTLE WITH THE WATER-DRAKE.

```
       Bēowulf maðelode,     bearn Ecgþēowes:
1475   "geþenc nū, se mæra     maga Healfdenes,
       "snottra fengel,     nū ic eom sīðes fūs,
       "gold-wine gumena,     hwæt wit geō spræcon,
       "gif ic æt þearfe     þīnre scolde
       "aldre linnan,     þæt þū mē ā wære
1480   "forð-gewitenum     on fæder stæle;
       "wes þū mund-bora mīnum     mago-þegnum,
       "hond-gesellum,     gif mec hild nime:
       "swylce þū þā mādmas,     þē þū mē sealdest,
       "Hrōðgār lēofa,     Higelāce onsend.
1485   "Mæg þonne on þæm golde ongitan     Gēata dryhten,
       "gesēon sunu Hrēðles,     þonne hē on þæt sinc staraþ,
       "þæt ic gum-cystum     gōdne funde
       "bēaga bryttan,     brēac þonne mōste.
       "And þū Unferð læt     ealde lāfe,
1490   "wrætlīc wæg-sweord     wīd-cūðne man
       "heard-ecg habban;     ic mē mid Hruntinge
       "dōm gewyrce,     oððe mec dēað nimeð."
       æfter þæm wordum     Weder-Gēata lēod
       efste mid elne,     nalas andsware
1495   bīdan wolde;     brim-wylm onfēng
       hilde-rince.     Þā wæs hwīl dæges,
       ær hē þone grund-wong     ongytan mehte.
       Sōna þæt onfunde,     sē þe flōda begong
       heoro-gīfre behēold     hund missēra,
1500   grim and grædig,     þæt þær gumena sum
       æl-wihta eard     ufan cunnode.
       Grāp þā tōgēanes,     gūð-rinc gefēng
       atolan clommum;     nō þȳ ær in gescōd
```

       hālan līce: hring ūtan ymb-bearh,
1505 þæt hēo þone fyrd-hom   þurh-fōn ne mihte,
       locene leoðo-syrcan   lāðan fingrum.
       Bǣr þā sēo brim-wylf,   þā hēo tō botme cōm,
       hringa þengel   tō hofe sīnum,
       swā hē ne mihte nō   (hē þæs mōdig wæs)
1510 wǣpna gewealdan,   ac hine wundra þæs fela
       swencte on sunde,   sǣ-dēor monig
       hilde-tūxum   here-syrcan brǣc,
       ēhton āglǣcan.   Þā se eorl ongeat,
       þæt hē in nið-sele   nāt-hwylcum wæs,
1515 þǣr him nǣnig wæter   wihte ne sceðede,
       nē him for hrōf-sele   hrīnan ne mehte
       fǣr-gripe flōdes: fȳr-lēoht geseah,
       blācne lēoman   beorhte scīnan.
       Ongeat þā se gōda   grund-wyrgenne,
1520 mere-wīf mihtig;   mægen-rǣs forgeaf
       hilde-bille,   hond swenge ne oftēah,
       þæt hire on hafelan   hring-mǣl āgōl
       grǣdig gūð-lēoð.   Þā se gist onfand,
       þæt se beado-lēoma   bītan nolde,
1525 aldre sceððan,   ac sēo ecg geswāc
       þēodne æt þearfe: þolode ǣr fela
       hond-gemōta,   helm oft gescǣr,
       fǣges fyrd-hrægl: þæt wæs forma sīð
       dēorum māðme,   þæt his dōm ālæg.
1530 Eft wæs ān-rǣd,   nalas elnes læt,
       mǣrða gemyndig   mǣg Hygelāces;
       wearp þā wunden-mǣl   wrǣttum gebunden
       yrre ōretta,   þæt hit on eorðan læg,
       stīð and stȳl-ecg;   strenge getruwode,
1535 mund-gripe mægenes.   Swā sceal man dōn,
       þonne hē æt gūðe   gegān þenceð
       longsumne lof,   nā ymb his līf cearað.
       Gefēng þā be eaxle   (nalas for fǣhðe mearn)
       Gūð-Gēata lēod   Grendles mōdor;
1540 brægd þā beadwe heard,   þā hē gebolgen wæs,
       feorh-genīðlan,   þæt hēo on flet gebēah.
       Hēo him eft hraðe   and-lēan forgeald
       grimman grāpum   and him tōgēanes fēng;
       oferwearp þā wērig-mōd   wigena strengest,
1545 fēðe-cempa,   þæt hē on fylle wearð.

Ofsæt þā þone sele-gyst   and hyre seaxe getēah,
brād and brūn-ecg   wolde hire bearn wrecan,
āngan eaferan.   Him on eaxle læg
brēost-net brōden;   þæt gebearh fēore,
1550 wið ord and wið ecge   ingang forstōd.
Hæfde þā forsīðod   sunu Ecgþēowes
under gynne grund,   Gēata cempa,
nemne him heaðo-byrne   helpe gefremede,
here-net hearde,   and hālig god
1555 gewēold wīg-sigor,   wītig drihten;
rodera rǣdend   hit on ryht gescēd,
ȳðelīce   syððan hē eft āstōd.

XXIV. BĒOWULF SLAYS THE SPRITE.

Geseah þā on searwum   sige-ēadig bil,
eald sweord eotenisc   ecgum þȳhtig,
1560 wigena weorð-mynd: þæt wæs wæpna cyst,
būton hit wæs māre   þonne ǣnig mon ōðer
tō beadu-lāce   ætberan meahte
gōd and geatolīc   gīganta geweorc.
Hē gefēng þā fetel-hilt,   freca Scildinga,
1565 hrēoh and heoro-grim   hring-mǣl gebrǣgd,
aldres orwēna,   yrringa slōh,
þæt hire wið halse   heard grāpode,
bān-hringas brǣc,   bil eal þurh-wōd
fǣgne flǣsc-homan,   hēo on flet gecrong;
1570 sweord wæs swātig,   secg weorce gefeh.
Līxte se lēoma,   lēoht inne stōd,
efne swā of hefene   hādre scīneð
rodores candel.   Hē æfter recede wlāt,
hwearf þā be wealle,   wǣpen hafenade
1575 heard be hiltum   Higelāces þegn,
yrre and ān-rǣd.   Næs sēo ecg fracod
hilde-rince,   ac hē hraðe wolde
Grendle forgyldan   gūð-rǣsa fela
þāra þe hē geworhte   tō West-Denum
1580 oftor micle   þonne on ǣnne sīð,
þonne hē Hrōðgāres   heorð-genēatas
slōh on sweofote,   slǣpende frǣt
folces Denigea   fȳf-tȳne men

and ōðer swylc　　ūt of-ferede,
1585　lāðlīcu lāc.　　Hē him þæs lēan forgeald,
rēðe cempa,　　tō þæs þe hē on ræste geseah
gūð-wērigne　　Grendel licgan,
aldor-lēasne,　　swā him ǣr gescōd
hild æt Heorote;　　hrā wīde sprong,
1590　syððan hē æfter dēaðe　　drepe þrowade,
heoro-sweng heardne,　　and hine þā hēafde becearf,
Sōna þæt gesāwon　　snottre ceorlas,
þā þe mid Hrōðgāre　　on holm wliton,
þæt wæs ȳð-geblond　　eal gemenged,
1595　brim blōde fāh:　　blonden-feaxe
gomele ymb gōdne　　ongeador spræcon,
þæt hig þæs æðelinges　　eft ne wēndon,
þæt hē sige-hrēðig　　sēcean cōme
mærne þēoden;　　þā þæs monige gewearð,
1600　þæt hine sēo brim-wylf　　ābroten hæfde.
Þā cōm nōn dæges.　　Næs ofgēafon
hwate Scyldingas; gewāt him hām þonon
gold-wine gumena.　　Gistas sētan,
mōdes sēoce,　　and on mere staredon,
1605　wiston and ne wēndon,　　þæt hīe heora wine-drihten
selfne gesāwon.　　Þā þæt sweord ongan
æfter heaðo-swāte　　hilde-gicelum
wīg-bil wanian;　　þæt wæs wundra sum,
þæt hit eal gemealt　　īse gelīcost,
1610　þonne forstes bend　　fæder onlǣteð,
onwindeð wæl-rāpas,　　sē þe geweald hafað
sæla and mǣla;　　þæt is sōð metod.
Ne nom hē in þǣm wīcum,　　Weder-Gēata lēod,
māðm-ǣhta mā,　　þēh hē þǣr monige geseah,
1615　būton þone hafelan　　and þā hilt somod,
since fāge;　　sweord ǣr gemealt,
forbarn brōden mǣl:　　wæs þæt blōd tō þæs hāt,
ǣttren ellor-gǣst,　　sē þǣr inne swealt.
Sōna wæs on sunde,　　sē þe ǣr æt sæcce gebād
1620　wīg-hryre wrāðra,　　wæter up þurh-dēaf;
wǣron ȳð-gebland　　eal gefǣlsod,
ēacne eardas,　　þā se ellor-gāst
oflēt līf-dagas　　and þās lǣnan gesceaft.
Cōm þā tō lande　　lid-manna helm
1625　swīð-mōd swymman,　　sǣ-lāce gefeah,

    mægen-byrðenne þāra þe hē him mid hæfde.
    Ēodon him þā tōgēanes, gode þancodon,
    þrȳðlīc þegna hēap, þēodnes gefēgon,
    þæs þe hī hyne gesundne gesēon mōston.
1630 Þā wæs of þǣm hrōran helm and byrne
    lungre ālȳsed: lagu drūsade,
    wæter under wolcnum, wæl-drēore fāg.
    Fērdon forð þonon fēðe-lāstum
    ferhðum fægne, fold-weg mæton,
1635 cūðe strǣte; cyning-balde men
    from þǣm holm-clife hafelan bǣron
    earfoðlīce heora ǣghwæðrum
    fela-mōdigra: fēower scoldon
    on ðǣm wæl-stenge weorcum geferian
1640 tō þǣm gold-sele Grendles hēafod,
    oð þæt semninga tō sele cōmon
    frome fyrd-hwate fēower-tȳne
    Gēata gongan; gum-dryhten mid
    mōdig on gemonge meodo-wongas træd.
1645 Þā cōm in gān ealdor þegna,
    dæd-cēne mon dōme gewurðad,
    hæle hilde-dēor. Hrōðgār grētan:
    Þā wæs be feaxe on flet boren
    Grendles hēafod, þǣr guman druncon,
1650 egeslīc for eorlum and þǣre idese mid:
    wlite-sēon wrǣtlīc weras onsāwon.

XXV. HROTHGAR'S GRATITUDE: HE DISCOURSES.

    Bēowulf maðelode, bearn Ecgþēowes:
    "Hwæt! wē þē þās sǣ-lāc, sunu Healfdenes,
    "lēod Scyldinga, lustum brōhton,
1655 "tīres tō tācne, þē þū hēr tō lōcast.
    "Ic þæt unsōfte ealdre gedīgde:
    "wigge under wætere weorc genēðde
    "earfoðlīce, æt-rihte wæs
    "gūð getwǣfed, nymðe mec god scylde.
1660 "Ne meahte ic æt hilde mid Hruntinge
    "wiht gewyrcan, þēah þæt wǣpen duge,
    "ac mē geūðe ylda waldend,
    "þæt ic on wāge geseah wlitig hangian

```
              "eald sweord ēacen     (oftost wīsode
    1665  "winigea lēasum)     þæt ic þȳ wæpne gebræ.
              "Ofslōh þā æt þære sæcce    (þā mē sæl āgeald)
              "hūses hyrdas.    Þā þæt hilde-bil
              "forbarn, brogden mǣl,     swā þæt blōd gesprang,
              "hātost heaðo-swāta:     ic þæt hilt þanan
    1670  "fēondum ætferede;     fyren-dǣda wræc,
              "dēað-cwealm Denigea,     swā hit gedēfe wæs.
              "Ic hit þē þonne gehāte,     þæt þū on Heorote mōst
              "sorh-lēas swefan     mid þīnra secga gedryht,
              "and þegna gehwylc     þīnra lēoda,
    1675  "duguðe and iogoðe,     þæt þū him ondrǣdan ne þearft,
              "þēoden Scyldinga,     on þā healfe,
              "aldor-bealu eorlum,     swā þū ǣr dydest."
              Þā wæs gylden hilt     gamelum rince.
              hārum hild-fruman,     on hand gyfen,
    1680  enta ǣr-geweorc,     hit on ǣht gehwearf
              æfter dēofla hryre     Denigea frēan,
              wundor-smiða geweorc,     and þā þās worold ofgeaf
              grom-heort guma,     godes andsaca,
              morðres scyldig,     and his mōdor ēac;
    1685  on geweald gehwearf     worold-cyninga
              þǣm sēlestan     be sǣm twēonum
              þāra þe on Sceden-igge     sceattas dǣlde.
              Hrōðgār maðelode,     hylt scēawode,
              ealde lāfe,     on þǣm wæs ōr writen
    1690  fyrn-gewinnes:     syððan flōd ofslōh,
              gifen gēotende,     gīganta cyn,
              frēcne gefērdon:     þæt wæs fremde þēod
              ēcean dryhtne,     him þæs ende-lēan
              þurh wæteres wylm     waldend sealde.
    1695  Swā wæs on þǣm scennum     scīran goldes
              þurh rūn-stafas     rihte gemearcod,
              geseted and gesǣd,     hwām þæt sweord geworht,
              īrena cyst     ǣrest wǣre,
              wreoðen-hilt and wyrm-fāh.     Þā se wīsa spræc
    1700  sunu Healfdenes     (swīgedon ealle):
              "Þæt lā mæg secgan,     sē þe sōð and riht
              "fremeð on folce,     (feor eal gemon
              "eald ēðel-weard),     þæt þes eorl wǣre
              "geboren betera!     Blǣd is ārǣred
    1705  "geond wīd-wegas,     wine mīn Bēowulf,
```

```
       "þīn ofer þēoda gehwylce.     Eal þū hit geþyldum healdest,
       "mægen mid mōdes snyttrum.    Ic þē sceal mīne gelæstan
       "frēode, swā wit furðum spræcon;   þū scealt tō frōfre weorðan
       "eal lang-twidig     lēodum þīnum,
1710   "hæleðum tō helpe.    Ne wearð Heremōd swā
       "eaforum Ecgwelan,    Ār-Scyldingum;
       "ne gewēox hē him tō willan,    ac tō wæl-fealle
       "and tō dēað-cwalum    Deniga lēodum;
       "brēat bolgen-mōd    bēod-genēatas,
1715   "eaxl-gesteallan,    oð þæt hē āna hwearf,
       "mære þēoden.    mon-drēamum from:
       "þēah þe hine mihtig god    mægenes wynnum,
       "eafeðum stēpte,    ofer ealle men
       "forð gefremede,    hwæðere him on ferhðe grēow
1720   "brēost-hord blōd-rēow:    nallas bēagas geaf
       "Denum æfter dōme;    drēam-lēas gebād,
       "þæt hē þæs gewinnes    weorc þrowade,
       "lēod-bealo longsum.    Þū þē lær be þon,
       "gum-cyste ongit!    ic þis gid be þē
1725   "āwræc wintrum frōd.    Wundor is tō secganne,
       "hū mihtig god    manna cynne
       "þurh sīdne sefan    snyttru bryttað,
       "eard and eorl-scipe,    hē āh ealra geweald.
       "Hwīlum hē on lufan    læteð hworfan
1730   "monnes mōd-geþonc    mæran cynnes,
       "seleð him on ēðle    eorðan wynne,
       "tō healdanne    hlēo-burh wera,
       "gedēð him swā gewealdene    worolde dælas,
       "sīde rīce,    þæt hē his selfa ne mæg
1735   "for his un-snyttrum    ende geþencean;
       "wunað hē on wiste,    nō hine wiht dweleð,
       "ādl nē yldo,    nē him inwit-sorh
       "on sefan sweorceð,    nē gesacu ōhwær,
       "ecg-hete ēoweð,    ac him eal worold
1740   "wendeð on willan;    hē þæt wyrse ne con,
       "oð þæt him on innan    ofer-hygda dæl
       "weaxeð and wridað,    þonne se weard swefeð,
       "sāwele hyrde:    bið se slæp tō fæst,
       "bisgum gebunden,    bona swīðe nēah,
1745   "sē þe of flān-bogan    fyrenum scēoteð.
```

XXVI. THE DISCOURSE IS ENDED.-BĒOWULF PREPARES TO LEAVE.

       "Þonne bið on hreðre   under helm drepen
       "biteran stræle: him bebeorgan ne con
       "wom wundor-bebodum   wergan gāstes;
       "þinceð him tō lȳtel,   þæt hē tō lange hēold,
1750 "gȳtsað grom-hȳdig,   nallas on gylp seleð
       "fætte bēagas   and hē þā forð-gesceaft
       "forgyteð and forgȳmeð,   þæs þe him ær god sealde
       "wuldres waldend,   weorð-mynda dæl.
       "Hit on ende-stæf   eft gelimpeð,
1755 "þæt se līc-homa   læne gedrēoseð,
       "fæge gefealleð;   fēhð ōðer tō,
       "sē þe unmurnlīce   mādmas dæleð,
       "eorles ær-gestrēon,   egesan ne gȳmeð.
       "Bebeorh þē þone bealo-nīð,   Bēowulf lēofa,
1760 "secg se betsta,   and þē þæt sēlre gecēos,
       "ēce rædas;   oferhȳda ne gȳm,
       "mære cempa!   Nū is þīnes mægnes blæd
       "āne hwīle;   eft sōna bið,
       "þæt þec ādl oððe ecg   eafoðes getwæfeð,
1765 "oððe fȳres feng   oððe flōdes wylm,
       "oððe gripe mēces   oððe gāres fliht,
       "oððe atol yldo,   oððe ēagena bearhtm
       "forsiteð and forsworceð;   semninga bið,
       "þæt þec, dryht-guma,   dēað oferswȳðeð.
1770 "Swā ic Hring-Dena   hund missēra
       "wēold under wolcnum,   and hig wigge belēac
       "manigum mægða   geond þysne middan-geard,
       "æscum and ecgum,   þæt ic mē ænigne
       "under swegles begong   gesacan ne tealde.
1775 "Hwæt! mē þæs on ēðle   edwenden cwōm,
       "gyrn æfter gomene,   seoððan Grendel wearð,
       "eald-gewinna,   in-genga mīn:
       "ic þære sōcne   singāles wæg
       "mōd-ceare micle.   Þæs sig metode þanc,
1780 "ēcean drihtne,   þæs þe ic on aldre gebād,
       "þæt ic on þone hafelan   heoro-drēorigne
       "ofer eald gewin   ēagum starige!
       "Gā nū tō setle,   symbel-wynne drēoh
       "wīgge weorðad: unc sceal worn fela
1785 "māðma gemænra,   siððan morgen bið."

        Gēat wæs glæd-mōd,   gēong sōna tō,
        setles nēosan,   swā se snottra heht.
        Þā wæs eft swā ǣr   ellen-rōfum,
        flet-sittendum   fǣgere gereorded
1790 nīowan stefne.   Niht-helm geswearc
        deorc ofer dryht-gumum.   Duguð eal ārās;
        wolde blonden-feax   beddes nēosan,
        gamela Scylding.   Gēat ungemetes wēl,
        rōfne rand-wigan   restan lyste:
1795 sōna him sele-þegn   sīðes wērgum,
        feorran-cundum   forð wīsade,
        se for andrysnum   ealle beweotede
        þegnes þearfe,   swylce þȳ dōgore
        hēaðo-līðende   habban scoldon.
1800 Reste hine þā rūm-heort;   reced hlīfade
        gēap and gold-fāh,   gæst inne swǣf,
        oð þæt hrefn blaca   heofones wynne
        blīð-heort bodode.   Þā cōm beorht sunne
        scacan ofer grundas;   scaðan ōnetton,
1805 wǣron æðelingas   eft tō lēodum
        fūse tō farenne,   wolde feor þanon
        cuma collen-ferhð   cēoles nēosan.
        Heht þā se hearda   Hrunting beran,
        sunu Ecglāfes,   heht his sweord niman,
1810 lēoflīc īren;   sǣgde him þæs lēanes þanc,
        cwæð hē þone gūð-wine   gōdne tealde,
        wīg-cræftigne,   nales wordum lōg
        mēces ecge: þæt wæs mōdig secg.
        And þā sīð-frome   searwum gearwe
1815 wīgend wǣron,   ēode weorð Denum
        æðeling tō yppan,   þǣr se ōðer wæs
        hæle hilde-dēor,   Hrōðgār grētte.

XXVII. THE PARTING WORDS.

        Bēowulf maðelode,   bearn Ecgþēowes:
        "Nū wē sǣ-līðend   secgan wyllað
1820 "feorran cumene,   þæt wē fundiað
        "Higelāc sēcan.   Wǣron hēr tela
        "willum bewenede;   þū ūs wēl dohtest.
        "Gif ic þonne on eorðan   ōwihte mæg

```
              "þīnre mōd-lufan    māran tilian,
1825         "gumena dryhten,    þonne ic gȳt dyde,
              "gūð-geweorca    ic bēo gearo sōna.
              "Gif ic þæt gefricge    ofer flōda begang,
              "þæt þec ymbe-sittend    egesan þȳwað,
              "swā þec hetende    hwīlum dydon,
1830         "ic þē þūsenda    þegna bringe,
              "hæleða tō helpe.    Ic on Higelāce wāt,
              "Gēata dryhten,    þēah þe hē geong sȳ,
              "folces hyrde,    þæt hē mec fremman wile
              "wordum and worcum,    þæt ic þē wēl herige,
1835         "and þē tō gēoce    gār-holt bere
              "mægenes fultum,    þær þē bið manna þearf;
              "gif him þonne Hrēðrīc    tō hofum Gēata
              "geþingeð, þēodnes bearn,    hē mæg þær fela
              "frēonda findan:    feor-cȳðððe bēoð
1840         "sēlran gesōhte    þæm þe him selfa dēah."
              Hrōðgār maðelode    him on andsware:
              "Þē þā word-cwydas    wittig drihten
              "on sefan sende!    ne hȳrde ic snotorlīcor
              "on swā geongum feore    guman þingian:
1845         "þū eart mægenes strang    and on mōde frōd,
              "wīs word-cwida.    Wēn ic talige,
              "gif þæt gegangeð,    þæt þe gār nymeð,
              "hild heoru-grimme    Hrēðles eaferan,
              "ādl oððe īren    ealdor þīnne,
1850         "folces hyrde,    and þū þīn feorh hafast,
              "þæt þe Sǣ-Gēatas    sēlran næbben
              "tō gecēosenne    cyning ǣnigne,
              "hord-weard hæleða,    gif þū healdan wylt
              "māga rīce.    Mē þīn mōd-sefa
1855         "līcað leng swā wēl,    lēofa Bēowulf:
              "hafast þū gefēred,    þæt þām folcum sceal,
              "Gēata lēodum    and Gār-Denum
              "sib gemǣnum    and sacu restan,
              "inwit-nīðas,    þē hīe ǣr drugon;
1860         "wesan, þenden ic wealde    wīdan rīces,
              "māðmas gemǣne,    manig ōðerne
              "gōdum gegrētan    ofer ganotes bæð;
              "sceal hring-naca    ofer hēaðu bringan
              "lāc and luf-tācen.    Ic þā lēode wāt
1865         "gē wið fēond gē wið frēond    fæste geworhte
```

```
            "æghwæs untæle     ealde wīsan."
            Þā gīt him eorla hlēo    inne gesealde,
            mago Healfdenes      māðmas twelfe,
            hēt hine mid þǣm lācum     lēode swǣse
1870        sēcean on gesyntum,      snūde eft cuman.
            Gecyste þā      cyning æðelum gōd,
            þēoden Scildinga,      þegen betstan
            and be healse genam;      hruron him tēaras,
            blonden-feaxum:       him wæs bēga wēn,
1875        ealdum infrōdum,      ōðres swīðor,
            þæt hī seoððan     gesēon mōston
            mōdige on meðle.      Wæs him se man tō þon lēof,
            þæt hē þone brēost-wylm      forberan ne mehte,
            ac him on hreðre      hyge-bendum fæst
1880        æfter dēorum men      dyrne langað
            beorn wið blōde.      Him Bēowulf þanan,
            gūð-rinc gold-wlanc      græs-moldan træd,
            since hrēmig:      sǣ-genga bād
            āgend-frēan,      sē þe on ancre rād.
1885        Þā wæs on gange      gifu Hrōðgāres
            oft geæhted:      þæt wæs ān cyning
            æghwæs orleahtre,      oð þæt hine yldo benam
            mægenes wynnum,      sē þe oft manegum scōd.
```

XXVIII. BĒOWULF RETURNS TO GEATLAND.-THE QUEENS HYGD AND THRYTHO.

```
            Cwōm þā tō flōde     fela-mōdigra
1890        hæg-stealdra hēap;      hring-net bǣron,
            locene leoðo-syrcan.      Land-weard onfand
            eft-sīð eorla,      swā hē ǣr dyde;
            nō hē mid hearme      of hlīðes nosan
            gæstas grētte,      ac him tōgēanes rād;
1895        cwæð þæt wilcuman      Wedera lēodum
            scawan scīr-hame      tō scipe fōron.
            Þā wæs on sande      sǣ-gēap naca
            hladen here-wǣdum,      hringed-stefna
            mēarum and māðmum:      mǣst hlīfade
1900        ofer Hrōðgāres      hord-gestrēonum.
            Hē þǣm bāt-wearde      bunden golde
            swurd gesealde,      þæt hē syððan wæs
```

```
            on meodu-bence     māðme þȳ weorðra,
            yrfe-lāfe.   Gewāt him on ȳð-nacan,
1905    drēfan dēop wæter,     Dena land ofgeaf.
            Þā wæs be mæste     mere-hrægla sum,
            segl sāle fæst.     Sund-wudu þunede,
            nō þǣr wēg-flotan     wind ofer ȳðum
            sīðes getwæfde;     sǣ-genga fōr,
1910    flēat fāmig-heals     forð ofer ȳðe,
            bunden-stefna     ofer brim-strēamas,
            þæt hīe Gēata clifu     ongitan meahton,
            cūðe næssas.     Cēol up geþrang,
            lyft-geswenced     on lande stōd.
1915    Hraðe wæs æt holme     hȳð-weard gearo,
            sē þe ǣr lange tīd,     lēofra manna
            fūs, æt faroðe     feor wlātode;
            sǣlde tō sande     sīd-fæðme scip
            oncer-bendum fæst,     þȳ læs hym ȳða þrym
1920    wudu wynsuman     forwrecan meahte.
            Hēt þā up beran     æðelinga gestrēon,
            frætwe and fæt-gold;     næs him feor þanon
            tō gesēcanne     sinces bryttan:
            Higelāc Hrēðling     þǣr æt hām wunað,
1925    selfa mid gesīðum     sǣ-wealle nēah;
            bold wæs betlīc,     brego-rōf cyning,
            hēa on healle,     Hygd swīðe geong,
            wīs, wēl-þungen,     þēah þe wintra lȳt
            under burh-locan     gebiden hæbbe
1930    Hæreðes dōhtor:     næs hīo hnāh swā þēah,
            nē tō gnēað gifa     Gēata lēodum,
            māðm-gestrēona.     Mod Þrȳðo wæg,
            fremu folces cwēn,     firen ondrysne:
            nænig þæt dorste     dēor genēðan
1935    swǣsra gesīða,     nefne sin-frēa,
            þæt hire an dæges     ēagum starede;
            ac him wæl-bende     weotode tealde,
            hand-gewriðene:     hraðe seoððan wæs
            æfter mund-gripe     mēce geþinged,
1940    þæt hit sceaðen-mæl     scȳran mōste,
            cwealm-bealu cȳðan.     Ne bið swylc cwēnlīc þēaw
            idese tō efnanne,     þēah þe hīo ænlīcu sȳ,
            þætte freoðu-webbe     fēores onsæce
            æfter līge-torne     lēofne mannan.
```

1945 Hūru þæt onhōhsnode   Heminges mæg;
     ealo drincende   ōðer sædan,
     þæt hīo lēod-bealewa   læs gefremede,
     inwit-nīða,   syððan ǣrest wearð
     gyfen gold-hroden   geongum cempan,
1950 æðelum dīore,   syððan hīo Offan flet
     ofer fealone flōd   be fæder lāre
     sīðe gesōhte,   þǣr hīo syððan wēl
     in gum-stōle,   gōde mǣre,
     līf-gesceafta   lifigende brēac,
1955 hīold hēah-lufan   wið hæleða brego,
     ealles mon-cynnes   mīne gefrǣge
     þone sēlestan   bī sǣm twēonum
     eormen-cynnes;   forþām Offa wæs
     geofum and gūðum   gār-cēne man,
1960 wīde geweorðod;   wīsdōme hēold
     ēðel sīnne,   þonon Ēomǣr wōc
     hæleðum tō helpe,   Heminges mǣg,
     nefa Gārmundes,   nīða cræftig.

XXIX. HIS ARRIVAL. HYGELAC'S RECEPTION.

        Gewāt him þā se hearda   mid his hond-scole
1965 sylf æfter sande   sǣ-wong tredan,
     wīde waroðas.   Woruld-candel scān,
     sigel sūðan fūs: hī sīð drugon,
     elne geēodon,   tō þæs þe eorla hlēo,
      bonan Ongenþēowes   burgum on innan,
1970 geongne gūð-cyning   gōdne gefrūnon
     hringas dǣlan.   Higelāce wæs
     sīð Bēowulfes   snūde gecȳðed,
     þæt þǣr on worðig   wīgendra hlēo,
     lind-gestealla   lifigende cwōm,
1975 heaðo-lāces hāl   tō hofe gongan.
     Hraðe wæs gerȳmed,   swā se rīca bebēad,
     fēðe-gestum   flet innan-weard.
     Gesæt þā wið sylfne,   sē þā sæcce genæs,
     mǣg wið mǣge,   syððan man-dryhten
1980 þurh hlēoðor-cwyde   holdne gegrētte
     mēaglum wordum.   Meodu-scencum
     hwearf geond þæt reced   Hǣreðes dōhtor:

        lufode þā lēode,   līð-wǣge bǣr
        hǣlum tō handa.   Higelāc ongan
1985 sīnne geseldan   in sele þām hēan
        fǣgre fricgean,   hyne fyrwet brǣc,
        hwylce Sǣ-Gēata   sīðas wǣron:
        "Hū lomp ēow on lāde,   lēofa Bīowulf,
        "þā þū fǣringa   feorr gehogodest,
1990 "sǣcce sēcean   ofer sealt wǣter,
        "hilde tō Hiorote?   Ac þū Hrōðgāre
        "wīd-cūðne wēan   wihte gebēttest,
        "mǣrum þēodne?   Ic þǣs mōd-ceare
        "sorh-wylmum sēað,   sīðe ne truwode
1995 "lēofes mannes;   ic þē lange bǣd,
        "þæt þū þone wæl-gǣst   wihte ne grētte,
        "lēte Sūð-Dene   sylfe geweorðan
        "gūðe wið Grendel.   Gode ic þanc secge,
        "þǣs þe ic þē gesundne   gesēon mōste."
2000 Bīowulf maðelode,   bearn Ecgþīowes:
        "Þæt is undyrne,   dryhten Higelāc,
        "mǣre gemēting   monegum fīra,
        "hwylc orleg-hwīl   uncer Grendles
        "wearð on þām wange,   þǣr hē worna fela
2005 "Sige-Scildingum   sorge gefremede,
        "yrmðe tō aldre;   ic þæt eal gewrǣc,
        "swā ne gylpan þearf   Grendeles māga
        "ǣnig ofer eorðan   ūht-hlem þone,
        "sē þe lengest leofað   lāðan cynnes,
2010 "fenne bifongen.   Ic þǣr furðum cwōm,
        "tō þām hring-sele   Hrōðgār grētan:
        "sōna mē se mǣra   mago Healfdenes,
        "syððan hē mōd-sefan   mīnne cūðe,
        "wið his sylfes sunu   setl getǣhte.
2015 "Weorod wǣs on wynne;   ne seah ic wīdan feorh
        "under heofenes hwealf   heal-sittendra
        "medu-drēam māran.   Hwīlum mǣru cwēn,
        "friðu-sibb folca   flet eall geond-hwearf,
        "bǣdde byre geonge;   oft hīo bēah-wriðan
2020 "secge sealde,   ǣr hīo tō setle gēong.
        "Hwīlum for duguðe   dōhtor Hrōðgāres
        "eorlum on ende   ealu-wǣge bǣr,
        "þā ic Frēaware   flet-sittende
        "nemnan hȳrde,   þǣr hīo nǣgled sinc

2025	"hæleðum sealde: sīo gehāten wæs,
	"geong gold-hroden, gladum suna Frōdan;
	"hafað þæs geworden wine Scyldinga
	"rīces hyrde and þæt ræd talað,
	"þæt hē mid þȳ wīfe wæl-fæhða dæl,
2030	"sæcca gesette. Oft nō seldan hwær
	"æfter lēod-hryre lȳtle hwīle
	"bon-gār būgeð, þēah sēo brȳd duge!

XXX. BĒOWULF'S STORY OF THE SLAYINGS.

	"Mæg þæs þonne ofþyncan þēoden Heaðobeardna
	"and þegna gehwām þāra lēoda,
2035	"þonne hē mid fæmnan on flett gæð,
	"dryht-bearn Dena duguða biwenede:
	"on him gladiað gomelra lāfe
	"heard and hring-mæl, Heaðobeardna gestrēon,
	"þenden hīe þām wæpnum wealdan mōston,
2040	"oð þæt hīe forlæddan tō þām lind-plegan
	"swæse gesīðas ond hyra sylfra feorh.
	"Þonne cwið æt bēore, sē þe bēah gesyhð,
	"eald æsc-wiga, sē þe eall geman
	"gār-cwealm gumena (him bið grim sefa),
2045	"onginneð geōmor-mōd geongne cempan
	"þurh hreðra gehygd higes cunnian,
	"wīg-bealu weccean and þæt word ācwyð:
	"'Meaht þū, mīn wine, mēce gecnāwan,
	"'þone þin fæder tō gefeohte bær
2050	"'under here-grīman hindeman sīðe,
	"'dȳre īren, þær hyne Dene slōgon,
	"'wēoldon wæl-stōwe, syððan wiðer-gyld læg,
	"'æfter hæleða hryre, hwate Scyldungas?
	"'Nu hēr þāra banena byre nāt-hwylces,
2055	"'frætwum hrēmig on flet gæð,
	"'morðres gylpeð and þone māððum byreð,
	"'þone þe þū mid rihte rædan sceoldest!'"
	"Manað swā and myndgað mæla gehwylce
	"sārum wordum, oð þæt sæl cymeð,
2060	"þæt se fæmnan þegn fore fæder dædum
	"æfter billes bite blōd-fāg swefeð,
	"ealdres scyldig; him se ōðer þonan

```
      "losað lifigende,    con him land geare.
      "Þonne bīoð brocene   on bā healfe
2065  "āð-sweord eorla;   syððan Ingelde
      "weallað wæl-nīðas   and him wīf-lufan
      "æfter cear-wælmum   cōlran weorðað.
      "Þȳ ic Heaðobeardna   hyldo ne telge,
      "dryht-sibbe dæl   Denum unfæcne,
2070  "frēond-scipe fæstne.   Ic sceal forð sprecan
      "gēn ymbe Grendel,   þæt þū geare cunne,
      "sinces brytta,   tō hwan syððan wearð
      "hond-ræs hæleða.   Syððan heofones gim
      "glād ofer grundas,   gæst yrre cwōm,
2075  "eatol æfen-grom,   ūser nēosan,
      "þær wē gesunde   sæl weardodon;
      "þær wæs Hondscīo   hild onsæge,
      "feorh-bealu fægum,   hē fyrmest læg,
      "gyrded cempa;   him Grendel wearð,
2080  "mærum magu-þegne   tō mūð-bonan,
      "lēofes mannes   līc eall forswealg.
      "Nō þȳ ær ūt þā gēn   īdel-hende
      "bona blōdig-tōð   bealewa gemyndig,
      "of þām gold-sele   gongan wolde,
2085  "ac hē mægnes rōf   mīn costode,
      "grāpode gearo-folm.   Glōf hangode
      "sīd and syllīc   searo-bendum fæst,
      "sīo wæs orþoncum   eall gegyrwed
      "dēofles cræftum   and dracan fellum:
2090  "hē mec þær on innan   unsynnigne,
      "dīor dæd-fruma,   gedōn wolde,
      "manigra sumne:   hyt ne mihte swā,
      "syððan ic on yrre   upp-riht āstōd.
      "Tō lang ys tō reccenne,   hū ic þām lēod-sceaðan
2095  "yfla gehwylces   ond-lēan forgeald;
      "þær ic, þēoden mīn,   þīne lēode
      "weorðode weorcum.   Hē on weg losade,
      "lȳtle hwīle   līf-wynna brēac;
      "hwæðre him sīo swīðre   swaðe weardade
2100  "hand on Hiorte   and hē hēan þonan,
      "mōdes geōmor   mere-grund gefēoll.
      "Mē þone wæl-ræs   wine Scildunga
      "fættan golde   fela lēanode,
      "manegum māðmum,   syððan mergen cōm
```

2105	"and wē tō symble geseten hæfdon.
	"Þǣr wæs gidd and glēo; gomela Scilding
	"fela fricgende feorran rehte;
	"hwīlum hilde-dēor hearpan wynne,
	"gomen-wudu grētte; hwīlum gyd āwrǣc
2110	"sōð and sārlīc; hwīlum syllīc spell
	"rehte ǣfter rihte rūm-heort cyning.
	"Hwīlum eft ongan eldo gebunden,
	"gomel gūð-wiga gioguðe cwīðan
	"hilde-strengo; hreðer inne wēoll,
2115	"þonne hē wintrum frōd worn gemunde.
	"Swā wē þǣr inne andlangne dæg
	"nīode nāman, oð þæt niht becwōm
	"ōðer tō yldum. Þā wæs eft hraðe
	"gearo gyrn-wrǣce Grendeles mōdor,
2120	"sīðode sorh-full; sunu dēað fornam,
	"wīg-hete Wedra. Wīf unhȳre
	"hyre bearn gewrǣc, beorn ācwealde
	"ellenlīce; þǣr wæs æsc-here,
	"frōdan fyrn-witan, feorh ūðgenge;
2125	"nōðer hȳ hine ne mōston, syððan mergen cwōm,
	"dēað-wērigne Denia lēode
	"bronde forbærnan, nē on bǣl hladan
	"lēofne mannan: hīo þæt līc ætbær
	"fēondes fæðmum under firgen-strēam.
2130	"Þæt wæs Hrōðgāre hrēowa tornost
	"þāra þe lēod-fruman lange begeāte;
	"þā se þēoden mec þīne līfe
	"healsode hrēoh-mōd, þæt ic on holma geþring
	"eorl-scipe efnde, ealdre genēðde,
2135	"mærðo fremede: hē mē mēde gehēt.
	"Ic þā þæs wælmes, þē is wīde cūð,
	"grimne gryrelīcne grund-hyrde fond.
	"Þǣr unc hwīle wæs hand gemǣne;
	"holm heolfre wēoll and ic hēafde becearf
2140	"in þām grund-sele Grendeles mōdor
	"ēacnum ecgum, unsōfte þonan
	"feorh oðferede; næs ic fǣge þā gȳt,
	"ac mē eorla hlēo eft gesealde
	"māðma menigeo, maga Healfdenes.

XXXI. HE GIVES PRESENTS TO HYGELAC. HYGELAC REWARDS HIM. HYGELAC'S DEATH. BĒOWULF REIGNS.

2145 "Swā se þēod-kyning   þēawum lyfde;
"nealles ic þām lēanum   forloren hæfde,
"mǣgnes mēde,   ac hē mē māðmas geaf,
"sunu Healfdenes,   on sīnne sylfes dōm;
"þā ic þē, beorn-cyning,   bringan wylle,
2150 "ēstum geȳwan.   Gēn is eall æt þē
"lissa gelong: ic lȳt hafo
"hēafod-māga,   nefne Hygelāc þec!"
Hēt þā in beran   eafor, hēafod-segn,
heaðo-stēapne helm,   hāre byrnan,
2155 gūð-sweord geatolīc,   gyd æfter wræc:
"Mē þis hilde-sceorp   Hrōðgār sealde,
"snotra fengel,   sume worde hēt,
"þæt ic his ǣrest   þē eft gesǣgde,
"cwæð þæt hyt hæfde   Hiorogār cyning,
2160 "lēod Scyldunga   lange hwīle:
"nō þȳ ǣr suna sīnum   syllan wolde,
"hwatum Heorowearde,   þēah hē him hold wǣre,
"brēost-gewǣdu.   Brūc ealles well!"
Hȳrde ic þæt þām frætwum   fēower mēaras
2165 lungre gelīce   lāst weardode,
ǣppel-fealuwe;   hē him ēst getēah
mēara and māðma.   Swā sceal mǣg dōn,
nealles inwit-net   ōðrum bregdan,
dyrnum cræfte   dēað rēnian
2170 hond-gesteallan.   Hygelāce wæs,
nīða heardum,   nefa swȳðe hold
and gehwǣðer ōðrum   hrōðra gemyndig.
Hȳrde ic þæt hē þone heals-bēah   Hygde gesealde,
wrǣtlīcne wundur-māððum,   þone þe him Wealhþēo geaf,
2175 þēodnes dōhtor,   þrīo wicg somod
swancor and sadol-beorht;   hyre syððan wæs
æfter bēah-þege   brēost geweorðod.
Swā bealdode   bearn Ecgþēowes,
guma gūðum cūð,   gōdum dǣdum,
2180 drēah æfter dōme,   nealles druncne slōg
heorð-genēatas;   næs him hrēoh sefa,
ac hē man-cynnes   mǣste cræfte
gin-fæstan gife,   þē him god sealde,

```
             hēold hilde-dēor.    Hēan wæs lange,
2185    swā hyne Gēata bearn      gōdne ne tealdon,
        nē hyne on medo-bence     micles wyrðne
        drihten wereda     gedōn wolde;
        swȳðe oft sægdon,    þæt hē slēac wære,
        æðeling unfrom:     edwenden cwōm
2190    tīr-ēadigum menn      torna gehwylces.
        Hēt þā eorla hlēo    in gefetian,
        heaðo-rōf cyning,    Hrēðles lāfe,
        golde gegyrede;    næs mid Gēatum þā
        sinc-māððum sēlra    on sweordes hād;
2195    þæt hē on Bīowulfes    bearm ālegde,
        and him gesealde    seofan þūsendo,
        bold and brego-stōl.    Him wæs bām samod
        on þām lēod-scipe    lond gecynde,
        eard ēðel-riht,    ōðrum swīðor
2200    sīde rīce,    þām þær sēlra wæs.
        Eft þæt geīode    ufaran dōgrum
        hilde-hlæmmum,    syððan Hygelāc læg
        and Heardrēde    hilde-mēceas
        under bord-hrēoðan    tō bonan wurdon,
2205    þā hyne gesōhtan    on sige-þēode
        hearde hilde-frecan,    Heaðo-Scilfingas,
        nīða genægdan    nefan Hererīces.
        Syððan Bēowulfe    brāde rīce
        on hand gehwearf:    hē gehēold tela
2210    fīftig wintru    (wæs þā frōd cyning,
        eald ēðel-weard),    oð þæt ān ongan
        deorcum nihtum    draca rīcsian,
        sē þe on hēare hæðe    hord beweotode,
        stān-beorh stēapne:    stīg under læg,
2215    eldum uncūð.    Þær on innan gīong
        nīða nāt-hwylces    nēode gefēng
        hæðnum horde    hond . d . . geþ . . hwylc
        since fāhne,    hē þæt syððan . . . . .
        . . . þ . . . lð . þ . . l . g
2220    slæpende be fȳre,    fyrena hyrde
        þēofes cræfte,    þæt sie . . . . ðioð . . . . .
        . idh . folc-beorn,    þæt hē gebolgen wæs.
```

XXXII. THE FIRE-DRAKE. THE HOARD.

       Nealles mid geweoldum   wyrm-horda ... cræft
       sōhte sylfes willum,   sē þe him sāre gesceōd,
2225 ac for þrēa-nēdlan   þēow nāt-hwylces
       hæleða bearna   hete-swengeas flēah,
       for ofer-þearfe   and þǣr inne fealh
       secg syn-bysig.   Sōna in þā tīde
       þæt ..... þām gyste   .... br . g . stōd,
2230 hwæðre earm-sceapen ....
       .. ð ... sceapen o .... i r .. e se fǣs begeat,
       sinc-fæt geseah: þǣr wæs swylcra fela
       in þām eorð-scræfe   ǣr-gestrēona,
       swā hȳ on geār-dagum   gumena nāt-hwylc
2235 eormen-lāfe   æðelan cynnes
       þanc-hycgende   þǣr gehȳdde,
       dēore māðmas.   Ealle hīe dēað fornam
       ǣrran mǣlum,   and se ān þā gēn
       lēoda duguðe,   sē þǣr lengest hwearf,
2240 weard wine-geōmor   wīscte þǣs yldan,
       þæt hē lȳtel fæc   long-gestrēona
       brūcan mōste.   Beorh eal gearo
       wunode on wonge   wæter-ȳðum nēah,
       nīwe be næsse   nearo-cræftum fæst:
2245 þǣr on innan bær   eorl-gestrēona
       hringa hyrde   hard-fyrdne dǣl
       fǣttan goldes,   fēa worda cwæð:
       "Heald þū nū, hrūse,   nū hæleð ne mōston,
       "eorla ǣhte.   Hwæt! hit ǣr on þē
2250 "gōde begēaton;   gūð-dēað fornam,
       "feorh-bealo frēcne   fȳra gehwylcne,
       "lēoda mīnra,   þāra þe þis līf ofgeaf,
       "gesāwon sele-drēam.   Nāh hwā sweord wege
       "oððe fetige   fǣted wǣge,
2255 "drync-fæt dēore: duguð ellor scōc.
       "Sceal se hearda helm   hyrsted golde
       "fǣtum befeallen: feormiend swefað,
       "þā þe beado-grīman   bȳwan sceoldon,
       "gē swylce sēo here-pād,   sīo æt hilde gebād
2260 "ofer borda gebrǣc   bite īrena,
       "brosnað æfter beorne.   Ne mæg byrnan hring
       "æfter wīg-fruman   wīde fēran

```
         "hæleðum be healfe;    næs hearpan wyn,
         "gomen glēo-bēames,    nē gōd hafoc
2265     "geond sæl swingeð,    nē se swifta mearh
         "burh-stede bēateð.    Bealo-cwealm hafað
         "fela feorh-cynna    feorr onsended!"
         Swā giōmor-mōd    giohðo mænde,
         ān æfter eallum    unblīðe hwēop,
2270     dæges and nihtes,    oð þæt dēaðes wylm
         hrān æt heortan.    Hord-wynne fond
         eald ūht-sceaða    opene standan,
         sē þe byrnende    biorgas sēceð
         nacod nīð-draca,    nihtes flēogeð
2275     fȳre befangen;    hyne fold-būend
         wīde gesāwon.    Hē gewunian sceall
         hlāw under hrūsan,    þær hē hæðen gold
         warað wintrum frōd;    ne byð him wihte þē sēl.
         Swā se þēod-sceaða    þrēo hund wintra
2280     hēold on hrūsan    hord-ærna sum
         ēacen-cræftig,    oð þæt hyne ān ābealh
         mon on mōde:    man-dryhtne bær
         fæted wæge,    frioðo-wære bæd
         hlāford sīnne.    Þā wæs hord rāsod,
2285     onboren bēaga hord,    bēne getīðad
         fēa-sceaftum men.    Frēa scēawode
         fīra fyrn-geweorc    forman sīðe.
         Þā se wyrm onwōc,    wrōht wæs genīwad;
         stonc þā æfter stāne,    stearc-heort onfand
2290     fēondes fōt-lāst;    hē tō forð gestōp,
         dyrnan cræfte,    dracan hēafde nēah.
         Swā mæg unfæge    ēaðe gedīgan
         wēan and wræc-sīð,    sē þe waldendes
         hyldo gehealdeð.    Hord-weard sōhte
2295     georne æfter grunde,    wolde guman findan,
         þone þe him on sweofote    sāre getēode:
         hāt and hrēoh-mōd    hlæw oft ymbe hwearf,
         ealne ūtan-weardne;    nē þær ænig mon
         wæs on þære wēstenne.    Hwæðre hilde gefeh,
2300     beado-weorces:    hwīlum on beorh æthwearf,
         sinc-fæt sōhte;    hē þæt sōna onfand,
         þæt hæfde gumena sum    goldes gefandod
         hēah-gestrēona.    Hord-weard onbād
         earfoðlīce,    oð þæt æfen cwōm;
```

2305 wæs þā gebolgen   beorges hyrde,
     wolde se lāða   līge forgyldan
     drinc-fæt dȳre.   Þā wæs dæg sceacen
     wyrme on willan,   nō on wealle leng
     bīdan wolde,   ac mid bǣle fōr,
2310 fȳre gefȳsed.   Wæs se fruma egeslīc
     lēodum on lande,   swā hyt lungre wearð
     on hyra sinc-gifan   sāre geendod.

XXXIII. BEOWULF RESOLVES TO KILL THE FIRE-DRAKE.

     Þā se gǣst ongan   glēdum spīwan,
     beorht hofu bǣrnan;   bryne-lēoma stōd
2315 eldum on andan;   nō þǣr āht cwices
     lāð lyft-floga   lǣfan wolde.
     Wæs þæs wyrmes wīg   wīde gesȳne,
     nearo-fāges nīð   nēan and feorran,
     hū se gūð-sceaða   Gēata lēode
2320 hatode and hȳnde: hord eft gescēat,
     dryht-sele dyrnne   ǣr dæges hwīle.
     Hǣfde land-wara   līge befangen,
     bǣle and bronde;   beorges getruwode,
     wīges and wealles: him sēo wēn gelēah.
2325 Þā wæs Bīowulfe   brōga gecȳðed
     snūde tō sōðe,   þæt his sylfes him
     bolda sēlest   bryne-wylmum mealt,
     gif-stōl Gēata.   Þæt þām gōdan wæs
     hrēow on hreðre,   hyge-sorga mǣst:
2330 wēnde se wīsa,   þæt hē wealdende,
     ofer ealde riht,   ēcean dryhtne
     bitre gebulge: brēost innan wēoll
     þēostrum geþoncum,   swā him geþȳwe ne wæs.
     Hǣfde līg-draca   lēoda fæsten,
2335 ēa-lond ūtan,   eorð-weard þone
     glēdum forgrunden.   Him þæs gūð-cyning,
     Wedera þīoden,   wrǣce leornode.
     Heht him þā gewyrcean   wīgendra hlēo
     eall-īrenne,   eorla dryhten
2340 wīg-bord wrǣtlīc;   wisse hē gearwe,
     þæt him holt-wudu   helpan ne meahte,
     lind wið līge.   Sceolde lǣn-daga

  æðeling ær-gōd ende gebīdan
  worulde līfes and se wyrm somod;
2345 þēah þe hord-welan hēolde lange.
  Oferhogode þā hringa fengel,
  þæt hē þone wīd-flogan weorode gesōhte,
  sīdan herge; nō hē him þā sæcce ondrēd,
  nē him þæs wyrmes wīg for wiht dyde,
2350 eafoð and ellen; forþon hē ær fela
  nearo nēðende nīða gedīgde,
  hilde-hlemma, syððan hē Hrōðgāres,
  sigor-ēadig secg, sele fælsode
  and æt gūðe forgrāp Grendeles mǣgum,
2355 lāðan cynnes. Nō þæt lǣsest wæs
  hond-gemōta, þær mon Hygelāc slōh,
  syððan Gēata cyning gūðe ræsum,
  frēa-wine folces Frēslondum on,
  Hrēðles eafora hioro-dryncum swealt,
2360 bille gebēaten; þonan Bīowulf cōm
  sylfes cræfte, sund-nytte drēah;
  hæfde him on earme ... XXX
  hilde-geatwa, þā hē tō holme stāg.
  Nealles Hetware hrēmge þorfton
2365 fēðe-wīges, þē him foran ongēan
  linde bǣron: lȳt eft becwōm
  fram þām hild-frecan hāmes nīosan.
  Oferswam þā sioleða bigong sunu Ecgþēowes,
  earm ān-haga eft tō lēodum,
2370 þær him Hygd gebēad hord and rīce,
  bēagas and brego-stōl: bearne ne truwode,
  þæt hē wið æl-fylcum ēðel-stōlas
  healdan cūðe, þā wæs Hygelāc dēad.
  Nō þȳ ær fēa-sceafte findan meahton
2375 æt þām æðelinge ænige þinga,
  þæt hē Heardrēde hlāford wǣre,
  oððe þone cyne-dōm cīosan wolde;
  hwæðre hē him on folce frēond-lārum hēold,
  ēstum mid āre, oð þæt hē yldra wearð,
2380 Weder-Gēatum wēold. Hyne wræc-mæcgas
  ofer sæ sōhtan, suna Ōhteres:
  hæfdon hȳ forhealden helm Scylfinga,
  þone sēlestan sæ-cyninga,
  þāra þe in Swīo-rīce sinc brytnade,

2385 mǣrne þēoden.   Him þæt tō mearce wearð;
      hē þǣr orfeorme   feorh-wunde hlēat
      sweordes swengum,   sunu Hygelāces;
      and him eft gewāt   Ongenþīowes bearn
      hāmes nīosan,   syððan Heardrēd læg;
2390 lēt þone brego-stōl   Bīowulf healdan,
      Gēatum wealdan: þæt wæs gōd cyning.

XXXIV. RETROSPECT OF BĒOWULF.--STRIFE BETWEEN SWEONAS AND GEATAS.

      Sē þæs lēod-hryres   lēan gemunde
      uferan dōgrum,   Ēadgilse wearð
      fēa-sceaftum fēond.   Folce gestepte
2395 ofer sǣ sīde   sunu Ōhteres
      wigum and wǣpnum: hē gewræc syððan
      cealdum cear-sīðum,   cyning ealdre binēat.
      Swā hē nīða gehwane   genesen hæfde,
      slīðra geslyhta,   sunu Ecgþīowes,
2400 ellen-weorca,   oð þone ānne dæg,
      þē hē wið þām wyrme   gewegan sceolde.
      Gewāt þā twelfa sum   torne gebolgen
      dryhten Gēata   dracan scēawian;
      hæfde þā gefrūnen,   hwanan sīo fǣhð ārās,
2405 bealo-nīð biorna;   him tō bearme cwōm
      māððum-fæt mǣre   þurh þæs meldan hond,
      Sē wæs on þām þrēate   þreotteoða secg,
      sē þæs orleges   ōr onstealde,
      hæft hyge-giōmor,   sceolde hēan þonon
2410 wong wīsian: hē ofer willan gīong
      tō þæs þe hē eorð-sele   ānne wisse,
      hlǣw under hrūsan   holm-wylme nēh,
      ȳð-gewinne,   sē wæs innan full
      wrætta and wīra: weard unhīore,
2415 gearo gūð-freca,   gold-māðmas hēold,
      eald under eorðan;   næs þæt ȳðe cēap,
      tō gegangenne   gumena ǣnigum.
      Gesæt þā on næsse   nīð-heard cyning,
      þenden hǣlo ābēad   heorð-genēatum
2420 gold-wine Gēata: him wæs geōmor sefa,
      wǣfre and wæl-fūs,   Wyrd ungemete nēah,

```
             sē þone gomelan    grētan sceolde,
             sēcean sāwle hord,    sundur gedǣlan
             līf wið līce:    nō þon lange wæs
2425         feorh ǣðelinges    flǣsce bewunden.
             Bīowulf maðelade,    bearn Ecgþēowes:
             "Fela ic on giogoðe    guð-rǣsa genæs,
             "orleg-hwīla:    ic þæt eall gemon.
             "Ic wæs syfan-wintre,    þā mec sinca baldor,
2430         "frēa-wine folca    æt mīnum fæder genam,
             "hēold mec and hæfde    Hrēðel cyning,
             "geaf mē sinc and symbel,    sibbe gemunde;
             "næs ic him tō līfe    lāðra ōwihte
             "beorn in burgum,    þonne his bearna hwylc,
2435         "Herebeald and Hæðcyn,    oððe Hygelāc mīn.
             "Wæs þām yldestan    ungedēfelīce
             "mǣges dǣdum    morðor-bed strēd,
             "syððan hyne Hæðcyn    of horn-bogan,
             "his frēa-wine    flāne geswencte,
2440         "miste mercelses    and his mǣg ofscēt,
             "brōðor ōðerne,    blōdigan gāre:
             "þæt wæs feoh-lēas gefeoht,    fyrenum gesyngad
             "hreðre hyge-mēðe;    sceolde hwǣðre swā þēah
             "ǣðeling unwrecen    ealdres linnan.
2445         "Swā bið geōmorlīc    gomelum ceorle
             "tō gebīdanne,    þæt his byre rīde
             "giong on galgan,    þonne hē gyd wrece,
             "sārigne sang,    þonne his sunu hangað
             "hrefne tō hrōðre    and hē him helpe ne mæg,
2450         "eald and in-frōd,    ǣnige gefremman.
             "Symble bið gemyndgad    morna gehwylce
             "eaforan ellor-sīð;    ōðres ne gȳmeð
             "tō gebīdanne    burgum on innan
             "yrfe-weardes,    þonne se ān hafað
2455         "þurh dēaðes nȳd    dǣda gefondad.
             "Gesyhð sorh-cearig    on his suna būre
             "wīn-sele wēstne,    wind-gereste,
             "rēote berofene;    rīdend swefað
             "hæleð in hoðman;    nis þǣr hearpan swēg,
2460         "gomen in geardum,    swylce þǣr iū wǣron.
```

XXXV. MEMORIES OF PAST TIME.-THE FEUD WITH THE FIRE-DRAKE.

"Gewīteð þonne on sealman, sorh-lēoð gǣleð
"ān æfter ānum: þūhte him eall tō rūm,
"wongas and wīc-stede. Swā Wedra helm
"æfter Herebealde heortan sorge
2465 "weallende wæg, wihte ne meahte
"on þām feorh-bonan fǣhðe gebētan:
"nō þȳ ǣr hē þone heaðo-rinc hatian ne meahte
"lāðum dǣdum, þēah him lēof ne wæs.
"Hē þā mid þǣre sorge, þē him sīo sār belamp,
2470 "gum-drēam ofgeaf, godes lēoht gecēas;
"eaferum lǣfde, swā dēð ēadig mon,
"lond and lēod-byrig, þā hē of līfe gewāt.
"Þā wæs synn and sacu Swēona and Gēata,
"ofer wīd wæter wrōht gemǣne,
2475 "here-nīð hearda, syððan Hrēðel swealt,
"oððe him Ongenþēowes eaferan wǣran
"frome fyrd-hwate, frēode ne woldon
"ofer heafo healdan, ac ymb Hrēosna-beorh
"eatolne inwit-scear oft gefremedon.
2480 "Þæt mǣg-wine mīne gewrǣcan,
"fǣhðe and fyrene, swā hyt gefrǣge wæs,
"þēah þe ōðer hit ealdre gebohte,
"heardan cēape: Hæðcynne wearð,
"Gēata dryhtne, gūð onsǣge.
2485 "Þā ic on morgne gefrægn mæg ōðerne
"billes ecgum on bonan stǣlan,
"þǣr Ongenþēow Eofores nīosade:
"gūð-helm tōglād, gomela Scylfing
"hrēas heoro-blāc; hond gemunde
2490 "fǣhðo genōge, feorh-sweng ne oftēah.
"Ic him þā māðmas, þē hē mē sealde,
"geald æt gūðe, swā mē gifeðe wæs,
"lēohtan sweorde: hē mē lond forgeaf,
"eard ēðel-wyn. Næs him ǣnig þearf,
2495 "þæt hē tō Gifðum oððe tō Gār-Denum
"oððe in Swīo-rīce sēcean þurfe
"wyrsan wīg-frecan, weorðe gecȳpan;
"symle ic him on fēðan beforan wolde,
"āna on orde, and swā tō aldre sceall
2500 "sæcce fremman, þenden þis sweord þolað,

"þæt mec ǣr and sīð   oft gelǣste,
"syððan ic for dugeðum   Dæghrefne wearð
"tō hand-bonan,   Hūga cempan:
"nalles hē þā frætwe   Frēs-cyninge,
2505 "brēost-weorðunge   bringan mōste,
"ac in campe gecrong   cumbles hyrde,
"æðeling on elne.   Ne wæs ecg bona,
"ac him hilde-grāp   heortan wylmas,
"bān-hūs gebræc.   Nū sceall billes ecg,
2510 "hond and heard sweord   ymb hord wīgan."
Bēowulf maðelode,   bēot-wordum spræc
nīehstan sīðe: "Ic genēðde fela
"gūða on geogoðe;   gȳt ic wylle,
"frōd folces weard,   fǣhðe sēcan,
2515 "mǣrðum fremman,   gif mec se mān-sceaða
"of eorð-sele   ūt gesēceð!"
Gegrētte þā   gumena gehwylcne,
hwate helm-berend   hindeman sīðe,
swǣse gesīðas: "Nolde ic sweord beran,
2520 "wǣpen tō wyrme,   gif ic wiste hū
"wið þām āglǣcean   elles meahte
"gylpe wiðgrīpan,   swā ic giō wið Grendle dyde;
"ac ic þǣr heaðu-fȳres   hātes wēne,
"rēðes and-hāttres: forþon ic mē on hafu
2525 "bord and byrnan.   Nelle ic beorges weard
"oferflēon fōtes trem,   fēond unhȳre,
"ac unc sceal weorðan æt wealle,   swā unc Wyrd getēoð,
"metod manna gehwæs.   Ic eom on mōde from,
"þæt ic wið þone gūð-flogan   gylp ofersitte.
2530 "Gebīde gē on beorge   byrnum werede,
"secgas on searwum,   hwæðer sēl mǣge
"æfter wæl-rǣse   wunde gedȳgan
"uncer twēga.   Nis þæt ēower sīð,
"nē gemet mannes,   nefne mīn ānes,
2535 "þæt hē wið āglǣcean   eofoðo dǣle,
"eorl-scype efne.   Ic mid elne sceall
"gold gegangan   oððe gūð nimeð,
"feorh-bealu frēcne,   frēan ēowerne!"
Ārās þā bī ronde   rōf ōretta,
2540 heard under helm,   hioro-sercean bǣr
under stān-cleofu,   strengo getruwode
ānes mannes: ne bið swylc earges sīð.

        Geseah þā be wealle,   sē þe worna fela,
        gum-cystum gōd,   gūða gedīgde,
2545 hilde-hlemma,   þonne hnitan fēðan,
        (stōd on stān-bogan)   strēam ūt þonan
        brecan of beorge;   wæs þǣre burnan wælm
        heaðo-fȳrum hāt: ne meahte horde nēah
        unbyrnende   ǣnige hwīle
2550 dēop gedȳgan   for dracan lēge.
        Lēt þā of brēostum,   þā hē gebolgen wæs,
        Weder-Gēata lēod   word ūt faran,
        stearc-heort styrmde;   stefn in becōm
        heaðo-torht hlynnan   under hārne stān.
2555 Hete wæs onhrēred,   hord-weard oncnīow
        mannes reorde;   næs þǣr māra fyrst,
        frēode tō friclan.   From ǣrest cwōm
        oruð āglǣcean   ūt of stāne,
        hāt hilde-swāt;   hrūse dynede.
2560 Biorn under beorge   bord-rand onswāf
        wið þām gryre-gieste,   Gēata dryhten:
        þā wæs hring-bogan   heorte gefȳsed
        sæcce tō sēceanne.   Sweord ǣr gebrǣ
        gōd gūð-cyning   gomele lāfe,
2565 ecgum unglēaw,   ǣghwæðrum wæs
        bealo-hycgendra   brōga fram ōðrum.
        Stīð-mōd gestōd   wið stēapne rond
        winia bealdor,   þā se wyrm gebēah
        snūde tōsomne: hē on searwum bād.
2570 Gewāt þā byrnende   gebogen scrīðan tō,
        gescīfe scyndan.   Scyld wēl gebearg
        līfe and līce   lǣssan hwīle
        mǣrum þēodne,   þonne his myne sōhte,
        þǣr hē þȳ fyrste   forman dōgore
2575 wealdan mōste,   swā him Wyrd ne gescrāf
        hrēð æt hilde.   Hond up ābrǣd
        Gēata dryhten,   gryre-fāhne slōh
        incge lāfe,   þæt sīo ecg gewāc
        brūn on bāne,   bāt unswīðor,
2580 þonne his þīod-cyning   þearfe hæfde,
        bysigum gebǣded.   Þā wæs beorges weard
        æfter heaðu-swenge   on hrēoum mōde,
        wearp wæl-fȳre,   wīde sprungon
        hilde-lēoman: hrēð-sigora ne gealp

2585   gold-wine Gēata,   gūð-bill geswāc
           nacod ǣt nīðe,   swā hyt nō sceolde,
           īren ǣr-gōd.   Ne wæs þæt ēðe sīð,
           þæt se mǣra   maga Ecgþēowes
           grund-wong þone   ofgyfan wolde;
2590   sceolde wyrmes willan   wīc eardian
           elles hwergen,   swā sceal ǣghwylc mon
           ālǣtan lǣn-dagas.   Næs þā long tō þon,
           þæt þā āglǣcean   hȳ eft gemētton.
           Hyrte hyne hord-weard,   hreðer ǣðme wēoll,
2595   nīwan stefne: nearo þrowode
           fȳre befongen   sē þe ǣr folce wēold.
           Nealles him on hēape   hand-gesteallan,
           æðelinga bearn   ymbe gestōdon
           hilde-cystum,   ac hȳ on holt bugon,
2600   ealdre burgan.   Hiora in ānum wēoll
           sefa wið sorgum: sibb ǣfre ne mæg
           wiht onwendan,   þām þe wēl þenceð.

XXXVI. WIGLAF HELPS BĒOWULF IN THE FEUD

           Wīglāf wæs hāten   Wēoxstānes sunu,
           lēoflīc lind-wiga,   lēod Scylfinga,
2605   mǣg ælfheres: geseah his mon-dryhten
           under here-grīman   hāt þrowian.
           Gemunde þā þā āre,   þē hē him ǣr forgeaf
           wīc-stede weligne   Wǣgmundinga,
           folc-rihta gehwylc,   swā his fæder āhte;
2610   ne mihte þā forhabban,   hond rond gefēng,
           geolwe linde,   gomel swyrd getēah,
           þæt wæs mid eldum   Ēanmundes lāf,
           suna Ōhteres,   þām æt sæcce wearð
           wracu wine-lēasum   Wēohstānes bana
2615   mēces ecgum,   and his māgum ætbær
           brūn-fāgne helm,   hringde byrnan,
           eald sweord eotonisc,   þæt him Onela forgeaf,
           his gǣdelinges   gūð-gewǣdu,
           fyrd-searo fūslīc: nō ymbe þā fǣhðe sprǣc,
2620   þēah þe hē his brōðor   bearn ābredwade.
           Hē frǣtwe gehēold   fela missēra,
           bill and byrnan,   oð þæt his byre mihte

```
              eorl-scipe efnan,    swā his ǣr-fæder;
              geaf him þā mid Gēatum    gūð-gewǣda
2625          ǣghwǣs unrīm;    þā hē of ealdre gewāt,
              frōd on forð-weg.    Þā wǣs forma sīð
              geongan cempan,    þæt hē gūðe rǣs
              mid his frēo-dryhtne    fremman sceolde;
              ne gemealt him se mōd-sefa,    nē his mǣges lāf
2630          gewāc æt wīge:    þæt se wyrm onfand,
              syððan hīe tōgǣdre    gegān hæfdon.
              Wīglāf maðelode    word-rihta fela,
              sægde gesīðum,    him wæs sefa geōmor:
              "Ic þæt mǣl geman,    þǣr wē medu þēgun,
2635          "þonne wē gehēton    ūssum hlāforde
              "in bīor-sele,    þē ūs þās bēagas geaf,
              "þæt wē him þā gūð-geatwa    gyldan woldon,
              "gif him þyslīcu    þearf gelumpe,
              "helmas and heard sweord:    þē hē ūsic on herge gecēas
2640          "tō þyssum sīð-fate    sylfes willum,
              "onmunde ūsic mǣrða    and mē þās māðmas geaf,
              "þē hē ūsic gār-wīgend    gōde tealde,
              "hwate helm-berend,    þēah þe hlāford ūs
              "þis ellen-weorc    āna āþōhte
2645          "tō gefremmanne,    folces hyrde,
              "forþām hē manna mǣst    mǣrða gefremede,
              "dǣda dollīcra.    Nū is sē dæg cumen,
              "þæt ūre man-dryhten    mægenes behōfað
              "gōdra gūð-rinca:    wutun gangan tō,
2650          "helpan hild-fruman,    þenden hyt sȳ,
              "glēd-egesa grim!    God wāt on mec,
              "þæt mē is micle lēofre,    þæt mīnne līc-haman
              "mid mīnne gold-gyfan    glēd fæðmie.
              "Ne þynceð mē gerysne,    þæt wē rondas beren
2655          "eft tō earde,    nemne wē ǣror mægen
              "fāne gefyllan,    feorh ealgian
              "Wedra þīodnes.    Ic wāt geare,
              "þæt nǣron eald-gewyrht,    þæt hē āna scyle
              "Gēata duguðe    gnorn þrowian,
2660          "gesīgan æt sæcce:    sceal ūrum þæt sweord and helm,
              "byrne and byrdu-scrūd    bām gemǣne."
              Wōd þā þurh þone wæl-rēc,    wīg-heafolan bǣr
              frēan on fultum,    fēa worda cwǣð:
              "Lēofa Bīowulf,    lǣst eall tela,
```

2665 "swā þū on geoguð-fēore   geāra gecwǣde,
     "þæt þū ne ālǣte   be þē lifigendum
     "dōm gedrēosan: scealt nū dǣdum rōf,
     "æðeling ān-hȳdig,   ealle mægene
     "feorh ealgian;   ic þē fullǣstu!"
2670 æfter þām wordum   wyrm yrre cwōm,
     atol inwit-gæst   ōðre sīðe,
     fȳr-wylmum fāh   fīonda nīosan,
     lāðra manna;   līg-ȳðum forborn
     bord wið ronde: byrne ne meahte
2675 geongum gār-wigan   gēoce gefremman:
     ac se maga geonga   under his mǣges scyld
     elne geēode,   þā his āgen wæs
     glēdum forgrunden.   Þā gēn gūð-cyning
     mǣrða gemunde,   mægen-strengo,
2680 slōh hilde-bille,   þæt hyt on heafolan stōd
     nīðe genȳded: Nægling forbærst,
     geswāc æt sæcce   sweord Bīowulfes
     gomol and grǣg-mǣl.   Him þæt gifeðe ne wæs,
     þæt him īrenna   ecge mihton
2685 helpan æt hilde;   wæs sīo hond tō strong,
     sē þe mēca gehwane   mīne gefrǣge
     swenge ofersōhte,   þonne hē tō sæcce bǣr
     wǣpen wundrum heard,   næs him wihte þē sēl.
     Þā wæs þēod-sceaða   þriddan sīðe,
2690 frēcne fȳr-draca   fǣhða gemyndig,
     rǣsde on þone rōfan,   þā him rūm āgeald,
     hāt and heaðo-grim,   heals ealne ymbefēng
     biteran bānum;   hē geblōdegod wearð
     sāwul-drīore;   swāt ȳðum wēoll.

XXXVII. BĒOWULF WOUNDED TO DEATH.

2695 Þā ic æt þearfe gefrægn   þēod-cyninges
     and-longne eorl   ellen cȳðan,
     cræft and cēnðu,   swā him gecynde wæs;
     ne hēdde hē þæs heafolan,   ac sīo hand gebarn
     mōdiges mannes,   þǣr hē his mǣges healp,
2700 þæt hē þone nīð-gǣst   nioðor hwēne slōh,
     secg on searwum,   þæt þæt sweord gedēaf
     fāh and fǣted,   þæt þæt fȳr ongon

```
             sweðrian syððan.    Þā gēn sylf cyning
             gewēold his gewitte,    wæll-seaxe gebræ,
2705    biter and beadu-scearp,    þæt hē on byrnan wæg:
             forwrāt Wedra helm    wyrm on middan.
             Fēond gefyldan    (ferh ellen wræc),
             and hī hyne þā bēgen    ābroten hæfdon,
             sib-æðelingas:    swylc sceolde secg wesan,
2710    þegn æt þearfe.    Þæt þām þēodne wæs
             sīðast sīge-hwīle    sylfes dædum,
             worlde geweorces.    Þā sīo wund ongon,
             þē him se eorð-draca    ær geworhte,
             swelan and swellan.    Hē þæt sōna onfand,
2715    þæt him on brēostum    bealo-nīð wēoll,
             attor on innan.    Þā se æðeling gīong,
             þæt hē bī wealle,    wīs-hycgende,
             gesæt on sesse;    seah on enta geweorc,
             hū þā stān-bogan    stapulum fæste
2720    ēce eorð-reced    innan hēoldon.
             Hyne þā mid handa    heoro-drēorigne
             þēoden mærne    þegn ungemete till,
             wine-dryhten his    wætere gelafede,
             hilde-sædne    and his helm onspēon.
2725    Bīowulf maðelode,    hē ofer benne spræc,
             wunde wæl-blēate    (wisse hē gearwe,
             þæt hē dæg-hwīla    gedrogen hæfde
             eorðan wynne;    þā wæs eall sceacen
             dōgor-gerīmes,    dēað ungemete nēah):
2730    "Nū ic suna mīnum    syllan wolde
             "gūð-gewædu,    þær mē gifeðe swā
             "ǣnig yrfe-weard    æfter wurde,
             "līce gelenge.    Ic þās lēode hēold
             "fīftig wintra:    næs se folc-cyning
2735    "ymbe-sittendra    ǣnig þāra,
             "þē mec gūð-winum    grētan dorste,
             "egesan þēon.    Ic on earde bād
             "mæl-gesceafta,    hēold mīn tela,
             "ne sōhte searo-nīðas,    nē mē swōr fela
2740    "āða on unriht.    Ic þæs ealles mæg,
             "feorh-bennum sēoc,    gefēan habban:
             "forþām mē wītan ne þearf    waldend fīra
             "morðor-bealo māga,    þonne mīn sceaceð
             "līf of līce.    Nū þū lungre
```

2745	"geong, hord scēawian under hārne stān,
	"Wīglāf lēofa, nū se wyrm ligeð,
	"swefeð sāre wund, since berēafod.
	"Bīo nū on ofoste, þæt ic ǣr-welan,
	"gold-ǣht ongite, gearo scēawige
2750	"swegle searo-gimmas, þæt ic þȳ sēft mæge
	"æfter māððum-welan mīn ālǣtan
	"līf and lēod-scipe, þone ic longe hēold."

XXXVIII. THE JEWEL-HOARD. THE PASSING OF BEOWULF.

	Þā ic snūde gefrægn sunu Wīhstānes
	æfter word-cwydum wundum dryhtne
2755	hȳran heaðo-sīocum, hring-net beran,
	brogdne beadu-sercean under beorges hrōf.
	Geseah þā sige-hrēðig, þā hē bī sesse gēong,
	mago-þegn mōdig māððum-sigla fela,
	gold glitinian grunde getenge,
2760	wundur on wealle and þæs wyrmes denn,
	ealdes ūht-flogan, orcas stondan,
	fyrn-manna fatu feormend-lēase,
	hyrstum behrorene: þǣr wæs helm monig,
	eald and ōmig, earm-bēaga fela,
2765	searwum gesǣled. Sinc ēaðe mæg,
	gold on grunde, gumena cynnes
	gehwone ofer-hīgian, hȳde sē þe wylle!
	Swylce hē siomian geseah segn eall-gylden
	hēah ofer horde, hond-wundra mǣst,
2770	gelocen leoðo-cræftum: of þām lēoma stōd,
	þæt hē þone grund-wong ongitan meahte,
	wrǣte giond-wlītan. Næs þæs wyrmes þǣr
	onsȳn ǣnig, ac hyne ecg fornam.
	Þā ic on hlǣwe gefrægn hord rēafian,
2775	eald enta geweorc ānne mannan,
	him on bearm hladan bunan and discas
	sylfes dōme, segn ēac genom,
	bēacna beorhtost; bill ǣr-gescōd
	(ecg wæs īren) eald-hlāfordes
2780	þām þāra māðma mund-bora wæs
	longe hwīle, līg-egesan wǣg
	hātne for horde, hioro-weallende,

   middel-nihtum, oð þæt hē morðre swealt.
   Ār wæs on ofoste eft-sīðes georn,
2785 frætwum gefyrðred: hyne fyrwet bræc,
   hwæðer collen-ferð cwicne gemētte
   in þām wong-stede Wedra þēoden,
   ellen-sīocne, þǣr hē hine ǣr forlēt.
   Hē þā mid þām māðmum mǣrne þīoden,
2790 dryhten sīnne drīorigne fand
   ealdres æt ende: hē hine eft ongon
   wæteres weorpan, oð þæt wordes ord
   brēost-hord þurhbræc. Bēowulf maðelode,
   gomel on giohðe (gold scēawode):
2795 "Ic þāra frætwa frēan ealles þanc
   "wuldur-cyninge wordum secge,
   "ēcum dryhtne, þē ic hēr on starie,
   "þæs þe ic mōste mīnum lēodum
   "ǣr swylt-dæge swylc gestrȳnan.
2800 "Nū ic on māðma hord mīne bebohte
   "frōde feorh-lege, fremmað gē nū
   "lēoda þearfe; ne mæg ic hēr leng wesan.
   "Hātað heaðo-mǣre hlǣw gewyrcean,
   "beorhtne æfter bǣle æt brimes nosan;
2805 "se scel tō gemyndum mīnum lēodum
   "hēah hlīfian on Hrones næsse,
   "þæt hit sæ-līðend syððan hātan
   "Bīowulfes biorh, þā þe brentingas
   "ofer flōda genipu feorran drīfað."
2810 Dyde him of healse hring gyldenne
   þīoden þrīst-hȳdig, þegne gesealde,
   geongum gār-wigan, gold-fāhne helm,
   bēah and byrnan, hēt hyne brūcan well:
   "Þū eart ende-lāf ūsses cynnes,
2815 "Wǣgmundinga; ealle Wyrd forswēof,
   "mīne māgas tō metod-sceafte,
   "eorlas on elne: ic him æfter sceal."
   Þæt wæs þām gomelan gingeste word
   brēost-gehygdum, ǣr hē bǣl cure,
2820 hāte heaðo-wylmas: him of hreðre gewāt
   sāwol sēcean sōð-fæstra dōm.

XXXIX. THE COWARD-THANES.

Þā wæs gegongen   guman unfrōdum
earfoðlīce,   þæt hē on eorðan geseah
þone lēofestan   līfes æt ende
2825 blēate gebǣran.   Bona swylce læg,
egeslīc eorð-draca,   ealdre berēafod,
bealwe gebǣded: bēah-hordum leng
wyrm wōh-bogen   wealdan ne mōste,
ac him īrenna   ecga fornāmon,
2830 hearde heaðo-scearpe   homera lāfe,
þæt se wīd-floga   wundum stille
hrēas on hrūsan   hord-ærne nēah,
nalles æfter lyfte   lācende hwearf
middel-nihtum,   māðm-ǣhta wlonc
2835 ansȳn ȳwde: ac hē eorðan gefēoll
for þæs hild-fruman   hond-geweorce.
Hūru þæt on lande   lȳt manna þāh
mægen-āgendra   mīne gefrǣge,
þēah þe hē dǣda gehwæs   dyrstig wǣre,
2840 þæt hē wið attor-sceaðan   oreðe geræsde,
oððe hring-sele   hondum styrede,
gif hē wæccende   weard onfunde
būan on beorge.   Bīowulfe wearð
dryht-māðma dǣl   dēaðe forgolden;
2845 hæfde ǣghwæðer   ende geferēd
lǣnan līfes.   Næs þā lang tō þon,
þæt þā hild-latan   holt ofgēfan,
tȳdre trēow-logan   tȳne ætsomne,
þā ne dorston ǣr   dareðum lācan
2850 on hyra man-dryhtnes   miclan þearfe;
ac hȳ scamiende   scyldas bǣran,
gūð-gewǣdu,   þǣr se gomela læg:
wlitan on Wīglāf.   Hē gewērgad sæt,
fēðe-cempa   frēan eaxlum nēah,
2855 wehte hyne wætre;   him wiht ne spēow;
ne meahte hē on eorðan,   þēah hē ūðe wēl,
on þām frum-gāre   feorh gehealdan,
nē þæs wealdendes willan   wiht oncirran;
wolde dōm godes   dǣdum rǣdan
2860 gumena gehwylcum,   swā hē nū gēn dēð.
Þā wæs æt þām geongan   grim andswaru

          ēð-begēte þām þe ǣr   his elne forlēas.
          Wīglāf maðelode,   Wēohstānes sunu,
          secg sārig-ferð   seah on unlēofe:
2865   "Þæt lā mæg secgan,   sē þe wyle sōð sprecan,
          "þæt se mon-dryhten,   se ēow þā māðmas geaf,
          "ēored-geatwe,   þē gē þǣr on standað,
          "þonne hē on ealu-bence   oft gesealde
          "heal-sittendum   helm and byrnan,
2870   "þēoden his þegnum,   swylce hē þrȳðlīcost
          "ōhwǣr feor oððe nēah   findan meahte,
          "þæt hē gēnunga   gūð-gewǣdu
          "wrāðe forwurpe.   Þā hyne wīg beget,
          "nealles folc-cyning   fyrd-gesteallum
2875   "gylpan þorfte;   hwǣðre him god ūðe,
          "sigora waldend,   þæt hē hyne sylfne gewræc
          "āna mid ecge,   þā him wæs elnes þearf,
          "Ic him līf-wraðe   lȳtle meahte
          "ǣtgifan æt gūðe   and ongan swā þēah
2880   "ofer mīn gemet   mǣges helpan:
          "symle wæs þȳ sǣmra,   þonne ic sweorde drep
          "ferhð-genīðlan,   fȳr unswīðor
          "wēoll of gewitte.   Wergendra tō lȳt
          "þrong ymbe þēoden,   þā hyne sīo þrāg becwōm.
2885   "Nū sceal sinc-þego   and swyrd-gifu
          "eall ēðel-wyn   ēowrum cynne,
          "lufen ālicgean: lond-rihtes mōt
          "þǣre mǣg-burge   monna ǣghwylc
          "īdel hweorfan,   syððan ǣðelingas
2890   "feorran gefricgean   flēam ēowerne,
          "dōm-lēasan dǣd.   Dēað bið sēlla
          "eorla gehwylcum   þonne edwīt-līf!"

XL. THE SOLDIER'S DIRGE AND PROPHECY.

          Heht þā þæt heaðo-weorc   tō hagan bīodan
          up ofer ēg-clif,   þǣr þæt eorl-weorod
2895   morgen-longne dæg   mōd-giōmor sæt,
          bord-hæbbende,   bēga on wēnum
          ende-dōgores   and eft-cymes
          lēofes monnes.   Lȳt swīgode
          nīwra spella,   sē þe næs gerād,

2900	ac hē sōðlīce sægde ofer ealle;
	"Nū is wil-geofa Wedra lēoda,
	"dryhten Gēata dēað-bedde fæst,
	"wunað wæl-reste wyrmes dædum;
	"him on efn ligeð ealdor-gewinna,
2905	"siex-bennum sēoc: sweorde ne meahte
	"on þām āglæcean ænige þinga
	"wunde gewyrcean. Wīglāf siteð
	"ofer Bīowulfe, byre Wīhstānes,
	"eorl ofer ōðrum unlifigendum,
2910	"healdeð hige-mēðum hēafod-wearde
	"lēofes and lāðes. Nū ys lēodum wēn
	"orleg-hwīle, syððan underne
	"Froncum and Frȳsum fyll cyninges
	"wīde weorðeð. Wæs sīo wrōht scepen
2915	"heard wið Hūgas, syððan Higelāc cwōm
	"faran flot-herge on Frēsna land,
	"þǣr hyne Hetware hilde gehnægdon,
	"elne geēodon mid ofer-mægene,
	"þæt se byrn-wiga būgan sceolde,
2920	"fēoll on fēðan: nalles frætwe geaf
	"ealdor dugoðe; ūs wæs ā syððan
	"Merewīoinga milts ungyfeðe.
	"Nē ic tō Swēo-þēode sibbe oððe trēowe
	"wihte ne wēne; ac wæs wīde cūð,
2925	"þætte Ongenþīo ealdre besnyðede
	"Hæðcyn Hrēðling wið Hrefna-wudu,
	"þā for on-mēdlan ærest gesōhton
	"Gēata lēode Gūð-scilfingas.
	"Sōna him se frōda fæder Ōhtheres,
2930	"eald and eges-full ond-slyht āgeaf,
	"ābrēot brim-wīsan, brȳd āhēorde,
	"gomela īo-meowlan golde berofene,
	"Onelan mōdor and Ōhtheres,
	"and þā folgode feorh-genīðlan
2935	"oð þæt hī oðēodon earfoðlīce
	"in Hrefnes-holt hlāford-lēase.
	"Besæt þā sin-herge sweorda lāfe
	"wundum wērge, wēan oft gehēt
	"earmre teohhe andlonge niht:
2940	"cwæð hē on mergenne mēces ecgum
	"gētan wolde, sume on galg-trēowum

```
       "fuglum tō gamene.    Frōfor eft gelamp
       "sārig-mōdum      somod ǣr-dǣge,
       "syððan hīe Hygelāces     horn and bȳman
2945   "gealdor ongeāton.   Þā se gōda cōm
       "lēoda dugoðe     on lāst faran.
```

XLI. HE TELLS OF THE SWEDES AND THE GEATAS

```
       "Wǣs sīo swāt-swaðu     Swēona and Gēata,
       "wǣl-rǣs wera     wīde gesȳne,
       "hū þā folc mid him      fǣhðe tōwehton.
2950   "Gewāt him þā se gōda     mid his gǣdelingum,
       "frōd fela geōmor     fǣsten sēcean,
       "eorl Ongenþīo    ufor oncirde;
       "hǣfde Higelāces     hilde gefrūnen,
       "wlonces wīg-crǣft,    wiðres ne truwode,
2955   "þǣt hē sǣ-mannum     onsacan mihte,
       "hēaðo-līðendum     hord forstandan,
       "bearn and brȳde;     bēah eft þonan
       "eald under eorð-weall.    Þā wǣs ǣht boden
       "Swēona lēodum,    segn Higelāce.
2960   "Freoðo-wong þone     forð oferēodon,
       "syððan Hrēðlingas     tō hagan þrungon.
       "Þǣr wearð Ongenþīo    ecgum sweorda,
       "blonden-fexa     on bīd wrecen,
       "þǣt se þēod-cyning     þafian sceolde
2965   "Eofores ānne dōm:     hyne yrringa
       "Wulf Wonrēding     wǣpne gerǣhte,
       "þǣt him for swenge     swāt ǣdrum sprong
       "forð under fexe.    Nǣs hē forht swā þēh,
       "gomela Scilfing,    ac forgeald hraðe
2970   "wyrsan wrixle     wǣl-hlem þone,
       "syððan þēod-cyning     þyder oncirde:
       "ne meahte se snella     sunu Wonrēdes
       "ealdum ceorle     ond-slyht giofan,
       "ac hē him on hēafde     helm ǣr gescer,
2975   "þǣt hē blōde fāh     būgan sceolde,
       "fēoll on foldan;    nǣs hē fǣge þā gīt,
       "ac hē hyne gewyrpte,     þēah þe him wund hrīne,
       "Lēt se hearda    Higelāces þegn
       "brādne mēce,    þā his brōðor læg,
```

2980	"eald sweord eotonisc, entiscne helm,
	"brecan ofer bord-weal: þā gebēah cyning,
	"folces hyrde, wæs in feorh dropen.
	"Þā wǣron monige, þē his mǣg wriðon,
	"ricone ārǣrdon, þā him gerȳmed wearð,
2985	"þæt hīe wæl-stōwe wealdan mōston.
	"Þenden rēafode rinc ōðerne,
	"nam on Ongenþīo īren-byrnan,
	"heard swyrd hilted and his helm somod;
	"hāres hyrste Higelāce bær.
2990	"Hē þām frætwum fēng and him fægre gehēt
	"lēana fore lēodum and gelǣste swā:
	"geald þone gūð-rǣs Gēata dryhten,
	"Hrēðles eafora, þā hē tō hām becōm,
	"Jofore and Wulfe mid ofer-māðmum,
2995	"sealde hiora gehwæðrum hund þūsenda
	"landes and locenra bēaga; ne þorfte him þā lēan oðwītan
	"mon on middan-gearde, syððan hīe þā mærða geslōgon;
	"and þā Jofore forgeaf āngan dōhtor,
	"hām-weorðunge, hyldo tō wedde.
3000	"Þæt ys sīo fæhðo and se fēond-scipe,
	"wæl-nīð wera, þæs þe ic wēn hafo,
	"þē ūs sēceað tō Swēona lēode,
	"syððan hīe gefricgeað frēan ūserne
	"ealdor-lēasne, þone þe ǣr gehēold
3005	"wið hettendum hord and rīce,
	"æfter hæleða hryre hwate Scylfingas,
	"folc-rǣd fremede oððe furður gēn
	"eorl-scipe efnde. Nū is ofost betost,
	"þæt wē þēod-cyning þǣr scēawian
3010	"and þone gebringan, þē ūs bēagas geaf,
	"on ād-fære. Ne scel ānes hwæt
	"meltan mid þām mōdigan, ac þǣr is māðma hord.
	"gold unrīme grimme gecēapod
	"and nū æt sīðestan sylfes fēore
3015	"bēagas gebohte; þā sceal brond fretan,
	"ǣled þeccean, nalles eorl wegan
	"māððum tō gemyndum, nē mægð scȳne
	"habban on healse hring-weorðunge,
	"ac sceall geōmor-mōd golde berēafod
3020	"oft nalles ǣne el-land tredan,
	"nū se here-wīsa hleahtor ālegde,

"gamen and glēo-drēam.   Forþon sceall gār wesan
"monig morgen-ceald   mundum bewunden,
"hæfen on handa,   nalles hearpan swēg
3025 "wīgend weccean,   ac se wonna hrefn
"fūs ofer fǣgum,   fela reordian,
"earne secgan,   hū him æt ǣte spēow,
"þenden hē wið wulf   wæl rēafode."
Swā se secg hwata   secgende wæs
3030 lāðra spella;   hē ne lēag fela
wyrda nē worda.   Weorod eall ārās,
ēodon unblīðe   under Earna næs
wollen-tēare   wundur scēawian.
Fundon þā on sande   sāwul-lēasne
3035 hlim-bed healdan,   þone þe him hringas geaf
ǣrran mǣlum: þā wæs ende-dæg
gōdum gegongen,   þæt se gūð-cyning,
Wedra þēoden,   wundor-dēaðe swealt.
Ǣr hī gesēgan   syllīcran wiht,
3040 wyrm on wonge   wiðer-rǣhtes þǣr
lāðne licgean: wæs se lēg-draca,
grimlīc gryre-gǣst,   glēdum beswǣled,
sē wæs fīftiges   fōt-gemearces.
lang on legere,   lyft-wynne hēold
3045 nihtes hwīlum,   nyðer eft gewāt
dennes nīosian;   wæs þā dēaðe fæst,
hæfde eorð-scrafa   ende genyttod.
Him big stōdan   bunan and orcas,
discas lāgon   and dȳre swyrd,
3050 ōmige þurh-etone,   swā hīe wið eorðan fæðm
þūsend wintra   þǣr eardodon:
þonne wæs þæt yrfe   ēacen-cræftig,
iū-monna gold   galdre bewunden,
þæt þām hring-sele   hrīnan ne mōste
3055 gumena ǣnig,   nefne god sylfa,
sigora sōð-cyning,   sealde þām þe hē wolde
(hē is manna gehyld)   hord openian,
efne swā hwylcum manna,   swā him gemet þūhte.

XLII. WĪGLAF SPEAKS. THE BUILDING OF THE BALE-FIRE.

Þā wæs gesȳne,   þæt se sīð ne þāh

```
3060    þām þe unrihte      inne gehȳdde
        wrǣte under wealle.    Weard ǣr ofslōh
        fēara sumne;     þā sīo fǣhð gewearð
        gewrecen wrāðlīce.    Wundur hwār, þonne
        eorl ellen-rōf    ende gefēre
3065    līf-gesceafta,    þonne leng ne mæg
        mon mid his māgum     medu-seld būan.
        Swā wæs Bīowulfe,     þā hē biorges weard
        sōhte, searo-nīðas:    seolfa ne cūðe,
        þurh hwæt his worulde gedāl    weorðan sceolde;
3070    swā hit oð dōmes dæg    dīope benemdon
        þēodnas mǣre,     þā þæt þǣr dydon,
        þæt se secg wǣre    synnum scildig,
        hergum geheaðerod,    hell-bendum fæst,
        wommum gewītnad,    sē þone wong strāde.
3075    Næs hē gold-hwæt:    gearwor hæfde
        āgendes ēst    ǣr gescēawod.
        Wīglāf maðelode,     Wīhstānes sunu:
        "Oft sceall eorl monig    ānes willan
        "wrǣc ādrēogan,    swā ūs geworden is.
3080    "Ne meahton wē gelǣran    lēofne þēoden,
        "rīces hyrde    rǣd ǣnigne,
        "þæt hē ne grētte    gold-weard þone,
        "lēte hyne licgean,    þǣr hē longe wæs,
        "wīcum wunian    oð woruld-ende.
3085    "Hēoldon hēah gescēap:    hord ys gescēawod,
        "grimme gegongen;    wæs þæt gifeðe tō swīð,
        "þē þone þēoden    þyder ontyhte.
        "Ic wæs þǣr inne    and þæt eall geond-seh,
        "recedes geatwa,    þā mē gerȳmed wæs,
3090    "nealles swǣslīce    sīð ālȳfed
        "inn under eorð-weall.    Ic on ofoste gefēng
        "micle mid mundum    mægen-byrðenne
        "hord-gestrēona,    hider ūt ætbǣr
        "cyninge mīnum:    cwico wæs þā gēna,
3095    "wīs and gewittig;    worn eall gespræc
        "gomol on gehðo    and ēowic grētan hēt,
        "bæd þæt gē geworhton    æfter wines dǣdum
        "in bæl-stede    beorh þone hēan
        "micelne and mǣrne,    swā hē manna wæs
3100    "wīgend weorð-fullost    wīde geond eorðan,
        "þenden hē burh-welan    brūcan mōste.
```

```
              "Uton nū efstan      ōðre sīðe
              "sēon and sēcean      searo-geþræc,
              "wundur under wealle!     ic ēow wīsige,
       3105   "þæt gē genōge      nēan scēawiað
              "bēagas and brād gold.     Sīe sīo bær gearo
              "ǣdre geæfned,     þonne wē ūt cymen,
              "and þonne geferian      frēan ūserne,
              "lēofne mannan,      þær hē longe sceal
       3110   "on þæs waldendes      wǣre geþolian."
              Hēt þā gebēodan      byre Wīhstānes,
              hæle hilde-dīor,      hæleða monegum
              bold-āgendra,      þæt hīe bæl-wudu
              feorran feredon,     folc-āgende
       3115   gōdum tōgēnes:     "Nū sceal glēd fretan
              "(weaxan wonna lēg)     wigena strengel,
              "þone þe oft gebād      īsern-scūre,
              "þonne strǣla storm,     strengum gebǣded,
              "scōc ofer scild-weall,     sceft nytte hēold,
       3120   "feðer-gearwum fūs     flāne full-ēode."
              Hūru se snotra     sunu Wīhstānes
              ācīgde of corðre      cyninges þegnas
              syfone tōsomne      þā sēlestan,
              ēode eahta sum     under inwit-hrōf;
       3125   hilde-rinc sum     on handa bær
              ǣled-lēoman,     sē þe on orde gēong.
              Næs þā on hlytme,      hwā þæt hord strude,
              syððan or-wearde      ǣnigne dǣl
              secgas gesēgon      on sele wunian,
       3130   lǣne licgan:     lȳt ǣnig mearn,
              þæt hī ofostlice     ūt geferedon
              dȳre māðmas;     dracan ēc scufun,
              wyrm ofer weall-clif,     lēton wǣg niman,
              flōd fæðmian     frætwa hyrde.
       3135   Þǣr wæs wunden gold      on wǣn hladen,
              ǣghwæs unrīm,      æðeling boren,
              hār hilde-rinc     tō Hrones næsse.
```

XLIII. BĒOWULF'S FUNERAL PYRE.

```
              Him þā gegiredan      Gēata lēode
              ād on eorðan      un-wāclīcne,
```

3140	helmum behongen, hilde-bordum,
	beorhtum byrnum, swā hē bēna wæs;
	ālegdon þā tō-middes mǣrne þēoden
	hǣleð hīofende, hlāford lēofne.
	Ongunnon þā on beorge bǣl-fȳra mǣst
3145	wīgend weccan: wudu-rēc āstāh
	sweart ofer swioðole, swōgende lēg,
	wōpe bewunden (wind-blond gelǣg)
	oð þæt hē þā bān-hūs gebrocen hæfde,
	hāt on hreðre. Higum unrōte
3150	mōd-ceare mǣndon mon-dryhtnes cwealm;
	swylce giōmor-gyd lat . con meowle
	. . . . . wunden heorde . . .
	serg (?) cearig sǣlde geneahhe
	þæt hīo hyre . . . . gas hearde
3155	. . . . . ede wælfylla wonn . .
	hildes egesan hyðo
	haf mid heofon rēce swealh (?)
	Geworhton þā Wedra lēode
	hlǣw on hlīðe, sē wæs hēah and brād,
3160	wǣg-līðendum wīde gesȳne,
	and betimbredon on tȳn dagum
	beadu-rōfes bēcn: bronda betost
	wealle beworhton, swā hyt weorðlīcost
	fore-snotre men findan mihton.
3165	Hī on beorg dydon bēg and siglu,
	eall swylce hyrsta, swylce on horde ǣr
	nīð-hȳdige men genumen hæfdon;
	forlēton eorla gestrēon eorðan healdan,
	gold on grēote, þǣr hit nū gēn lifað
3170	eldum swā unnyt, swā hit ǣror wæs.
	Þā ymbe hlǣw riodan hilde-dēore,
	æðelinga bearn ealra twelfa,
	woldon ceare cwīðan, kyning mǣnan,
	word-gyd wrecan and ymb wer sprecan,
3175	eahtodan eorl-scipe and his ellen-weorc
	duguðum dēmdon, swā hit ge-dēfe bið,
	þæt mon his wine-dryhten wordum herge,
	ferhðum frēoge, þonne hē forð scile
	of līc-haman lǣne weorðan.
3180	Swā begnornodon Gēata lēode
	hlāfordes hryre, heorð-genēatas,

cwædon þæt hē wǣre   woruld-cyning
mannum mildust   and mon-þwǣrust,
lēodum līðost   and lof-geornost.

APPENDIX

THE ATTACK IN FINNSBURG.

"..........nǣs byrnað nǣfre."
Hleoðrode þā   heaðo-geong cyning:
"Ne þis ne dagað ēastan,   ne hēr draca ne flēogeð,
"ne hēr þisse healle   hornas ne byrnað,
5   "ac fēr forð berað   fugelas singað,
"gylleð grǣg-hama,   gūð-wudu hlynneð,
"scyld scefte oncwyð.   Nū scȳneð þes mōna
"waðol under wolcnum;   nū ārīsað wēa-dǣda,
"þē þisne folces nīð   fremman willað.
10   "Ac onwacnigeað nū,   wīgend mīne,
"hebbað ēowre handa,   hicgeað on ellen,
"winnað on orde,   wesað on mōde!"
Þā ārās monig gold-hladen þegn,   gyrde hine his swurde;
þā tō dura ēodon   drihtlīce cempan,
15   Sigeferð and Eaha,   hyra sweord getugon,
and æt ōðrum durum   Ordlāf and Gūðlāf,
and Hengest sylf;   hwearf him on lāste.
Þā gīt Gārulf   Gūðere styrode,
þæt hīe swā frēolīc feorh   forman sīðe
20   tō þǣre healle durum   hyrsta ne bǣran,
nū hyt nīða heard   ānyman wolde:
ac hē frǣgn ofer eal   undearninga,
dēor-mōd hæleð,   hwā þā duru hēolde.
"Sigeferð is mīn nama (cwæð hē),   ic eom Secgena lēod,
25   "wrecca wīde cūð.   Fela ic wēana gebād,
"heardra hilda;   þē is gȳt hēr witod,
"swǣðer þū sylf tō mē   sēcean wylle."
Þā wæs on wealle   wæl-slihta gehlyn,
sceolde cēlod bord   cēnum on handa
30   bān-helm berstan.   Buruh-þelu dynede,
oð þæt æt þǣre gūðe   Gārulf gecrang,
ealra ǣrest   eorð-būendra,

```
             Gūðlāfes sunu;    ymbe hine gōdra fela.
             Hwearf flacra hrǣw    hræfn, wandrode
35           sweart and sealo-brūn;    swurd-lēoma stōd
             swylce eal Finns-buruh    fȳrenu wǣre.
             Ne gefrægn ic nǣfre wurðlīcor    æt wera hilde
             sixtig sige-beorna    sēl gebǣran,
             ne nǣfre swānas swētne    medo sēl forgyldan,
40           þonne Hnǣfe guldon    his hǣg-stealdas.
             Hig fuhton fīf dagas,    swā hyra nān ne fēol
             driht-gesīða,    ac hig þā duru hēoldon.
             Þā gewāt him wund hǣleð    on wǣg gangan,
             sǣde þæt his byrne    ābrocen wǣre,
45           here-sceorpum hrōr,    and ēac wǣs his helm þyrl.
             Þā hine sōna frægn    folces hyrde,
             hū þā wīgend    hyra wunda genǣson
             oððe hwǣðer þǣra hyssa . . . . . . .
```

LIST OF NAMES; NOTES; AND GLOSSARY.

ABBREVIATIONS

m.: masculine.
f.: feminine.
n.: neuter.
nom., gen.: nominative, genitive, etc.
w.: weak.
w. v.: weak verb.
st.: strong.
st. v.: strong verb.
I., II., III.: first, second, third person.
comp.: compound.
imper.: imperative.
w.: with.
instr.: instrumental.
G. and Goth.: Gothic.
O.N.: Old Norse.
O.S.: Old Saxon.
O.H.G.: Old High German.
M.H.G.: Middle High German.

The vowel   ӕ = a in glad
The diphthong ǣ = a in hair approximately.

Words beginning with ge- will be found under their root-word.

Obvious abbreviations, like subj., etc., are not included in this list.

LIST OF NAMES.

Ābel, Cain's brother, 108.

ǣlf-here (gen. ǣlf-heres, 2605), a kinsman of Wīglāf's, 2605.

ǣsc-here, confidential adviser of King Hrōðgār (1326), older brother of Yrmenlāf (1325), killed by Grendel's mother, 1295, 1324, 2123.

Bān-stān, father of Breca, 524.

Bēo-wulf, son of Scyld, king of the Danes, 18, 19. After the death of his father, he succeeds to the throne of the Scyldings, 53. His son is Healfdene, 57.

Bēo-wulf (Bīowulf, 1988, 2390; gen. Bēowulfes, 857, etc., Bīowulfes, 2195, 2808, etc.; dat. Bēowulfe, 610, etc., Bīowulfe, 2325, 2843), of the race of the Gēatas. His father is the Wǣgmunding Ecgþēow (263, etc.); his mother a daughter of Hrēðel, king of the Gēatas (374), at whose court he is brought up after his seventh year with Hrēðel's sons, Herebeald, Hǣðcyn, and Hygelāc, 2429 ff. In his youth lazy and unapt (2184 f., 2188 f.); as man he attains in the gripe of his hand the strength of thirty men, 379. Hence his victories in his combats with bare hands (711 ff., 2502 ff.), while fate denies him the victory in the battle with swords, 2683 f. His swimming-match with Breca in his youth, 506 ff. Goes with fourteen Gēatas to the assistance of the Danish king, Hrōðgār, against Grendel, 198 ff. His combat with Grendel, and his victory, 711 ff., 819 ff. He is, in consequence, presented with rich gifts by Hrōðgār, 1021 ff. His combat with Grendel's mother, 1442 ff. Having again received gifts, he leaves Hrōðgār (1818-1888), and returns to Hygelāc, 1964 ff.--After Hygelāc's last battle and death, he flees alone across the sea, 2360 f. In this battle he crushes Dǣghrefn, one of the Hūgas, to death, 2502 f. He rejects at the same time Hygelāc's kingdom and the hand of his widow (2370 ff.), but carries on the government as guardian of the young Heardrēd, son of Hygelāc, 2378 ff. After Heardrēd's death, the kingdom falls to Bēowulf, 2208, 2390.--Afterwards, on an expedition to avenge the murdered Heardrēd, he kills the Scylfing, Ēadgils (2397), and probably conquers his country. --His fight with the drake, 2539 ff. His death, 2818. His burial, 3135 ff.

Breca (acc. Brecan, 506, 531), son of Bēanstān, 524. Chief of the Brondings, 521. His swimming-match with Bēowulf, 506 ff.

Brondingas (gen. Brondinga, 521), Breca, their chief, 521.

Brōsinga mene, corrupted from, or according to Müllenhoff, written by mistake for, Breosinga mene (O.N., Brisinga men, cf. Haupts Zeitschr. XII. 304), collar, which the Brisingas once possessed.

Cain (gen. Caines, 107): descended from him are Grendel and his kin, 107, 1262 ff.

Dǣg-hrefn (dat. Dǣghrefne, 2502), a warrior of the Hūgas, who, according to 2504-5, compared with 1203, and with 1208, seems to have been the slayer of King Hygelāc, in his battle against the allied Franks, Frisians, and Hūgas. Is crushed to death by Bēowulf in a hand-to-hand combat, 2502 ff.

Dene (gen. Dena, 242, etc., Denia, 2126, Deniga, 271, etc.; dat. Denum, 768, etc.), as subjects of Scyld and his descendants, they are also called Scyldings; and after the first king of the East Danes, Ing (Runenlied, 22), Ing-wine, 1045, 1320. They are also once called Hrēðmen, 445. On account of their renowned warlike character, they bore the names Gār-Dene, 1, 1857, Hring-Dene (Armor-Danes), 116, 1280, Beorht-Dene, 427, 610. The great extent of this people is indicated by their names from the four quarters of the heavens: Ēast-Dene, 392, 617, etc., West-Dene, 383, 1579, Sūð-Dene, 463, Norð-Dene, 784.--Their dwelling-place "in Scedelandum," 19, "on Scedenigge," 1687, "be sǣm twēonum," 1686.

Ecg-lāf (gen. Ecglāfes, 499), Hunferð's father, 499.

Ecg-þēow (nom. Ecgþēow, 263, Ecgþēo, 373; gen. Ecgþēowes, 529, etc., Ecgþīowes, 2000), a far-famed hero of the Gēatas, of the house of the Wǣgmundings. Bēowulf is the son of Ecgþēow, by the only daughter of Hrēðel, king of the Gēatas, 262, etc. Among the Wylfings, he has slain Heaðolāf (460), and in consequence he goes over the sea to the Danes (463), whose king, Hrōðgār, by means of gold, finishes the strife for him, 470.

Ecg-wela (gen. Ecg-welan, 1711). The Scyldings are called his descendants, 1711. Grein considers him the founder of the older dynasty of Danish kings, which closes with Heremōd. See Heremōd.

Elan, daughter of Healfdene, king of the Danes, (?) 62. According to the restored text, she is the wife of Ongenþēow, the Scylfing, 62, 63.

Earna-nǣs, the Eagle Cape in the land of the Gēatas, where occurred Bēowulf's fight with the drake, 3032.

Ēadgils (dat. Ēadgilse, 2393), son of Ōhthere, and grandson of Ongenþēow, the Scylfing, 2393. His older brother is

Ēanmund (gen. Ēanmundes, 2612). What is said about both in our poem (2201-2207, 2380-2397, 2612-2620) is obscure, but the following may be conjectured:--

The sons of Ōhthere, Ēanmund and Ēadgils, have rebelled against their father (2382), and must, in consequence, depart with their followers from Swīorīce, 2205-6, 2380. They come into the country of the Gēatas to Heardrēd (2380), but whether with friendly or hostile intent is not stated; but, according to 2203 f., we are to presume that they came against Heardrēd with designs of conquest. At a banquet (on feorme; or feorme, MS.) Heardrēd falls, probably through treachery, by the hand of one of the brothers, 2386, 2207. The murderer must have been Ēanmund, to whom, according to 2613, "in battle the revenge of Wēohstān brings death." Wēohstān takes revenge for his murdered king, and exercises upon Ēanmund's body the booty-right, and robs it of helm, breastplate, and sword (2616-17), which the slain man had received as gifts from his uncle, Onela, 2617-18. But Wēohstān does not speak willingly of this fight, although he has slain Onela's brother's son, 2619-20.--After Heardrēd's and Ēanmund's death, the descendant of Ongenþēow, Ēadgils, returns to his home, 2388. He must give way before Bēowulf, who has, since Heardrēd's death, ascended the throne of the Gēatas, 2390. But Bēowulf remembers it against him in after days, and the old feud breaks out anew, 2392-94. Ēadgils makes an invasion into the land of the Gēatas (2394-95), during which he falls at the hands of Bēowulf, 2397. The latter must have then obtained the sovereignty over the Swēonas (3005-6, where only the version, Scylfingas, can give a satisfactory sense).

Eofor (gen. Eofores, 2487, 2965; dat. Jofore, 2994, 2998), one of the Gēatas, son of Wonrēd and brother of Wulf (2965, 2979), kills the Swedish king, Ongenþēow (2487 ff., 2978-82), for which he receives from King Hygelāc, along with other gifts, his only daughter in marriage, 2994-99.

Eormen-rīc (gen. Eormenrīces, 1202), king of the Goths (cf. about him, W. Grimm, Deutsche Heldensage, p. 2, ff.). Hāma has wrested the Brōsinga mene from him, 1202.

Eomǣr, son of Offa and Þrȳðo (cf. Þrȳðo), 1961.

Eotenas (gen. pl. Eotena, 1073, 1089, 1142; dat. Eotenum, 1146), the subjects of Finn, the North Frisians: distinguished from eoton, giant. Vid eoton. Cf. Bugge, Beit., xii. 37; Earle, Beowulf in Prose, pp. 146, 198.

Finn (gen. Finnes, 1069, etc.; dat. Finne, 1129), son of Folcwalda (1090), king of the North Frisians, i.e. of the Eotenas, husband of Hildeburg, a daughter of Hōc, 1072, 1077. He is the hero of the inserted poem on the Attack in Finnsburg, the obscure incidents of which are, perhaps, as follows: In Finn's castle, Finnsburg, situated in Jutland (1126-28), the Hōcing, Hnæf, a relative--perhaps a brother--of Hildeburg is spending some time as guest. Hnæf, who is a liegeman of the Danish king, Healfdene, has sixty men with him (Finnsburg, 38). These are treacherously attacked one night by Finn's men, 1073. For five days they hold the doors of their lodging-place without losing one of their number (Finnsburg, 41, 42). Then, however, Hnæf is slain (1071), and the Dane, Hengest, who was among Hnæf's followers, assumes the command of the beleaguered band. But on the attacking side the fight has brought terrible losses to Finn's men. Their numbers are diminished (1081 f.), and Hildeburg bemoans a son and a brother among the fallen (1074 f., cf. 1116, 1119). Therefore the Frisians offer the Danes peace (1086) under the conditions mentioned (1087-1095), and it is confirmed with oaths (1097), and money is given by Finn in propitiation (1108). Now all who have survived the battle go together to Friesland, the homo proper of Finn, and here Hengest remains during the winter, prevented by ice and storms from returning home (Grein). But in spring the feud breaks out anew. Gūðlāf and Oslāf avenge Hnæf's fall, probably after they have brought help from home (1150). In the battle, the hall is filled with the corpses of the enemy. Finn himself is killed, and the queen is captured and carried away, along with the booty, to the land of the Danes, 1147-1160.

Finna land. Bēowulf reaches it in his swimming-race with Breca, 580.

Fitela, the son and nephew of the Wælsing, Sigemund, and his companion in arms, 876-890. (Sigemund had begotten Fitela by his sister, Signȳ. Cf. more at length Leo on Bēowulf, p. 38 ff., where an extract from the legend of the Walsungs is given.)

Folc-walda (gen. Folc-waldan, 1090), Finn's father, 1090.

Francan (gen. Francna, 1211; dat. Froncum, 2913). King Hygelāc fell on an expedition against the allied Franks, Frisians, and Hūgas, 1211, 2917.

Frēsan, Frȳsan (gen. Frēsena, 1094, Frȳsna, 1105, Frēsna, 2916: dat. Frȳsum, 1208, 2913). To be distinguished, are: 1) North Frisians, whose king is Finn, 1069 ff.; 2) West Frisians, in alliance with the Franks and Hūgas, in the war against whom Hygelāc falls, 1208, 2916. The country of the former is called Frȳsland, 1127; that of the latter, Frēsna land, 2916.

Fr..es wǣl (in Fr..es wǣle, 1071), mutilated proper name.

Frēawaru, daughter of the Danish king, Hrōðgār; given in marriage to Ingeld, the son of the Heaðobeard king, Frōda, in order to end a war between the Danes and the Heaðobeardnas, 2023 ff., 2065.

Frōda (gen. Frōdan), father of Ingeld, the husband of Frēaware, 2026.

Gārmund (gen. Gārmundes, 1963) father of Offa. His grandson is Ēomǣr, 1961-63.

Gēatas (gen. Gēata, 205, etc.; dat. Gēatum, 195, etc.), a tribe in Southern Scandinavia, to which the hero of this poem belongs; also called Wedergēatas, 1493, 2552; or, Wederas, 225, 423, etc.; Gūðgēatas, 1539; Sǣgēatas, 1851, 1987. Their kings named in this poem are: Hrēðel; Hǣðcyn, second son of Hrēðel; Hygelāc, the brother of Hǣðcyn; Heardrēd, son of Hygelāc; then Bēowulf.

Gifðas (dat. Gifðum, 2495), Gepidæ, mentioned in connection with Danes and Swedes, 2495.

Grendel, a fen-spirit (102-3) of Cain's race, 107, 111, 1262, 1267. He breaks every night into Hrōðgār's hall and carries off thirty warriors, 115 ff., 1583ff. He continues this for twelve years, till Bēowulf fights with him (147, 711 ff.), and gives him a mortal wound, in that he tears out one of his arms (817), which is hung up as a trophy in the roof of Heorot, 837. Grendel's mother wishes to avenge her son, and the following night breaks into the hall and carries off æschere, 1295. Bēowulf seeks for and finds her home in the fen-lake (1493 ff.), fights with her (1498 ff.), and kills her (1567); and cuts off the head of Grendel, who lay there dead (1589), and brings it to Hrōðgār, 1648.

Gūð-lāf and Oslāf, Danish warriors under Hnǣf, whose death they avenge on Finn, 1149.

Hālga, with the surname, til, the younger brother of the Danish king, Hrōðgār, 61. His son is Hrōðulf, 1018, 1165, 1182.

Hāma wrests the Brōsinga mene from Eormenrīc, 1199.

Hǣreð (gen. Hǣreðes, 1982), father of Hygd, the wife of Hygelāc, 1930, 1982.

Hǣðcyn (dat. Hǣðcynne, 2483), second son of Hrēðel, king of the Gēatas, 2435. Kills his oldest brother, Herebeald, accidentally, with an arrow, 2438 ff. After Hrēðel's death, he obtains the kingdom, 2475, 2483. He falls at Ravenswood, in the battle against the Swedish king, Ongenþēow, 2925. His successor is his younger brother, Hygelāc, 2944 ff., 2992.

Helmingas (gen. Helminga, 621). From them comes Wealhþēow, Hrōðgār's wife, 621.

Heming (gen. Heminges, 1945, 1962). Offa is called Heminges mǣg, 1945; Ēomǣr, 1962. According to Bachlechner (Pfeiffer's Germania, I., p. 458), Heming is the son of the sister of Gārmund, Offa's father.

Hengest (gen. Hengestes, 1092; dat. Hengeste, 1084): about him and his relations to Hnǣf and Finn, see Finn.

Here-beald (dat. Herebealde, 2464), the oldest son of Hrēðel, king of the Gēatas (2435), accidentally killed with an arrow by his younger brother, Hǣðcyn, 2440.

Here-mōd (gen. Heremōdes, 902), king of the Danes, not belonging to the Scylding dynasty, but, according to Grein, immediately preceding it; is, on account of his unprecedented cruelty, driven out, 902 ff., 1710.

Here-rīc (gen. Hererīces, 2207) Heardrēd is called Hererīces nefa, 2207. Nothing further is known of him.

Het-ware or Franks, in alliance with the Frisians and the Hūgas, conquer Hygelāc, king of the Gēatas, 2355, 2364 ff., 2917.

Healf-dene (gen. Healfdenes, 189, etc.), son of Bēowulf, the Scylding (57); rules the Danes long and gloriously (57 f.); has three sons, Heorogār, Hrōðgār, and Hālga (61), and a daughter, Elan, who, according to the renewed text of the passage, was married to the Scylfing, Ongenþēow, 62, 63.

Heard-rēd (dat. Heardrēde, 2203, 2376), son of Hygelāc, king of the Gēatas, and Hygd. After his father's death, while still under age, he obtains the throne (2371, 2376, 2379); wherefore Bēowulf, as nephew of Heardrēd's father, acts as guardian to the youth till he becomes older, 2378. He is slain by Ōhthere's sons, 2386. This murder Bēowulf avenges on Ēadgils, 2396-97.

Heaðo-beardnas (gen. -beardna, 2033, 2038, 2068), the tribe of the Lombards. Their king, Frōda, has fallen in a war with the Danes, 2029, 2051. In order to end the feud, King Hrōðgār has given his daughter, Frēawaru, as wife to the young Ingeld, the son of Frōda, a marriage that does not result happily; for Ingeld, though he long defers it on account of his love for his wife, nevertheless takes revenge for his father, 2021-2070 (Wīdsīð, 45-49).

Heaðo-lāf (dat. Heaðo-lāfe, 460), a Wylfingish warrior. Ecgþēow, Bēowulf's father, kills him, 460.

Heaðo-rǣmas reached by B. in the swimming-race with Bēowulf, 519.

Heoro-gār (nom. 61; Heregār, 467; Hiorogār, 2159), son of Healfdene, and older brother of Hrōðgār, 61. His death is mentioned, 467. He has a son, Heoroweard, 2162. His coat of mail Bēowulf has received from Hrōðgār (2156), and presents it to Hygelāc, 2158.

Heoro-weard (dat. Heorowearde, 2162), Heorogār's son, 2161-62.

Heort, 78. Heorot, 166 (gen. Heorotes, 403; dat. Heorote, 475, Heorute, 767, Hiorte, 2100). Hrōðgār's throne-room and banqueting hall and assembly-room for his liegemen, built by him with unusual splendor, 69, 78. In it occurs Bēowulf's fight with Grendel, 720 ff. The hall receives its name from the stag's antlers, of which the one-half crowns the eastern gable, the other half the western.

Hildeburh, daughter of Hōc, relative of the Danish leader, Hnæf, consort of the Frisian king, Finn. After the fall of the latter, she becomes a captive of the Danes, 1072, 1077, 1159. See also under Finn.

Hnæf (gen. Hnæfes, 1115), a Hōcing (Wīdsīð, 29), the Danish King Healfdene's general, 1070 ff. For his fight with Finn, his death and burial, see under Finn.

Hond-scīo, warrior of the Gēatas: dat. 2077.

Hōc (gen. Hōces, 1077), father of Hildeburh, 1077; probably also of Hnæf (Wīdsīð, 29).

Hrēðel (gen. Hrēðles, 1486), son of Swerting, 1204. King of the Gēatas, 374. He has, besides, a daughter, who is married to Ecgþeow, and has borne him Bēowulf, (374), three sons, Herebeald, Hæðcyn, and Hygelāc, 2435. The eldest of these is accidentally killed by the second, 2440. On account of this inexpiable deed, Hrēðel becomes melancholy (2443), and dies, 2475.

Hrēðla (gen. Hrēðlan, MS. Hrædlan, 454), the same as Hrēðel (cf. Müllenhoff in Haupts Zeitschrift, 12, 260), the former owner of Bēowulf's coat of mail, 454.

Hrēðling, son of Hrēðel, Hygelāc: nom. sg. 1924; nom. pl., the subjects of Hygelāc, the Geats, 2961.

Hrēð-men (gen. Hrēð-manna, 445), the Danes are so called, 445.

Hrēð-rīc, son of Hrōðgār, 1190, 1837.

Hrefna-wudu, 2926, or Hrefnes-holt, 2936, the thicket near which the Swedish king, Ongenþeow, slew Hæðcyn, king of the Gēatas, in battle.

Hrēosna-beorh, promontory in the land of the Gēatas, near which Ongenþeow's sons, Ōhthere and Onela, had made repeated robbing incursions into the country after Hrēðel's death. These were the immediate cause of the war in which Hrēðel's son, King Hæcyn, fell, 2478 ff.

Hrōð-gār (gen. Hrōðgāres, 235, etc.; dat. Hrōðgāre, 64, etc.), of the dynasty of the Scyldings; the second of the three sons of King Healfdene, 61. After the death of his elder brother, Heorogār, he assumes the government of the Danes, 465, 467 (yet it is not certain whether Heorogār was king of the Danes before Hrōðgār, or whether his death occurred while his father, Healfdene, was still alive). His consort is Wealhþēow (613), of the stock of the Helmings (621), who has borne him two sons, Hrēðrīc and Hrōðmund (1190), and a daughter, Frēaware (2023), who has been given in marriage to the king of the Heaðobeardnas, Ingeld. His throne-room (78 ff.), which has been built at great cost (74 ff.), is visited every night by Grendel (102, 115), who, along with his mother, is slain by Bēowulf (711 ff., 1493 ff). Hrōðgār's rich gifts to Bēowulf, in consequence, 1021, 1818; he is praised as being generous, 71 ff., 80, 1028 ff., 1868 ff.; as being brave, 1041 ff., 1771 ff.; and wise, 1699, 1725.--Other information about Hrōðgār's reign for the most part only suggested: his expiation of the murder which Ecgþēow, Bēowulf's father, committed upon Heaðolāf, 460, 470; his war with the Heaðobeardnas; his adjustment of it by giving his daughter, Frēaware, in marriage to their king, Ingeld; evil results of this marriage, 2021-2070.--Treachery of his brother's son, Hrōðulf, intimated, 1165-1166.

Hrōð-mund, Hrōðgār's son, 1190.

Hrōð-ulf, probably a son of Hālga, the younger brother of King Hrōðgār, 1018, 1182. Wealhþēow expresses the hope (1182) that, in case of the early death of Hrōðgār, Hrōð-ulf would prove a good guardian to Hrōðgār's young son, who would succeed to the government; a hope which seems not to have been accomplished, since it appears from 1165, 1166 that Hrōð-ulf has abused his trust towards Hrōðgār.

Hrones-næs (dat. -næsse, 2806, 3137), a promontory on the coast of the country of the Gēatas, visible from afar. Here is Bēowulf's grave-mound, 2806, 3137.

Hrunting (dat. Hruntinge, 1660), Hunferð's sword, is so called, 1458, 1660.

Hūgas (gen. Hūga, 2503), Hygelāc wars against them allied with the Franks and Frisians, and falls, 2195 ff. One of their heroes is called Dæghrefn, whom Bēowulf slays, 2503.

[H]ūn-ferð, the son of Ecglāf, þyle of King Hrōðgār. As such, he has his place near the throne of the king, 499, 500, 1167. He lends his sword, Hrunting, to Bēowulf for his battle with Grendel's mother, 1456 f. According to 588, 1168, he slew his brothers. Since his name is always alliterated with vowels, it is probable that the original form was, as Rieger (Zachers Ztschr., 3, 414) conjectures, Unferð.

Hūn-lāfing, name of a costly sword, which Finn presents to Hengest, 1144. See Note.

Hygd (dat. Hygde, 2173), daughter of Hæreð, 1930; consort of Hygelāc, king of the Gēatas, 1927; her son, Heardrēd, 2203, etc.--Her noble, womanly character is emphasized, 1927 ff.

Hyge-lāc (gen. Hige-lāces, 194, etc., Hygelāces, 2387; dat. Higelāce, 452, Hygelāce, 2170), king of the Gēatas, 1203, etc. His grandfather is Swerting, 1204; his father, Hrēðel, 1486, 1848; his older brothers, Herebeald and Hæðcyn, 2435; his sister's son, Bēowulf, 374, 375. After his brother, Hæðcyn, is killed by Ongenþēow, he undertakes the government (2992 in connection with the preceding from 2937 on). To Eofor he gives, as reward for slaying Ongenþēow, his only daughter in marriage, 2998. But much later, at the time of the return of Bēowulf from his expedition to Hrōðgār, we see him married to the very young Hygd, the daughter of Hæreð, 1930. The latter seems, then, to have been his second wife. Their son is Heardrēd, 2203, 2376, 2387.-- Hygelāc falls during an expedition against the Franks, Frisians, and Hūgas, 1206, 1211, 2356-59, 2916-17.

Ingeld (dat. Ingelde, 2065), son of Frōda, the Heaðobeard chief, who fell in a battle with the Danes, 2051 ff. in order to end the war, Ingeld is married to Frēawaru, daughter of the Danish king, Hrōðgār, 2025-30. Yet his love for his young wife can make him forget only for a short while his desire to avenge his father. He finally carries it out, excited thereto by the repeated admonitions of an old warrior, 2042-70 (Wīdsīð, 45-59).

Ing-wine (gen. Ingwina, 1045, 1320), friends of Ing, the first king of the East Danes. The Danes are so called, 1045, 1320.

Mere-wīoingas (gen. Mere-wīoinga, 2922), as name of the Franks, 2922.

Nægling, the name of Bēowulf's sword, 2681.

Offa (gen. Offan, 1950), king of the Angles (Wīdsīð, 35), the son of Gārmund, 1963; married (1950) to Þrȳðo (1932), a beautiful but cruel woman, of unfeminine spirit (1932 ff.), by whom he has a son, Ēomǣr, 1961.

Ōht-here (gen. Ōhtheres, 2929, 2933; Ōhteres, 2381, 2393, 2395, 2613), son of Ongenþēow, king of the Swedes, 2929. His sons are Ēanmund (2612) and Ēadgils, 2393.

Onela (gen. Onelan, 2933), Ōhthere's brother, 2617, 2933.

Ongen-þēow (nom. -þēow, 2487, -þīo, 2952; gen. -þēowes, 2476, -þīowes, 2388; dat. -þīo, 2987), of the dynasty of the Scylfings; king of the Swedes, 2384. His wife is, perhaps, Elan, daughter of the Danish king, Healfdene (62), and mother of two sons, Onela and Ōhthere, 2933. She is taken prisoner by Hæðcyn, king of the Gēatas, on an expedition into Sweden, which he undertakes on account of her sons' plundering raids into his country, 2480 ff. She is set free by Ongenþēow (2931), who kills Hæðcyn, 2925, and encloses the Gēatas, now deprived of their leader, in the Ravenswood (2937 ff.), till they are freed by Hygelāc, 2944. A battle then follows, which is unfavorable to Ongenþēow's army. Ongenþēow himself, attacked by the brothers, Wulf and Eofor, is slain by the latter, 2487 ff., 2962 ff.

Ōs-lāf, a warrior of Hnæf's, who avenges on Finn his leader's death, 1149 f.

Scede-land, 19. Sceden-īg (dat. Sceden-īgge, 1687), O.N., Scān-ey, the most southern portion of the Scandinavian peninsula, belonging to the Danish kingdom, and, in the above-mentioned passages of our poem, a designation of the whole Danish kingdom.

Scēf or Scēaf. See Note.

Scēfing, the son (?) of Scēf, or Scēaf, reputed father of Scyld, 4. See Note.

Scyld (gen. Scyldes, 19), a Scēfing. 4. His son is Bēowulf, 18, 53: his grandson, Healfdene, 57; his great-grandson, Hrōðgār, who had two brothers and a sister, 59 ff.--Scyld dies, 26; his body, upon a decorated ship, is given over to the sea (32 ff.), just as he, when a child, drifted alone, upon a ship, to the land of the Danes, 43 ff. After him his descendants bear his name.

Scyldingas (Scyldungas, 2053; gen. Scyldinga, 53, etc., Scyldunga, 2102, 2160; dat. Scyldingum, 274, etc.), a name which is extended also to the Danes, who are ruled by the Scyldings, 53, etc. They are also called Ār-Scyldingas, 464; Sige-Scyldingas, 598, 2005; Þēod-Scyldingas, 1020; Here-Scyldingas, 1109.

Scylfingas, a Swedish royal family, whose relationship seems to extend to the Gēatas, since Wīglāf, the son of Wīhstān, who in another place, as a kinsman of Bēowulf, is called a Wǣgmunding (2815), is also called lēod Scylfinga, 2604. The family connections are perhaps as follows:--

Scylf. | ----------------------- Wǣgmund. .... | | ------------------ ----------
Ecgþēow. Wēohstān. Ongenþēow. | | | -------- -------- ---------------
Bēowulf. Wīglāf. Onela. Ōhthere. | ---------------- Ēaumund. Ēadgils.

The Scylfings are also called Heaðo-Scilfingas, 63, Gūð-Scylfingas, 2928.

Sige-mund (dat. -munde, 876, 885), the son of Wǣls, 878, 898. His (son and) nephew is Fitela, 880, 882. His fight with the drake, 887 ff.

Swerting (gen. Swertinges, 1204), Hygelāc's grandfather, and Hrēðel's father, 1204.

Swēon (gen. Swēona, 2473, 2947, 3002), also Swēo-þēod, 2923. The dynasty of the Scylfings rules over them, 2382, 2925. Their realm is called Swīorice, 2384, 2496.

Þrȳðo, consort of the Angle king, Offa, 1932, 1950. Mother of Ēomǣr, 1961, notorious on account of her cruel, unfeminine character, 1932 ff. She is mentioned as the opposite to the mild, dignified Hygd, the queen of the Gēatas.

Wǣls (gen. Wǣlses, 898), father of Sigemund, 878, 898.

Wǣg-mundingas (gen. Wǣgmundinga, 2608, 2815). The Wǣgmundings are on one side, Wīhstān and his son Wīglāf; on the other side, Ecgþēow and his son Bēowulf (2608, 2815). See under Scylfingas.

Wederas (gen. Wedera, 225, 423, 498, etc.), or Weder-gēatas. See Gēatas.

Wēland (gen. Wēlandes, 455), the maker of Bēowulf's coat of mail, 455.

Wendlas (gen. Wendla, 348): their chief is Wulfgār. See Wulfgār. The Wendlas are, according to Grundtvig and Bugge, the inhabitants of Vendill, the most northern part of Jutland, between Limfjord and the sea.

Wealh-þēow (613, Wealh-þēo, 665, 1163), the consort of King Hrōðgār, of the stock of the Helmings, 621. Her sons are Hrēðrīc and Hrōðmund, 1190; her daughter, Frēawaru, 2023.

Wēoh-stān (gen. Wēox-stānes, 2603, Wēoh-stānes, 2863, Wih-stānes, 2753, 2908, etc.), a Wǣgmunding (2608), father of Wīglāf, 2603. In what relationship to him ǣlfhere, mentioned 2605, stands, is not clear.--Wēohstān is the slayer of Ēanmund (2612), in that, as it seems, he takes revenge for his murdered king, Heardrēd. See Ēanmund.

Wīg-lāf, Wēohstān's son, 2603, etc., a Wǣgmunding, 2815, and so also a Scylfing, 2604; a kinsman of ǣlfhere, 2605. For his relationship to Bēowulf, see the genealogical table under Scylfingas.--He supports Bēowulf in his fight with the drake, 2605 ff., 2662 ff. The hero gives him, before his death, his ring, his helm, and his coat of mail, 2810 ff.

Won-rēd (gen. Wonrēdes, 2972), father of Wulf and Eofor, 2966, 2979.

Wulf (dat. Wulfe, 2994), one of the Gēatas, Wonrēd's son. He fights in the battle between the armies of Hygelāc and Ongenþēow with Ongenþēow himself, and gives him a wound (2966), whereupon Ongenþēow, by a stroke of his sword, disables him, 2975. Eofor avenges his brother's fall by dealing Ongenþēow a mortal blow, 2978 ff.

Wulf-gār, chief of the Wendlas, 348, lives at Hrōðgār's court, and is his "ār and ombiht," 335.

Wylfingas (dat. Wylfingum, 461). Ecgþēow has slain Heoðolāf, a warrior of this tribe, 460.

Yrmen-lāf, younger brother of ǣschere, 1325.

GLOSSARY

A

ac, conj. denoting contrariety: hence 1) but (like N.H.G. sondern), 109, 135, 339, etc.--2) but (N.H.G. aber), nevertheless, 602, 697, etc.--3) in direct questions: nonne, numquid, 1991.

āglǣca, āhlǣca, ǣglǣca, -cea, w. m. (cf. Goth, aglo, trouble, O.N. agi, terror, + lāc, gift, sport: = misery, vexation, = bringer of trouble; hence): 1) evil spirit, demon, a demon-like being; of Grendel, 159, 433, 593, etc.; of the drake, 2535, 2906, etc.--2) great hero, mighty warrior; of Sigemund, 894; of Bēowulf: gen. sg. āglǣcan(?), 1513; of Bēowulf and the drake: nom. pl. þā āglǣcean, 2593.

āglǣc-wīf, st. n., demon, devil, in the form of a woman; of Grendel's mother, 1260.

aldor. See ealdor.

al-wealda. See eal-w.

am-biht (from and-b., Goth, and-baht-s), st. m., servant, man-servant: nom. sg. ombeht, of the coast-guard, 287; ombiht, of Wulfgār, 336.

ambiht-þegn (from ambiht n. officium and þegn, which see), servant, man-servant: dat. sg. ombiht-þegne, of Bēowulf's servant, 674.

an, prep, with the dat., on, in, with respect to, 678; with, among, at, upon (position after the governed word), 1936; with the acc., 1248. Elsewhere on, which see.

ancor, st. m., anchor: dat. sg. ancre, 303, 1884.

ancor-bend, m. (?) f. (?), anchor-cable: dat. pl. oncer-bendum, 1919.

and, conj. (ond is usual form; for example, 601, 1149, 2041), and 33, 39, 40, etc. (See Appendix.)

anda, w. m., excitement, vexation, horror: dat. wrāðum on andan, 709, 2315.

and-git, st. n., insight, understanding: nom. sg., 1060. See gitan.

and-hātor, st. m. n., heat coming against one: gen. sg. rēðes and-hāttres, 2524.

and-lang, -long, adj., very long. hence 1) at whole length, raised up high: acc. andlongne eorl, 2696 (cf. Bugge upon this point, Zachers Ztschr., 4, 217).--2) continual, entire; andlangne dæg, 2116, the whole day; andlonge niht, 2939.

and-lēan, st. n., reward, payment in full: acc. sg., 1542, 2095 (hand-, hond-lean, MS.).

and-risno, st. f. (see rīsan, surgere, decere), that which is to be observed, that which is proper, etiquette: dat. pl. for andrysnum, according to etiquette, 1797.

and-saca, w. m., adversary: godes andsaca (Grendel), 787, 1683.

and-slyht, st. m., blow in return: acc. sg., 2930, 2973 (MS. both times hond-slyht).

and-swaru, st. f., act of accosting: 1) to persons coming up, an address, 2861.--2) in reply to something said, an answer, 354, 1494, 1841.

and-weard, adj., present, existing: acc. sg. n. swīn ofer helme and-weard (the image of the boar, which stands on his helm), 1288.

and-wlita, w. m., countenance: acc. sg. -an, 690.

an-sund, adj., entirely unharmed: nom. sg. m., 1001.

an-sȳn, f., the state of being seen: hence 1) the exterior, the form, 251: ansȳn ȳwde, showed his form, i.e. appeared, 2835.--2) aspect, appearance, 929; on-sȳn, 2773.

an-walda, w. m., He who rules over all, God, 1273. See Note.

atelīc, adj., terrible, dreadful: atelīc egesa, 785.

atol, adj. (also eatol, 2075, etc.), hostile, frightful, cruel: of Grendel, 159, 165, 593, 2075, etc.; of Grendel's mother's hands (dat. pl. atolan),

1503; of the undulation of the waves, 849; of battle, 597, 2479.--cf. O.N. atall, fortis, strenuus.

attor, st. n., poison, here of the poison of the dragon's bite: nom., 2716.

attor-sceaða, w. m., poisonous enemy, of the poisonous dragon: gen. sg. -sceaðan, 2840.

āwa, adv. (certainly not the dative, but a reduplicated form of ā, which see), ever: āwa tō aldre, fōr ever and ever, 956.

Ā

ā, adv. (Goth, áiv, acc. from aiv-s aevum), ever, always, 455, 882, 931, 1479: ā syððan, ever afterwards, ever, ever after, 283, 2921.--ever, 780.--Comp. nā.

ād st. m. funeral pile: acc. sg. ād, 3139; dat. sg. āde, 1111, 1115.

ād-faru, st. f., way to the funeral pile, dat. sg. on ād-fǣre, 3011.

ādl, st. f. sickness, 1737, 1764, 1849.

āð, st. m., oath in general, 2740; oath of allegiance, 472 (?); oath of reconciliation of two warring peoples, 1098, 1108.

āð-sweord, st. n., the solemn taking of an oath, the swearing of an oath: nom. pl., 2065. See sweord.

āðum-swerian, m. pl., son-in-law and father-in-law: dat. pl., 84.

āgan, verb, pret. and pres., to have, to possess, w. acc.: III. prs. sg. āh, 1728; inf. āgan, 1089; prt. āhte, 487, 522, 533; with object, geweald, to be supplied, 31. Form contracted with the negative: prs. sg. I. nāh hwā sweord wege (I have no one to wield the sword), 2253.

āgen, adj., own, peculiar, 2677.

āgend (prs. part. of āgan), possessor, owner, lord: gen. sg. āgendes, of God, 3076.--Compounds: blǣd-, bold-, folc-, mǣgen-āgend.

āgend-frēa, w. m., owner, lord: gen. sg. āgend-frēan, 1884.

āhsian, ge-āhsian, w. v.: 1) to examine, to find out by inquiring: pret. part. ge-āhsod, 433.--2) to experience, to endure: pret. āhsode, 1207; pl. āhsodon, 423.

āht, st. n. (contracted from ā-wiht, which see), something, anything: āht cwices, 2315.

ān, num. The meaning of this word betrays its apparent demonstrative character: 1) this, that, 2411, of the hall in the earth mentioned before; similarly, 100 (of Grendel; already mentioned), cf. also 2775.--2) one, a particular one among many, a single one, in numerical sense: ymb āne niht (the next night), 135; þurh ānes cræft, 700; þāra ānum, 1038; ān æfter ānum, one for the other (Hrēðel for Herebeald), 2462: similarly, ān æfter eallum, 2269; ānes hwæt, some single thing, a part, 3011; se ān lēoda duguðe, the one of the heroes of the people, 2238; ānes willan, for the sake of a single one, 3078, etc.--Hence, again, 3) alone, distinguished, 1459, 1886.--4) a, in the sense of an indefinite article: ān ... fēond, 100; gen. sg. ānre bēne (or to No.2[?]), 428; ān ... draca, 2211--5) gen. pl. ānra, in connection with a pronoun, single; ānra gehwylces, every single one, 733; ānra gehwylcum, 785. Similarly, the dat. pl. in this sense: nemne fēaum ānum, except a few single ones, 1082.--6) solus, alone: in the strong form, 1378, 2965; in the weak form, 145, 425, 431, 889, etc.; with the gen., āna Gēata duguðe, alone of the warriors of the Gēatas, 2658.--7) solitarius, alone, lonely, see ǣn.--Comp. nān.

ān-feald, adj., simple, plain, without reserve: acc. sg. ānfealdne geþōht, simple opinion, 256.

ān-genga, -gengea, w. m., he who goes alone, of Grendel, 165, 449.

ān-haga, w. m., he who stands alone, solitarius, 2369.

ān-hȳdig, adj. (like the O.N. ein-rād-r, of one resolve, i.e. of firm resolve), of one opinion, i.e. firm, brave, decided, 2668.

ānga, adj. (only in the weak form), single, only: acc. sg. āngan dōhtor, 375, 2998; āngan eaferan, 1548; dat. sg. āngan brēðer, 1263.

ān-pǣð, st. m., lonely way, path: acc. pl. ānpaðas, 1411.

ān-rǣd, adj. (cf. under ān-hȳdig), of firm resolution, resolved, 1530,

1576.

ān-tīd, st. f., one time, i.e. the same time, ymb ān-tīd ōðres dōgores, about the same time the second day (they sailed twenty-four hours), 219.--ān stands as in ān-mod, O.H.G. ein-muoti, harmonious, of the same disposition.

ānunga, adv., throughout, entirely, wholly, 635.

ār, st. m., ambassador, messenger, 336, 2784.

ār, st. f., 1) honor, dignity: ārum healdan, to hold in honor, 296; similarly, 1100, 1183.--2) favor, grace, support: acc. sg. āre, 1273, 2607; dat. sg. āre, 2379; gen. pl. hwǣt ... ārna, 1188.--Comp. worold-ār; also written ǣr.

ār-fæst, adj., honorable, upright, 1169; of Hunferð (with reference to 588). See fæst.

ārian, w. v., (to be gracious), to spare: III. sg. prs. w. dat. nǣnegum ārað; of Grendel, 599.

ār-stæf, st. m.,(elementum honoris), grace, favor: dat. pl. mid ārstafum, 317.--Help, support: dat. pl. for ār-stafum, to the assistance, 382, 458. See stæf.

āter-tēar, m., poisonous drop: dat. pl. īren āter-tēarum fāh (steel which is dipped in poison or in poisonous sap of plants), 1460.

ǣ

ǣðele, adj., noble: nom. sg., of Bēowulf, 198, 1313; of Bēowulf's father, 263, where it can be understood as well in a moral as in a genealogical sense; the latter prevails decidedly in the gen. sg. ǣðelan cynnes, 2235.

ǣðeling, st. m., nobleman, man of noble descent, especially the appellation of a man of royal birth; so of the kings of the Danes, 3; of Scyld, 33; of Hrōðgār, 130; of Sigemund, 889; of Bēowulf, 1226, 1245, 1597, 1816, 2189, 2343, 2375, 2425, 2716, 3136; perhaps also of Dæghrefn, 2507;--then, in a broader sense, also denoting other noble-born men: æschere, 1295; Hrōðgār's courtiers, 118, 983; Heremōd's courtiers, 907; Hengest's warriors, 1113; Bēowulf's retinue, 1805,

1921, 3172; noble-born in general, 2889. --Comp. sib-æðeling.

æðelu, st. n., only in the pl., noble descent, nobility, in the sense of noble lineage: acc. pl. æðelu, 392; dat. pl. cyning æðelum gōd, the king, of noble birth, 1871; æðelum dīore, worthy on account of noble lineage, 1950; æðelum (hæleþum, MS.), 332.--Comp. fæder-æðelu.

æfnan, w. v. w. acc., to perform, to carry out, to accomplish: inf. ellen-weorc æfnan, to do a heroic deed, 1465; pret. unriht æfnde, perpetrated wrong, 1255.

ge-æfnan, 1) to carry out, to do, to accomplish: pret. pl. þæt geæfndon swā, so carried that out, 538; pret. part. āð wæs geæfned, the oath was sworn, 1108.--2) get ready, prepare: pret. part. geæfned, 3107. See efnan.

æfter (comparative of af, Ags. of, which see; hence it expresses the idea of forth, away, from, back), a) adv., thereupon, afterwards, 12, 341, 1390, 2155.--ic him æfter sceal, I shall go after them, 2817; in word æfter cwæð, 315, the sense seems to be, spoke back, having turned; b) prep. w. dat., 1) (temporal) after, 119, 128, 187, 825, 1939, etc.; æfter beorne, after the (death of) the hero, 2261, so 2262; æfter māððum-welan, after (obtaining) the treasure, 2751.--2) (causal) as proceeding from something, denoting result and purpose, hence, in consequence of, conformably to: æfter rihte, in accordance with right, 1050, 2111; æfter faroðe, with the current, 580; so 1321, 1721, 1944, 2180, etc., æfter heaðo-swāte, in consequence of the blood of battle, 1607; æfter wælnīðe, in consequence of mortal enmity, 85; in accordance with, on account of, after, about: æfter æðelum (hæleþum, MS.)frægn, asked about the descent, 332; ne frīn þū æfter sælum, ask not after my welfare, 1323; æfter sincgyfan grēoteð, weeps for the giver of treasure, 1343; him æfter dēorum men dyrne langað, longs in secret for the dear man, 1880; ān æfter ānum, one for the other, 2462, etc.--3) (local), along: æfter gumcynnum, throughout the races of men, among men, 945; sōhte bed æfter būrum, sought a bed among the rooms of the castle (the castle was fortified, the hall was not), 140; æfter recede wlāt, looked along the hall, 1573; stone æfter stāne, smelt along the rocks, 2289; æfter lyfte, along the air through the air, 2833; similarly, 996, 1068, 1317, etc.

æf-þunca, w. m., anger, chagrin, vexatious affair: nom., 502.

ge-ǽhtan, w. v., to prize, to speak in praise of: pret. part. geǽhted, 1866.

ge-ǽhtla, w. m., or ge-ǽhtle, w. f., a speaking of with praise, high esteem: gen. sg. hȳ ... wyrðe þinceað eorla geǽhtlan, seem worthy of the high esteem of the noble-born, 369.

ǽglǽcea. See āglǽcea.

ǽl-fylce (from ǽl-, Goth. ali-s, ἄλλος, and fylce, O.N. fylki, collective form from folc), st. n., other folk, hostile army: dat. pl. wið ǽlfylcum, 2372.

ǽl-mihtig (for eal-m.), adj., almighty: nom. sg. m., of the weak form, se ǽl-mihtiga, 92.

ǽl-wiht, st. m., being of another species, monster: gen. pl. ǽl-wihta eard, of the dwelling-place of Grendel's kindred, 1501.

ǽppel-fealu, adj., dappled sorrel, or apple-yellow: nom. pl. ǽppel-fealuwe mēaras, apple-yellow steeds, 2166.

ǽrn, st. n., house, in the compounds heal-, hord-, medo-, þrȳð-, win-ǽrn.

ǽsc, st. m., ash (does not occur in Bēowulf in this sense), lance, spear, because the shaft consists of ash wood: dat. pl. (quā instr.) ǽscum and ecgum, with spears and swords, 1773.

ǽsc-holt, st. n., ash wood, ashen shaft: nom. pl. ǽsc-holt ufan grǽg, the ashen shafts gray above (spears with iron points), 330.

ǽsc-wiga, w. m., spear-fighter, warrior armed with the spear: nom. sg., 2043.

ǽt, prep. w. dat., with the fundamental meaning of nearness to something, hence 1) local, a) with, near, at, on, in (rest): ǽt hȳðe, in harbor, 32; ǽt symle, at the meal, 81, ǽt āde, on the funeral-pile, 1111, 1115; ǽt þē ānum, with thee alone, 1378; ǽt wīge, in the fight, 1338; ǽt hilde, 1660, 2682; ǽt ǽte, in eating, 3027, etc. b) to, towards, at, on (motion to): dēaðes wylm hrān ǽt heortan, seized upon the heart, 2271; gehēton ǽt hǽrgtrafum, vowed at (or to) the temples of the gods, 175. c) with verbs of taking away, away from (as starting from near an object): geþeah þæt ful æt Wealhþēon, took the cup from W., 630; fela ic gebād grynna æt Grendle, from Grendel, 931; æt mīnum fæder genam, took me from my father to himself, 2430.--2) temporal, at, in, at the time of: æt frumsceafte, in the beginning, 45; æt ende, at an end, 224; fand sīnne dryhten ealdres æt ende, at the end of life, dying, 2791; similarly, 2823; æt feohgyftum, in giving gifts, 1090; æt sīðestan, finally, 3014.

æt-græpe, adj., laying hold of, prehendens, 1270.

æt-rihte, adv., almost, 1658.

Æ

ǣdre, ēdre, st. f., aqueduct, canal (not in Bēow.), vein (not in Bēow.), stream, violent pouring forth: dat. pl. swāt ǣdrum sprong, the blood sprang in streams, 2967; blōd ēdrum dranc, drank the blood in streams(?), 743.

ǣdre, adv., hastily, directly, immediately, 77, 354, 3107.

ǣðm, st. m., breath, gasp, snort: instr. sg. hreðer ǣðme wēoll, the breast (of the drake) heaved with snorting, 2594.

ǣfen, st. m., evening, 1236.

ǣfen-gram, adj., hostile at evening, night-enemy: nom. sg. m. ǣfen-grom, of Grendel, 2075.

ǣfen-lēoht, st. n., evening-light: nom. sg., 413.

ǣfen-rǣst, st. f., evening-rest: acc. sg. -rǣste, 647, 1253.

ǣfen-sprǣc, st. f., evening-talk: acc. sg. gemunde ...ǣfen-sprǣce, thought about what he had spoken in the evening, 760.

ǣfre, adv., ever, at any time, 70, 280, 504, 693, etc.: in negative sentences, ǣfre ne, never, 2601.--Comp. nǣfre.

ǣg-hwā (O.H.G. ēo-ga-hwër), pron., every, each: dat. sg. ǣghwǣm, 1385. The gen. sg. in adverbial sense, in all, throughout, thoroughly:

ǽghwǽs untǽle, thoroughly blameless, 1866; ǽghwǽs unrīm, entirely innumerable quantity, i.e. an enormous multitude, 2625, 3136.

ǽg-hwǽðer (O.H.G. ēo-ga-hwëdar): 1) each (of two): nom. sg. hæfde ǽghwǽðer ende gefēred, each of the two (Bēowulf and the drake) had reached the end, 2845; dat. sg. ǽghwǽðrum wǽs brōga fram ōðrum, to each of the two (Bēowulf and the drake) was fear of the other, 2565; gen. sg. ǽghwǽðres ... worda and worca, 287.--2) each (of several): dat. sg. heora ǽghwǽðrum, 1637.

ǽg-hwǽr, adv., everywhere, 1060.

ǽg-hwilc (O.H.G. ēo-gi-hwëlih), pron., unusquisque, every (one): 1) used as an adj.: acc. sg. m. dǽl ǽghwylcne, 622.--2) as substantive, a) with the partitive genitive: nom. sg. ǽg-hwylc, 9, 2888; dat. sg. ǽghwylcum, 1051. b) without gen.: nom. sg. ǽghwylc, 985, 988; (wǽs) ǽghwylc ōðrum trȳwe, each one (of two) true to the other, 1166.

ǽg-weard, st. f., watch on the sea shore: acc. sg. ǽg-wearde, 241.

ǽht (abstract form from āgan, denoting the state of possessing), st. f.: 1) possession, power: acc. sg. on flōdes ǽht, 42; on wǽteres ǽht, into the power of the water, 516; on ǽht gehwearf Denigea frēan, passed over into the possession of a Danish master, 1680.--2) property, possessions, goods: acc. pl. ǽhte, 2249.--Comp. māðm-, gold-ǽht.

ǽht (O.H.G. āhta), st. f., pursuit: nom. þā wǽs ǽht boden Swēona lēodum, segn Higelāce, then was pursuit offered to the people of the Swēonas, (their) banner to Hygelāc (i.e. the banner of the Swedes, taken during their flight, fell into the hands of Hygelāc), 2958.

ǽled (Old Sax. eld, O.N. edl-r), st. m., fire, 3016.

ǽled-lēoma, w. m., (fire-light), torch: acc. sg. lēoman, 3126. See lēoma.

ǽn (oblique form of ān), num., one: acc. sg. m. þone ǽnne þone..., the one whom..., 1054; oftor micle þonne on ǽnne sīð, much oftener than one time, 1580; forð onsendon ǽnne, sent him forth alone, 46.

ǽne, adv., once: oft nalles ǽne, 3020.

ǽnig, pron., one, any one, 474, 503, 510, 534, etc.: instr. sg. nolde ...

Onige þinga, would in no way, not at all, 792; lȳt ǣnig mearn, little did any one sorrow (i.e. no one), 3130.--With the article: næs se folccyning ... ǣnig, no people's king, 2735.--Comp. nǣnig.

ǣn-līc, adj., alone, excellent, distinguished: ǣnlīc ansȳn, distinguished appearance, 251; þēah þe hīo ǣnlīcu sȳ, though she be beautiful, 1942.

ǣr (comparative form, from ā): 1) adv., sooner, before, beforehand, 15, 656, 695, 758, etc., for a long time, 2596; eft swā ǣr, again as formerly, 643; ǣr nē siððan, neither sooner nor later, 719; ǣr and sīð, sooner and later (all times), 2501; nō þȳ ǣr (not so much the sooner), yet not, 755, 1503, 2082, 2161, 2467.--2) conjunct., before, ere: a) with the ind.: ǣr hīo tō setle gēong, 2020. b) w. subjunc.: ǣr gē fyr fēran, before you travel farther, 252; ǣr hē on hwurfe 164, so 677, 2819; ǣr þon dæg cwōme, ere the day break, 732; ǣr correlative to ǣr adv.: ǣr hē feorh seleð, aldor an ōfre, ǣr hē wille ..., he will sooner (rather) leave his life upon the shore, before (than) he will ..., 1372.--3) prepos. with dat., before ǣr dēaðe, before death, 1389; ǣr dæges hwīle, before daybreak, 2321; ǣr swylt-dæge, before the day of death, 2799.

ǣror, comp. adv., sooner, before-hand, 810; formerly, 2655.

ǣrra, comp. adj., earlier; instr. pl., ǣrran mǣlum, in former times, 908, 2238, 3036.

ǣrest, superl.: 1) adv., first of all, foremost, 6, 617, 1698, etc.--2) as subst. n., relation to, the beginning: acc. þæt ic his ǣrest þē eft gesǣgde (to tell thee in what relation it stood at first to the coat of mail that has been presented), 2158. See Note.

ǣr-dæg, st. m. (before-day), morning-twilight, gray of morning: dat. sg. mid ǣrdæge, 126; samod ǣrdæge, 1312, 2943.

ǣrende, st. n., errand, trust: acc. sg., 270, 345.

ǣr-fæder, st. m., late father, deceased father: nom sg. swā his ǣrfæder, 2623.

ǣr-gestrēon, st. n., old treasure, possessions dating from old times: acc sg., 1758; gen. sg. swylcra fela ǣrgestrēona, much of such old treasure, 2233. See gestrēon.

ǣr-geweorc, st. n., work dating from old times: nom. sg. enta ǣr-geweorc, the old work of the giants (of the golden sword-hilt from Grendel's water-hall), 1680. See geweorc.

ǣr-gōd, adj., good since old times, long invested with dignity or advantages: ǣðeling ǣrgōd, 130; (eorl) ǣrgōd, 1330; īren ǣrgōd (excellent sword), 990, 2587.

ǣr-wela, w. m., old possessions, riches dating from old times: acc. sg. ǣrwelan, 2748. See wela.

ǣs, st. n., carcass, carrion: dat. (instr.) sg. ǣse, of ǣschere's corpse, 1333.

ǣt, st. m., food, meat: dat, sg., hū him ǣt ǣte spēow, how he fared well at meat, 3027.

ǣttren (see attor), adj., poisonous: wǣs þæt blōd tō þæs hāt, ǣttren ellorgāst, se ǣr inne swealt, so hot was the blood, (and) poisonous the demon (Grendel's mother) who died therein, 1618

B

bana, bona, w. m., murderer, 158, 588, 1103, etc.: acc. sg. bonan Ongenþēowes, of Hygelāc, although in reality his men slew Ongenþēow (2965 ff.), 1969. Figuratively of inanimate objects: ne wǣs ecg bona, 2507; wearð wracu Wēohstānes bana, 2614.--Comp.: ecg-, feorh-, gāst-, hand-, mūð-bana.

bon-gār, st. m. murdering spear, 2032.

ge-bannan, st. v. w. acc. of the thing and dat. of the person, to command, to bid: inf., 74.

bād, st. f., pledge, only in comp.: nȳd-bād.

bān, st. n., bone: dat. sg. on bāne (on the bony skin of the drake), 2579; dat. pl. heals ealne ymbefēng biteran bānum (here of the teeth of the drake), 2693.

bān-cofa, w. m., "cubile ossium" (Grimm) of the body: dat. sg. -cofan, 1446.

bān-fāg, adj., variegated with bones, either with ornaments made of bone-work, or adorned with bone, perhaps deer-antlers; of Hrōðgār's hall, 781. The last meaning seems the more probable.

bān-fǣt, st. n., bone-vessel, i.e. the body: acc. pl. bān-fatu, 1117.

bān-hring, st. m., the bone-structure, joint, bone-joint: acc. pl. hire wið halse ... bānhringas brǣc (broke her neck-joint), 1568.

bān-hūs, st. n., bone-house, i.e. the body: acc. sg. bānhūs gebrǣc, 2509; similarly, 3148.

bān-loca, w. m., the enclosure of the bones, i.e. the body: acc. sg. bāt bānlocan, bit the body, 743; nom. pl. burston bānlocan, the body burst (of Grendel, because his arm was torn out), 819.

bāt, st. m., boat, craft, ship, 211.--Comp. sǣ-bāt.

bāt-weard, st. m., boat-watcher, he who keeps watch over the craft. dat. sg. -wearde, 1901.

bǣð, st. n., bath: acc. sg. ofer ganotes bǣð, over the diver's bath (i.e. the sea), 1862.

bǣrnan, w. v., to cause to burn, to burn: inf. hēt ... bānfatu bǣrnan, bade that the bodies be burned, 1117; ongan ... beorht hofu bǣrnan, began to consume the splendid country-seats (the dragon), 2314.

for-bǣrnan, w. v., consume with fire: inf. hȳ hine ne mōston ... brondefor-bǣrnan, they (the Danes) could not burn him (the dead ǣschere) upon the funeral-pile, 2127.

bǣdan (Goth, baidjan, O.N. beðia), to incite, to encourage: pret. bǣdde byre geonge, encouraged the youths (at the banquet), 2019.

ge-bǣdan, w. v., to press hard: pret. part. bysigum gebǣded, distressed by trouble, difficulty, danger (of battle), 2581; to drive, to send forth: strǣla storm strengum gebǣded, the storm of arrows sent with strength, 3118; overcome: draca ... bealwe gebǣded, the dragon ... overcome by the ills of battle, 2827.

bǣl (O.N. bāl), st. n., fire, flames: (wyrm) mid bǣle fōr, passed (through the air) with fire, 2309; hæfde landwara līge befangan, bǣle and bronde, with fire and burning, 2323.--Especially, the fire of the funeral-pile, the funeral-pile, 1110, 1117, 2127; ǣr hē bǣl cure, ere he sought the burning (i.e. died), 2819; hātað ... hlǣw gewyrcean ... ǣfter bǣle, after I am burned, let a burial mound be thrown up (Bēowulf's words), 2804.

bǣl-fȳr, st. n., bale-fire, fire of the funeral-pile: gen. pl. bǣlfȳra mǣst, 3144.

bǣl-stede, st. m., place for the funeral-pile: dat. sg. in bǣl=stede, 3098.

bǣl-wudu, st. m., wood for the funeral-pile, 3113.

bǣr, st. f., bier, 3106.

ge-bǣran, w. v., to conduct one's self, behave: inf. w. adv., ne gefrǣgen ic þā mǣgðe ... sēl gebǣran, I did not hear that a troop bore itself better, maintained a nobler deportment, 1013; hē on eorðan geseah þone lēofestan līfes æt ende blēate gebǣran, saw the best-beloved upon the earth, at the end of his life, struggling miserably (i.e. in a helpless situation), 2825.

ge-bǣtan (denominative from bǣte, the bit), w. v., to place the bit in the mouth of an animal, to bridle: pret. part. þā wǣs Hrōðgāre hors gebǣted, 1400.

be, prep. w. dat. (with the fundamental meaning near, "but not of one direction, as æt, but more general"): 1) local, near by, near, at, on (rest): be ȳdlāfe uppe lǣgon, lay above, upon the deposit of the waves (upon the strand, of the slain nixies), 566; hæfde be honda, held by the hand (Bēowulf held Grendel), 815; be sǣm tweonum, in the circuit of both the seas, 859, 1686; be mæste, on the mast, 1906; by fȳre, by the fire, 2220; be næsse, at the promontory, 2244; sæt be þǣm gebrōðrum twǣm, sat by the two brothers, 1192; wæs se gryre læssa efne swā micle swā bið mǣgða cræft be wǣpnedmen, the terror was just so much less, as is the strength of woman to the warrior (i.e. is valued by), 1285, etc.--2) also local, but of motion from the subject in the direction of the object, on, upon, by: gefēng be eaxle, seized by the shoulder, 1538; ālēdon lēofne þēoden be mǣste, laid the dear lord near the mast, 36; be healse genam, took him by the neck, fell upon his neck, 1873; wǣpen hafenade be hiltum, grasped the weapon by the hilt, 1757, etc.--3) with this is connected the causal force, on account of, for, according to: ic þis gid be þē āwræc, I spake this solemn speech for thee, for thy sake, 1724; þū þē lǣr be þon, learn according to this, from this, 1723; be fæder lāre, according to her father's direction, 1951.--4) temporal, while, during: be þē lifigendum, while thou livest, during thy life, 2666. See bī.

bed, st. n., bed, couch: acc. sg. bed, 140, 677; gen. sg. beddes, 1792; dat. pl. beddum, 1241.--Comp: deað-, hlin-, lǣger-, morðor-, wæl-bed.

ge-bedde, w. f., bed-fellow: dat. sg. wolde sēcan ewēn tō gebeddan, wished to seek the queen as bed-fellow, to go to bed with her, 666.--Comp. heals-gebedde.

bēgen, fem. bā, both: nom. m., 536, 770, 2708; acc. fem. on bā healfa, on two sides (i.e. Grendel and his mother), 1306; dat. m. bām, 2197; and in connection with the possessive instead of the personal pronoun, ūrum bām, 2661; gen. n. bēga, 1874, 2896; bēga gehwæðres, each one of the two, 1044; bēga folces, of both peoples, 1125.

ge-belgan, st. v. (properly, to cause to swell, to swell), to irritate: w. dat. (pret. subj.) þæt hē ēcean dryhtne bitre gebulge, that he had bitterly angered the eternal Lord, 2332; pret. part. gebolgen, 1540; (gebolge, MS.), 2222; pl. gebolgne, 1432; more according to the original meaning in torne gebolgen, 2402.

ā-belgan, to anger: pret. sg. w. acc. oð þæt hyne ān ābealh mon on mōde, till a man angered him in his heart, 2281; pret. part. ābolgen, 724.

ben, st. f., wound: acc. sg. benne, 2725.--Comp.: feorh-, seax-ben.

benc, st. f., bench: nom. sg. benc, 492; dat. sg. bence, 327, 1014, 1189, 1244.--Comp.: ealu-, medu-benc.

benc-swēg, st. m., (bench-rejoicing), rejoicing which resounds from the benches, 1162.

benc-þel, st. n., bench-board, the wainscotted space where the benches stand: nom. pl. benc-þelu, 486; acc. pl. bencþelu beredon, cleared the bench-boards (i.e. by taking away the benches, so as to prepare couches), 1240.

bend, st. m. f., bond, fetter: acc. sg. forstes bend, frost's bond, 1610; dat. pl. bendum, 978.--Comp.: fȳr-, hell-, hyge-, īren-, oncer-, searo-, wǣl-bend.

ben-geat, st. n., (wound-gate), wound-opening: nom. pl. ben-geato, 1122.

bera (O.N. beri), w. m., bearer: in comp. hleor-bera.

beran, st. v. w. acc., to carry; III. sg. pres. byreð, 296, 448; þone māððum byreð, carries the treasure (upon his person), 2056; pres. subj. bere, 437; pl. beren, 2654; inf. beran, 48, 231, 291, etc.; heht þā se hearda Hrunting beran, to bring Hrunting, 1808; up beran, 1921; in beran, 2153; pret. bǣr, 495, 712, 847, etc.; mandryhtne bǣr fǣted wǣge, brought the lord the costly vessel, 2282; pl. bǣron, 213, 1636, etc.; bǣran, 2851; pret. part. boren, 1193, 1648, 3136.--The following expressions are poetic paraphrases of the forms go, come: þæt wē rondas beren eft tō earde, 2654; gewītað forð beran wǣpen and gewǣdu, 291; ic gefrǣgn sunu Wīhstānes hringnet beran, 2755; wīgheafolan bǣr, 2662; helmas bǣron, 240 (conjecture); scyldas bǣran, 2851: they lay stress upon the connection of the man with his weapons.

ǣt-beran, to carry to: inf. tō beadulāce (battle) ǣtberan, 1562; pret. þā hine on morgentīd on Heaðorǣmas holm up ǣtbǣr, the sea bore him up to the Heaðorǣmas, 519; hīo Bēowulfe medoful ǣtbǣr brought Bēowulf the mead-cup, 625; mǣgenbyrðenne ... hider ūt ǣtbǣr cyninge mīnum, bore the great burden hither to my king, 3093; pl. hī hyne ǣtbǣron tō brimes faroðe, 28.--2) bear away: ǣt līc ǣtbǣr, 2128.

for-beran, to hold, to suppress: inf. þæt hē þone brēostwylm forberan ne mehte, that he could not suppress the emotions of his breast, 1878.

ge-beran, to bring forth, to bear: pret. part. þæt lā mæg secgan sē þe sōð and riht fremeð on folce ... þæt þes eorl wǣre geboren betera (that may every just man of the people say, that this nobleman is better born), 1704.

oð-beran, to bring hither: pret. þā mec sǣ oðbǣr on Finna land, 579.

on-beran (O.H.G. in bëran, intpëran, but in the sense of carere), auferre, to carry off, to take away: inf. īren ǣrgōd þæt þæs āhlǣcan blōdge beadufolme onberan wolde, excellent sword which would sweep off the bloody hand of the demon, 991; pret. part. (wæs) onboren bēaga hord, the treasure of the rings had been carried off, 2285.--Compounds with the pres. part.: helm-, sāwl-berend.

berian (denominative from bær, naked), w. v., to make bare, to clear: pret. pl. bencþelu beredon, cleared the bench-place (by removing the benches), 1240.

berstan, st. v., to break, to burst: pret. pl. burston bānlocan, 819; bengeato burston, 1122.--to crack, to make the noise of breaking: fingras burston, the fingers cracked (from Bēowulf's gripe), 761.

for-berstan, break, to fly asunder: pret. Nægling forbærst, Nægling (Bēowulf's sword) broke in two, 2681.

betera, adj. (comp.), better: nom. sg. m. betera, 469, 1704.

bet-līc, adj., excellent, splendid: nom. sg. n., of Hrōðgār's hall, 781; of Hygelāc's residence, 1926.

betst, betost (superl.), best, the best: nom. sg. m. betst beadurinca, 1110; neut. nū is ofost betost, þæt wē ..., now is haste the best, that we..., 3008; voc. m. secg betsta, 948; neut. acc. beaduscrūda betst, 453; acc. sg. m. þegn betstan, 1872.

bēcn, st. n., (beacon), token, mark, sign: acc. sg. betimbredon beadu-rōfes bēcn (of Bēowulf's grave-mound), 3162. See beacen.

bēg. See bēag.

bēn, st. f., entreaty: gen. sg. bēne, 428, 2285.

bēna, w. m., suppliant, supplex: nom. sg. swā þū bēna eart (as thou entreatest), 352; swā hē bēna wæs (as he had asked), 3141; nom. pl. hȳ bēnan synt, 364.

ge-betan: 1) to make good, to remove: pret. ac þū Hrōðgāre wīdcūðne wēan wihte gebēttest, hast thou in any way relieved Hrōðgār of the evil known afar, 1992; pret. part. acc. sg. swylce oncȳðde ealle gebētte, removed all trouble, 831. --2) to avenge: inf. wihte ne meahte on þām feorhbonan fæhðe gebētan, could in no way avenge the death upon the slayer, 2466.

beadu, st. f., battle, strife, combat: dat. sg. (as instr.) beadwe, in combat, 1540; gen. pl. bād beadwa ge-þinges, waited for the combats (with Grendel) that were in store for him, 710.

beadu-folm, st. f., battle-hand: acc. sg. -folme, of Grendel's hand, 991.

beado-grīma, w. m., (battle-mask), helmet: acc. pl. -grīman, 2258.

beado-hrægl, st. n., (battle-garment), corselet, shirt of mail, 552.

beadu-lāc, st. n., (exercise in arms, tilting), combat, battle: dat. sg. tō beadu-lāce, 1562.

beado-lēoma, w. m., (battle-light), sword: nom. sg., 1524.

beado-mēce, st. m., battle-sword: nom. pl. beado-mēcas, 1455.

beado-rinc, st. m., battle-hero, warrior: gen. pl. betst beadorinca, 1110.

beadu-rōf, adj., strong in battle: gen. sg. -rōfes, of Bēowulf, 3162.

beadu-rūn, st. f., mystery of battle: acc. sg. onband beadu-rūne, solved the mystery of the combat, i.e. gave battle, commenced the fight, 501.

beadu-scearp, adj., battle-sharp, sharp for the battle, 2705.

beadu-scrūd, st. n., (battle-dress), corselet, shirt of mail: gen. pl. beaduscrūda betst, 453.

beadu-serce, w. f., (battle-garment), corselet, shirt of mail: acc. sg. brogdne beadu-sercean (because it consists of interlaced metal rings), 2756.

beado-weorc, st. n., (battle-work), battle: gen. sg. gefeh beado-weorces, rejoiced at the battle, 2300.

beald, adj., bold, brave: in comp. cyning-beald.

bealdian, w. v., to show one's self brave: pret. bealdode gōdum dǣdum (through brave deeds), 2178.

bealdor, st. m., lord, prince: nom. sg. sinca baldor, 2429; winia bealdor, 2568.

bealu, st. n., evil, ruin, destruction: instr. sg. bealwe, 2827; gen. pl. bealuwa, 281; bealewa, 2083; bealwa, 910.--Comp.: cwealm-, ealdor-, hreðer-, lēod-, morðor-, niht-, sweord-, wīg-bealu.

bealu, adj., deadly, dangerous, bad: instr. sg. hyne sār hafað befongen balwon bendum, pain has entwined him in deadly bands, 978.

bealo-cwealm, st. m., violent death, death by the sword(?), 2266.

bealo-hycgende, pres. part., thinking of death, meditating destruction: gen. pl. ǣghwǣðrum bealo-hycgendra, 2566.

bealo-hȳdig, adj., thinking of death, meditating destruction: of Grendel, 724.

bealo-nīð, st. m., (zeal for destruction), deadly enmity: nom. sg., 2405; destructive struggle: acc. sg. bebeorh þē þone bealonīð, beware of destructive striving, 1759; death-bringing rage: nom. sg. him on brēostum bealo-nīð wēoll, in his breast raged deadly fury (of the dragon's poison), 2715.

bearhtm (see beorht): 1) st. m., splendor, brightness, clearness: nom. sg. ēagena bearhtm, 1767.--2) sound, tone: acc. sg. bearhtm ongeāton, gūðhorn galan, they heard the sound, (heard) the battle-horn sound, 1432.

bearm, m., gremium, sinus, lap, bosom: nom. sg. foldan bearm, 1138; acc. sg. on bearm scipes, 35, 897; on bearm nacan, 214; him on bearm hladan bunan and discas, 2776.--2) figuratively, possession, property, because things bestowed were placed in the lap of the receiver (1145 and 2195, on bearm licgan, ālecgan); dat. sg. him tō bearme cwōm māððumfæt mǣre, came into his possession, 2405.

bearn, st. n., 1) child, son: nom. sg. bearn Healfdenes, 469, etc.; Ecglāfes bearn, 499, etc.; dat. sg. bearne, 2371; nom. pl. bearn, 59; dat. pl. bearnum, 1075.--2) in a broader sense, scion, offspring, descendant: nom. sg. Ongenþēow's bearn, of his grandson, 2388; nom. pl. yldo. bearn, 70; gumena bearn, children of men, 879; hæleða bearn, 1190; æðelinga bearn, 3172; acc. pl. ofer ylda bearn, 606; dat. pl. ylda bearnum, 150; gen. pl. niðða bearna, 1006.--Comp.: brōðor-, dryht-bearn.

bearn-gebyrdu, f., birth, birth of a son: gen. sg. þæt hyre ealdmetod ēste wǣre bearn-gebyrdo, has been gracious through the birth of such a son (i.e. as Bēowulf), 947.

bearu, st. m., (the bearer, hence properly only the fruit-tree, especially the oak and the beech), tree, collectively forest: nom. pl. hrīmge bearwas, rime-covered or ice-clad, 1364.

bēacen, st. n., sign, banner, vexillum: nom. sg. beorht bēacen godes, of the sun, 570; gen. pl. bēacna beorhtost, 2778. See bēcn.

ge-bēacnian, w. v., to mark, to indicate: pret. part. ge-bēacnod, 140.

bēag, st. m., ring, ornament: nom. sg. bēah (neck-ring), 1212; acc. sg. bēah (the collar of the murdered king of the Heaðobeardnas), 2042; bēg (collective for the acc. pl.), 3165; dat. sg. cwōm Wealhþēo forð gān under gyldnum bēage, she walked along under a golden head-ring, wore a golden diadem, 1164; gen. sg. bēages (of a collar), 1217; acc. pl. bēagas (rings in general), 80, 523, etc.; gen. pl. bēaga, 35, 352, 1488, 2285, etc.-- Comp.: earm-, heals-bēag.

bēag-gyfa, w. m., ring-giver, designation of the prince: gen. sg. -gyfan, 1103.

bēag-hroden, adj., adorned with rings, ornamented with clasps: nom. sg. bēaghroden, cwēn, of Hrōðgār's consort, perhaps with reference to her diadem (cf. 1164, 624.

bēah-hord, st. m. n., ring-hoard, treasure consisting of rings: gen. sg. bēah-hordes, 895; dat. pl. bēah-hordum, 2827; gen. pl. bēah-horda weard, of King Hrōðgār, 922.

bēah-sele, st. m., ring-hall, hall in which the rings were distributed: nom. sg., of Heorot, 1178.

bēah-þegu, st. f., the receiving of the ring: dat. sg. æfter bēah-þege, 2177.

bēah-wriða, w. m. ring-band, ring with prominence given to its having the form of a band: acc. sg. bēah-wriðan, 2019.

bēam, st. m., tree, only in the compounds fyrgen-, glēo-bēam.

bēatan, st. v., thrust, strike: pres. sg. mearh burhstede bēateð, the steed beats the castle-ground (place where the castle is built), i.e. with his hoofs, 2266; pret. part. swealt bille ge-bēaten, died, struck by the battle-axe, 2360.

beorh, st. m.: 1) mountain, rock: dat. sg. beorge, 211; gen. sg. beorges, 2525, 2756; acc. pl. beorgas, 222.--2) grave-mound, tomb-hill: acc. sg. biorh, 2808; beorh, 3098, 3165. A grave-mound serves the drake as a retreat (cf. 2277, 2412): nom. sg. beorh, 2242; gen. sg. beorges, 2323.-- Comp. stān-beorh.

beorh, st. f., veil, covering, cap; only in the comp. hēafod-beorh.

beorgan, st. v. (w. dat. of the interested person or thing), to save, to shield: inf. wolde fēore beorgan, place her life in safety, 1294; here-byrne ... sēo þe bāncofan beorgan cūðe, which could protect his body, 1446; pret. pl. ealdre burgan, 2600.

be-beorgan (w. dat. refl. of pers. and acc. of the thing), to take care, to defend one's self from: inf. him be-beorgan ne con wom, cannot keep himself from stain (fault), 1747; imp. bebeorh þē þone bealontð, 1759.

ge-beorgan (w, dat. of person or thing to be saved), to save, to protect: pret. sg. þǣt gebearh fēore, protected the life, 1549; scyld wēl gebearg līfe and līce, 2571.

ymb-beorgan, to surround protectingly: pret. sg. bring ūtan ymb-bearh, 1504.

beorht, byrht, adj.: 1) gleaming, shining, radiant, shimmering: nom. sg. beorht, of the sun, 570, 1803; beorhta, of Heorot, 1178; þǣt beorhte bold, 998; acc. sg. beorhtne, of Bēowulf's grave-mound, 2804; dat. sg. tō þǣre byrhtan (here-byrhtan, MS.) byrig, 1200; acc. pl. beorhte frǣtwe, 214, 897; beorhte randas, 231; bordwudu beorhtan, 1244; n. beorht hofu, 2314. Superl.: bēacna beorhtost, 2778. --2) excellent, remarkable: gen. sg. beorhtre bōte, 158. --Comp.: sadol-, wlite-beorht.

beorhte, adv., brilliantly, brightly, radiantly, 1518.

beorhtian, w. v., to sound clearly: pret. sg. beorhtode benc-swēg, 1162.

beorn, st. m., hero, warrior, noble man: nom. sg. (Hrōðgār), 1881, (Bēowulf), 2434, etc.; acc. sg. (Bēow.), 1025, (æschere), 1300; dat. sg. beorne, 2261; nom. pl. beornas (Bēowulf and his companions), 211, (Hrōðgār's guests), 857; gen. pl. biorna (Bēowulf's liege-men), 2405.-- Comp.: folc-, gūð-beorn.

beornan, st. v., to burn: pres. part. byrnende (of the drake), 2273.-- Comp. un-byrnende.

for-beornan, to be consumed, to burn: pret. sg. for-barn, 1617, 1668; for-born, 2673.

ge-beornan, to be burned: pret. gebarn, 2698.

beorn-cyning, st. m., king of warriors, king of heroes: nom. sg. (as voc.), 2149.

bēodan, st. v.: 1) to announce, to inform, to make known: inf. bīodan, 2893.--2) to offer, to proffer (as the notifying of a transaction in direct reference to the person concerned in it): pret. pl. him geþingo budon, offered them an agreement, 1086; pret. part. þā wæs æht boden Swēona lēodum, then was pursuit offered the Swedish people, 2958; inf. ic þæm gōdan sceal māðmas bēodan, I shall offer the excellent man treasures, 385.

ā-bēodan, to present, to announce: pret. word inne ābēad, made known the words within, 390; to offer, to tender, to wish: pret. him hǽl ābēad, wished him health (greeted him), 654. Similarly, hǽlo ābēad, 2419; eoton weard ābēad, offered the giant a watcher, 669.

be-bēodan, to command, to order: pret. swā him se hearda bebēad, as the strong man commanded them, 401. Similarly, swā se rīca bebēad, 1976.

ge-bēodan: 1) to command, to order: inf. hēt þā gebēodan byre Wīhstānes hæleða monegum, þæt hīe..., the son of Wihstan caused orders to be given to many of the men..., 3111.--2) to offer: him Hygd gebēad hord and rīce, offered him the treasure and the chief power, 2370; inf. gūðe gebēodan, to offer battle, 604.

bēod-genēat, st. m., table-companion: nom. and acc. pl. genēatas, 343, 1714.

bēon, verb, to be, generally in the future sense, will be: pres. sg. I. gūðgeweorca ic bēo gearo sōna, I shall immediately be ready for warlike deeds, 1826; sg. III. wā bið þǣm þe sceal..., woe to him who...! 183; so, 186; gifeðe bið is given, 299; ne bið þē wilna gād (no wish will be denied thee), 661; þǣr þē bið manna þearf, if thou shalt need the warriors, 1836; ne bið swylc cwēnlīc þēaw, is not becoming, honorable to a woman, 1941; eft sōna bið will happen directly, 1763; similarly, 1768, etc.; pl. þonne bīoð brocene, then are broken, 2064; feor cȳððe bēoð sēlran gesōhte þām þe..., "terrae longinquae meliores sunt visitatu ei qui..." (Grein), 1839; imp. bēo (bīo) þū on ofeste, hasten! 386, 2748; bēo wið Gēatas glæd, be gracious to the Gēatas, 1174.

bēor, st. n., beer: dat. sg. æt bēore, at beer-drinking, 2042; instr. sg. bēore druncen, 531; bēore druncne, 480.

bēor-scealc, st. m., keeper of the beer, cup-bearer: gen. pl. bēor-scealca sum (one of Hrōðgār's followers, because they served the Gēatas at meals), 1241.

bēor-sele, st. m., beer-hall, hall in which beer is drunk: dat. sg. in (on) bēorsele, 482, 492, 1095; bīorsele, 2636.

bēor-þegu, st. f., beer-drinking, beer-banquet: dat. sg. æfter bēorþege, 117; æt þǣre bēorþege, 618.

bēot, st. n., promise, binding agreement to something that is to be undertaken: acc. sg. hē bēot ne ālēh, did not break his pledge, 80; bēot eal ... gelæste, performed all that he had pledged himself to, 523.

ge-bēotian, w. v., to pledge one's self to an undertaking, to bind one's self: pret. gebēotedon, 480, 536.

bēot-word, st. n., same as bēot: dat. pl. bēot-wordum sprǣc, 2511.

biddan, st. v., to beg, to ask, to pray: pres. sg. I. dōð swā ic bidde! 1232; inf. (w. acc. of the pers. and gen. of the thing asked for) ic þē biddan wille ānre bēne, beg thee for one, 427; pret. swā hē selfa bæd, as he himself had requested, 29; bæd hine blīðne (supply wesan) æt þǣre bēorþege, begged him to be cheerful at the beer-banquet, 618; ic þē lange bǣd þæt þū..., begged you a long time that you, 1995; frioðowǣre bǣd hlāford sīnne, begged his lord for protection (acc. of pers. and gen. of thing), 2283; bǣd þæt gē geworhton, asked that you..., 3097; pl. wordum bǣdon þæt..., 176.

on-bidian, w. v., to await: inf. lǣtað hilde-bord hēr onbidian ... worda geþinges, let the shields await here the result of the conference (lay the shields aside here), 397.

bil, st. n. sword: nom. sg. bil, 1568; bill, 2778; acc. sg. bil, 1558; instr. sg. bille, 2360; gen. sg. billes, 2061, etc.; instr. pl. billum, 40; gen. pl. billa, 583, 1145.--Comp.: gūð-, hilde-, wīg-bil.

bindan, st. v., to bind, to tie: pret. part. acc. sg. wudu bundenne, the bound wood, i.e. the built ship, 216; bunden golde swurd, a sword bound with gold, i.e. either having its hilt inlaid with gold, or having gold chains upon the hilt (swords of both kinds have been found), 1901; nom. sg. heoru bunden, 1286, has probably a similar meaning.

ge-bindan, to bind: pret. sg. þǣr ic fīfe geband, where I had bound five(?), 420; pret. part. cyninges þegn word ōðer fand sōðe gebunden, the king's man found (after many had already praised Bēowulf's deed) other words (also referring to Bēowulf, but in connection with Sigemund) rightly bound together, i.e. in good alliterative verses, as are becoming to a gid, 872; wundenmǣl wrǣttum gebunden, sword bound with ornaments, i.e. inlaid, 1532; bisgum gebunden, bound together by sorrow, 1744; gomel gūðwīga eldo gebunden, hoary hero bound by old age (fettered, oppressed), 2112.

on-bindan, to unbind, to untie, to loose: pret. onband, 501.

ge-bind, st. n. coll., that which binds, fetters: in comp. īs-gebind.

bite, st. m., bite, figuratively of the cut of the sword: acc. sg. bite īrena, the swords' bite, 2260; dat. sg. æfter billes bite, 2061.--Comp. lāð-bite.

biter (primary meaning that of biting), adj.: 1) sharp, cutting, cutting in: acc. sg. biter (of a short sword), 2705; instr. sg. biteran strǣle, 1747; instr. pl. biteran bānum, with sharp teeth, 2693.--2) irritated, furious: nom. pl. bitere, 1432.

bitre, adv., bitterly (in a moral sense), 2332.

bī, big (fuller form of the prep. be, which see), prep. w. dat.: 1) near, at, on, about, by (as under be, No. 1): bī sǣm twēonum, in the circuit of both seas, 1957; ārās bī ronde, raised himself up by the shield, 2539; bī wealle gesæt, sat by the wall, 2718. With a freer position: him big stōdan bunan and orcas, round about him, 3048.--2) to, towards (motion): hwearf þā bī bence, turned then towards the bench, 1189; gēong bī sesse, went to the seat, 2757.

bīd (see bīdan), st. n., tarrying hesitation: þǣr wearð Ongenþīo on bīd wrecen, forced to tarry, 2963.

bīdan, st. v.: 1) to delay, to stay, to remain, to wait: inf. nō on wealle leng bīdan wolde, would not stay longer within the wall (the drake), 2309; pret. in þȳstrum bād, remained in darkness, 87; flota stille bād, the craft lay still, 301; receda ... on þǣm se rīca bād, where the mighty one dwelt, 310; þǣr se snottra bād, where the wise man (Hrōðgār) waited, 1314; hē on searwum bād, he (Bēowulf) stood there armed, 2569; ic on earde bād mǣlgesceafta, lived upon the paternal ground the time appointed me by fate, 2737; pret. pl. sume þǣr bidon, some remained, waited there, 400.--2) to await, to wait for, with the gen. of that which is awaited: inf. bīdan woldon Grendles gūðe, wished to await the combat with Grendel, to undertake it, 482; similarly, 528; wīges bīdan, await the combat, 1269; nalas andsware bīdan wolde, would await no answer, 1495; pret. bād beadwa geþinges, awaited the event of the battle, 710; sǣgenga bād āgend-frēan, the sea-goer (boat) awaited its owner, 1883; sele ... heaðowylma bād, lāðan līges (the poet probably means to indicate by these words that the hall Heorot was destroyed later in a fight by fire; an occurrence, indeed, about which we know nothing, but which 1165 and 1166, and again 2068 ff. seem to indicate), 82.

ā-bīdan, to await, with the gen.: inf., 978.

ge-bīdan: 1) to tarry, to wait: imp. gebīde gē on beorge, wait ye on the mountain, 2530; pret. part. þēah þe wintra lȳt under burhlocan gebiden hæbbe Hǣreðes dōhtor although H's daughter had dwelt only a few years in the castle, 1929.--2) to live through, to experience, to expect (w. acc.): inf. sceal endedæg mīnne gebīdan, shall live my last day, 639; ne wēnde ... bōte gebīdan, did not hope ... to live to see reparation, 935; fela sceal gebīdan lēofes and lāðes, experience much good and much affliction, 1061; ende gebīdan, 1387, 2343; pret. hē þæs frōfre gebād, received consolation (compensation) therefore, 7; gebād wintra worn, lived a great number of years, 264; in a similar construction, 816, 930, 1619, 2259, 3117. With gen.: inf. tō gebīdanne ōðres yrfeweardes, to await another heir, 2453. With depend, clause: inf. tō gebīdanne þæt his byre rīde on galgan, to live to see it, that his son hang upon the gallows, 2446; pret. drēam-lēas gebād þæt hē..., joyless he experienced it, that he..., 1721; þæs þe ic on aldre gebād þæt ic..., for this, that I, in my old age, lived to see that..., 1780.

on-bīdan, to wait, to await: pret. hordweard onbād earfoðlīce oð þæt æfen cwōm, scarcely waited, could scarcely delay till it was evening, 2303.

bītan, st. v., to bite, of the cutting of swords: inf. bītan, 1455, 1524; pret. bāt bānlocan, bit into his body (Grendel), 743; bāt unswīðor, cut with less force (Bēowulf's sword), 2579.

blanca, w. m., properly that which shines here of the horse, not so much of the white horse as the dappled: dat. pl. on blancum, 857.

ge-bland, ge-blond, st. n., mixture, heaving mass, a turning.--Comp.: sund-, ȳð-geblond, windblond.

blanden-feax, blonden-feax, adj., mixed, i.e. having gray hair, gray-headed, as epithet of an old man: nom. sg. blondenfeax, 1792; blondenfexa, 2963; dat. sg. blondenfeaxum, 1874; nom. pl. blondenfeaxe, 1595.

blæc, adj., dark, black: nom. sg, hrefn blaca, 1802.

blāc, adj.: 1) gleaming, shining: acc. sg. blācne lēoman, a brilliant gleam, 1518.--2) of the white death-color, pale; in comp. heoroblāc.

blæd, st. m.: 1) strength, force, vigor: nom. sg. wæs hira blæd scacen (of both tribes), strength was gone, i.e. the bravest of both tribes lay slain, 1125; nū is þīnes mægnes blæd āne hwīle, now the fulness of thy strength lasts for a time, 1762.--2) reputation, renown, knowledge (with stress upon the idea of filling up, spreading out): nom. sg. blæd, 18; (þīn) blæd is āræred, thy renown is spread abroad, 1704.

blæd-āgend, pt., having renown, renowned: nom. pl. blæd-āgende, 1014.

blǣd-fæst, adj., firm in renown, renowned, known afar: acc. sg. blǣdfæstne beorn (of Æschere, with reference to 1329, 1300.

blēat, adj., miserable, helpless; only in comp. wæl-blēat.

blēate, adv., miserably, helplessly, 2825.

blīcan, st. v., shine, gleam: inf., 222

blīðe, adj.: 1) blithe, joyous, happy acc. sg. blīðne, 618.--2) gracious, pleasing: nom. sg. blīðe, 436.--Comp. un-blīðe.

blīð-heort, adj., joyous in heart, happy: nom. sg., 1803.

blōd, st. n., blood: nom. sg., 1122; acc. sg., 743; dat. sg. blōde, 848; æfter dēorum men him langað beorn wið blōde, the hero (Hrōðgār) longs for the beloved man contrary to blood, i.e. he loves him although he is not related to him by blood, 1881; dat. as instr. blōde, 486, 935, 1595, etc.

blōd-fāg, adj., spotted with blood, bloody, 2061.

blōdig, adj., bloody: acc. sg. f. blōdge, 991; acc. sg. n. blōdig, 448; instr. sg. blōdigan gāre, 2441.

ge-blōdian, w. v., to make bloody, to sprinkle with blood: pret. part. ge-blōdegod, 2693.

blōdig-tōð, adj., with bloody teeth: nom. sg. bona blōdig-tōð (of Grendel, because he bites his victims to death), 2083.

blōd-rēow, adj., bloodthirsty, bloody-minded: nom. sg. him on ferhðe grēow brēost-hord blōd-rēow, in his bosom there grew a bloodthirsty feeling, 1720.

be-bod, st. n., command, order; in comp. wundor-bebod.

bodian, w. v., (to be a messenger), to announce, to make known: pret. hrefn blaca heofones wynne blīð-heort bodode, the black raven announced joyfully heaven's delight (the rising sun), 1803.

boga, w. m., bow, of the bended form; here of the dragon, in comp.

hring-boga; as an instrument for shooting, in the comp. flān-, horn-boga; bow of the arch, in comp. stān-boga.

bolca, w. m., "forus navis" (Grein), gangway; here probably the planks which at landing are laid from the ship to the shore: acc. sg. ofer bolcan, 231.

bold, st. n., building, house, edifice: nom. sg. (Heorot), 998; (Hygelāc's residence), 1926; (Bēowulfs residence), 2197, 2327.--Comp. fold-bold.

bold-āgend, pt., house-owner, property-holder: gen. pl. monegum boldāgendra, 3113.

bolgen-mōd, adj., angry at heart, angry, 710, 1714.

bolster, st. m., bolster, cushion, pillow: dat. pl. (reced) geond-brǣded wearð beddum and bolstrum, was covered with beds and bolsters, 1241.--Comp. hlēor-bolster.

bon-. See ban-.

bora, w. m., carrier, bringer, leader: in the comp. mund-, rǣd-, wǣg-bora.

bord, st. n., shield: nom. sg., 2674; acc. sg., 2525; gen. pl. ofer borda gebræc, over the crashing of the shields, 2260.--Comp.: hilde-, wīg-bord.

bord-hǣbbend, pt., one having a shield, shield-bearer: nom. pl. hǣbbende, 2896.

bord-hrēoða, w. m., shield-cover, shield with particular reference to its cover (of hides or linden bark): dat. sg. -hrēoðan, 2204.

bord-rand, st. m., shield: acc. sg., 2560.

bord-weall, st. m., shield-wall, wall of shields: acc. sg., 2981.

bord-wudu, st. m., shield-wood, shield: acc. pl. beorhtan beord-wudu, 1244.

botm, st. m., bottom: dat. sg. tō botme (here of the bottom of the fen-lake), 1507.

bōt (emendation, cf. bētan), st. f.: 1) relief, remedy: nom. sg., 281; acc. sg. bōte, 935; acc. sg. bōte, 910.--2) a performance in expiation, a giving satisfaction, tribute: gen. sg. bōte, 158.

brand, brond, st. m.: 1) burning, fire: nom. sg. þā sceal brond fretan (the burning of the body), 3015; instr. sg. by hine ne mōston ... bronde forbǣrnan (could not bestow upon him the solemn burning), 2127; hǣfde landwara līge befangen, bǣle and bronde, with glow, fire, and flame, 2323.--2) in the passage, þæt hine nō brond nē beadomēcas bītan ne meahton, 1455, brond has been translated sword, brand (after the O.N. brand-r). The meaning fire may be justified as well, if we consider that the old helmets were generally made of leather, and only the principal parts were mounted with bronze. The poet wishes here to emphasize the fact that the helmet was made entirely of metal, a thing which was very unusual.--3) in the passage, forgeaf þā Bēowulfe brand Healfdenes segen gyldenne, 1021, our text, with other editions, has emendated, bearn, since brand, if it be intended as a designation of Hrōðgār (perhaps son), has not up to this time been found in this sense in A.-S.

brant, bront, adj., raging, foaming, going-high, of ships and of waves: acc. sg. brontne, 238, 568.

brād, adj.: 1) extended, wide: nom. pl. brāde rīce, 2208.--2) broad: nom. sg. hēah and brād (of Bēowulf's grave-mound), 3159; acc. sg. brādne mēce, 2979; (seax) brād [and] brūnecg, the broad, short sword with bright edge, 1547.--3) massive, in abundance. acc, sg. brād gold, 3106.

ge-brǣc, st. n., noise, crash: acc. sg. borda gebrǣc, 2260.

geond-brǣdan, w. v., to spread over, to cover entirely: pret. part. geond-brǣded, 1240.

brecan, st. v.: 1) to break, to break to pieces: pret. bānhringas brǣc, (the sword) broke the joints, 1568. In a moral sense: pret. subj. þæt þǣr ǣnig mon wǣre ne brǣce, that no one should break the agreement, 1101; pret. part. þonne bīoð brocene ... āð-sweord eorla, then are the oaths of the men broken, 2064.--2) probably also simply to break in upon something, to press upon, w. acc.: pret. sg. sǣdēor monig hildetūxum heresyrcan brǣc, many a sea-animal pressed with his battle-teeth upon the shirt of mail (did not break it, for, according to 1549 f., 1553 f., it was still unharmed). 1512.--3) to break out, to spring out: inf. geseah ... strēam ūt brecan of beorge, saw a stream break out from the rocks, 2547; lēt se hearda Higelāces þegn brādne mēce ... brecan ofer bordweal, caused the broadsword to spring out over the wall of shields, 2981.--4) figuratively, to vex, not to let rest: pret. hine fyrwyt bræc, curiosity tormented (N.H.G. brachte die Neugier um), 232, 1986, 2785.

ge-brecan, to break to pieces: pret. bānhūs gebræc, broke in pieces his body (Bēowulf in combat with Dæghrefn), 2509.

tō-brecan, to break in pieces: inf., 781; pret. part. tō-brocen, 998.

þurh-brecan, to break through, pret. wordes ord brēosthord þurh-bræc, the word's point broke through his closed breast, i.e. a word burst out from his breast, 2793.

brecð, st. f., condition of being broken, breach: nom. pl. mōdes brecða (sorrow of heart), 171.

ā-bredwian, w. v. w. acc., to fell to the ground, to kill (?): pret. ābredwade, 2620.

bregdan, st. v., properly to swing round, hence: 1) to swing: inf. under sceadu bregdan, swing among the shadows, to send into the realm of shadows, 708; pret. brægd ealde lāfe, swung the old weapon, 796; brægd feorh-genīðlan, swung his mortal enemy (Grendel's mother), threw her down, 1540; pl. git ēagorstrēam ... mundum brugdon, stirred the sea with your hands (of the movement of the hands in swimming), 514; pret. part. brōden (brogden) mǣl, the drawn sword, 1617, 1668.--2) to knit, to knot, to plait: inf., figuratively, inwitnet ōðrum bregdan, to weave a waylaying net for another (as we say in the same way, to lay a trap for another, to dig a pit for another), 2168; pret. part. beadohrægl brōden, a woven shirt of mail (because it consisted of metal rings joined together), 552; similarly, 1549; brogdne beadusercean, 2756.

ā-bregdan, to swing: pret. hond up ā-brǣd, swung, raised his hand, 2576.

ge-bregdan: 1) swing: pret. hring-mǣl gebrǣgd, swung the ringed sword, 1565; eald sweord ēacen ... þæt ic þȳ wǣpne gebrǣgd, an old heavy sword that I swung as my weapon, 1665; with interchanging instr. and acc. wællseaxe gebræ, biter and beadu-scearp, 2704; also, to draw out of the sheath: sweord ǣr gebræ, had drawn the sword before, 2563.--2) to knit, to knot, to plait: pret. part. bere-byrne hondum gebrōden, 1444.

on-bregdan, to tear open, to throw open: pret. onbrǣd þā recedes mūðan, had then thrown open the entrance of the hall (onbregdan is used because the opening door swings upon its hinges), 724.

brego, st. m., prince, ruler: nom. sg. 427, 610.

brego-rōf, adj., powerful, like a ruler, of heroic strength : nom. sg. m., 1926.

brego-stōl, st. m., throne, figuratively for rule: acc. sg. him gesealde seofon þūsendo, bold and brego-stōl, seven thousand see under sceat), a country-seat, and the dignity of a prince, 2197; þǣr him Hygd gebēad ... brego-stōl, where H. offered him the chief power, 2371; lēt þone bregostōl Bēowulf healdan, gave over to Bēowulf the chief power (did not prevent Bēowulf from entering upon the government), 2390.

brēme, adj., known afar, renowned. nom. sg., 18.

brenting (see brant), st. m., ship craft: nom. pl. brentingas, 2808.

ā-brēatan, st. v., to break, to break in pieces, to kill: pret. ābrēot brimwīsan, killed the sea-king (King Hǣðcyn), 2931. See brēotan.

brēost, st. n.: 1) breast: nom. sg., 2177; often used in the pl., so acc. þæt mīne brēost wereð, which protects my breast, 453; dat. pl. beadohrǣgl brōden on brēostum læg. 552.--2) the inmost thoughts, the mind, the heart, the bosom: nom. sg. brēost innan wēoll þēostrum geþoncum, his breast heaved with troubled thoughts, 2332; dat. pl. lēt þā of brēostum word ūt faran, caused the words to come out from his bosom, 2551.

brēost-gehygd, st. n. f., breast-thought, secret thought: instr. pl. -gehygdum, 2819.

brēost-gewǣdu, st. n. pl., breast-clothing, garment covering the breast, of the coat of mail: nom., 1212; acc., 2163.

brēost-hord, st. m., breast-hoard, that which is locked in the breast, heart, mind, thought, soul: nom. sg., 1720; acc. sg., 2793.

brēost-net, st. n., breast-net, shirt of chain-mail, coat of mail: nom. sg. brēost-net brōden, 1549.

brēost-weorðung, st. f., ornament that is worn upon the breast: acc. sg. brēost-weorðunge, 2505: here the collar is meant which Bēowulf receives from Wealhþēow (1196, 2174) as a present, and which B., according to 2173, presents to Hygd, while, according to 1203, it is in the possession of her husband Hygelāc. In front the collar is trimmed with ornaments (frætwe), which hang down upon the breast, hence the name brēost-weorðung.

brēost-wylm, st. m., heaving of the breast, emotion of the bosom: acc. sg, 1878.

brēotan, st. v., to break, to break in pieces, to kill: pret. brēat bēodgenēatas, killed his table-companions (courtiers), 1714.

ā-brēotan, same as above: pret. þone þe hēo on ræste ābrēat, whom she killed upon his couch, 1299; pret. part. þā þæt monige gewearð, þæt hine sēo brimwylf ābroten hæfde, many believed that the sea-wolf (Grendel's mother) had killed him, 1600; hī hyne ... ābroten hæfdon, had killed him (the dragon), 2708.

brim, st. n., flood, the sea: nom. sg., 848, 1595; gen. sg. tō brimes faroðe, to the sea, 28; æt brimes nosan, at the sea's promontory, 2804; nom. pl. brimu swaðredon, the waves subsided, 570.

brim-clif, st. n., sea-cliff, cliff washed by the sea: acc. pl. -clifu, 222.

brim-lād, st. f., flood-way, sea-way: acc. sg. þāra þe mid Bēowulfe brimlāde tēah, who had travelled the sea-way with B., 1052.

brim-līðend, pt, sea-farer, sailor acc. p. -līðende, 568.

brim-strēam, st. m., sea-stream, the flood of the sea: acc. pl. ofer brim-strēamas, 1911.

brim-wīsa, w. m., sea-king: acc. sg. brimwīsan, of Hæðcyn, king of the Gēatas, 2931.

brim-wylf, st. f., sea-wolf (designation of Grendel's mother): nom. sg. sēo brimwylf, 1507, 1600.

brim-wylm, st. m., sea-wave: nom. sg., 1495.

bringan, anom. v., to bring, to bear: prs. sg. I. ic þē þūsenda þegna bringe tō helpe, bring to your assistance thousands of warriors, 1830; inf. sceal hringnaca ofer hēaðu bringan lāc and luftācen, shall bring gifts and love-tokens over the high sea, 1863; similarly, 2149, 2505; pret. pl. wē þās sǣlāc ... brōhton, brought this sea-offering (Grendel's head), 1654.

ge-bringan, to bring: pres. subj. pl. þat wē þone gebringan ... on ādfǣre, that we bring him upon the funeral-pile, 3010.

brosnian, w. v., to crumble, to become rotten, to fall to pieces: prs. sg. III. herepād ... brosnað ǣfter beorne, the coat of mail falls to pieces after (the death of) the hero, 2261.

brōðor, st. m., brother: nom. sg., 1325, 2441; dat sg. brēðer, 1263; gen. sg. his brōðor bearn, 2620; dat. pl. brōðrum, 588, 1075.

ge-brōðru, pl., brethren, brothers: dat. pl. sǣt be þǣm gebrōðrum twǣm, sat by the two brothers, 1192.

brōga, w. m., terror, horror: nom. sg., 1292, 2325, 2566; acc. sg. billa brōgan, 583.--Comp.: gryre-, here-brōga.

brūcan, st. v. w. gen., to use, to make use of: prs. sg. III. sē þe longe hēr worolde brūceð, who here long makes use of the world, i.e. lives long, 1063; imp. brūc manigra mēda, make use of many rewards, give good rewards, 1179; to enjoy: inf. þǣt hē bēahhordes brūcan mōste, could enjoy the ring-hoard, 895; similarly, 2242, 3101; pret. brēac līfgesceafta, enjoyed the appointed life, lived the appointed time, 1954. With the genitive to be supplied: brēac þonne mōste, 1488; imp. brūc þisses bēages, enjoy this ring, take this ring, 1217. Upon this meaning depends the form of the wish, wēl brūcan (compare the German geniesze froh!): inf. hēt hine wēl brūcan, 1046; hēt hine brūcan well, 2813; imp. brūc ealles well, 2163.

brūn, adj., having a brown lustre, shining: nom. sg. sīo ecg brūn, 2579.

brūn-ecg, adj., having a gleaming blade: acc. sg. n. (hyre seaxe) brād [and] brūnecg, her broad sword with gleaming blade, 1547.

brūn-fāg, adj., gleaming like metal: acc. sg. brūnfāgne helm, 2616.

bryne-lēoma, w. m., light of a conflagration, gleam of fire : nom. sg., 2314.

bryne-wylm, st. m., wave of fire: dat. pl. -wylmum, 2327.

brytnian (properly to break in small pieces, cf. brēotan), w. v., to bestow, to distribute: pret. sinc brytnade, distributed presents, i.e. ruled (since the giving of gifts belongs especially to rulers), 2384.

brytta, w. m., giver, distributer, always designating the king: nom. sg. sinces brytta, 608, 1171, 2072; acc. sg. bēaga bryttan, 35, 352, 1488; sinces bryttan, 1923.

bryttian (to be a dispenser), w. v., to distribute, to confer: prs. sg. III. god manna cynne snyttru bryttað, bestows wisdom upon the human race, 1727.

brȳd, st. f.: 1) wife, consort: acc. sg. brȳd, 2931; brȳde, 2957, both times of the consort of Ongenþēow (?).--2) betrothed, bride: nom. sg., of Hrōðgār's daughter, Frēaware, 2032.

brȳd-būr, st. n., woman's apartment: dat. sg. ēode ... cyning of brȳdbūre, the king came out of the apartment of his wife (into which, according to 666, he had gone), 922.

bunden-stefna, w. m., (that which has a bound prow), the framed ship: nom. sg., 1911.

bune, w. f., can or cup, drinking-vessel: nom. pl. bunan, 3048; acc. pl. bunan, 2776.

burh, burg, st. f., castle, city, fortified house: acc. sg. burh, 523; dat. sg. byrig, 1200; dat. pl. burgum, 53, 1969, 2434.--Comp.: frēo, freoðo-, hēa-, hlēo-, hord-, lēod-, mæg-burg.

burh-loca, w. m., castle-bars: dat. sg. under burh-locan, under the castle-bars, i.e. in the castle (Hygelāc's), 1929.

burh-stede, st. m., castle-place, place where the castle or city stands: acc. sg. burhstede, 2266.

burh-wela, w. m., riches, treasure of a castle or city: gen. sg. þenden hē burh-welan brūcan mōste, 3101.

burne, w. f., spring, fountain: gen. þǣre burnan wǣlm, the bubbling of the spring, 2547.

būan, st. v.: 1) to stay, to remain, to dwell: inf. gif hē weard onfunde būan on beorge, if he had found the watchman dwelling on the mountain, 2843.--2) to inhabit, w. acc.: meduseld būan, to inhabit the mead-house, 3066.

ge-būan, w. acc., to occupy a house, to take possession: pret. part. hēan hūses, hū hit Hring Dene ǣfter bēorþege gebūn hǣfdon, how the Danes, after their beer-carouse, had occupied it (had made their beds in it), 117.--With the pres. part. būend are the compounds ceaster-, fold-, grund-, lond-būend.

būgan, st. v., to bend, to bow, to sink; to turn, to flee: prs. sg. III. bon-gār būgeð, the fatal spear sinks, i.e. its deadly point is turned down, it rests, 2032; inf. þǣt se byrnwīga būgan sceolde, that the armed hero had to sink down (having received a deadly blow), 2919; similarly, 2975; pret. sg. bēah eft under eorðweall, turned, fled again behind the earth-wall, 2957; pret. pl. bugon tō bence, turned to the bench, 327, 1014; hȳ on holt bugon, fled to the wood, 2599.

ā-būgan, to bend off, to curve away from: pret. fram sylle ābēag medubenc monig, from the threshold curved away many a mead-bench, 776.

be-būgan, w. acc., to surround, to encircle: prs. swā (which) wǣter bebūgeð, 93; efne swā sīde swā sǣ bebūgeð windige weallas, as far as the sea encircles windy shores, 1224.

ge-būgan, to bend, to bow, to sink: a) intrans.: hēo on flet gebēah, sank on the floor, 1541; þā gebēah cyning, then sank the king, 2981; þā se wyrm gebēah snūde tōsomne (when the drake at once coiled itself up), 2568; gewāt þā gebogen scrīðan tō, advanced with curved body (the drake), 2570.--b) w. acc. of the thing to which one bends or sinks: pret. selereste gebēah, sank upon the couch in the hall, 691; similarly gebēag, 1242.

būr, st. n., apartment, room: dat. sg. būre, 1311, 2456; dat. pl. būrum, 140.--Comp. brȳd-būr.

būtan, būton (from be and ūtan, hence in its meaning referring to what is without, excluded): 1) conj. with subjunctive following, lest: būtan his līc swice, lest his body escape, 967. With ind. following, but: būton hit wæs māre þonne ǣnig mon ōðer tō beadulāce ǣtberan meahte, but it (the sword) was greater than any other man could have carried to battle, 1561. After a preceding negative verb, except: þāra þe gumena bearn gearwe ne wiston būton Fitela mid hine, which the children of men did not know at all, except Fitela, who was with him, 880; ne nom hē māðm-ǣhta mā būton þone hafelan, etc., he took no more of the rich treasure than the head alone, 1615.--2) prep, with dat., except: būton folcscare, 73; būton þē, 658; ealle būton ānum, 706.

bycgan, w. v., to buy, to pay: inf. ne wæs þæt gewrixle til þæt hīe on bā healfa bicgan scoldon frēonda fēorum, that was no good transaction, that they, on both sides (as well to Grendel as to his mother), had to pay with the lives of their friends, 1306.

be-bycgan, to sell: pret. nū ic on māðma hord mīne bebohte frōde feorhlege (now I, for the treasure-hoard, gave up my old life), 2800.

ge-bycgan, to buy, to acquire; to pay: pret. w. acc. nō þǣr ǣnige ... frōfre gebohte, obtained no sort of help, consolation, 974; hit (his, MS.) ealdre gebohte, paid it with his life, 2482; pret. part. sylfes fēore bēagas [geboh]te, bought rings with his own life, 3015.

byldan, w. v. (to make beald, which see), to excite, to encourage, to brave deeds: inf. w. acc. swā hē Frēsena cyn on bēorsele byldan wolde (by distributing gifts), 1095.

ge-byrd, st. n., "fatum destinatum" (Grein) (?): acc. sg. hīe on gebyrd hruron gāre wunde, 1075.

ge-byrdu, st. f., birth; in compound, bearn-gebyrdu.

byrdu-scrūd, st. n., shield-ornament, design upon a shield(?): nom. sg., 2661.

byre, st. m., (born) son: nom. sg., 2054, 2446, 2622, etc.; nom. pl. byre, 1189. In a broader sense, young man, youth: acc. pl. bǣdde byre geonge, encouraged the youths (at the banquet), 2019.

byrðen, st. f., burden; in comp. mægen-byrðen.

byrele, st. m., steward, waiter, cupbearer: nom. pl. byrelas, 1162.

byrgan, w. v., to feast, to eat: inf., 448.

ge-byrgea, w. m., protector; in comp. lēod-gebyrgea.

byrht. See beorht.

byrne, w. f., shirt of mail, mail: nom. sg. byrne, 405, 1630, etc.; hringed byrne, ring-shirt, consisting of interlaced rings, 1246; acc. sg. byrnan, 1023, etc.; sīde byrnan, large coat of mail, 1292; hringde byrnan, 2616; hāre byrnan, gray coat of mail (of iron), 2154; dat. sg. on byrnan, 2705; gen. sg. byrnan hring, the ring of the shirt of mail (i.e. the shirt of mail), 2261; dat. pl. byrnum, 40, 238, etc.; beorhtum byrnum, with gleaming mail, 3141.--Comp.: gūð-, here-, heaðo-, īren-, īsern-byrne.

byrnend. See beornan.

byrn-wiga, w. m., warrior dressed in a coat of mail: nom. sg., 2919.

bysgu, bisigu, st. f., trouble, difficulty, opposition: nom. sg. bisigu, 281; dat. pl. bisgum, 1744, bysigum, 2581.

bysig, adj., opposed, in need, in the compounds līf-bysig, syn-bysig.

bȳme, w. f., a wind-instrument, a trumpet, a trombone: gen. sg. bȳman gealdor, the sound of the trumpet, 2944.

bȳwan, w. v., to ornament, to prepare: inf. þā þe beado-grīman bȳwan sceoldon, who should prepare the helmets, 2258.

C

camp, st. m., combat, fight between two: dat. sg. in campe (Bēowulf's with Dæghrefn; cempan, MS.), 2506.

candel, st. f., light, candle: nom. sg. rodores candel, of the sun, 1573.--Comp. woruld-candel.

cempa, w. m., fighter, warrior, hero: nom. sg. ǣðele cempa, 1313; Gēata cempa, 1552; rēðe cempa, 1586; mǣre cempa (as voc.), 1762; gyrded cempa, 2079; dat. sg. geongum (geongan) cempan, 1949, 2045, 2627; Hūga cempan, 2503; acc. pl. cempan, 206.--Comp. fēðe-cempa.

cennan, w. v.: 1) to bear, w. acc.: efne swā hwylc mǣgða swā þone magan cende, who bore the son, 944; pret. part. þǣm eafera wæs æfter cenned, to him was a son born, 12.--2) reflexive, to show one's self, to reveal one's self: imp. cen þec mid cræfte, prove yourself by your strength, 1220.

ā-cennan, to bear: pret. part. nō hīe fæder cunnon, hwæðer him ǣnig wæs ǣr ācenned dyrnra gāsta, they (the people of the country) do not know his (Grendel's) father, nor whether any evil spirit has been before born to him (whether he has begotten a son), 1357.

cēnðu, st. f., boldness: acc. sg. cēnðu, 2697.

cēne, adj., keen, warlike, bold: gen. p.. cēnra gehwylcum, 769. Superl., acc. pl. cēnoste, 206.--Comp.: dǣd-, gār-cēne.

ceald, adj., cold: acc. pl. cealde strēamas, 1262; dat. pl. cealdum cearsīðum, with cold, sad journeys, 2397. Superl. nom. sg. wedera cealdost, 546;--Comp. morgen-ceald.

cearian, w. v., to have care, to take care, to trouble one's self: prs. sg. III. nā ymb his līf cearað, takes no care for his life, 1537.

cearig, adj., troubled, sad: in comp. sorh-cearig.

cear-sīð, st. m., sorrowful way, an undertaking that brings sorrow, i.e. a warlike expedition: dat. pl. cearsīðum (of Bēowulf's expeditions against Ēadgils), 2397.

cearu, st. f., care, sorrow, lamentation: nom. sg., 1304; acc. sg. [ceare], 3173.--Comp.: ealdor-, gūð-, mǣl-, mōd-cearu.

cear-wǣlm, st. m., care-agitation, waves of sorrow in the breast: dat. pl. æfter cear-wǣlmum, 2067.

cear-wylm, st. m., same as above; nom. pl. þā cear-wylmas, 282.

ceaster-būend, pt, inhabitant of a fortified place, inhabitant of a castle: dat. pl. ceaster-būendum, of those established in Hrōðgār's castle, 769.

cēap, st. m., purchase, transaction: figuratively, nom. sg. nǣs þæt ȳðe cēap, no easy transaction, 2416; instr. sg. þēah þe ōðer hit ealdre gebohte, heardan cēape, although the one paid it with his life, a dear purchase, 2483.

ge-cēapian, w. v., to purchase: pret. part. gold unrīme grimme gecēapod, gold without measure, bitterly purchased (with Bēowulf's life), 3013.

be-ceorfan, st. v., to separate, to cut off (with acc. of the pers. and instr. of the thing): pret. hine þā hēafde becearf, cut off his head, 1591; similarly, 2139.

ceorl, st. m., man: nom. sg. snotor ceorl monig, many a wise man, 909; dat. sg. gomelum ceorle, the old man (of King Hrēðel), 2445; so, ealdum ceorle, of King Ongenþēow, 2973; nom. pl. snotere ceorlas, wise men, 202, 416, 1592.

cēol, st. m., keel, figuratively for the ship: nom. sg., 1913; acc. sg. cēol, 38, 238; gen. sg. cēoles, 1807.

cēosan, st. v., to choose, hence, to assume: inf. þone cynedōm cīosan wolde, would assume the royal dignity, 2377; to seek: pret. subj. ǣr hē bǣl cure, before he sought his funeral-pile (before he died), 2819.

ge-cēosan, to choose, to elect: gerund, tō gecēosenne cyning ǣnigne (sēlran), to choose a better king, 1852; imp. þē þæt sēlre ge-cēos, choose thee the better (of two: bealonīð and ēce rǣdas), 1759; pret. hē ūsic on herge gecēas tō þyssum sīðfate, selected us among the soldiers for this undertaking, 2639; gecēas ēcne rǣd, chose the everlasting gain, i.e. died, 1202; similarly, godes lēoht gecēas, 2470; pret. part. acc. pl. hǣfde ... cempan gecorone, 206.

on-cirran, w. v., to turn, to change: inf. ne meahte ... þǣs wealdendes [willan] wiht on-cirran, could not change the will of the Almighty, 2858; pret. ufor oncirde, turned higher, 2952; þyder oncirde, turned thither, 2971.

ā-cīgan, w. v., to call hither: pret. ācīgde of corðre cyninges þegnas syfone, called from the retinue of the king seven men, 3122.

clam, clom, st. m., f. n.? fetter, figuratively of a strong gripe: dat. pl. heardan clammum, 964; heardum clammum, 1336; atolan clommum (horrible claws of the mother of Grendel), 1503.

clif, cleof, st. n., cliff, promontory: acc. pl. Gēata clifu, 1912.--Comp.: brim-, ēg-, holm-, stān-clif.

ge-cnāwan, st. v., to know, to recognize: inf. meaht þū, mīn wine, mēce gecnāwan, mayst thou, my friend, recognize the sword, 2048.

on-cnāwan, to recognize, to distinguish: hordweard oncnīow mannes reorde, distinguished the speech of a man, 2555.

cniht, st. m., boy, youth: dat. pl. þyssum cnyhtum, to these boys (Hrōðgār's sons), 1220.

cniht-wesende, prs. part., being a boy or a youth: acc. sg. ic hine cūðe cniht-wesende, knew him while still a boy, 372; nom. pl. wit þæt gecwǣdon cniht-wesende, we both as young men said that, 535.

cnyssan, w. v., to strike, to dash against each other: pret. pl. þonne ... eoferas cnysedan, when the bold warriors dashed against each other, stormed (in battle), 1329.

collen-ferhð, -ferð, adj., (properly, of swollen mind), of uncommon thoughts, in his way of thinking, standing higher than others, high-minded: nom. sg. cuma collen-ferhð, of Bēowulf, 1807; collen-ferð, of Wīglāf, 2786.

corðer, st. n., troop, division of an army, retinue: dat. sg. þā wæs ... Fin slægen, cyning on corðre, then was Fin slain, the king in the troop (of warriors), 1154; of corðre cyninges, out of the retinue of the king, 3122.

costian, w. v., to try; pret. (w. gen.) hē mīn costode, tried me, 2085.

cofa, w. m., apartment, sleeping-room, couch: in comp. bān-cofa.

cōl, adj., cool: compar. cearwylmas cōlran wurðað, the waves of sorrow become cooler, i.e. the mind becomes quiet, 282; him wīflufan ... cōlran weorðað, his love for his wife cools, 2067.

cræft, st. m., the condition of being able, hence: 1) physical strength: nom. sg. mægða cræft, 1284; acc. sg. mægenes cræft, 418; þurh ānes cræft, 700; cræft and cēnðu, 2697; dat. (instr.) sg. cræfte, 983, 1220, 2182, 2361.--2) art, craft, skill: dat. sg. as instr. dyrnum cræfte, with secret (magic) art, 2169; dyrnan cræfte, 2291; þēofes cræfte, with thief's craft, 2221; dat. pl. dēofles cræftum, by devil's art (sorcery), 2089.--3) great quantity (?): acc. sg. wyrm-horda cræft, 2223.--Comp.: leoðo-, mægen-, nearo-, wīg-cræft.

cræftig, adj.: 1) strong, stout: nom. sg. eafoðes cræftig, 1467; nīða cræftig, 1963. Comp. wīg-cræftig.--2) adroit, skilful: in comp. lagu-cræftig.--3) rich (of treasures); in comp. ēacen-cræftig.

cringan, st. v., to fall in combat, to fall with the writhing movement of those mortally wounded: pret. subj. on wæl crunge, would sink into death, would fall, 636; pret. pl. for the pluperfect, sume on wæle crungon, 1114.

ge-cringan, same as above: pret. hē under rande gecranc, fell under his shield, 1210; æt wīge gecrang, fell in battle, 1338; hēo on flet gecrong, fell to the ground, 1569; in campe gecrong, fell in single combat, 2506.

cuma (he who comes), w. m., newcomer, guest: nom. sg. 1807.--Comp.: cwealm-, wil-cuma.

cuman, st. v., to come: pres. sg. II. gyf þū on weg cymest, if thou comest from there, 1383; III. cymeð, 2059; pres. subj. sg. III. cume, 23; pl. þonne wē ūt cymen, when we come out, 3107; inf. cuman, 244, 281, 1870; pret. sg. cōm, 430, 569, 826, 1134, 1507, 1601, etc.; cwōm, 419, 2915; pret. subj. sg. cwōme, 732; pret. part. cumen, 376; pl. cumene, 361. Often with the inf. of a verb of motion, as, cōm gongan, 711; cōm sīðian, 721; cōm in gān, 1645; cwōm gān, 1163; cōm scacan, 1803; cwōmon lǣdan, 239; cwōmon sēcean, 268; cwōman scrīðan, 651, etc.

be-cuman, to come, to approach, to arrive: pret. syðða niht becōm, after the night had come, 115; þē on þā lēode becōm, that had come over the people, 192; þā hē tō hām becōm, 2993. And with inf. following: stefn in becōm ... hlynnan under hārne stān, 2553; lȳt eft becwōm ... hāmes nīosan, 2366; oð þæt ende becwōm, 1255; similarly,

2117. With acc. of pers.: þā hyne sīo þrāg becwōm, when this time of battle came over him, 2884.

ofer-cuman, to overcome, to compel: pret. þȳ hē þone fēond ofercwōm, thereby he overcame the foe, 1274: pl. hīe fēond heora ... ofercōmon, 700; pret. part. (w. gen.) nīða ofercumen, compelled by combats, 846.

cumbol, cumbor, st. m., banner: gen. sg. cumbles hyrde, 2506.--Comp. hilte-cumbor.

cund, adj., originating in, descended from: in comp. feorran-cund.

cunnan, verb pret. pres.: 1) to know, to be acquainted with (w. acc. or depend. clause): sg. pres. I. ic mīnne can glædne Hrōðulf þæt hē ... wile, I know my gracious H., that he will..., 1181; II. eard gīt ne const, thou knowest not yet the land, 1378; III. hē þæt wyrse ne con, knows no worse, 1740. And reflexive: con him land geare, knows the land well, 2063; pl. men ne cunnon hwyder helrūnan scrīðað, men do not know whither..., 162; pret. sg. ic hine cūðe, knew him, 372; cūðe hē duguð þēaw, knew the customs of the distinguished courtiers, 359; so with the acc., 2013; seolfa ne cūðe þurh hwæt..., he himself did not know through what..., 3068; pl. sorge ne cūðon, 119; so with the acc., 180, 418, 1234. With both (acc. and depend. clause): nō hīe fæder cunnon (scil. nō hīe cunnon) hwæðer him ænig wæs ær ācenned dyrnra gāsta, 1356.--2) with inf. following, can, to be able: prs. sg. him bebeorgan ne con, cannot defend himself, 1747; prs. pl. men ne cunnon secgan, cannot say, 50; pret. sg. cūðe reccan, 90; beorgan cūðe, 1446; pret. pl. herian ne cūðon, could not praise, 182; pret. subj. healdan cūðe, 2373.

cunnian, w. v., to inquire into, to try, w. gen. or acc.: inf. sund cunnian (figurative for roam over the sea), 1427, 1445; geongne cempan higes cunnian, to try the young warrior's mind, 2046; pret. eard cunnode, tried the home, i.e. came to it, 1501; pl. wada cunnedon, tried the flood, i.e. swam through the sea, 508.

cūð, adj.: 1) known, well known; manifest, certain: nom. sg. undyrne cūð, 150, 410; wīde cūð, 2924; acc. sg. fern. cūðe folme, 1304; cūðe stræte, 1635; nom. pl. ecge cūðe, 1146; acc. pl. cūðe næssas, 1913.--2) renowned: nom. sg. gūðum cūð, 2179; nom. pl. cystum cūðe, 868.--3) also, friendly, dear, good (see un-cūð).--Comp.: un-, wīd-cūð.

cūð-līce, adv., openly, publicly: comp. nō hēr cūðlīcor cuman ongunnon lind-hæbbende, no shield-bearing men undertook more boldly to come hither (the coast-watchman means by this the secret landing of the Vikings), 244.

cwalu, st. f., murder, fall: in comp. dēað-cwalu.

cweccan (to make alive, see cwic), w. v., to move, to swing: pret. cwehte mægen-wudu, swung the wood of strength (= spear), 235.

cweðan, st. v., to say, to speak: a) absolutely: prs. sg. III. cwið æt bēore, speaks at beer-drinking, 2042.--b) w. acc.: pret. word æfter cwǣð, 315; fēa worda cwǣð, 2247, 2663.--c) with þæt following: pret. sg. cwǣð, 92, 2159; pl. cwǣdon, 3182.--d) with þæt omitted: pret. cwǣð hē gūð-cyning sēcean wolde, said he would seek out the war-king, 199; similarly, 1811, 2940.

ā-cweðan, to say, to speak, w. acc.: prs. þæt word ācwyð, speaks the word, 2047; pret. þæt word ācwǣð, 655.

ge-cweðan, to say, to speak: a) absolutely: pret. sg. II. swā þū gecwǣde, 2665.--b)w. acc.: pret. wēl-hwylc gecwǣð, spoke everything, 875; pl. wit þæt gecwǣdon, 535.--c) w. þæt following: pret. gecwǣð, 858, 988.

cwellan, w. v., (to make die), to kill, to murder: pret. sg. II. þū Grendel cwealdest, 1335.

ā-cwellan, to kill: pret. sg. (hē) wyrm ācwealde, 887; þone þe Grendel ǣr māne ācwealde, whom Grendel had before wickedly murdered, 1056; beorn ācwealde, 2122.

cwēn, st. f.: 1) wife, consort (of noble birth): nom. sg. cwēn, 62; (Hrōðgār's), 614, 924; (Finn's), 1154.--2) particularly denoting the queen: nom. sg. bēaghroden cwēn (Wealhþēow), 624; mǣru cwēn, 2017; fremu folces cwēn (Þrȳðo), 1933; acc. sg. cwēn (Wealhþēow), 666.-Comp. folc-cwēn.

cwēn-līc, adj., feminine, womanly: nom. sg. ne bið swylc cwēnlīc þēaw (such is not the custom of women, does not become a woman), 1941.

cwealm, st. m., violent death, murder, destruction: acc. sg. þone cwealm gewrǣc, avenged the death (of Abel by Cain), 107; mǣndon mondryhtnes cwealm, lamented the ruler's fall, 3150.--Comp.: bealo-, dēað-, gār-cwealm.

cwealm-bealu, st. n., the evil of murder: acc. sg., 1941.

cwealm-cuma, w. m., one coming for murder, a new-comer who contemplates murder: acc. sg. þone cwealm-cuman (of Grendel), 793.

cwic and cwico, adj., quick, having life, alive: acc. sg. cwicne, 793, 2786; gen. sg. āht cwices, something living, 2315; nom. pl. cwice, 98; cwico wæs þā gēna, was still alive, 3094.

cwide, st. m., word, speech, saying: in comp. gegn-, gilp-, hlēo-, word-cwide.

cwīðan, st. v., to complain, to lament: inf. w. acc. ongan ... gioguðe cwīðan hilde-strengo, began to lament the (departed) battle-strength of his youth, 2113 [ceare] cwīðan, lament their cares, 3173.

cyme, st. m., coming, arrival: nom. pl. hwanan ēowre cyme syndon, whence your coming is, i. e. whence ye are, 257.--Comp. eft-cyme.

cȳmlīce, adv., (convenienter), splendidly, grandly: comp. cȳmlīcor, 38.

cyn, st. n., race, both in the general sense, and denoting noble lineage: nom. sg. Frēsena cyn, 1094; Wedera (gara, MS.) cyn, 461; acc. sg. eotena cyn, 421; gīganta cyn, 1691; dat. sg. Caines cynne, 107; manna cynne, 811, 915, 1726; ēowrum (of those who desert Bēowulf in battle) cynne, 2886; gen. sg. manna (gumena) cynnes, 702, etc.; mǣran cynnes, 1730; lāðan cynnes, 2009, 2355; ūsses cynnes Wǣgmundinga, 2814; gen. pl. cynna gehwylcum, 98.--Comp.: eormen-, feorh-, frum-, gum-, man-, wyrm-cyn.

cyn, st. n., that which is suitable or proper: gen. pl. cynna (of etiquette) gemyndig, 614.

ge-cynde, adj., innate, peculiar, natural: nom. sg., 2198, 2697.

cyne-dōm, st. m., kingdom, royal dignity: acc. sg., 2377.

cyning, st. m., king: nom. acc. sg. cyning, II, 864, 921, etc.; kyning, 620, 3173; dat. sg. cyninge, 3094; gen. sg. cyninges, 868, 1211; gen. pl. kyning[a] wuldor, of God, 666.--Comp. beorn-, eorð-, folc-, guð-, hēah-, lēod-, sǣ-, sōð-, þēod-, worold-, wuldor-cyning.

cyning-beald, adj., "nobly bold" (Thorpe), excellently brave (?): nom. pl. cyning-balde men, 1635.

ge-cyssan, w. v., to kiss: pret. gecyste þā cyning ... þegen betstan, kissed the best thane (Bēowulf), 1871.

cyst (choosing, see cēosan), st. f., the select, the best of a thing, good quality, excellence: nom. sg. īrenna cyst, of the swords, 803, 1698; wǣpna cyst, 1560; symbla cyst, choice banquet, 1233; acc. sg. īrena cyst, 674; dat. pl. foldwegas ... cystum cūðe, known through excellent qualities, 868; (cyning) cystum gecȳðed, 924.--Comp. gum-, hilde-cyst.

cȳð. See on-cȳð.

cȳðan (see cūð), w. v., to make known, to manifest, to show: imp. sg. mǣgen-ellen cȳð, show thy heroic strength, 660; inf. cwealmbealu cȳðan, 1941; ellen cȳðan, 2696.

ge-cȳðan (to make known, hence): 1) to give information, to announce: inf. andsware gecȳðan, to give answer, 354; gerund, tō gecȳðanne hwanan ēowre cyme syndon (to show whence ye come), 257; pret. part. sōð is gecȳðed þǣt ... (the truth has become known, it has shown itself to be true), 701; Higelāce wæs sīð Bēowulfes snūde gecȳðed, the arrival of B. was quickly announced, 1972; similarly, 2325.--2) to make celebrated, in pret. part.: wæs mīn fæder folcum gecȳðed (my father was known to warriors), 262; wæs his mōdsefa manegum gecȳðed, 349; cystum gecȳðed, 924.

cȳð (properly, condition of being known, hence relationship), st. f., home, country, land: in comp. feor-cȳð.

ge-cȳpan, w. v., to purchase: inf. næs him ǣnig þearf þǣt hē ... þurfe wyrsan wīgfrecan weorðe gecȳpan, had need to buy with treasures no inferior warrior, 2497.

D

daroð, st. m., spear: dat. pl. dareðum lācan (to fight), 2849.

ge-dāl, st. n., parting, separation: nom. sg. his worulde gedāl, his separation from the world (his death), 3069.--Comp. ealdor-, līf-gedāl.

dæg, st. m., day: nom. sg. dæg, 485, 732, 2647; acc. sg. dæg, 2400; andlangne dæg, the whole day, 2116; morgenlongne dæg (the whole morning), 2895; oð dōmes dæg, till judgment-day, 3070; dat. sg. on þǣm dæge þysses līfes (eo tempore, tunc), 197, 791, 807; gen. sg. dæges, 1601, 2321; hwīl dæges, a day's time, a whole day, 1496; dæges and nihtes, day and night, 2270; dæges, by day, 1936; dat. pl. on tȳn dagum, in ten days, 3161.--Comp. ǣr-, dēað-, ende-, ealdor-, fyrn-, geār-, lǣn-, līf-, swylt-, win-dæg, an-dæges.

dæg-hwīl, st. f., day-time: acc. pl. þæt hē dæghwīla gedrogen hæfde eorðan wynne, that he had enjoyed earth's pleasures during the days (appointed to him), i.e. that his life was finished, 2727.--(After Grein.)

dæg-rīm, st. n., series of days, fixed number of days: nom. sg. dōgera dægrīm (number of the days of his life), 824.

dǣd, st. f., deed, action: acc. sg. dēorlīce dǣd, 585; dōmlēasan dǣd, 2891; frēcne dǣde, 890; dǣd, 941; acc. pl. Grendles dǣda, 195; gen. pl. dǣda, 181, 479, 2455, etc.; dat. pl. dǣdum, 1228, 2437, etc.--Comp. ellen-, fyren-, lof-dǣd.

dǣd-cēne, adj., bold in deed: nom. sg. dǣd-cēne mon, 1646.

dǣd-fruma, w. m., doer of deeds, doer: nom. sg., of Grendel, 2091.

dǣd-bata, w. m., he who pursues with his deeds: nom. sg., of Grendel, 275.

dǣdla, w. m., doer: in comp. mān-for-dǣdla.

dǣl, st. m., part, portion: acc. sg. dǣl, 622, 2246, 3128; acc. pl. dǣlas, 1733.--Often dǣl designates the portion of a thing or of a quality which belongs in general to an individual, as, oð þæt him on innan oferhygda dǣl weaxeð, till in his bosom his portion of arrogance increases: i.e. whatever arrogance he has, his arrogance, 1741. Bīowulfe wearð dryhtmāðma dǣl dēaðe, forgolden, to Bēowulf his part of the splendid treasures was paid with death, i.e. whatever splendid treasures were allotted to him, whatever part of them he could win in the fight with the dragon, 2844; similarly, 1151, 1753, 2029, 2069, 3128.

dǣlan, w. v., to divide, to bestow, to share with, w. acc.: pres. sg. III. mādmas dǣleð, 1757; pres. subj. þæt hē wið āglǣcean eofoðo dǣle, that he bestow his strength upon (strive with) the bringer of misery the drake), 2535; inf. hringas dǣlan, 1971; pret. bēagas dǣlde, 80; sceattas dǣlde, 1687.

be-dǣlan, w. instr., (to divide), to tear away from, to strip of: pret. part. drēamum (drēame) bedǣled, deprived of the heavenly joys (of Grendel), 722, 1276.

ge-dǣlan: 1) to distribute: inf. (w. acc. of the thing distributed); bǣr on innan eall gedǣlan geongum and ealdum swylc him god sealde, distribute therein to young and old all that God had given him, 71.--2) to divide, to separate, with acc.: inf. sundur gedǣlan līf wið līce, separate life from the body, 2423; so pret. subj. þæt hē gedǣlde ... ānra gehwylces līf wið līce, 732.

denn (cf. denu, dene, vallis), st. n., den, cave: acc. sg. þǣs wyrmes denn, 2761; gen. sg. (draca) gewāt dennes nīosian, 3046.

ge-defe, adj.: 1) (impersonal) proper, appropriate: nom. sg. swā hit gedēfe wǣs (bið), as was appropriate, proper, 561, 1671, 3176.--2) good, kind, friendly; nom sg. bēo þū suna mīnum dǣdum gedēfe, be friendly to my son by deeds (support my son in deed, namely, when he shall have attained to the government), 1228.--Comp. un-ge-dēfelīce.

dēman (see dōm), w. v.: 1) to judge, to award justly: pres. subj. mǣrðo dēme, 688.--2) to judge favorably, to praise, to glorify: pret. pl. his ellenweorc duguðum dēmdon, praised his heroic deed with all their might, 3176.

dēmend, judge: dǣda dēmend (of God), 181.

deal, adj., "superbus, clarus, fretus" (Grimm): nom. pl. þrȳðum dealle, 494.

dēad, adj., dead: nom. sg. 467, 1324, 2373; acc. sg. dēadne, 1310.

dēað, st. m., death, dying: nom. sg, dēað, 441, 447, etc.; acc. sg. dēað, 2169; dat. sg. dēaðe, 1389, 1590, (as instr.) 2844, 3046; gen. sg. dēaðes wylm, 2270; dēaðes nȳd, 2455.--Comp. gūð-, wæl-, wundor-dēað.

dēað-bed, st. n., death-bed: dat. sg. dēað-bedde fæst, 2902.

dēað-cwalu, st. f., violent death, ruin and death: dat. pl. tō dēað-cwalum, 1713.

dēað-cwealm, st. m., violent death, murder: nom. sg. 1671.

dēað-dæg, st. m., death-day, dying day: dat. sg. æfter dēað-dæge (after his death), 187, 886.

dēað-fǣge, adj., given over to death: nom. sg. (Grendel) dēað-fǣge dēog, had hidden himself, being given over to death (mortally wounded), 851.

dēað-scūa, w. m., death-shadow, ghostly being, demon of death: nom. sg. deorc dēað-scūa (of Grendel), 160.

dēað-wērig, adj., weakened by death, i.e. dead: acc. sg. dēað-wērigne, 2126. See wērig.

dēað-wīc, st. n. death's house, home of death: acc. sg. gewāt dēaðwīc sēon (had died), 1276.

dēagan (O.H.G. pret. part. tougan, hidden), to conceal one's self, to hide: pret. (for pluperf.) dēog, 851.--Leo.

deorc, adj., dark: of the night, nom. sg. (nihthelm) deorc, 1791; dat. pl. deorcum nihtum, 275, 2212; of the terrible Grendel, nom. sg. deorc dēað-scūa, 160.

dēofol, st. m. n., devil: gen. sg. dēofles, 2089; gen. pl. dēofla, of Grendel and his troop, 757, 1681.

dēogol, dȳgol, adj., concealed, hidden, inaccessible, beyond information, unknown: nom. sg. dēogol dǣdhata (of Grendel), 275; acc. sg. dȳgel lond, inaccessible land, 1358.

dēop, st. n., deep, abyss: acc. sg., 2550.

dēop, adv. deeply: acc. sg. dēop wæter, 509, 1905.

dīope, adj., deep: hit oð dōmes dæg dīope benemdon þēodnas mǣre, the illustrious rulers had charmed it deeply till the judgment-day, had laid a solemn spell upon it, 3070.

dēor, st. n., animal, wild animal: in comp. mere-, sǣ-dēor.

dēor, adj.: 1) wild, terrible: nom. sg. dīor dǣd-fruma (of Grendel), 2091.--2) bold, brave: nom. nǣnig ... dēor, 1934.--Comp.: heaðu-, hilde-dēor.

dēore, dȳre, adj.: 1) dear, costly (high in price): acc. sg. dȳre īren, 2051; drincfæt dȳre (dēore), 2307, 2255; instr. sg. dēoran sweorde, 561; dat. sg. dēorum māðme, 1529; nom. pl. dȳre swyrd, 3049; acc. pl. dēore (dȳre) māðmas, 2237, 3132.--2) dear, beloved, worthy: nom. sg. f., ǣðelum dīore, worthy by reason of origin, 1950; dat. sg. æfter dēorum men, 1880; gen. sg. dēorre duguðe, 488; superl. acc. sg. aldorþegn þone dēorestan, 1310.

dēor-līc, adj., bold, brave: acc. sg. dēorlīce dǣd, 585. See dēor.

disc, st. m., disc, plate, flat dish: nom. acc. pl. discas, 2776, 3049.

ge-dīgan. See ge-dȳgan.

dol-gilp, st. m., mad boast, foolish pride, vain-glory, thoughtless audacity: dat. sg. for dolgilpe, 509.

dol-līc, adj., audacious: gen. pl. mǣst ... dǣda dollīcra, 2647.

dol-sceaða, w. m., bold enemy: acc. sg. þone dol-scaðan (Grendel), 479.

dōgor, st. m. n., day; 1) day as a period of 24 hours: gen. sg. ymb āntīd ōðres dōgores, at the same time of the next day, 219; morgen-lēoht ōðres dōgores, the morning-light of the second day, 606.--2) day in the usual sense: acc. sg. n. þȳs dōgor, during this day, 1396; instr. þȳ dōgore, 1798; forman dōgore, 2574; gen. pl. dōgora gehwām, 88; dōgra gehwylce, 1091; dōgera dǣgrim, the number of his days (the days of his life), 824.--3) day in the wider sense of time: dat. pl. ufaran dōgrum, in later days, times, 2201, 2393.--Comp. ende-dōgor.

dōgor-gerīm, st. n., series of days: gen. sg. wæs eall sceacen dōgor-gerīmes, the whole number of his days (his life) was past, 2729.

dōhtor, st. f., daughter: nom. acc. sg. dōhtor, 375, 1077, 1930, 1982, etc.

dōm, st. m.: I., condition, state in general; in comp. cyne-, wis-dōm.--II., having reference to justice, hence: 1) judgment, judicial opinion: instr. sg. weotena dōme, according to the judgment of the Witan, 1099. 2) custom: ǣfter dōme, according to custom, 1721. 3) court, tribunal: gen. sg. miclan dōmes, 979; oð dōmes dæg, 3070, both times of the last judgment.--III., condition of freedom or superiority, hence: 4) choice, free will: acc. sg. on sīnne sylfes dōm, according to his own choice, 2148; instr. sg. selfes dōme, 896, 2777. 5) might, power: nom. sg. dōm godes, 2859; acc. sg. Eofores ānne dōm, 2965; dat. sg. drihtnes dōme, 441. 6) glory, honor, renown: nom. sg. [dōm], 955; dōm unlȳtel, not a little glory, 886; þæt wæs forma sīð dēorum māðme þæt his dōm ālǣg, it was the first time to the dear treasure (the sword Hrunting) that its fame was not made good, 1529; acc. sg. ic mē dōm gewyrce, make renown for myself, 1492; þæt þū ne ālǣte dōm gedrēosan, that thou let not honor fall, 2667; dat. instr. sg. þǣr hē dōme forlēas, here he lost his reputation, 1471; dōme gewurðad, adorned with glory, 1646; gen. sg. wyrce sē þe mōte dōmes, let him make himself reputation, whoever is able, 1389. 7) splendor (in heaven): acc. sōð-fæstra dōm, the glory of the saints, 2821.

dōm-lēas, adj., without reputation, inglorious: acc. sg. f. dōmlēasan dǣd, 2891.

dōn, red. v., to do, to make, to treat: 1) absolutely: imp. dōð swā ic bidde, do as I beg, 1232.--2) w. acc.: inf. hēt hire selfre sunu on bǣl dōn, 1117; pret. þā hē him of dyde īsernbyrnan, took off the iron corselet, 672; (þonne) him Hūnlāfing, ... billa sēlest, on bearm dyde, when he made a present to him of Hūnlāfing, the best of swords, 1145; dyde him of healse hring gyldenne, took off the gold ring from his neck, 2810; nē him þæs wyrmes wīg for wiht dyde, eafoð and ellen, nor did he reckon as anything the drake's fighting, power, and strength, 2349; pl. hī on beorg dydon bēg and siglu, placed in the (grave-) mound rings and ornaments, 3165.--3) representing preceding verbs: inf. tō Gēatum sprec mildum wordum! swā sceal man dōn, as one should do, 1173; similarly, 1535, 2167; pres. metod eallum wēold, swā hē nū gīt dēð, the creator ruled over all, as he still does, 1059; similarly, 2471, 2860, and (sg. for pl.) 1135; pret. II. swā þū ǣr dydest, 1677; III. swā hē nū gȳt dyde, 957; similarly, 1382, 1892, 2522; pl. swā hīe oft ǣr dydon, 1239; similarly, 3071. With the case also which the preceding verb governs: wēn' ic þæt hē wille ... Gēatena lēode etan unforhte, swā hē oft dyde mægen Hrēðmanna, I believe he will wish to devour the Gēat people, the fearless, as he often did (devoured) the bloom of the Hrēðmen, 444; gif ic þæt gefricge ... þæt þec ymbesittend egesan þȳwað, swā þec hetende hwīlum dydon, that the neighbors distress thee as once the enemy did thee (i.e. distressed), 1829; gif ic ōwihte mæg þīnre mōd-lufan māran tilian þonne ic gȳt dyde, if I can with anything obtain thy greater love than I have yet done, 1825; similarly, pl. þonne þā dydon, 44.

ge-dōn, to do, to make, with the acc. and predicate adj.: prs. (god) gedēð him swā gewealdene worolde dǣlas, makes the parts of the world (i.e. the whole world) so subject that ..., 1733; inf. nē hyne on medo-bence micles wyrðne drihten wereda gedōn wolde, nor would the leader of the people much honor him at the mead-banquet, 2187. With adv.: hē mec þǣr on innan ... gedōn wolde, wished to place me in there, 2091.

draca, w. m., drake, dragon: nom. sg., 893, 2212; acc. sg. dracan, 2403, 3132; gen. sg., 2089, 2291, 2550.--Comp.: eorð-, fȳr-, lēg-, līg-, nīð-draca.

on-drǣdan, st. v., w. acc. of the thing and dat. of the pers., to fear, to be afraid of: inf. þæt þū him on-drǣdan ne þearft ... aldorbealu, needest not fear death for them, 1675; pret. nō hē him þā sæcce ondrēd, was not afraid of the combat, 2348.

ge-drǣg (from dragan, in the sense se gerere), st. n., demeanor, actions: acc. sg. sēcan dēofla gedrǣg, 757.

drepan, st. v., to hit, to strike: pret. sg. sweorde drep ferhð-genīðlan, 2881; pret. part. bið on hreðre ... drepen biteran strǣle, struck in the breast with piercing arrow, 1746; wǣs in feorh dropen (fatally hit), 2982.

drepe, st. m., blow, stroke: acc. sg. drepe, 1590.

drēfan, ge-drēfan, w. v., to move, to agitate, to stir up: inf. gewāt ... drēfan dēop wæter (to navigate), 1905; pret. part. wæter under stōd drēorig and gedrēfed, 1418.

drēam, st. m., rejoicing, joyous actions, joy: nom. sg. hæleða drēam, 497; acc. sg. drēam hlūdne, 88; þū ... drēam healdende, thou who livest in rejoicing (at the drinking-carouse), who art joyous, 1228: dat. instr. sg. drēame bedǣled, 1276; gen. pl. drēama lēas, 851; dat. pl. drēamum (here adverbial) lifdon, lived in rejoicing, joyously, 99; drēamum bedǣled, 722; the last may refer also to heavenly joys.--Comp. glēo-, gum-, man-, sele-drēam.

drēam-lēas, adj., without rejoicing, joyless: nom. sg. of King Heremōd, 1721.

drēogan, st. v.: 1) to lead a life, to be in a certain condition: pret. drēah ǣfter dōme, lived in honor, honorably, 2180; pret. pl. fyren-þearfe ongeat, þæt hīe ǣr drugon aldorlēase lange hwile, (God) had seen the great distress, (had seen) that they had lived long without a ruler (?), 15.--2) to experience, to live through, to do, to make, to enjoy: imp. drēoh symbelwynne, pass through the pleasure of the meal, to enjoy the meal, 1783; inf. driht-scype drēogan (do a heroic deed), 1471; pret. sundnytte drēah (had the occupation of swimming, i.e. swam through the sea), 2361; pret. pl. hīe gewin drugon (fought), 799; hī sīð drugon, made the way, went, 1967.--3) to experience, to bear, to suffer: scealt werhðo drēogan, shall suffer damnation, 590; pret. þegn-sorge drēah, bore sorrow for his heroes, 131; nearoþearfe drēah, 422; pret. pl. inwidsorge þē hīe ǣr drugon, 832; similarly, 1859.

ā-drēogan, to suffer, to endure: inf. wrǣc ādrēogan, 3079.

ge-drēogan, to live through, to enjoy, pret. part. þæt hē ... gedrogen hæfde eorðan wynne, that he had now enjoyed the pleasures of earth (i.e. that he was at his death), 2727.

drēor, st. m., blood dropping or flowing from wounds: instr. sg. drēore, 447.--Comp. heoru-, sāwul-, wǣl-drēor.

drēor-fāh, adj., colored with blood, spotted with blood: nom. sg. 485.

drēorig, adj., bloody, bleeding: nom. sg. wǣter stōd drēorig, 1418; acc. sg. dryhten sīnne drīorigne fand, 2790.--Comp. heoru-drēorig.

ge-drēosan, st. v., to fall down, to sink: pres. sg. III. līc-homa lǣne gedrēoseð, the body, belonging to death, sinks down, 1755; inf. þæt þū ne ālǣte dōm gedrēosan, honor fall, sink, 2667.

drincan, st. v., to drink (with and without the acc.): pres. part. nom. pl.

ealo drincende, 1946; pret. blōd ēdrum dranc, drank the blood in streams(?), 743; pret. pl. druncon wīn weras, the men drank wine, 1234; þǣr guman druncon, where the men drank, 1649. The pret. part., when it stands absolutely, has an active sense: nom. pl. druncne dryhtguman, ye warriors who have drunk, are drinking, 1232; acc. pl. nealles druncne slōg heorð-genēatas, slew not his hearth-companions who had drunk with him, i.e. at the banquet, 2180. With the instr. it means drunken: nom. sg. bēore (wīne) druncen, 531, 1468; nom. pl. bēore druncne, 480.

drīfan, st. v., to drive: pres. pl. þā þe brentingas ofer flōda genipu feorran drīfað, who drive their ships thither from afar over the darkness of the sea, 2809; inf. (w. acc.) þēah þe hē [ne] meahte on mere drīfan hringedstefnan, although he could not drive the ship on the sea, 1131.

to-drīfan, to drive apart, to disperse: pret. oð þæt unc flōd tōdrāf, 545.

drohtoð, st. m., mode of living or acting, calling, employment: nom. sg. ne wæs his drohtoð þǣr swylce hē ǣr gemētte, there was no employment for him (Grendel) there such as he had found formerly, 757.

drūsian, w. v. (cf. drēosan, properly, to be ready to fall; here of water), to stagnate, to be putrid. pret. lagu drūsade (through the blood of Grendel and his mother), 1631.

dryht, driht, st. f., company, troop, band of warriors; noble band: in comp. mago-driht.

ge-dryht, ge-driht, st. f., troop, band of noble warriors: nom. sg. mīnra eorla gedryht, 431; acc. sg. æðelinga gedriht, 118; mid his eorla (hæleða) gedriht (gedryht), 357, 663; similarly, 634, 1673.--Comp. sibbe-gedriht.

dryht-bearn, st. n., youth from a noble warrior band, noble young man: nom. sg. dryhtbearn Dena, 2036.

dryhten, drihten, st. m., commander, lord: a) temporal lord: nom. sg. dryhten, 1485, 2001, etc.; drihten, 1051; dat. dryhtne, 2483, etc.; dryhten, 1832.--b) God: nom. drihten, 108, etc.; dryhten, 687, etc.; dat. sg. dryhtne, 1693, etc.; drihtne, 1399, etc.; gen. sg. dryhtnes, 441;

drihtnes, 941.--Comp.: frēa-, frēo-, gum-, man-, sige-, wine-dryhten.

dryht-guma, w. m., one of a troop of warriors, noble warrior: dat. sg. drihtguman, 1389; nom. pl. drihtguman, 99; dryhtguman, 1232; dat. pl. ofer dryhtgumum, 1791 (of Hrōðgār's warriors).

dryht-līc, adj., (that which befits a noble troop of warriors), noble, excellent: dryhtlīc īren, excellent sword, 893; acc. sg. f. (with an acc. sg. n.) drihtlīce wīf (of Hildeburh), 1159.

dryht-māðum, st. m., excellent jewel, splendid treasure: gen. pl. dryhtmāðma, 2844.

dryht-scipe, st. m., (lord-ship) warlike virtue, bravery; heroic deed: acc. sg. drihtscype drēogan, to do a heroic deed, 1471.

dryht-sele, st. m., excellent, splendid hall: nom. sg. driht-sele, 485; dryhtsele, 768; acc. sg. dryhtsele, 2321.

dryht-sib, st. f., peace or friendship between troops of noble warriors: gen. sg. dryhtsibbe, 2069.

drync, st. m., drink: in comp. heoru-drync.

drync-fæt, st. n., vessel for drink, to receive the drink: acc. sg., 2255; drinc-fæt, 2307.

drysmian, w. v., to become obscure, gloomy (through the falling rain): pres. sg. III. lyft drysmað, 1376.

drysne, adj. See on-drysne.

dugan, v., to avail, to be capable, to be good: pres. sg. III. hūru se aldor dēah, especially is the prince capable, 369; ðonne his ellen dēah, if his strength avails, is good, 573; þē him selfa dēah, who is capable of himself, who can rely on himself, 1840; pres. subj. þēah þīn wit duge, though, indeed, your understanding be good, avail, 590; similarly, 1661, 2032; pret. sg. þū ūs wēl dohtest, you did us good, conducted yourself well towards us, 1822; similarly, nū sēo hand ligeð sē þe ēow welhwylcra wilna dohte, which was helpful to each one of your desires, 1345; pret. subj. þēah þū heaðorǣsa gehwǣr dohte, though thou wast everywhere strong in battle, 526.

duguð (state of being fit, capable), st. f.: 1) capability, strength: dat. pl. for dugeðum, in ability(?), 2502; duguðum dēmdon, praised with all their might(?), 3176.--2) men capable of bearing arms, band of warriors, esp., noble warriors: nom. sg. duguð unlȳtel, 498; duguð, 1791, 2255; dat. sg. for duguðe, before the heroes, 2021; nalles frætwe geaf ealdor duguðe, gave the band of heroes no treasure (more), 2921; lēoda duguðe on lāst, upon the track of the heroes of the people, i.e. after them, 2946; gen. sg. cūðe hē duguðe þēaw, the custom of the noble warriors, 359; dēorre duguðe, 488; similarly, 2239, 2659; acc. pl. duguða, 2036.--3) contrasted with geogoð, duguð designates the noted warriors of noble birth (as in the Middle Ages, knights in contrast with squires): so gen. sg. duguðe and geogoðe, 160; gehwylc ... duguðe and iogoðe, 1675; duguðe and geogoðe dǣl ǣghwylcne, 622.

durran, v. pret. and pres. to dare; prs. sg. II. þū dearst bīdan, darest to await, 527; III. hē gesēcean dear, 685; pres. subj. sēc gyf þū dyrre, seek (Grendel's mother), if thou dare, 1380; pret. dorste, 1463, 1469, etc.; pl. dorston, 2849.

duru, st. f., door, gate, wicket: nom. sg., 722; acc. sg. [duru], 389.

ge-dūfan, st. v., to dip in, to sink into: pret. þæt sweord gedēaf (the sword sank into the drake, of a blow), 2701.

þurh-dūfan, to dive through; to swim through, diving: pret. wæter up þurh-dēaf, swam through the water upwards (because he was before at the bottom), 1620.

dwellan, w. v., to mislead, to hinder: prs. III. nō hine wiht dweleð, ādl nē yldo, him nothing misleads, neither sickness nor age, 1736.

dyhtig, adj., useful, good for: nom. sg. n. sweord ... ecgum dyhtig, 1288.

dynnan, w. v., to sound, to groan, to roar: pret. dryhtsele (healwudu, hrūse) dynede, 768, 1318, 2559.

dyrne, adj.: 1) concealed, secret, retired: nom. sg. dyrne, 271; acc. sg. dryhtsele dyrnne (of the drake's cave-hall), 2321.--2) secret, malicious, hidden by sorcery: dat. instr. sg. dyrnan cræfte, with secret magic art, 2291; dyrnum cræfte, 2169; gen. pl. dyrnra gāsta, of malicious spirits (of Grendel's kin), 1358.--Comp. un-dyrne.

dyrne, adv., in secret, secretly: him ...æfter dēorum men dyrne langað, longs in secret for the dear man, 1880.

dyrstig, adj., bold, daring: þēah þe hē dǣda gehwæs dyrstig wǣre, although he had been courageous for every deed, 2839.

ge-dȳgan, ge-dīgan, w. v., to endure, to overcome, with the acc. of the thing endured: pres. sg. II. gif þū þæt ellenweorc aldre gedīgest, if thou survivest the heroic work with thy life, 662; III. þæt þone hilderǣs hāl gedīgeð, that he survives the battle in safety, 300; similarly, inf. unfǣge gedīgan wēan and wrǣcsīð, 2293; hwæðer sēl mǣge wunde gedȳgan, which of the two can stand the wounds better (come off with life), 2532; ne meahte unbyrnende dēop gedȳgan, could not endure the deep without burning (could not hold out in the deep), 2550; pret. sg. I. III. ge-dīgde, 578, 1656, 2351, 2544.

dȳgol. See dēogol.

dȳre. See dēore.

E

ecg, st. f., edge of the sword, point: nom. sg. sweordes ecg, 1107; ecg, 1525, etc.; acc. sg. wið ord and wið ecge ingang forstōd, defended the entrance against point and edge (i.e. against spear and sword), 1550; mēces ecge, 1813; nom. pl. ecge, 1146.--Sword, battle-axe, any cutting weapon: nom. sg. ne wæs ecg bona (not the sword killed him), 2507; sīo ecg brūn (Bēowulf's sword Nægling), 2578; hyne ecg fornam, the sword snatched him away, 2773, etc.; nom. pl. ecga, 2829; dat. pl. æscum and ecgum, 1773; dat. pl. (but denoting only one sword) ēacnum ecgum, 2141; gen. pl. ecga, 483, 806, 1169;--blade: ecg wæs īren, 1460.--Comp.: brūn-, heard-, stȳl-ecg, adj.

ecg-bana, w. m., murderer by the sword: dat. sg. Cain wearð tō ecg-banan āngan brēðer, 1263.

ecg-hete, st. m., sword-hate, enmity which the sword carries out: nom. sg., 84, 1739.

ecg-þracu, st. f., sword-storm (of violent combat): acc. atole ecg-þrǣce, 597.

ed-hwyrft, st. m., return (of a former condition): þā þǣr sōna wearð edhwyrft eorlum, siððan inne fealh Grendles mōdor (i.e. after Grendel's mother had penetrated into the hall, the former perilous condition, of the time of the visits of Grendel, returned to the men), 1282.

ed-wendan, w. v., to turn back, to yield, to leave off: inf. gyf him edwendan ǣfre scolde bealuwa bisigu, if for him the affliction of evil should ever cease, 280.

ed-wenden, st. f., turning, change: nom. sg. edwenden, 1775; edwenden torna gehwylces (reparation for former neglect), 2189.

edwīt-līf, st. n., life in disgrace: nom. sg., 2892.

efn, adj., even, like, with preceding on, and with depend. dat., upon the same level, near: him on efn ligeð ealdorgewinna, lies near him, 2904.

efnan (see ǣfnan) w. v., to carry out, to perform, to accomplish: pres. subj. eorlscype efne (accomplish knightly deeds), 2536; inf. eorlscipe efnan, 2623; sweorda gelāc efnan (to battle), 1042; gerund. tō efnanne, 1942; pret. eorlscipe efnde, 2134, 3008.

efne, adv., even, exactly, precisely, just, united with swā or swylc: efne swā swīðe swā, just so much as, 1093; efne swā sīde swā, 1224; wæs se gryre læssa efne swā micle swā, by so much the less as ..., 1284; lēoht inne stōd efne swā ... scīneð, a gleam stood therein (in the sword) just as when ... shines, 1572; efne swā hwylc mǣgða swā þone magan cende (a woman who has borne such a son), 944; efne swā hwylcum manna swā him gemet þūhte, to just such a man as seemed good to him, 3058; efne swylce mǣla swylce ... þearf gesǣlde, just at the times at which necessity commanded it, 1250.

efstan, w. v., to be in haste, to hasten: inf. uton nū efstan, let us hurry now, 3102; pret. efste mid elne, hastened with heroic strength, 1494.

eft, adv.: l) thereupon, afterwards: 56, 1147, 2112, 3047, etc.; eft sōna bið, then it happens immediately, 1763; bōt eft cuman, help come again, 281.--2) again, on the other side: þæt hine on ylde eft gewunigen wilgesīðas, that in old age again (also on their side) willing companions should be attached to him, 22;--anew, again: 135, 604, 693, 1557, etc.; eft swā ǣr, again as formerly, 643.--3) retro, rursus, back: 123, 296, 854, etc.; þæt hig æðelinges eft ne wēndon (did not believe that he would come back), 1597.

eft-cyme, st. m., return: gen. sg. eftcymes, 2897.

eft-sīð, st. m., journey back, return: acc. sg. 1892; gen. sg. eft-sīðes georn, 2784; acc. pl. eftsīðas tēah, went the road back, i.e. returned, 1333.

egesa, egsa (state of terror, active or passive): l) frightfulness: acc. sg. þurh egsan, 276; gen. egesan ne gȳmeð, cares for nothing terrible, is not troubled about future terrors(?), 1758.--2) terror, horror, fear: nom. sg. egesa, 785; instr. sg. egesan, 1828, 2737.--Comp.: glēd-, līg-, wæter-egesa.

eges-full, adj., horrible (full of fear, fearful), 2930.

eges-līc, adj., terrible, bringing terror: of Grendel's head, 1650; of the beginning of the fight with the drake, 2310; of the drake, 2826.

egle, adj., causing aversion, hideous: nom. pl. neut., or, more probably, perhaps, adverbial, egle (MS. egl), 988.

egsian (denominative from egesa), w. v., to have terror, distress: pret. (as pluperf.) egsode eorl(?), 6.

ehtian, w. v., to esteem, to make prominent with praise: III. pl. pres. þæt þē ... weras ehtigað, that thee men shall esteem, praise, 1223.

elde (those who generate, cf. O.N. al-a, generare), st. m. only in the pl., men: dat. pl. eldum, 2215; mid eldum, among men, 2612.--See ylde.

eldo, st. f., age: instr. sg. eldo gebunden, 2112.

el-land, st. n., foreign land, exile: acc. sg. sceall ... elland tredan, (shall be banished), 3020.

ellen, st. n., strength, heroic strength, bravery: nom. sg. ellen, 573; eafoð and ellen, 903; Gēata ... eafoð and ellen, 603; acc. sg. eafoð and ellen, 2350; ellen cȳðan, show bravery, 2696; ellen fremedon, exercised heroic strength, did heroic deeds, 3; similarly, ic gefremman sceal eorlīc ellen, 638; ferh ellen wræc, life drove out the strength, i.e. with the departing life (of the dragon) his strength left him, 2707; dat. sg. on elne, 2507, 2817; as instr. þā wæs æt þām geongum grim andswaru ēðbegēte þām þe ǣr his elne forlēas, then it was easy for (every one of) those who before had lost his hero-courage, to obtain rough words from the young man (Wīglāf), 2862; mid elne, 1494, 2536; elne, alone, in adverbial sense, strongly, zealously, and with the nearly related meaning, hurriedly, transiently, 894, 1098, 1968, 2677, 2918; gen. sg. elnes læt, 1530; þā him wæs elnes þearf, 2877.--Comp. mægen-ellen.

ellen-dǣd, st. f., heroic deed: dat. pl. -dǣdum, 877, 901.

ellen-gǣst, st. m., strength-spirit, demon with heroic strength: nom. sg. of Grendel, 86.

ellen-līce, adv., strongly, with heroic strength, 2123.

ellen-mǣrðu, st. f., renown of heroic strength, dat. pl. -mǣrðum, 829, 1472.

ellen-rōf, adj., renowned for strength: nom. sg. 340, 358, 3064; dat. pl. -rōfum, 1788.

ellen-sēoc, adj., infirm in strength: acc. sg. þēoden ellensīocne (the mortally wounded king, Bēowulf), 2788.

ellen-weorc, st. n., (strength-work), heroic deed, achievement in battle: acc. sg. 662, 959, 1465, etc.; gen. pl. ellen-weorca, 2400.

elles, adv., else, otherwise: a (modal), in another manner, 2521.--b (local), elles hwǣr, somewhere else, 138; elles hwergen, 2591.

ellor, adv., to some other place, 55, 2255.

ellor-gāst, -gǣst, st. m., spirit living elsewhere (standing outside of the community of mankind): nom. sg. se ellorgāst (Grendel), 808; (Grendel's mother), 1622; ellorgǣst (Grendel's mother), 1618; acc. pl. ellorgǣstas, 1350.

ellor-sīð, st. m., departure, death: nom. sg. 2452.

elra, adj. (comparative of a not existing form, ele, Goth. aljis, alius), another: dat. sg. on elran men, 753.

el-þēodig, adj., of another people: foreign: acc. pl. el-þēodige men, 336.

ende, st. m., the extreme: hence, 1) end: nom. sg. aldres (līfes) ende, 823, 2845; oð þæt ende becwōm (scil. unrihtes), 1255; acc. sg. ende līfgesceafta (līfes, lǣn-daga), 3064, 1387, 2343; hæfde eorðscrafa ende genyttod, had used the end of the earth-caves (had made use of the caves for the last time), 3047; dat. sg. ealdres (līfes) æt ende, 2791, 2824; eoletes æt ende, 224.--2) boundary: acc. sg. sīde rīce þæt hē his selfa ne mæg ... ende geþencean, the wide realm, so that he himself cannot comprehend its boundaries, 1735.--3) summit, head: dat. sg. eorlum on ende, to the nobles at the end (the highest courtiers), 2022.--Comp. woruld-ende.

ende-dæg, st. m., last day, day of death: nom. sg. 3036; acc. sg. 638.

ende-dōgor, st. m., last day, day of death: gen. sg. bēga on wēnum endedōgores and eftcymes lēotes monnes (hesitating between the belief in the death and in the return of the dear man), 2897.

ende-lāf, st. f., last remnant: nom. sg. þū eart ende-lāf ūsses cynnes, art the last of our race, 2814.

ende-lēan, st. n., final reparation: acc. sg. 1693.

ende-sǣta, w. m., he who sits on the border, boundary-guard: nom. sg. (here of the strand-watchman), 241.

ende-stæf, st. m. (elementum finis), end: acc. sg. hit on endestæf eft gelimpeð, then it draws near to the end, 1754.

ge-endian, w. v., to end: pret. part. ge-endod, 2312.

enge, adj., narrow: acc. pl. enge ānpaðas, narrow paths, 1411.

ent, st. m., giant: gen. pl. enta ǣr-geweorc (the sword-hilt out of the dwelling-place of Grendel), 1680; enta geweorc (the dragon's cave), 2718; eald-enta ǣr-geweorc (the costly things in the dragon's cave), 2775.

entisc, adj., coming from giants: acc. sg. entiscne helm, 2980.

etan, st. v., to eat, to consume: pres. sg. III. blōdig wæl ... eteð ān-genga, he that goes alone (Grendel) will devour the bloody corpse, 448; inf. Gēatena lēode ... etan, 444.

þurh-etan, to eat through: pret. part. pl. nom. swyrd ... þurhetone, swords eaten through (by rust), 3050.

Ē

ēc. See ēac.

ēce, adj., everlasting; nom. ēce drihten (God), 108; acc. sg. ēce eorðreced, the everlasting earth-hall (the dragon's cave), 2720; gecēas ēcne ræd, chose the everlasting gain (died), 1202; dat. sg. ēcean dryhtne, 1693, 1780, 2331; acc. pl. gecēos ēce rædas, 1761.

ēdre. See ǣdre.

ēð-begēte, adj., easy to obtain, ready: nom. sg. þā wæs æt þām geongum grim andswaru ēð-begēte, then from the young man (Wīglāf) it was an easy thing to get a gruff answer, 2862.

ēðe. See ēaðe.

ēðel, st. m., hereditary possessions, hereditary estate: acc. sg. swæsne ēðel, 520; dat. sg. on ēðle, 1731.--In royal families the hereditary possession is the whole realm: hence, acc. sg. ēðel Scyldinga, of the kingdom of the Scyldings, 914; (Offa) wīsdōme hēold ēðel sīnne, ruled with wisdom his inherited kingdom, 1961.

ēðel-riht, st. n., hereditary privileges (rights that belong to a hereditary estate): nom. sg. eard ēðel-riht, estate and inherited privileges, 2199.

ēðel-stōl, st. m., hereditary seat, inherited throne: acc. pl. ēðel-stōlas, 2372.

ēðel-turf, st. f., inherited ground, hereditary estate: dat. sg. on mīnre ēðeltyrf, 410.

ēðel-weard, st. m., lord of the hereditary estate (realm): nom. sg. ēðelweard (king), 1703, 2211; dat. sg. Ēast-Dena ēðel wearde (King Hrōðgār), 617.

ēðel-wyn, st. f., joy in, or enjoyment of, hereditary possessions: nom. sg. nū sceal ... eall ēðelwyn ēowrum cynne, lufen ālicgean, now shall your race want all home-joy, and subsistence(?) (your race shall be banished from its hereditary abode), 2886; acc. sg. hē mē lond forgeaf, eard ēðelwyn, presented me with land, abode, and the enjoyment of home, 2494.

ēð-gesȳne, ȳð-gesēne, adj., easy to see, visible to all: nom. sg. 1111, 1245.

ēg-clif, st. n., sea-cliff: acc. sg. ofer ēg-clif (ecg-clif, MS.), 2894.

ēg-strēam, st. m., sea-stream, sea-flood: dat. pl. on ēg-strēamum, in the sea-floods, 577. See ēagor-strēam.

ēhtan (M.H.G. æchten; cf. æht and ge-æhtla), w. v. w. gen., to be a pursuer, to pursue: pres. part. æglǣca ēhtende wæs duguðe and geogoðe, 159; pret. pl. ēhton āglǣcan, they pursued the bringer of sorrow (Bēowulf)(?), 1513.

ēst, st. m. f., favor, grace, kindness: acc. sg. hē him ēst getēah mēara and māðma (honored him with horses and jewels), 2166; gearwor hæfde āgendes ēst ǣr gescēawod, would rather have seen the grace of the Lord (of God) sooner, 3076.--dat. pl., adverbial, libenter: him on folce hēold, ēstum mid āre, 2379; ēstum geȳwan (to present), 2150; him wæs ... wunden gold ēstum geēawed (presented), 1195; wē þæt ellenweorc ēstum miclum fremedon, 959.

ēste, adj., gracious: w. gen. ēste bearn-gebyrdo, gracious through the birth (of such a son as Bēowulf), 946.

EA

eafoð, st. n., power, strength: nom, sg. eafoð and ellen, 603, 903; acc. sg. eafoð and ellen, 2350; wē frēcne genēðdon eafoð uncūðes, we have boldly ventured against the strength of the enemy (Grendel) have withstood him, 961; gen. sg. eafoðes cræftig, 1467; þæt þec ādl oððe ecg eafoðes getwǣfed, shall rob of strength, 1764; dat. pl. hine mihtig god ... eafeðum stēpte, made him great through strength, 1718.

eafor, st. m., boar; here the image of the boar as banner: acc. sg. eafor, 2153.

eafora (offspring), w. m.: 1) son: nom. sg. eafera, 12, 898; eafora, 375; acc. sg. eaferan, 1548, 1848; gen. sg. eafera, 19; nom. pl. eaferan, 2476; dat. pl. eaferum, 1069, 2471; uncran eaferan, 1186.--2) in broader sense, successor: dat. pl. eaforum, 1711.

eahta, num., eight: acc. pl. eahta mēaras, 1036; ēode eahta sum, went as one of eight, with seven others, 3124.

eahtian, w. v.: 1) to consider; to deliberate: pret. pl. w. acc. rǣd eahtedon, consulted about help, 172; pret. sg. (for the plural) þone sēlestan þāra þe mid Hrōðgāre hām eahtode, the best one of those who with Hrōðgār deliberated about their home (ruled), 1408.--2) to speak with reflection of (along with the idea of praise): pret. pl. eahtodan eorlscipe, spoke of his noble character, 3175.

eal, eall, adj., all, whole: nom. sg. werod eall, 652; pl. eal bencþelu, 486; sg. eall ēðelwyn, 2886; eal worold, 1739, etc.; þæt hit wearð eal gearo, healǣrna mǣst, 77; þæt hit (wīgbil) eal gemealt, 1609. And with a following genitive: þǣr wæs eal geador Grendles grāpe, there was all together Grendel's hand, the whole hand of Grendel, 836; eall ... lissa, all favor, 2150; wæs eall sceacen dōgorgerīmes, 2728. With apposition: þūhte him eall tō rūm, wongas and wīcstede, 2462; acc. sg. bēot eal, 523; similarly, 2018, 2081; oncȳððe ealle, all distress, 831; heals ealne, 2692; hlǣw ... ealne ūtan-weardne, 2298; gif hē þæt eal gemon, 1186, 2428; þæt eall geondseh, recedes geatwa, 3089; ealne wīde-ferhð, through the whole wide life, through all time, 1223; instr. sg. ealle mǣgene, with all strength, 2668; dat. sg. eallum ... manna cynne, 914; gen. sg. ealles moncynnes, 1956. Subst. ic þæs ealles mæg ... gefēan habban, 2740; brūc ealles well, 2163; frēan ealles þanc secge, give thanks to the Lord of all, 2795; nom. pl. untȳdras ealle, 111; scēotend ... ealle, 706; wē ealle, 942; acc. pl. fēond ealle, 700; similarly, 1081, 1797, 2815; subst. ofer ealle, 650; ealle hīe dēað fornam, 2237; līg ealle forswealg þāra þe þǣr gūð fornam, all of those whom the war had snatched away, 1123; dat. pl. eallum ceaster-būendum, 768; similarly, 824, 907, 1418; subst. āna wið eallum, one against all, 145; with gen. eallum gumena cynnes, 1058; gen. pl. æðelinga bearn ealra twelfa, the kinsmen of all twelve nobles (twelve nobles hold the highest positions of the court), 3172; subst. hē āh ealra geweald, has power over all, 1728.

Uninflected: bil eal þurhwōd flǣschoman, the battle-axe cleft the body through and through, 1568; hæfde ... eal gefeormod fēt and folma, had devoured entirely feet and hands, 745; sē þe eall geman gār-cwealm gumena, who remembers thoroughly the death of the men by the spear, 2043, etc.

Adverbial: þēah ic eal mǣge, although I am entirely able, 681; hī on beorg dydon bēg and siglu eall swylce hyrsta, they placed in the grave-mound rings, and ornaments, all such adornments, 3165.--The gen. sg. ealles, adverbial in the sense of entirely, 1001, 1130.

eald, adj., old: a) of the age of living beings: nom. sg. eald, 357, 1703, 2211, etc.; dat. sg. ealdum, 2973; gen. sg. ealdes ūhtflogan (dragon), 2761; dat. sg. ealdum, 1875; geongum and ealdum, 72.--b) of things and of institutions: nom. sg. helm monig eald and ōmig, 2764; acc. sg. ealde lāfe (sword), 796, 1489; ealde wīsan, 1866; eald sweord, 1559, 1664, etc.; eald gewin, old (lasting years), distress, 1782; eald enta geweorc (the precious things in the drake's cave), 2775; acc. pl. ealde māðmas, 472; ofer ealde riht, against the old laws (namely, the Ten Commandments; Bēowulf believes that God has sent him the drake as a punishment, because he has unconsciously, at some time, violated one of the commandments), 2331.

yldra, compar. older: mīn yldra mǣg, 468; yldra brōðor, 1325; oð þæt hē (Heardrēd) yldra wearð, 2379.

yldesta, superl. oldest, in the usual sense; dat. sg. þām yldestan, 2436; in a moral sense, the most respected: nom. sg. se yldesta, 258; acc. sg. þone yldestan, 363, both times of Bēowulf.

eald-fæder, st. m., old-father, grandfather, ancestor: nom. sg. 373.

eald-gesegen, st. f., traditions from old times: gen. pl. eal-fela eald-gesegena, very many of the old traditions, 870.

eald-gesīð, st. m., companion ever since old times, courtier for many years: nom. pl. eald-gesīðas, 854.

eald-gestrēon, st. n., treasure out of the old times: dat. pl. eald-gestrēonum, 1382; gen. pl. -gestrēona, 1459.

eald-gewinna, w. m., old-enemy, enemy for many years: nom. sg. of Grendel, 1777.

eald-gewyrht, st. n., merit on account of services rendered during many years: nom. pl. þæt næron eald-gewyrht, þæt hē āna scyle gnorn þrowian, that has not been his desert ever since long ago, that he should bear the distress alone, 2658.

eald-hlāford, st. m., lord through many years: gen. sg. bill eald-hlāfordes (of the old Bēowulf(?)), 2779.

eald-metod, st. m., God ruling ever since ancient times: nom. sg. 946.

ealdor, aldor, st. m., lord, chief (king or powerful noble): nom. sg. ealdor, 1645, 1849, 2921; aldor, 56, 369, 392; acc. sg. aldor, 669; dat. sg. ealdre, 593; aldre, 346.

ealdor, aldor, st. n., life: acc. sg. aldor, 1372; dat. sg. aldre, 1448, 1525; ealdre, 2600; him on aldre stōd herestrǣl hearda (in vitalibus), 1435; nalles for ealdre mearn, was not troubled about his life, 1443; of ealdre gewāt, went out of life, died, 2625; as instr. aldre, 662, 681, etc.; ealdre, 1656, 2134, etc.; gen. sg. aldres, 823; ealdres, 2791, 2444; aldres orwēna, despairing of life, 1003, 1566; ealdres scyldig, having forfeited life, 1339, 2062; dat. pl. aldrum nēðdon, 510, 538.--Phrases: on aldre (in life), ever, 1780; tō aldre (for life), always, 2006, 2499; āwa tō aldre, for ever and ever, 956.

ealdor-bealu, st. n., life's evil: acc. sg. þū ... ondrǣdan ne þearft ... aldorbealu eorlum, thou needest not fear death for the courtiers, 1677.

ealdor-cearu, st. f., trouble that endangers life, great trouble: dat. sg. hē his lēodum wearð ... tō aldor-ceare, 907.

ealdor-dagas, st. m. pl., days of one's life: dat. pl. nǣfre on aldor-dagum (never in his life), 719; on ealder-dagum ǣr (in former days), 758.

ealdor-gedāl, st. n., severing of life, death, end: nom. sg. aldor-gedāl, 806.

ealdor-gewinna, w. m., life-enemy, one who strives to take his enemy's life (in N.H.G. the contrary conception, Tod-feind): nom. sg. ealdorgewinna (the dragon), 2904.

ealdor-lēas, adj., without a ruler(?): nom. pl. aldor-lēase, 15.

ealdor-lēas, adj., lifeless, dead: acc. sg. aldor-lēasne, 1588; ealdor-lēasne, 3004.

ealdor-þegn, st. m., nobleman at the court, distinguished courtier: acc. sg. aldor-þegn (Hrōðgār's confidential adviser, Æschere), 1309.

eal-fela, adj., very much: with following gen., eal-fela eald-gesegena, very many old traditions, 870; eal-fela eotena cynnes, 884.

ealgian, w. v., to shield, to defend, to protect: inf. w. acc. feorh ealgian, 797, 2656, 2669; pret. siððan hē (Hygelāc) under segne sinc eal-gode, wælrēaf werede, while under his banner he protected the treasures, defended the spoil of battle (i.e. while he was upon the Viking expeditions), 1205.

eal-gylden, adj., all golden, entirely of gold: nom. sg. swȳn ealgylden, 1112; acc. sg. segn eallgylden, 2768.

eal-īrenne, adj., entirely of iron: acc. sg. eall-īrenne wīgbord, a wholly iron battle-shield, 2339.

ealu, st. n., ale, beer: acc. sg. ealo drincende, 1946.

ealu-benc, st. f., ale-bench, bench for those drinking ale: dat. sg. in ealo-bence, 1030; on ealu-bence, 2868.

ealu-scerwen, st. f., terror, under the figure of a mishap at an ale-drinking, probably the sudden taking away of the ale: nom. sg. Denum eallum wearð ... ealuscerwen, 770.

ealu-wǣge, st. n., ale-can, portable vessel out of which ale is poured into the cups: acc. sg. 2022; hroden ealowǣge, 495; dat. sg. ofer ealowǣge (at the ale-carouse), 481.

eal-wealda, w. adj., all ruling (God): nom. sg. fæder alwalda, 316; alwalda, 956, 1315; dat. sg. al-wealdan, 929.

eard, st. m., cultivated ground, estate, hereditary estate; in a broader sense, ground in general, abode, place of sojourn: nom. sg. him wǣs bām ... lond gecynde, eard ēðel-riht, the land was bequeathed to them both, the land and the privileges attached to it. 2199; acc. sg. fīfel-cynnes eard, the ground of the giant race, place of sojourn, 104;

similarly, ǣlwihta eard, 1501; eard gemunde, thought of his native ground, his home, 1130; eard gīt ne const, thou knowest not yet the place of sojourn. 1378; eard and eorlscipe, prædium et nobilitatem, 1728; eard ēðelwyn, land and the enjoyment of home, 2494; dat. sg. ellor hwearf of earde, went elsewhere from his place of abode, i.e. died, 56; þæt wē rondas beren eft tō earde, that we go again to our homes, 2655; on earde, 2737; nom. pl. ēacne eardas, the broad expanses (in the fen-sea where Grendel's home was), 1622.

eardian, w. v.: 1) to have a dwelling-place, to live; to rest: pret. pl. dȳre swyrd swā hīe wið eorðan fæðm þǣr eardodon, costly swords, as they had rested in the earth's bosom, 3051.--2) also transitively, to inhabit: pret. sg. Heorot eardode, 166; inf. wīc eardian elles hwergen, inhabit a place elsewhere (i.e. die), 2590.

eard-lufa, w. m., the living upon one's land, home-life: acc. sg. eard-lufan, 693.

earfoð, st. n., trouble, difficulty, struggle: acc. pl. earfeðo, 534.

earfoð-līce, adv., with trouble, with difficulty, 1637, 1658; with vexation, angrily, 86; sorrowfully, 2823; with difficulty, scarcely, 2304, 2935.

earfoð-þrāg, st. f., time full of troubles, sorrowful time: acc. sg. -þrāge, 283.

earh, adj., cowardly: gen. sg. ne bið swylc earges sīð (no coward undertaken that), 2542.

earm, st. m., arm: acc. sg. earm, 836, 973; wið earm gesæt, supported himself with his arm, 750; dat. pl. earmum, 513.

earm, adj., poor, miserable, unhappy: nom. sg. earm, 2369; earme ides, the unhappy woman, 1118; dat. sg. earmre teohhe, the unhappy band, 2939.--Comp. acc. sg. earmran mannan, a more wretched, more forsaken man, 577.

earm-bēag, st. m., arm-ring, bracelet: gen. pl. earm-bēaga fela searwum gesǣled, many arm-rings interlaced, 2764.

earm-hrēad, st. f., arm-ornament. nom. pl. earm-hrēade twā, 1195

(Grein's conjecture, MS. earm reade).

earm-līc, adj., wretched, miserable: nom. sg. sceolde his ealdor-gedāl earmlīc wurðan, his end should be wretched, 808.

earm-sceapen, pret. part. as adj. (properly, wretched by the decree of fate), wretched: nom. sg. 1352.

earn, st. m., eagle: dat. sg. earne, 3027.

eatol. See atol.

eaxl, st. f., shoulder: acc. sg. eaxle, 836, 973; dat. sg. on eaxle, 817, 1548; be eaxle, 1538; on eaxle ides gnornode, the woman sobbed on the shoulder (of her son, who has fallen and is being burnt), 1118; dat. pl. sæt frēan eaxlum nēah, sat near the shoulders of his lord (Bēowulf lies lifeless upon the earth, and Wīglāf sits by his side, near his shoulder, so as to sprinkle the face of his dead lord), 2854; hē for eaxlum gestōd Deniga frēan, he stood before the shoulders of the lord of the Danes (i.e. not directly before him, but somewhat to the side, as etiquette demanded), 358.

eaxl-gestealla, w. m., he who has his position at the shoulder (sc. of his lord), trusty courtier, counsellor of a prince: nom. sg. 1327; acc. pl. -gesteallan, 1715.

ĒA

ēac, conj., also: 97, 388, 433, etc.; ēc, 3132.

ēacen (pret. part. of a not existing eacan, augere), adj., wide-spread, large: nom. pl. ēacne eardas, broad plains, 1622.--great, heavy: eald sweord ēacen, 1664; dat. pl. ēacnum ecgum, 2141, both times of the great sword in Grendel's habitation.--great, mighty, powerful: ǣðele and ēacen, of Bēowulf, 198.

ēacen-cræftig, adj., immense (of riches), enormously great: acc. sg. hord-ǣrna sum ēacen-cræftig, that enormous treasure-house, 2281; nom. sg. þæt yrfe ēacen-cræftig, iūmonna gold, 3052.

ēadig, adj., blessed with possessions, rich, happy by reason of property: nom. sg. wes, þenden þū lifige, ǣðeling ēadig, be, as long as thou livest, a prince blessed with riches, 1226; ēadig mon, 2471.--Comp. sige-, sigor-, tīr-ēadig.

ēadig-līce, adv., in abundance, in joyous plenty: drēamum lifdon ēadiglīce, lived in rejoicing and plenty, 100.

ēaðe, ēðe, ȳðe, adj., easy, pleasant: nom. pl. gode þancedon þæs þe him ȳð-lāde ēaðe wurdon, thanked God that the sea-ways (the navigation) had become easy to them, 228; ne wæs þæt ēðe sīð, no pleasant way, 2587; næs þæt ȳðe cēap, no easy purchase, 2416; nō þæt ȳðe byð tō beflēonne, not easy (as milder expression for in no way, not at all), 1003.

ēaðe, ȳðe, adv., easily. ēaðe, 478, 2292, 2765.

ēað-fynde, adj., easy to find: nom. sg. 138.

ēage, w. n., eye: dat. pl. him of ēagum stōd lēoht unfæger, out of his eyes came a terrible gleam, 727; þæt ic ... ēagum starige, see with eyes, behold, 1782; similarly, 1936; gen. pl. ēagena bearhtm, 1767.

ēagor-strēam, st. m., sea-stream sea: acc. sg. 513.

ēa-land, st. n., land surrounded by water (of the land of the Gēatas): acc. sg. ēa-lond, 2335; island.

ēam, st. m., uncle, mothers brother: nom. sg. 882.

ēastan, adv., from the east, 569.

ēawan, w. v., to disclose, to show, to prove: pres. sg. III. ēaweð ... uncūðne nīð, shows evil enmity, 276. See ēowan, ȳwan.

ge-ēawan, to show, to offer: pret. part. him wæs ... wunden gold ēstum ge-ēawed, was graciously presented, 1195.

EO

ēode. See gangan.

eodor, st. m., fence, hedge, railing. Among the old Germans, an estate was separated by a fence from the property of others. Inside of this

175

fence the laws of peace and protection held good, as well as in the house itself. Hence eodor is sometimes used instead of house: acc. pl. heht eahta mēaras on flet tēon, in under eoderas, gave orders to lead eight steeds into the hall, into the house, 1038.--2) figuratively, lord, prince, as protector: nom. sg. eodor, 428, 1045; eodur, 664.

eofoð, st. n., strength: acc. pl. eofoðo, 2535. See eafoð.

eofer, st. m.: 1) boar, here of the metal boar-image upon the helmet: nom. sg. eofer īrenheard, 1113.--2) figuratively, bold hero, brave fighter (O.N. iöfur): nom. pl. þonne ... eoferas cnysedan, when the heroes rushed upon each other, 1329, where eoferas and fēðan stand in the same relation to each other as cnysedan and hniton.

eofor-līc, st. n. boar-image (on the helmet): nom. pl. eofor-līc scionon, 303.

eofor-sprēot, st. m., boar-spear: dat. pl. mid eofer-sprēotum hēoro-hōcyhtum, with hunting-spears which were provided with sharp hooks, 1438.

eoguð, ioguð. See geogoð.

eolet, st. m. n., sea(?): gen. sg. eoletes, 224.

eorclan-stān, st. m., precious stone: acc. pl. -stānas, 1209.

eorð-cyning, st. m., king of the land: gen. sg. eorð-cyninges (Finn), 1156.

eorð-draca, w. m., earth-drake, dragon that lives in the earth: nom. sg. 2713, 2826.

eorðe, w. f.: 1) earth (in contrast with heaven), world: acc. sg. ælmihtiga eorðan worhte, 92; wīde geond eorðan, far over the earth, through the wide world, 266; dat. sg. ofer eorðan, 248, 803; on eorðan, 1823, 2856, 3139; gen. sg. eorðan, 753.--2) earth, ground: acc. sg. hē eorðan gefēoll, fell to the ground, 2835; forlēton eorla gestrēon eorðan healdan, let the earth hold the nobles' treasure, 3168; dat. sg. þæt hit on eorðan læg, 1533; under eorðan, 2416; gen. sg. wið eorðan fæðm (in the bosom of the earth), 3050.

eorð-reced, st. n., hall in the earth, rock-hall: acc. sg. 2720.

eorð-scræf, st. n., earth-cavern, cave: dat. sg. eorð-[scræfe], 2233; gen. pl. eorð-scræfe, 3047.

eorð-sele, st. m., hall in the earth, cave: acc. sg. eorð-sele, 2411; dat sg. of eorðsele, 2516.

eorð-weall, st. m., earth-wall: acc. sg. (Ongenþeow) beah eft under eorðweall, fled again under the earth-wall (into his fortified camp), 2958; þā mē wæs ... sīð ālȳfed inn under eorðweall, then the way in, under the earth-wall was opened to me (into the dragon's cave), 3091.

eorð-weard, st. m., land-property, estate: acc. sg. 2335.

eorl, st. m., noble born man, a man of the high nobility: nom. sg. 762, 796, 1229, etc.; acc. sg. eorl, 573, 628, 2696; gen. sg. eorles, 690, 983, 1758, etc.; acc. pl. eorlas, 2817; dat. pl. eorlum, 770, 1282, 1650, etc.; gen. pl. eorla, 248, 357, 369, etc.--Since the king himself is from the stock of the eorlas, he is also called eorl, 6, 2952.

eorl-gestreon, st. n., wealth of the nobles: gen. pl. eorl-gestreona ... hardfyrdne dæl, 2245.

eorl-gewæde, st. n., knightly dress, armor: dat. pl. -gewædum, 1443.

eorlīc (i.e. eorl-līc), adj., what it becomes a noble born man to do, chivalrous: acc. sg. eorlīc ellen, 638.

eorl-scipe, st. m., condition of being noble born, chivalrous nature, nobility: acc. sg. eorl-scipe, 1728, 3175; eorl-scipe efnan, to do chivalrous deeds, 2134, 2536, 2623, 3008.

eorl-weorod, st. n., followers of nobles: nom. sg. 2894.

eormen-cyn, st. n., very extensive race, mankind: gen. sg. eormen-cynnes, 1958.

eormen-grund, st. m., immensely wide plains, the whole broad earth: acc. sg. ofer eormen-grund, 860.

eormen-lāf, st. f., enormous legacy: acc. sg. eormen-lāfe æðelan cynnes (the treasures of the dragon's cave) 2235.

eorre, adj., angry, enraged: gen. sg. eorres, 1448.

eoton, st. m.: 1) giant: nom. sg. eoten (Grendel), 762; dat. sg. uninflected, eoton (Grendel), 669; nom. pl. eotenas, 112.--2) Eotens, subjects of Finn, the N. Frisians: 1073, 1089, 1142; dat. pl. 1146. See List of Names, p. 114.

eotonisc, adj., gigantic, coming from giants: acc. sg. eald sweord eotenisc (eotonisc), 1559, 2980, (etonisc, MS.) 2617.

ĒO

ēored-geatwe, st. f. pl., warlike adornments: acc. pl., 2867.

ēowan, w. v., to show, to be seen: pres. sg. III. ne gesacu ōhwǣr, ecghete ēoweð, nowhere shows itself strife, sword-hate, 1739. See ēawan, ȳwan.

ēower: 1) gen. pl. pers. pron., vestrum: ēower sum, that one of you (namely, Bēowulf), 248; fǣhðe ēower lēode, the enmity of the people of you (of your people), 597; nis þǣt ēower sīð ... nefne mīn ānes, 2533.--2) poss. pron., your, 251, 257, 294, etc.

F

ge-fandian, -fondian, w. v., to try, to search for, to find out, to experience: w. gen. pret. part. þǣt hǣfde gumena sum goldes gefandod, that a man had discovered the gold, 2302; þonne se ān hafað þurh deāðes nȳd dǣda gefondad, now the one (Herebeald) has with death's pang experienced the deeds (the unhappy bow-shot of Hǣðcyn), 2455.

fara, w. m., farer, traveller: in comp. mere-fara.

faran, st. v., to move from one place to another, to go, to wander: inf. tō hām faran, to go home, 124; lēton on geflīt faran fealwe mēaras, let the fallow horses go in emulation, 865; cwōm faran flotherge on Frēsna land, had come to Friesland with a fleet, 2916; cōm lēoda dugoðe on lāst faran, came to go upon the track of the heroes of his people, i.e. to follow them, 2946; gerund wǣron ǣðelingas eft tō lēodum fūse tō farenne, the nobles were ready to go again to their people, 1806; pret.

sg. gegnum fōr [þā] ofer myrcan mōr, there had (Grendel's mother) gone away over the dark fen, 1405; sǣgenga fōr, the seafarer (the ship) drove along, 1909; (wyrm) mid bǣle fōr, (the dragon) fled away with fire, 2309; pret. pl. þǣt ... scawan scīrhame tō scipe fōron, that the visitors in glittering attire betook themselves to the ship, 1896.

gefaran, to proceed, to act: inf. hū se mānsceaða under fǣrgripum gefaran wolde, how he would act in his sudden attacks, 739.

ūt faran, to go out: w. acc. lēt of brēostum ... word ūt faran, let words go out of his breast, uttered words, 2552.

faroð, st. m., stream, flood of the sea, shore, strand, edge: dat. sg. tō brimes faroðe, 28; ǣfter faroðe, with the stream, 580; ǣt faroðe, 1917.

faru, st. f., way, passage, expedition: in comp. ād-faru.

fācen-stǣf (elementum nequitiae), st. m., wickedness, treachery, deceit. acc. pl. fācen-stafas, 1019.

fāh, fāg, adj., many-colored, variegated, of varying color (especially said of the color of gold, of bronze, and of blood, in which the beams of light are refracted): nom. sg. fāh (covered with blood), 420; blōde fāh, 935; ātertānum fāh (sc. īren) [This is the MS reading; emmended to ātertēarum in text--KTH], 1460; sadol searwum fāh (saddle artistically ornamented with gold), 1039; sweord swāte fāh, 1287; brim blōde fāh, 1595; wældrēore fāg, 1632; (draca) fȳrwylmum fāh (because he spewed flame), 2672; sweord fāh and fǣted, 2702; blōde fāh, 2975; acc. sg. drēore fāhne, 447; goldsele fǣttum fāhne, 717; on fāgne flōr treddode, trod the shining floor (of Heorot), 726; hrōf golde fāhne, the roof shining with gold, 928; nom. pl. eoforlīc ... fāh and fȳr-beard, 305; acc. pl. þā hilt since fāge, 1616; dat. pl. fāgum sweordum, 586.--Comp. bān-, blōd-, brūn-, drēor-, gold-, gryre-, searo-, sinc-, stān-, swāt-, wæl-, wyrm-fāh.

fāh, fāg, fā, adj.: 1) hostile: nom. sg. fāh fēond-scaða, 554; hē wæs fāg wið god (Grendel), 812; acc. sg. fāne (the dragon), 2656; gen. pl. fāra, 578, 1464.--2) liable to pursuit, without peace, outlawed: nom. sg. fāg, 1264; māne fāh, outlawed through crime, 979; fyren-dǣdum fāg, 1002.--Comp. nearo-fāh.

fāmig-heals, adj., with foaming neck: nom. sg. flota fāmig-heals, 218;

(sǣgenga) fāmig-heals, 1910.

fǣc, st. n., period of time: acc. sg. lȳtel fǣc, during a short time, 2241.

fæder, st. m., father: nom. sg. fæder, 55, 262, 459, 2609; of God, 1610; fæder alwalda, 316; acc. sg. fæder, 1356; dat. sg. fæder, 2430; gen. sg. fæder, 21, 1480; of God, 188--Comp.: ǣr, eald-fæder.

fædera, w. m., father's brother in comp. suhter-gefæderan.

fæder-ǣðelo, st. n. pl., paternus principatus (?): dat. pl. fæder-ǣðelum, 912.

fæderen-mǣg, st. m., kinsman descended from the same father, co-descendant: dat. sg. fæderen-mǣge, 1264.

fæðm, st. m.: 1) the outspread, encircling arms: instr. pl. fēondes fæð[mum], 2129.--2) embrace, encircling: nom. sg. līges fæðm, 782; acc. sg. in fȳres fæðm, 185.--3) bosom, lap: acc. sg. on foldan fæðm, 1394; wið eorðan fæðm, 3050; dat. pl. tō fæder (God's) fæðmum, 188.--4) power, property: acc. in Francna fæðm, 1211.--Cf. sīd-fæðmed, sīð-fæðme.

fæðmian, w. v., to embrace, to take up into itself: pres. subj. þæt minne līchaman ... glēd fæðmie, 2653; inf. lēton flōd fæðmian frætwa hyrde, 3134.

ge-fǣg, adj., agreeable, desirable (Old Eng., fawe, willingly): comp. ge-fǣgra, 916.

fægen, adj., glad, joyous: nom. pl. ferhðum fægne, the glad at heart, 1634.

fæger, fǣger, adj., beautiful, lovely: nom. sg. fæger fold-bold, 774; fæger foldan bearm, 1138; acc. sg. freoðoburh fægere, 522; nom. pl. þǣr him fold-wegas fægere þūhton, 867.--Comp. un-fæger.

fægere, fægre, adv., beautifully, well, becomingly, according to etiquette: fægere geþǣgon medoful manig, 1015; þā wæs flet-sittendum fægere gereorded, becomingly the repast was served, 1789; Higelāc ongan ... fægre fricgean, 1986; similarly, 2990.

fǣr, st. n., craft, ship: nom. sg., 33.

fæst, adj., bound, fast: nom. sg. bið se slǣp tō fæst, 1743; acc. sg. frēondscipe fæstne, 2070; fæste frioðuwǣre, 1097.--The prep. on stands to denote the where or wherein: wǣs tō fæst on þām (sc. on fǣhðe and fyrene), 137; on ancre fæst, 303. Or, oftener, the dative: fēond-grāpum fæst, (held) fast in his antagonist's clutch, 637; fȳrbendum fæst, fast in the forged hinges, 723; handa fæst, 1291, etc.; hygebendum fæst (beorn him langað), fast (shut) in the bonds of his bosom, the man longs for (i.e. in secret), 1879.--Comp: ār-, blǣd-, gin-, sōð-, tīr-, wīs-fæst.

fæste, adv., fæst 554, 761, 774, 789, 1296.--Comp. fæstor, 143.

be-fæstan, w. v., to give over: inf. hēt Hildeburh hire selfre sunu sweoloðe befæstan, to give over to the flames her own son, 1116.

fæsten, st. n., fortified place, or place difficult of access: acc. sg. lēoda fæsten, the fastness of the Gēatas (with ref. to 2327, 2334; fæsten (Ongenþēow's castle or fort), 2951; fæsten (Grendel's house in the fen-sea), 104.

fæst-rǣd, adj., firmly resolved: acc. sg. fæst-rǣdne geþōht, firm determination, 611.

fæt, st. m., way, journey: in comp. sīð-fæt.

fæt, st. n., vessel; vase, cup: acc. pl. fyrn-manna fatu, the (drinking-) vessels of men of old times, 2762.--Comp.: bān-, drync-, māððum-, sinc-, wundor-fæt.

fǣge, adj.: 1) forfeited to death, allotted to death by fate: nom. sg. fǣge, 1756, 2142, 2976; fǣge and ge-flȳmed, 847; fūs and fǣge, 1242; acc. sg. fǣgne flǣsc-homan, 1569; dat. sg. fǣgum, 2078; gen. sg. fǣges, 1528.--2) dead: dat. pl. ofer fǣgum (over the warriors fallen in the battle), 3026.--Comp.: dēað-, un-fǣge.

fǣhð (state of hostility, see fāh), st. f., hostile act, feud, battle: nom. sg. fǣhð, 2404, 3062; acc. sg. fǣhðe, 153, 459, 470, 596, 1334, etc.; also of the unhappy bowshot of the Hrēðling, Hǣðcyn, by which he killed his brother, 2466; dat. sg. fore fǣhðe and fyrene, 137; nalas for fǣhðe mearn (did not recoil from the combat), 1538; gen. sg, ne gefeah hē þǣre fǣhðe, 109; gen. pl. fǣhða gemyndig, 2690.--Comp. wǣl-fǣhð.

fǣhðo, st. f., same as above: nom. sg. sīo fǣhðo, 3000; acc. fǣhðo, 2490.

fǣlsian, w. v., to bring into a good condition, to cleanse: inf. þǣt ic mōte ... Heorot fǣlsian (from the plague of Grendel), 432; pret. Hrōðgāres ... sele fǣlsode, 2353.

ge-fǣlsian, w. v., same as above: pret. part. hǣfde gefǣlsod ... sele Hrōðgāres, 826; Heorot is gefǣlsod, 1177; wǣron ȳð-gebland eal gefǣlsod, 1621.

fǣmne, w. f., virgin, recens nupta: dat. sg. fǣmnan, 2035; gen. sg. fǣmnan, 2060, both times of Hrōðgār's daughter Frēaware.

fǣr, st. m., sudden, unexpected attack: nom. sg. (attack upon Hnǣf's band by Finn's), 1069, 2231.

fǣr-gripe, st. m., sudden, treacherous gripe, attack: nom. sg. fǣr-gripe flōdes, 1517; dat. pl. under fǣrgripum, 739.

fǣr-gryre, st. m., fright caused by a sudden attack: dat. pl. wið fǣr-gryrum (against the inroads of Grendel into Heorot), 174.

fǣringa, adv., suddenly, unexpectedly, 1415, 1989.

fǣr-nīð, st. m., hostility with sudden attacks: gen. pl. hwǣt mē Grendel hafað ... fǣrnīða gefremed, 476.

fǣt, st. n. (?), plate, sheet of metal, especially gold plate (Dietrich Hpt. Ztschr. XI. 420): dat. pl. gold sele ... fǣttum fāhne, shining with gold plates (the walls and the inner part of the roof were partly covered with gold), 717; sceal se hearda helm hyrsted golde fǣtum befeallen (sc. wesan), the gold ornaments shall fall away from it, 2257.

fǣted, fǣtt, part., ornamented with gold beaten into plate-form: gen. sg. fǣttan goldes, 1094, 2247; instr. sg. fǣttan golde, 2103. Elsewhere, covered, ornamented with gold plate: nom. sg. sweord ... fǣted, 2702; acc. sg. fǣted wǣge, 2254, 2283; acc. pl. fǣtte scyldas, 333; fǣtte bēagas, 1751.

fǣted-hlēor, adj., phaleratus gena (Dietr.): acc. pl. eahta mēaras fǣtedhlēore (eight horses with bridles covered with plates of gold), 1037.

fǣt-gold, st. n., gold in sheets or plates: acc. sg., 1922.

feðer-gearwe, st. f. pl. (feather-equipment), the feathers of the shaft of the arrow: dat. (instr.) pl. sceft feðer-gearwum fūs, 3120.

fel, st. n., skin, hide: dat. pl. glōf ... gegyrwed dracan fellum, made of the skins of dragons, 2089.

fela, I., adj. indecl., much, many: as subst.: acc. sg. fela fricgende, 2107. With worn placed before: hwǣt þū worn fela ... ymb Brecan sprǣce, how very much you spoke about Breca, 530.--With gen. sg.: acc. sg. fela fyrene, 810; wyrm-cynnes fela, 1426; worna fela sorge, 2004; tō fela micles ... Denigea lēode, too much of the race of the Danes, 695; uncūðes fela, 877; fela lāðes, 930; fela lēofes and lāðes, 1061.--With gen. pl.: nom. sg. fela mādma, 36; fela þǣra wera and wīfa, 993, etc.; acc. sg. fela missēra, 153; fela fyrena, 164; ofer landa fela, 311; māððum-sigla fela (falo, MS.), 2758; nē mē swōr fela āða on unriht, swore no false oaths, 2739, etc.; worn fela māðma, 1784; worna fela gūða, 2543.--Comp. eal-fela.

II., adverbial, very, 1386, 2103, 2951.

fela-hrōr, adj., valde agitatus, very active against the enemy, very warlike, 27.

fela-mōdig, adj., very courageous: gen. pl. -mōdigra, 1638, 1889.

fela-synnig, adj., very criminal, very guilty: acc. sg. fela-sinnigne secg (in MS., on account of the alliteration, changed to simple sinnigne), 1380.

fēolan, st. v., to betake one's self into a place, to conceal one's self: pret. siððan inne fealh Grendles mōdor (in Heorot), 1282; þǣr inne fealh secg syn-bysig (in the dragon's cave), 2227.--to fall into, undergo, endure: searonīðas fealh, 1201.

ǣt-fēolan, w. dat., insistere, adhǣrere: pret. nō ic him þǣs georne ǣtfealh (held him not fast enough, 969.

fen, st. n., fen, moor: acc. sg. fen, 104; dat. sg. tō fenne, 1296; fenne,

2010.

fen-freoðo, st. f., refuge in the fen: dat. sg. in fen-freoðo, 852.

feng, st. m., gripe, embrace: nom. sg. fȳres feng, 1765; acc. sg. fāra feng (of the hostile sea-monsters), 578.--Comp. inwit-feng.

fengel (probably he who takes possession, cf. tō fōn, 1756, and fōn tō rīce, to enter upon the government), st. m., lord, prince, king: nom. sg. wīsa fengel, 1401; snottra fengel, 1476, 2157; hringa fengel, 2346.

fen-ge-lād, st. n., fen-paths, fen with paths: acc. pl. frēcne fengelād (fens difficult of access), 1360.

fen-hlið, st. n., marshy precipice: acc. pl. under fen-hleoðu, 821.

fen-hop, st. n., refuge in the fen: acc. pl. on fen-hopu, 765.

ferh, st. m. n., life; see feorh.

ferh, st. m., hog, boar, here of the boar-image on the helmet: nom. sg., 305.

ferhð, st. m., heart, soul: dat. sg. on ferhðe, 755, 949, 1719; gehwylc hiora his ferhðe trēowde, þæt ..., each of them trusted to his (Hunferð's) heart, that ..., 1167; gen. sg. ferhðes fore-þanc, 1061; dat. pl. (adverbial) ferhðum fægne, happy at heart, 1634; þæt mon ... ferhðum frēoge, that one ... heartily love, 3178.--Comp.: collen-, sarig-, swift-, wide-ferhð.

ferhð-frec, adj., having good courage, bold, brave: acc. sg. ferhð-frecan Fin, 1147.

ferhð-genīðla, w. m., mortal enemy: acc. sg. ferhð-genīðlan, of the drake, 2882.

ferian, w. v. w. acc., to bear, to bring, to conduct: pres. II. pl. hwanon ferigeað fætte scyldas, 333; pret. pl. tō scypum feredon eal ingesteald eorðcyninges, 1155; similarly, feredon, 1159, 3114.

æt-ferian, to carry away, to bear off: pret. ic þæt hilt þanan fēondum ætferede, 1669.

ge-ferian, bear, to bring, to lead: pres. subj. I. pl. þonne (wē) geferian frēan ūserne, 3108; inf. geferian ... Grendles hēafod, 1639; pret. þæt hī ūt geferedon dȳre māðmas, 3131; pret. part. hēr syndon geferede feorran cumene ... Gēata lēode, men of the Gēatas, come from afar, have been brought hither (by ship), 361.

oð-ferian, to tear away, to take away: pret. sg. I. unsōfte þonan feorh oð-ferede, 2142.

of-ferian, to carry off, to take away, to tear away: pret. ōðer swylc ūt offerede, took away another such (sc. fifteen), 1584.

fetel-hilt, st. n., sword-hilt, with the gold chains fastened to it: acc. (sg. or pl.?), 1564. (See "Leitfaden f. nord. Altertumskunde," pp.45, 46.)

fetian, w. v., to bring near, bring: pres. subj. nāh hwā ... fe[tige] fæted wǣge, bring the gold-chased tankard, 2254; pret. part. hraðe wæs tō būre Bēowulf fetod, 1311.

ge-fetian, to bring: inf. hēt þā eorla hlēo in gefetian Hrēðles lāfe, caused Hrēðel's sword to be brought, 2191.

ā-fēdan, w. v., to nourish, to bring up: pret. part. þǣr hē āfēded wæs, 694.

fēða (O.H.G. fendo), w. m.: 1) foot-soldiers: nom. pl. fēðan, 1328, 2545.-- 2) collective in sing., band of foot-soldiers, troop of warriors: nom. fēða eal gesæt, 1425; dat. on fēðan, 2498, 2920.--Comp. gum-fēða.

fēðe, st. n., gait, going, pace: dat. sg. wæs tō foremihtig fēond on fēðe, the enemy was too strong in going (i.e. could flee too fast), 971.

fēðe-cempa, w. m., foot-soldier: nom. sg., 1545, 2854.

fēðe-gǣst, st. m., guest coming on foot: dat. pl. fēðe-gestum, 1977.

fēðe-lāst, st. m., signs of going, footprint: dat. pl. fērdon forð þonon fēðe-lāstum, went forth from there upon their trail, i.e. by the same way that they had gone, 1633.

fēðe-wīg, st. m., battle on foot: gen. sg. nealles Hetware hrēmge þorfton (sc. wesan) fēðe-wīges, 2365.

fēl (= fēol), st. f. file: gen. pl. fēla lāfe, what the files have left behind (that is, the swords), 1033.

fēran, w. v., iter (A.S. fōr) facere, to come, to go, to travel: pres. subj. II. pl. ǣr gē ... on land Dena furður fēran, ere you go farther into the land of the Danes, 254; inf. fēran on frēan wǣre (to die), 27; gewiton him þā fēran (set out upon their way), 301; mǣl is mē tō fēran, 316; fēran ... gang scēawigan, go, so as to see the footprints, 1391; wīde fēran, 2262; pret. fērdon folctogan ... wundor scēawian, the princes came to see the wonder, 840; fērdon forð, 1633.

ge-fēran: 1) adire, to arrive at: pres. subj. þonne eorl ende gefēre līfgesceafta, reach the end of life, 3064; pret. part. hǣfde ǣghwǣðer ende gefēred lǣnan līfes, frail life's end had both reached, 2845.--2) to reach, to accomplish, to bring about: pret. hafast þū gefēred þæt ..., 1222, 1856.--3) to behave one's self, to conduct one's self: pret. frēcne gefērdon, had shown themselves daring, 1692.

feal, st. m., fall: in comp. wǣl-feal.

feallan, st. v., to fall, to fall headlong: inf. feallan, 1071; pret. sg. þæt hē on hrūsan ne fēol, that it (the hall) did not fall to the ground, 773; similarly, fēoll on foldan, 2976; fēoll on fēðan (dat. sg.), fell in the band (of his warriors), 2920; pret. pl. þonne walu fēollon, 1043.

be-feallen, pret. part. w. dat. or instr., deprived of, robbed: frēondum befeallen, robbed of friends, 1127; sceal se hearda helm ... fǣtum befeallen (sc. wesan), be robbed of its gold mountings (the gold mounting will fall away from it moldering), 2257.

ge-feallan, to fall, to sink down: pres. sg. III. þæt se līc-homa ... fǣge gefealleð, that the body doomed to die sinks down, 1756.--Also, with the acc. of the place whither: pret. meregrund gefēoll, 2101; hē eorðan gefēoll, 2835.

fealu, adj., fallow, dun-colored, tawny: acc. sg. ofer fealone flōd (over the sea), 1951; fealwe strǣte (with reference to 320, 917; acc. pl. lēton on geflīt faran fealwe mēaras, 866.--Comp. ǣppel-fealo.

feax, st. n., hair, hair of the head: dat. sg. wæs be feaxe on flet boren Grendles hēafod, was carried by the hair into the hall, 1648; him ... swāt ... sprong forð under fexe, the blood sprang out under the hair of his head, 2968.--Comp.: blonden-, gamol-, wunden-feax.

ge-fēa, w. m., joy: acc. sg. þǣre fylle gefēan, joy at the abundant repast, 562; ic þæs ealles mæg ... gefēan habban (can rejoice at all this), 2741.

fēa, adj., few dat. pl. nemne fēaum ānum, except some few, 1082; gen. pl. fēara sum, as one of a few, with a few, 1413; fēara sumne, one of a few (some few), 3062. With gen. following: acc. pl. fēa worda cwǣð, spoke few words, 2663, 2247.

fēa-sceaft, adj., miserable, unhappy, helpless: nom. sg. syððan ǣrest wearð fēasceaft funden, 7; fēasceaft guma (Grendel), 974; dat. sg. fēasceaftum men, 2286; Ēadgilse ... fēasceaftum, 2394; nom. pl. fēasceafte (the Gēatas robbed of their king, Hygelāc), 2374.

feoh, fēo, st. n., (properly cattle, herd) here, possessions, property, treasure: instr. sg. ne wolde ... feorh-bealo fēo þingian, would not allay life's evil for treasure (tribute), 156; similarly, þā fǣhðe fēo þingode, 470; ic þē þā fǣhðe fēo lēanige, 1381.

ge-feohan, ge-fēon, st. v. w. gen. and instr., to enjoy one's self, to rejoice at something: a) w. gen.: pret. sg. ne gefeah hē þǣre fǣhðe, 109; hilde gefeh, beado-weorces, 2299; pl. fylle gefǣgon, enjoyed themselves at the bounteous repast, 1015; þēodnes gefēgon, rejoiced at (the return of) the ruler, 1628.--b) w. instr.: niht-weorce gefeh, ellen-mǣrðum, 828; secg weorce gefeh, 1570; sǣlāce gefeah, mægen-byrðenne þāra þe hē him mid hǣfde, rejoiced at the gift of the sea, and at the great burden of that (Grendel's head and the sword-hilt) which he had with him, 1625.

feoh-gift, -gyft, st. f., bestowing of gifts or treasures: gen. sg. þǣre feoh-gyfte, 1026; dat. pl. æt feohgyftum, 1090; fromum feohgiftum, with rich gifts, 21.

feoh-lēas, adj., that cannot be atoned for through gifts: nom. sg. þæt wæs feoh-lēas gefeoht, a deed of arms that cannot be expiated (the killing of his brother by Hæðcyn), 2442.

ge-feoht, st. n., combat; warlike deed: nom. sg. (the killing of his brother by Hæðcyn), 2442; dat. sg. mēce þone þīn fader tō gefeohte bǣr, the sword which thy father bore to the combat, 2049.

ge-feohtan, st. v., to fight: inf. w. acc. ne mehte ... wīg Hengeste wiht gefeohtan (could by no means offer Hengest battle), 1084.

feohte, w. f., combat: acc. sg. feohtan, 576, 960. See were-fyhte.

feor, adj., far, remote: nom. sg. nis þæt feor heonon, 1362; næs him feor þanon tō gesēcanne sinces bryttan, 1922; acc. sg. feor eal (all that is far, past), 1702.

feor, adv., far, far away: a) of space, 42, 109, 809, 1806, 1917; feor and (oððe) nēah, far and (or) near, 1222, 2871; feorr, 2267.--b) of time: gē feor hafað fæhðe gestæled (has placed us under her enmity henceforth), 1341.

Comparative, fyr, feorr, and feor: fyr and fæstor, 143; fyr, 252; feorr, 1989; feor, 542.

feor-būend, pt., dwelling far away: nom. pl. gē feor-būend, 254.

feor-cȳð, st. f., home of those living far away, distant land: nom, pl. feor-cȳððe bēoð sēlran gesōhte þǣm þe him selfa dēah, foreign lands are better sought by him who trusts to his own ability, 1839.

feorh, ferh (Goth. fairhvu-s, world), st. m. and n., life, principle of life, soul: nom. sg. feorh, 2124; nō þon lange wæs feorh æðelinges flǣsce bewunden, not for much longer was the soul of the prince enveloped in the body (he was near death), 2425; ferh ellen wræc, life expelled the strength (i.e. with the departing life the strength disappeared also), 2707; acc. sg. feorh ealgian, 797, 2656, 2669; feorh gehealdan, preserve his life, 2857; feorh ālegde, gave up his life, 852; similarly, ǣr hē feorh seleð, 1371; feorh oðferede, tore away her life, 2142; oð þæt hīe forlǣddan tō þām lindplegan swǣse gesīðas ond hyra sylfra feorh, till in an evil hour they carried into battle their dear companions and their lives (i.e. led them to their death), 2041; gif þū þīn feorh hafast, 1850; ymb feorh sacan (to fight for life), 439; wæs in feorh dropen, was wounded into his life, i.e. mortally, 2982; wīdan feorh, as temporal acc., through a wide life, i.e. always, 2015; dat. sg. fēore, 1294, 1549; tō wīdan feore, for a wide life, i.e. at all times, 934; on swā geongum feore (at a so youthful age), 1844; as instr., 578, 3014; gen. sg. fēores, 1434, 1943; dat. pl. būton ... feorum gumena, 73; frēonda fēorum, 1307.-- Also, body, corpse: þā wæs heal hroden fēonda fēorum (the hall was covered with the slain of the enemy), 1153; gehwearf þā in Francna fæðm feorh cyninges, then the body of the king (Hygelāc) fell into the power of the Franks, 1211. --Comp. geogoð-feorh.

feorh-bana, w. m., (life-slayer), man-slayer, murderer: dat. sg. feorh-bonan, 2466.

feorh-ben, st. f., wound that takes away life, mortal wound: dat. (instr.) pl. feorh-bennum sēoc, 2741.

feorh-bealu, st. n., evil destroying life, violent death: nom. sg., 2078, 2251, 2538; acc. sg., 156.

feorh-cyn, st. n., race of the living, mankind: gen. pl. fela feorh-cynna, 2267.

feorh-genīðla, w. m., he who seeks life, life's enemy (N.H.G. Tod-feind), mortal enemy: acc. sg. -genīðlan, 1541; dat. sg. -genīðlan, 970; acc. sg. brǣgd feorh-genīðlan, 1541; acc. pl. folgode feorh-genīðlan, (Ongenþēow) pursued his mortal enemies, 2934.

feorh-lagu, st. f., the life allotted to anyone, life determined by fate: acc. sg. on māðma hord mine (mīnne, MS.) bebohte frōde feorh-lege, for the treasure-hoard I sold my old life, 2801.

feorh-lāst, st. m., trace of (vanishing) life, sign of death : acc. pl. feorh-lāstas bǣr, 847.

feorh-sēoc, adj., mortally wounded: nom. sg., 821.

feorh-sweng, st. m., (stroke robbing of life), fatal blow: acc. sg., 2490.

feorh-wund, st. f., mortal wound, fatal injury: acc. sg. feorh-wunde hlēat, 2386.

feorm, st. f., subsistence, entertainment: acc. sg. nō þū ymb mīnes ne þearft līces feorme leng sorgian, thou needest no longer have care for the sustenance of my body, 451.--2) banquet: dat. on feorme (or feorme, MS.), 2386.

feormend-lēas, adj., wanting the. cleanser: acc. pl. geseah ... fyrn-manna fatu feormend-lēase, 2762.

feormian, w. v., to clean, to cleanse, to polish: pres. part. nom pl. feormiend swefað (feormynd, MS.), 2257.

ge-feormian, w. v., to feast, to eat; pret. part. sōna hǣfde unlyfigendes eal gefeormod fēt and folma, 745.

feorran, w. v., w. acc., to remove: inf. sibbe ne wolde wið manna hwone mǣgenes Deniga feorh-bealo feorran, fēo þingian, (Grendel) would not from friendship free any one of the men of the Danes of life's evil, nor allay it for tribute, 156.

feorran, adv., from afar: a) of space, 361, 430, 826, 1371, 1820, etc.; siððan ǣðelingas feorran gefricgean flēam ēowerne, when noble men afar learn of your flight (when the news of your flight reaches distant lands), 2890; fērdon folctogan feorran and nēan, from far and from near, 840; similarly, nēan and feorran þū nū [friðu] hafast, 1175; wǣs þǣs wyrmes wīg wīde gesȳne ... nēan and feorran, visible from afar, far and near, 2318.--b) temporal: sē þe cūðe frumsceaft fīra feorran reccan (since remote antiquity), 91; similarly, feorran rehte, 2107.

feorran-cund, adj., foreign-born: dat. sg. feorran-cundum, 1796.

feor-weg, st. m., far way: dat. pl. mādma fela of feorwegum, many precious things from distant paths (from foreign lands), 37.

ge-fēon. See feohan.

fēond, st. m., enemy: nom. sg., 164, 726, 749; fēond on helle (Grendel), 101; acc. sg., 279, 1865, 2707; dat. sg. fēonde, 143, 439; gen. sg. fēondes, 985, 2129, 2290; acc, pl. fēond, 699; dat. pl. fēondum, 420, 1670; gen. pl. feonda 294, 809, 904.

fēond-grāp, st. f., foe's clutch: dat. (instr.) pl. fēond-grāpum fǣst, 637.

fēond-sceaða, w. m., one who is an enemy and a robber: nom. sg. fāh fēond-scaða (a hostile sea-monster), 554.

fēond-scipe, st. m., hostility: nom. sg., 3000.

fēower, num., four: nom. fēower bearn, 59; fēower mēaras, 2164; fēower, as substantive, 1638; acc. fēower māðmas, 1028.

fēower-tȳne, num., fourteen: nom. with following gen. pl. fēowertȳne Gēata, 1642.

findan, st. v., to find, to invent, to attain: a) with simple object in acc.: inf. þāra þe hē cēnoste findan mihte, 207; swylce hīe at Finnes-hām findan meahton sigla searo-gimma, 1157; similarly, 2871; mæg þǣr fela frēonda findan, 1839; wolde guman findan, 2295; swā hyt weorðlīcost fore-snotre men findan mihton, so splendidly as only very wise men could devise it, 3164; pret. sg. healþegnas fand, 720; word ōðer fand, found other words, i.e. went on to another narrative, 871; grimne gryrelīcne grund-hyrde fond, 2137; þæt ic gōdne funde bēaga bryttan, 1487; pret. part. syððan ǣrest wearð fēasceaft funden (discovered), 7.--b) with acc. and pred. adj.: pret. sg. dryhten sīnne drīorigne fand, 2790.--c) with acc. and inf.: pret. fand þā þǣr inne æðelinga gedriht swefan, 118; fand wæccendne wer wīges bīdan, 1268; hord-wynne fond opene standan, 2271; oð þæt hē fyrgen-bēamas ... hleonian funde, 1416; pret. pl. fundon þā sāwullēasne hlim-bed healdan, 3034.--d) with dependent clause: inf. nō þȳ ǣr fēasceafte findan meahton æt þām æðelinge þæt hē Heardrēde hlāford wǣre (could by no means obtain it from the prince), 2374.

on-findan, to be sensible of, to perceive, to notice: a) w. acc.: pret. sg. landweard onfand eftsīð eorla, the coast-guard observed the return of the earls, 1892; pret. part. þā hēo onfunden wæs (was discovered), 1294.--b) w. depend, clause: pret. sg. þā se gist onfand þæt se beado-lēoma bītan nolde, the stranger (Bēowulf) perceived that the sword would not cut, 1523; sōna þæt onfunde, þæt ..., immediately perceived that..., 751; similarly, 810, 1498.

finger, st. m., finger: nom. pl. fingras, 761; acc. pl. fingras, 985; dat. (instr.) pl. fingrum, 1506; gen. pl. fingra, 765.

fīras, fȳras (O.H.G. firahī, i.e. the living; cf. feorh), st. m., only in pl., men: gen. pl. fīra, 91, 2742; monegum fīra, 2002; fȳra gehwylcne lēoda mīnra, 2251; fīra fyrngeweorc, 2287.

firen, fyren, st. f., cunning waylaying, insidious hostility, malice, outrage: nom. sg. fyren, 916; acc. sg. fyrene and fǣhðe, 153; fǣhðe and fyrene, 880, 2481; firen' ondrysne, 1933; dat. sg. fore fǣhðe and fyrene, 137; gen. pl. fyrena, 164, 629; and fyrene, 812; fyrena hyrde (of Grendel), 751. The dat. pl., fyrenum, is used adverbially in the sense of maliciously, 1745, or fallaciously, with reference to Hæðcyn's killing

Herebeald, which was done unintentionally, 2442.

firen-dǣd, st. f., wicked deed: acc. pl. fyren-dǣda, 1670; instr. pl. fyren-dǣdum, 1002; both times of Grendel and his mother, with reference to their nocturnal inroads.

firen-þearf, st. f., misery through the malignity of enemies: acc. sg. fyren-þearfe, 14.

firgen-bēam, st. m., tree of a mountain-forest: acc. pl. fyrgen-bēamas, 1415.

firgen-holt, st. m., mountain-wood, mountain-forest: acc. sg. on fyrgen-holt, 1394.

firgen-strēam, st. m., mountain-stream: nom. sg. fyrgen-strēam, 1360; acc. sg. under fyrgen-strēam (marks the place where the mountain-stream, according to 1360, empties into Grendel's sea), 2129.

fisc, st. m., fish: in comp. hron-, mere-fisc.

fīf, num., five: uninflect. gen. fīf nihta fyrst, 545; acc. fīfe (?), 420.

fīfel-cyn (O.N. fīfl, stultus and gigas), st. n., giant-race: gen. sg. fīfelcynnes eard, 104.

fīf-tȳne, num., fifteen: acc. fȳftȳne, 1583; gen. fīftȳna sum, 207.

fīf-tig, num., fifty: 1) as substantive with gen. following; acc. fīftig wintra, 2734; gen. sē wæs fīftiges fōt-gemearces lang, 3043.--2) as adjective: acc. fīftig wintru, 2210.

flān, st. m., arrow: dat. sg. flāne, 3120; as instr., 2439.

flān-boga, w. m., bow which shoots the flān, bow: dat. sg. of flān-bogan, 1434, 1745.

flǣsc, st. n., flesh, body in contrast with soul: instr. sg. nō þon lange wæs feorh ǣðelinges flǣsce bewunden, not much longer was the son of the prince contained in his body, 2425.

flǣsc-hama, w. m., clothing of flesh, i.e. the body: acc. sg. flǣsc-homan,

1569.

flet, st. n.: 1) ground, floor of a hall: acc. sg. hēo on flet gebēah, fell to the ground, 1541; similarly, 1569.--2) hall, mansion: nom. sg. 1977; acc. sg. flet, 1037, 1648, 1950, 2018, etc.; flett, 2035; þæt hīe him ōðer flet eal gerȳmdon, that they should give up entirely to them another hall, 1087; dat. sg. on flette, 1026.

flet-ræst, st. f., resting-place in the hall: acc. sg. flet-ræste gebēag, reclined upon the couch in the hall, 1242.

flet-sittend, pres. part., sitting in the hall: acc. pl -sittende, 2023; dat. pl. -sittendum, 1789.

flet-werod, st. n., troop from the hall: nom. sg., 476.

flēam, st. m., flight: acc. sg. on flēam gewand, had turned to flight, 1002; flēam ēowerne, 2890.

flēogan, st. v., to fly: prs. sg. III. flēogeð, 2274.

flēon, st. v., to flee: inf. on heolster flēon, 756; flēon on fenhopu, 765; flēon under fen-hleoðu, 821; pret. hete-swengeas flēah, 2226.

be-flēon, w. acc., to avoid, to escape: gerund nō þæt ȳðe byð tō beflēonne, that is not easy (i.e. not at all) to be avoided, 1004.

ofer-flēon, w. acc., to flee from one, to yield: inf. nelle ic beorges weard oferflēon fōtes trem, will not yield to the warder of the mountain (the drake) a foot's breadth, 2526.

flēotan, st. v., to float upon the water, to swim: inf. nō hē wiht fram mē flōd-ȳðum feor flēotan meahte. hraðor on helme, no whit, could he swim from me farther on the waves (regarded as instrumental, so that the waves marked the distance), more swiftly in the sea, 542; pret. sǣgenga flēat fāmigheals forð ofer ȳðe, floated away over the waves, 1910.

fliht. See flyht.

flitme. See un-flitme.

flītan, st. v., to exert one's self, to strive, to emulate: pres. part. flītende fealwe strǣte mēarum mǣton (rode a race), 917; pret. sg. II. eart þū se Bēowulf, sē þe wið Brecan ... ymb sund flite, art thou the Bēowulf who once contended with Breca for the prize in swimming? 507.

ofer-flītan, to surpass one in a contest, to conquer, to overcome: pret. w. acc. hē þē ǣt sunde oferflāt (overcome thee in a swimming-wager), 517.

ge-flīt, st. n., emulation: acc. sg. lēton on geflīt faran fealwe mēaras, let the fallow horses go in emulation, 866.

floga, w. m., flyer; in the compounds: gūð-, lyft-, ūht-, wid-floga.

flota (see flēotan), w. m., float, ship, boat: nom. sg., 210, 218, 301; acc. sg. flotan ēowerne, 294.--Comp. wǣg-flota.

flot-here, st. m., fleet: instr. sg. cwōm faran flotherge on Frēsna land, 2916.

flōd, st. m., flood, stream, sea-current: nom. sg., 545, 580, 1362, etc.; acc. sg. flōd, 3134; ofer fealone flōd, 1951; dat. sg. tō flōde, 1889; gen. pl. flōda begong, the region of floods, i.e. the sea, 1498, 1827; flōda genipu, 2809.

flōd-ȳð, st. f., flood-wave: instr. pl. flōd-ȳðum, 542.

flōr, st. m., floor, stone-floor: acc. sg. on fāgne flōr (the floor was probably a kind of mosaic, made of colored flags), 726; dat. sg. gang þā ǣfter flōre, along the floor (i.e. along the hall), 1317.

flyht, fliht, st. m., flight: nom. sg. gāres fliht, flight of the spear, 1766.

ge-flȳman, w. v., to put to flight: pret. part. geflȳmed, 847, 1371.

folc, st. n., troop, band of warriors; folk, in the sense of the whole body of the fighting men of a nation: acc. sg. folc, 522, 694, 912; Sūðdene folc, 464; folc and rīce, 1180; dat. sg. folce, 14, 2596; folce Deninga, 465; as instr. folce gestepte ofer sǣ sīde, went with a band of warriors over the wide sea, 2394; gen. sg. folces, 1125; folces Denigea, 1583.-- The king is called folces hyrde, 611, 1833, 2645, 2982; frēawine folces, 2358; or folces weard, 2514. The queen, folces cwēn, 1933.--The pl., in the sense of warriors, fighting men: nom. pl. folc, 1423, 2949; dat. pl. folcum, 55, 262, 1856; gen. pl. frēo- (frēa-) wine folca, of the king, 430, 2430; friðu-sibb folca, of the queen, 2018.--Comp. sige-folc.

folc-āgend, pres. part., leader of a band of warriors: nom. pl. folc-āgende, 3114.

folc-beorn, st. m., man of the multitude, a common man: nom. sg. folc-beorn, 2222.

folc-cwēn, st. f., queen of a warlike host: nom. sg., of Wealhþēow, 642.

folc-cyning, st. m., king of a warlike host: nom. sg., 2734, 2874.

folc-rǣd, st. m, what best serves a warlike host: acc. sg., 3007.

folc-riht, st. n., the rights of the fighting men of a nation: gen. pl. him ǣr forgeaf ... folcrihta gehwylc, swā his fæder āhte, 2609.

folc-scearu, st. f., part of a host of warriors, nation: dat. sg. folc-scare, 73.

folc-stede, st. m., position of a band of warriors, place where a band of warriors is quartered: acc. sg. folcstede, of the hall, Heorot, 76; folcstede fāra (the battle-field), 1464.

folc-toga, w. m., leader of a body of warriors, duke: nom. pl., powerful liege-men of Hrōðgār are called folc-togan, 840.

fold-bold, st. n., earth-house (i.e. a house on earth in contrast with a dwelling in heaven): nom. sg. fæger fold-bold, of the hall, Heorot, 774.

fold-būend, pres. part. dweller on earth, man: nom. pl. fold-būend, 2275; fold-būende, 1356; dat. pl. fold-būendum, 309.

folde, w. f., earth, ground: acc. sg. under foldan, 1362; fēoll on foldan, 2976; gen. sg. foldan bearm, the bosom of the earth, 1138; foldan scēatas, 96; foldan fæðm, 1394.--Also, earth, world: dat. sg. on foldan, 1197.

fold-weg, st. m., field-way, road through the country: acc. sg. fold-weg, 1634; acc. pl. fold-wegas, 867.

folgian, w. v.: 1) to perform vassal-duty, to serve, to follow: pret. pl. þēah hīe hira bēaggyfan banan folgedon, although they followed the murderer of their prince, 1103.--2) to pursue, to follow after: folgode feorh-genīðlan (acc. pl.) 2934.

folm, st. f, hand: acc. sg. folme, 971, 1304; dat. sg. mid folme, 743; acc. pl. fēt and folma, feet and hands, 746; dat. pl. tō banan folmum, 158; folmum (instr.), 723, 993.--Comp.: beado-, gearo-folm.

for, prep. w. dat., instr., and acc.: 1) w. dat. local, before, ante: þæt hē for eaxlum gestōd Deniga frēan, 358; for hlāwe, 1121.--b) before, coram, in conspectu: no hē þǣre feohgyfte for scēotendum scamigan þorfte, had no need to be ashamed of the gift before the warriors, 1027; for þǣm werede, 1216; for eorlum, 1650; for duguðe, before the noble band of warriors, 2021.--Causal, a) to denote a subjective motive, on account of, through, from: for wlenco, from bravery, through warlike courage, 338, 1207; for wlence, 508; for his wonhȳdum, 434; for onmēdlan, 2927, etc.--b) objective, partly denoting a cause, through, from, by reason of: for metode, for the creator, on account of the creator, 169; for þrēanȳdum, 833; for þrēanēdlan, 2225; for dolgilpe, on account of, in accordance with the promise of bold deeds (because you claimed bold deeds for yourself), 509; him for hrōfsele hrīnan ne mehte fǣr-gripe flōdes, on account of the roofed hall the malicious grasp of the flood could not reach him, 1516; līg-egesan wǣg for horde, on account of (the robbing of) the treasure, 2782; for mundgripe mīnum, on account of, through the gripe of my hand, 966; for þæs hildfruman hondgeweorce, 2836; for swenge, through the stroke, 2967; ne meahte ... dēop gedȳgan for dracan lēge, could not hold out in the deep on account of the heat of the drake, 2550. Here may be added such passages as ic þǣm gōdan sceal for his mōdþrǣce māðmas bēodan, will offer him treasures on account of his boldness of character, for his high courage, 385; ful-oft for lǣssan lēan teohhode, gave often reward for what was inferior, 952; nalles for ealdre mearn, was not uneasy about his life, 1443; similarly, 1538. Also denoting purpose: for ārstafum, to the assistance, 382, 458.--2) w. instr. causal, because of, for: hē hine feor forwrǣc for þȳ mane, 110.--3) w. acc., for, as, instead of: for sunu frēogan, love as a son, 948; for sunu habban, 1176; nē him þæs wyrmes wīg for wiht dyde, held the drake's fighting as nothing, 2349.

foran, adv., before, among the first, forward: siððan ... scēawedon fēondes fingras, foran ǣghwylc (each before himself), 985; þæt wæs ān foran ealdgestrēona, that was one among the first of the old treasures, i.e. a splendid old treasure, 1459; þē him foran ongēan linde bǣron, bore their shields forward against him (went out to fight against him), 2365.

be-foran: 1) adv., local, before: hē ... beforan gengde, went before, 1413; temporal, before, earlier, 2498.--2) prep. w. acc. before, in conspectu: mǣre māððum-sweord manige gesāwon beforan beorn beran, 1025.

ford, st. m., ford, water-way: acc. sg. ymb brontne ford, 568.

forð: 1) local, forth, hither, near: forð near ǣtstōp, approached nearer, 746; þā cwōm Wealhþēo forð gān, 1163; similarly, 613; him seleþegn forð wīsade, led him (Bēowulf) forth (to the couch that had been prepared for him in Heorot), 1796; þǣt him swāt sprong forð under fexe, forth under the hair of his head, 2968. Forward, further: gewītað forð beran wǣpen and gewǣdu, 291; hē tō forð gestōp, 2290; freoðo-wong þone forð oferēodon, 2960. Away, forth, 45, 904; fyrst forð gewāt, the time (of the way to the ship) was out, i.e. they had arrived at the ship, 210; mē ... forð-gewitenum, to me the departed, 1480; fērdon forð, went forth (from Grendel's sea), 1633; þonne hē forð scile, when he must (go) forth, i.e. die, 3178; hine mihtig god ... ofer ealle men forð gefremede, carried him forth, over all men, 1719.--2) temporal, forth, from now on: heald forð tela nīwe sibbe, 949; ic sceal forð sprecan gēn ymbe Grendel, shall from now on speak again of Grendel, 2070. See furðum and furðor.

forð-gerīmed, pres. part., in unbroken succession, 59.

forð-gesceaft, st. f., that which is determined for farther on, future destiny: acc. sg. hē þā forð-gesceaft forgyteð and forgȳmeð, 1751.

forð-weg, st. m., road that leads away, journey: hē of ealdre gewāt frōd on forð-weg (upon the way to the next world), 2626.

fore, prep. w. dat., local, before, coram, in conspectu: hēo fore þǣm werede sprǣc, 1216. Causal, through, for, because of: nō mearn fore fǣhðe and fyrene, 136; fore fǣder dǣdum, because of the father's deeds, 2060,--Allied to this is the meaning, about, de, super: þǣr wæs sang and swēg samod ætgǣdere fore Healfdenes hildewīsan, song and music about Healfdene's general (the song of Hnǣf), 1065.

fore-mǣre, adj., renowned beyond (others), prǣclarus: superl. þǣt wǣs fore-mǣrost foldbūendum receda under roderum, 309.

fore-mihtig, adj., able beyond (others), prǣpotens: nom. sg. wǣs tō foremihtig fēond on fēðe, the enemy was too strong in going (could flee too rapidly), 970.

fore-snotor, adj., wise beyond (others), sapientissimus: nom. pl. foresnotre men, 3164.

fore-þanc, st. m., forethought, consideration, deliberation: nom. sg., 1061.

forht, adj., fearful, cowardly: nom. sg. forht, 2968; hē on mōde wearð forht on ferhðe, 755.--Comp. unforht.

forma, adj., foremost, first: nom. sg. forma sīð (the first time), 717, 1464, 1528, 2626; instr. sg. forman sīðe, 741, 2287; forman dōgore, 2574.

fyrmest, adv. superl., first of all, in the first place: hē fyrmest lǣg, 2078.

forst, st. m., frost, cold: gen. sg. forstes bend, 1610.

for-þām, for-þan, for-þon, adv. and conj., therefore, on that account, then: forþām, 149; forþan, 418, 680, 1060; forþon þe, because, 503.

fōn, st. v., to catch, to grasp, to take hold, to take: prs. sg. III. fēhð ōðer tō, another lays hold (takes possession), 1756; inf. ic mid grāpe sceal fōn wið fēonde, 439; pret. sg. him tōgēanes fēng, caught at him, grasped at him, 1543; w. dat. hē þām frǣtwum fēng, received the rich adornments (Ongenþēow's equipment), 2990.

be-fōn, to surround, to ensnare, to encompass, to embrace: pret. part. hyne sār hafað ... nearwe befongen balwon bendum, 977; hēo ǣðelinga ānne hǣfde fǣste befangen (had seized him firmly), 1296; helm ... befongen frēawrāsnum (encircled by an ornament like a diadem), 1452; fenne bifongen, surrounded by the fen, 2010; (draca) fȳre befongen, encircled by fire, 2275, 2596; hǣfde landwara līge befangen, encompassed by fire, 2322.

ge-fōn, w. acc., to seize, to grasp: pret. hē gefēng slǣpendne rinc, 741;

gūðrinc gefēng atolan clommum, 1502; gefēng þā be eaxle ... Gūðgēata lēod Grendles mōdor, 1538; gefēng þā fetelhilt, 1564; hond rond gefēng, geolwe linde, 2610; ic on ofoste gefēng micle mid mundum mægen-byrðenne, hastily I seized with my hands the enormous burden, 3091.

on-fōn, w. dat., to receive, to accept, to take: pres. imp. sg. onfōh þissum fulle, accept this cup, 1170; inf. þæt þæt þēodnes bearn ... scolde fæder-æðelum onfōn, receive the paternal rank, 912; pret. sg. hwā þæm hlæste onfēng, who received the ship's lading, 52; hlēor-bolster onfēng eorles andwlitan, the pillow received the nobleman's face, 689; similarly, 853, 1495; heal swēge onfēng, the hall received the loud noise, 1215; hē onfēng hraðe inwit-þancum, he (Bēowulf) at once clutched him (Grendel) devising malice, 749.

þurh-fōn, w. acc., to break through with grasping, to destroy by grasping: inf. þæt hēo þone fyrd-hom þurh-fōn ne mihte, 1505.

wið-fōn, w. dat., (to grasp at), to seize, to lay hold of: pret. sg. him fæste wið-fēng, 761.

ymbe-fōn, w. acc., to encircle: pret. heals ealne ymbefēng biteran bānum, encircled his (Bēowulf's) whole neck with sharp bones (teeth), 2692.

fōt, st. m., foot: gen. sg. fōtes trem (the measure of a foot, a foot broad), 2526; acc. pl. fēt, 746; dat. pl. æt fōtum, at the feet, 500, 1167.

fōt-gemearc, st. n., measure, determining by feet, number of feet: gen. sg. sē wæs fīftiges fōtgemearces lang (fifty feet long), 3043.

fōt-lāst, st. m., foot-print: acc. sg. (draca) onfand fēondes fōt-lāst, 2290.

fracod, adj., objectionable, useless. nom. sg. næs sēo ecg fracod hilde-rince, 1576.

fram, from, I. prep. w. dat. loc. away from something: þær fram sylle ābēag medubenc monig, 776, 1716; þanon eft gewiton ealdgesīðas ... fram mere, 856; cyning-balde men from þæm holmclife hafelan bæron, 1636; similarly, 541, 543, 2367. Standing after the dat.: hē hine feor forwræc ... mancynne fram, 110; similarly, 1716. Also, hither from something: þā ic cwōm ... from fēondum, 420; æghwæðrum wæs ...

brōga fram ōðrum, 2566.--Causal with verbs of saying and hearing, of, about, concerning: sǣgdest from his sīðe, 532; nō ic wiht fram þē swylcra searo-nīða secgan hȳrde, 581; þæt hē fram Sigemunde secgan hyrde, 876. II adv., away, thence: nō þȳ ǣr fram meahte, 755; forth, out: from ǣrest cwōm oruð āglǣcean ūt of stāne, the breath of the dragon came forth first from the rock 2557.

fram, from, adj.: 1) directed forwards, striving forwards; in comp. sīð-fram.--2) excellent, splendid, of a man with reference to his warlike qualities: nom. sg. ic eom on mōde from, 2528; nom. pl. frome fyrd-hwate, 1642, 2477. Of things: instr. pl. fromum feoh-giftum, 21.--Comp. un-from; see freme, forma.

ge-frǣgen. See frignan.

frǣtwe, st. f. pl., ornament, anything costly, originally carved objects (cf. Dietrich in Hpts. Ztschr. X. 216 ff.), afterwards of any costly and artistic work: acc. pl. frǣtwe, 2920; beorhte frǣtwe, 214; beorhte frǣtwa, 897; frǣtwe.. eorclan-stānas, 1208; frǣtwe,... brēost-weorðunge, 2504, both times of Hygelāc's collar; frǣtwe and fæt-gold, 1922; frǣtwe (Eanmund's sword and armor), 2621; dat. instr. pl. þām frǣtwum, 2164; on frǣtewum, 963; frǣtwum (Heaðobeard sword) hrēmig, 2055; frǣtwum, of the drake's treasures, 2785; frǣtwum (Ongenþēow's armor), 2990; gen. pl. fela ... frǣtwa, 37; þāra frǣtwa (drake's treasure), 2795; frǣtwa hyrde (drake), 3134.
 frǣtwan, w. v., to supply with ornaments, to adorn: inf. folc-stede frǣtwan, 76.

ge-frǣtwian, w. v., to adorn: pret. sg. gefrǣtwade foldan scēatas lēomum and lēafum, 96; pret. part. þā wæs hāten Heort innanweard folmum gefrǣtwod, 993.

ge-frǣge, adj., known by reputation, renowned: nom. sg. lēod-cyning ... folcum gefrǣge, 55; swā hyt gefrǣge wæs, 2481.

ge-frǣge, st. n., information through hearsay: instr. sg. mine gefrǣge (as I learned through the narrative of others), 777, 838, 1956, etc.

ge-frǣgnian, w. v., to become known through hearsay: pret. part. fylle gefrǣgnod (of Grendel's mother, who had become known through the carrying off of Æschere), 1334?

freca, w. m., properly a wolf, as one that breaks in, robs; here a designation of heroes: nom. sg. freca Scildinga, of Bēowulf, 1564.-- Comp.: gūð-, hilde-, scyld-, sweord-, wīg-freca; ferð-frec (adj.).

fremde, adj., properly distant, foreign; then estranged, hostile: nom sg. þæt wæs fremde þēod ēcean dryhtne, of the giants, 1692.

freme, adj., excellent, splendid: nom. sg. fem. fremu folces cwēn, of Þrȳðo, 1933(?).

fremman, w. v., to press forward, to further, hence: 1) in general, to perform, to accomplish, to do, to make: pres. subj. without an object, fremme sē þe wille, let him do (it) whoever will, 1004. With acc.: imp. pl. fremmað gē nū lēoda þearfe, 2801; inf. fyrene fremman, 101; sǣcce fremman, 2500; fǣhðe ... mǣrðum fremman, 2515, etc.; pret. sg. folcrǣd fremede (did what was best for his men, i.e. ruled wisely), 3007; pl. hū þā æðelingas ellen fremedon, 3; feohtan fremedon, 960; nalles fācenstafas ... þenden fremedon, 1020; pret. subj. þæt ic ... mǣrðo fremede, 2135. --2) to help on, to support: inf. þæt hē mec fremman wile wordum and worcum (to an expedition), 1833.

ge-fremman, w. acc., to do, to make, to render: inf. gefremman eorlīc ellen, 637; helpan gefremman, to give help, 2450; æfter wēaspelle wyrpe gefremman, to work a change after sorrow (to give joy after sorrow), 1316; gerund, tō gefremmanne, 174, 2645; pret. sg. gefremede, 135, 165, 551, 585, etc.; þēah þe hine mihtig god ... ofer ealle men forð gefremede, placed him away, above all men, i.e. raised him, 1719; pret. pl. gefremedon, 1188, 2479; pret. subj. gefremede, 177; pret. part. gefremed, 476; fem, nū scealc hafað ... dǣd gefremede, 941; absolutely, þū þē self hafast dǣdum gefremed, þæt ..., hast brought it about by thy deeds that, 955.

fretan, st. v., to devour, to consume: inf. þā (the precious things) sceal brond fretan, 3015; nū sceal glēd fretan wigena strengel, 3115; pret. sg. (Grendel) slǣpende frǣt folces Denigea fȳftȳne men, 1582.

frēcne, adj., dangerous, bold: nom. sg. frēcne fȳr-draca, 2690; feorh-bealo frēcne, 2251, 2538; acc. sg. frēcne dǣde, 890; frēcne fengelād, 1360; frēcne stōwe, 1379; instr. sg. frēcnan sprǣce (through provoking words), 1105.

frēcne, adv., boldly, audaciously, 960, 1033, 1692.

frēa, w. m., ruler, lord, of a temporal ruler: nom. sg. frēa, 2286; acc. sg. frēan, 351, 1320, 2538, 3003, 3108; gen. sg. frēan, 359, 500, 1167, 1681; dat. sg. frēan, 271, 291, 2663. Of a husband: dat. sg. ēode ... tō hire frēan sittan, 642. Of God: dat. sg. frēan ealles, the Lord of all, 2795; gen. sg. frēan, 27.-- Comp.: āgend-, līf-, sin-frēa.

frēa-dryhten, st. m., lord, ruling lord: gen. sg. frēa-drihtnes, 797.

frēa-wine, st. m., lord and friend, friendly ruler: nom. sg. frēa-wine folces (folca), 2358, 2430; acc. sg. his frēa-wine, 2439.

frēa-wrāsn, st. f., encircling ornament like a diadem: instr. pl. helm ... befongen frēawrāsnum, 1452; see wrāsn.

freoðu, friðu, f., protection, asylum, peace: acc. sg. wēl bið þǣm þe mōt ... tō fæder fæðmum freoðo wilnian, who may obtain an asylum in God's arms, 188; nēan and feorran þū nū [friðu] hafast, 1175.--Comp. fen-freoðo.

freoðo-burh, st. f., castle, city affording protection: acc. sg. freoðoburh fægere, 522.

freoðo-wong, st. m., field of peace, field of protection: acc. sg., 2960; seems to have been the proper name of a field.

freoðo-wǣr, st. f., peace-alliance, security of peace: acc. sg. þā hīe getruwedon on twā healfa fæste frioðu-wǣre, 1097; gen. sg. frioðowǣre bæd hlāford sīnne, entreated his lord for the protection of peace (i.e. full pardon for his delinquency), 2283.

freoðo-webbe, w. f., peace-weaver, designation of the royal consort (often one given in marriage as a confirmation of a peace between two nations): nom. sg., 1943.

frēo-burh, st. f., = frēa-burg (?), ruler's castle (?) (according to Grein, arx ingenua): acc. sg. frēoburh, 694.

frēod, st. f., friendship: acc. sg. frēode ne woldon ofer heafo healdan, 2477; gen. sg. næs þǣr māra fyrst frēode tō friclan, was no longer time to seek for friendship, 2557; --favor, acknowledgement: acc. sg. ic þē sceal mīne gelǣstan frēode (will show myself grateful, with reference to 1381 ff.), 1708.

frēo-dryhten (= frēa-dryhten), st. m., lord, ruler; according to Grein, dominus ingenuus vel nobilis: nom. sg. as voc. frēo-drihten min! 1170; dat. sg. mid his frēo-dryhtne, 2628.

frēogan, w. v., to love; to think of lovingly: pres. subj. þǣt mon his wine-dryhten ... ferhðum frēoge, 3178; inf. nū ic þec ... mē for sunu wylle frēogan on ferhðe, 949.

frēo-līc, adj., free, free-born (here of the lawful wife in contrast with the bond concubine): nom. sg. frēolīc wīf, 616; frēolīcu folc-cwēn, 642.

frēond, st. m., friend: acc. sg. frēond, 1386, 1865; dat. pl. frēondum, 916, 1019, 1127; gen. pl. frēonda, 1307, 1839.

frēond-laðu, st. f., friendly invitation: nom. sg. him wæs ful boren and frēond-laðu (friendly invitation to drink) wordum bewǣgned, 1193.

frēond-lār, st. f., friendly counsel: dat. (instr.) pl. frēond-lārum, 2378.

frēond-līce, adv., in a friendly manner, kindly: compar. frēond-līcor, 1028.

frēond-scipe, st. m., friendship: acc. sg. frēond-scipe fæstne, 2070.

frēo-wine, st. m. (see frēawine), lord and friend, friendly ruler; according to Grein, amicus nobilis, princeps amicus: nom. sg. as voc. frēo-wine folca! 430.

fricgean, w. v., to ask, to inquire into: inf. ongan sīnne geseldan fǣgre fricgean hwylce Sǣ-Gēata sīðas wǣron, 1986; pres. part, gomela Scilding fela fricgende feorran rehte, the old Scilding, asking many questions (having many things related to him), told of old times (the conversation was alternate), 2107.

ge-fricgean, to learn, to learn by inquiry: pres. pl. syððan hīe ge-fricgeað frēan ūserne ealdorlēasne, when they learn that our lord is dead, 3003; pres. subj. gif ic þæt gefricge, þæt..., 1827; pl. syððan æðelingas feorran gefricgean flēam ēowerne, 2890.

friclan (see freca), w. v. w. gen., to seek, to desire, to strive for: inf. næs þǣr māra fyrst frēode tō friclan, 2557.

friðo-sib, st. f., kin for the confirming of peace, designation of the queen (see freoðo--webbe), peace-bringer: nom. sg. friðu-sibb folca, 2018.

frignan, fringan, frīnan, st. v., to ask, to inquire: imp. ne frīn þū ǣfter sǣlum, ask not after the well-being! 1323; inf. ic þǣs wine Deniga frīnan wille ... ymb þīnne sīð, 351; pret. sg. frǣgn, 236, 332; frǣgn gif ..., asked whether ..., 1320.

ge-frignan, ge-fringan, ge-frīnan, to find out by inquiry, to learn by narration. pret. sg. (w. acc.) þæt fram hām gefrǣgn Higelāces þegn Grendles dǣda, 194; nō ic gefrǣgn heardran feohtan, 575; (w. acc. and inf.) þā ic wīde gefrǣgn weorc gebannan, 74; similarly, 2485, 2753, 2774; ne gefrǣgen ic þā mǣgðe māran weorode ymb hyra sincgyfan sēl gebǣran, I never heard that any people, richer in warriors, conducted itself better about its chief, 1012; similarly, 1028; pret. pl. (w. acc.) wē þēodcyninga þrym gefrūnon, 2; (w. acc. and inf.) geongne gūðcyning gōdne gefrūnon hringas dǣlan, 1970; (parenthetical) swā guman gefrungon, 667, (after þonne) medo-ǣrn micel (greater) ... þone yldo bearn ǣfre gefrūnon, 70; pret. part. hǣfde Higelāces hilde gefrūnen, 2953; hǣfdon gefrūnen þæt..., had learned that ..., 695; hǣfde gefrūnen hwanan sīo fǣhð ārās, 2404; healsbēaga mǣst þāra þe ic on foldan gefrǣgen hǣbbe, 1197.

from, See fram.

frōd, adj.: 1) ǣtate provectus, old, gray: nom. sg. frōd, 2626, 2951; frōd cyning, 1307, 2210; frōd folces weard, 2514; wintrum frōd, 1725, 2115, 2278; se frōda, 2929; ac. sg. frōde feorhlege (the laying down of my old life), 2801; dat. sg. frōdan fyrnwitan (may also, from its meaning, belong under No. 2), 2124.--2) mente excellentior, intelligent, experienced, wise: nom. sg. frōd, 1367; frōd and gōd, 279; on mōde frōd, 1845.--Comp.: in-, un-frōd.

frōfor, st. f., consolation, compensation, help: nom. sg. frōfor, 2942; acc. sg. frōfre, 7, 974; fyrena frōfre, 629; frōfre and fultum, 1274; frōfor and fultum, 699; dat. sg. tō frōfre, 14, 1708; gen. sg. frōfre, 185.

fruma (see forma), w. m., the foremost, hence: l) beginning: nom. sg. wǣs se fruma egeslīc lēodum on lande, swā hyt lungre wearð on hyra sincgifan sāre geendod (the beginning of the dragon-combat was terrible, its end distressing through the death of Bēowulf), 2310.--2) he who stands first, prince; in comp. dǣd-, hild-, land-, lēod-, ord-, wīg-fruma.

frum-cyn, st. n., (genus primitivum), descent, origin: acc. sg. nū ic ēower sceal frumcyn witan, 252.

frum-gār, st. m., primipilus, duke, prince: dat. sg. frumgāre (of Bēowulf), 2857.

frum-sceaft, st. f., prima creatio, beginning: acc. sg. sē þe cūðe frumsceaft fīra feorran reccan, who could tell of the beginning of mankind in old times, 91; dat. sg. frum-sceafte, in the beginning, i.e at his birth, 45.

fugol, st. m., bird: dat. sg. fugle gelīcost, 218; dat. pl. [fuglum] tō gamene, 2942.

ful, adj., full, filled: nom. sg. w. gen. pl. sē wæs innan full wrǣtta and wīra, 2413.--Comp.: eges-, sorh-, weorð-ful.

ful, adv., plene, very: ful oft, 480; ful-oft, 952.

ful, st. n., cup, beaker: nom. sg., 1193; acc. sg. ful, 616, 629, 1026; ofer ȳða ful, over the cup of the waves (the basin of the sea filled with waves), 1209; dat. sg. onfōh þissum fulle, 1170.--Comp.: medo-, sele-full.

fullæstian, w. v. w. dat, to give help: pres. sg. ic þē fullæstu, 2669.

fultum, st. m., help, support, protection: acc. sg. frōfor (frōfre) and fultum, 699, 1274; mǣgenes fultum, 1836; on fultum, 2663.--Comp. mǣgen-fultum.

fundian, w. v., to strive, to have in view: pres. pl. wē fundiað Higelāc sēcan, 1820; pret. sg. fundode of geardum, 1138.

furðum, adv., primo, just, exactly; then first: þā ic furðum wēold folce Deninga, then first governed the people of the Danes (had just assumed the government), 465; þā hīe tō sele furðum ... gangan cwōmon, 323; ic þǣr furðum cwōm tō þām hringsele, 2010;--before, previously: ic þē sceal mīne gelǣstan frēode, swā wit furðum sprǣcon, 1708.

furður, adv., further, forward, more distant, 254, 762, 3007.

fūs, adj., inclined to, favorable, ready: nom. sg. nū ic eom sīðes fūs, 1476; lēofra manna fūs, prepared for the dear men, i.e. expecting them, 1917; sigel sūðan fūs, the sun inclined from the south (midday sun), 1967; se wonna hrefn fūs ofer fǣgum, eager over the slain, 3026; sceft ... feðer-gearwum fūs, 3120; nom. pl. wǣron ... eft to lēodum fūse tō farenne, 1806.--Sometimes fūs means ready for death, moribundus: fūs and fǣge, 1242.--Comp.: hin-, ūt-fūs.

fūs-līc, adj., prepared, ready: acc. sg. fūs-līc f[yrd]-lēoð, 1425; fyrd-searo fūs-līc, 2619; acc. pl. fyrd-searu fūs-līcu, 232.

fyl, st. m., fall: nom. sg. fyll cyninges, the fall of the king (in the dragon-fight), 2913; dat. sg. þæt hē on fylle wearð, that he came to a fall, fell, 1545.--Comp. hrā-fyl.

fylce (collective form from folc), st. n., troop, band of warriors: in comp. ǣl-fylce.

ge-fyllan (see feal), w. v., to fell, to slay in battle: inf. fāne gefyllan, to slay the enemy, 2656; pret. pl. fēond gefyldan, they had slain the enemy, 2707.

ā-fyllan (see ful), w. v., to fill: pret. part. Heorot innan wæs frēondum āfylled (was filled with trusted men), 1019.

fyllo, st. f. (plenty, abundant meal: dat. (instr.) sg. fylle gefrægnod, 1334; gen. sg. næs hīe þære fylle gefēan hæfdon, 562; fylle gefægon, 1015.--Comp.: wæl-, wist-fyllo.

fyl-wērig, adj., weary enough to fall, faint to death, moribundus: acc. sg. fyl-wērigne, 963.

fyr. See feor.

fyrian, w. v. w. acc. (= ferian) to bear, to bring, carry: pret. pl. þā þe gif-sceattas Gēata fyredon þyder tō þance, 378.

fȳras. See fīras.

fyren. See firen.

fyrde, adj., movable, that can be moved.--Comp. hard-fyrde.--Leo.

fyrd-gestealla, w. m., comrade on an expedition, companion in battle: dat. pl. fyrd-gesteallum, 2874

fyrd-ham, st. m., war-dress, coat of mail: acc. sg. þone fyrd-hom, 1505.

fyrd-hrægl, st. n., coat of mail, war-dress: acc. sg. fyrd-hrægl, 1528.

fyrd-hwæt, adj., sharp, good in war, warlike: nom. pl. frome fyrd-hwate, 1642, 2477.

fyrd-leoð, st. n., war-song, warlike music: acc. sg. horn stundum song fūslīc f[yrd]leoð, 1425.

fyrd-searu, st. n., equipment for an expedition: acc. sg. fyrd-searu fūslīc, 2619; acc. pl. fyrd-searu fūslīcu, 232.

fyrd-wyrðe, adj., of worth in war, excellent in battle: nom. sg. fyrd-wyrðe man (Bēowulf), 1317.

ge-fyrðran (see forð), w. v., to bring forward, to further: pret. part. ār wæs on ofoste, eftsīðes georn, frætwum gefyrðred, he was hurried forward by the treasure (i.e. after he had gathered up the treasure, he hasted to return, so as to be able to show it to the mortally-wounded Bēowulf), 2785.

fyrmest. See forma.

fyrn-dagas, st. m. pl., by-gone days: dat. pl. fyrndagum (in old times), 1452.

fyrn-geweorc, st. n., work, something done in old times: acc. sg. fīra fyrn-geweorc (the drinking-cup mentioned in 2283, 2287.

fyrn-gewin, st. n., combat in ancient times: gen. sg. ōr fyrn-gewinnes (the origin of the battles of the giants), 1690.

fyrn-man, st. m., man of ancient times: gen. pl. fyrn-manna fatu, 2762.

fyrn-wita, w. m., counsellor ever since ancient times, adviser for many years: dat. sg. frōdan fyrnwitan, of æschere, 2124.

fyrst, st. m., portion of time, definite time, time: nom. sg. næs hit lengra fyrst, ac ymb āne niht ..., 134; fyrst forð gewāt, the time (of going to the harbor) was past, 210; næs þǣr māra fyrst frēode tō friclan, 2556; acc. sg. niht-longne fyrst, 528; fīf nihta fyrst, 545; instr. sg. þȳ fyrste, 2574; dat. sg. him on fyrste gelomp ..., within the fixed time, 76.

fyr-wit, -wet, -wyt, st. n., prying spirit, curiosity: nom. sg. fyrwyt, 232; fyrwet, 1986, 2785.

ge-fȳsan (fūs), w. v., to make ready, to prepare: part. winde gefȳsed flota, the ship provided with wind (for the voyage), 217; (wyrm) fȳre gefȳsed, provided with fire, 2310; þā wæs hringbogan (of the drake) heorte gefȳsed sæcce tō sēceanne, 2562; with gen., in answer to the question, for what? gūðe gefȳsed, ready for battle, determined to fight, 631.

fȳr, st. n., fire: nom. sg., 1367, 2702, 2882; dat. sg. fȳre, 2220; as instr. fȳre, 2275, 2596; gen. sg. fȳres fæðm, 185; fȳres feng, 1765.-- Comp.: ād-, bǣl-, heaðu-, wæl-fȳr.

fȳr-bend, st. m., band forged in fire: dat. pl. duru ... fȳr-bendum fæst, 723.

fȳr-draca, w. m., fire-drake, fire-spewing dragon: nom. sg., 2690.

fȳr-heard, adj., hard through fire, hardened in fire: nom. pl. (eoforlīc) fāh and fȳr-heard, 305.

fȳr-lēoht, st. n., fire-light: acc. sg., 1517.

fȳr-wylm, st. m., wave of fire, flame-wave: dat. pl. wyrm ... fȳrwylmum fāh, 2672.

G

galan, st. v., to sing, to sound: pres. sg. sorh-lēoð gǣleð, 2461; inf. gryre-lēoð galan, 787; bearhtm ongeāton, gūðhorn galan, heard the clang, the battle-trumpet sound, 1433.

ā-galan, to sing, to sound: pret. sg. þæt hire on hafelan hringmǣl āgōl grǣdig gūðlēoð, that the sword caused a greedy battle-song to sound upon her head, 1522.

gamban, or, according to Bout., gambe, w. f., tribute, interest: acc. sg. gomban gyldan, 11.

gamen, st. n., social pleasure, rejoicing, joyous doings: nom. sg. gamen, 1161; gomen, 2460; gomen glēobēames, the pleasure of the harp, 2264; acc. sg. gamen and glēodrēam, 3022; dat. sg. gamene, 2942; gomene, 1776.--Comp. heal-gamen.

gamen-wāð, st. f., way offering social enjoyment, journey in joyous society: dat. sg. of gomen-wāðe, 855.

gamen-wudu, st. m., wood of social enjoyment, i.e. harp: nom. sg. þǣr wæs ... gomenwudu grēted, 1066; acc. sg. gomenwudu grētte, 2109.

gamol, gomol, gomel, adj., old; of persons, having lived many years, gray: gamol, 58, 265; gomol, 3096; gomel, 2113, 2794; se gomela, 1398; gamela (gomela) Scylding, 1793, 2106; gomela, 2932; acc. sg. þone gomelan, 2422; dat. sg. gamelum rince, 1678; gomelum ceorle, 2445; þām gomelan, 2818; nom. pl. blondenfeaxe gomele, 1596.--Also, late, belonging to former time: gen. pl. gomelra lāfe (legacy), 2037.--Of things, old, from old times: nom. sg. sweord ... gomol, 2683; acc. sg. gomele lāfe, 2564; gomel swyrd, 2611; gamol is a more respectful word than eald.

gamol-feax, adj., with gray hair: nom. sg., 609.

gang, st. m.: 1) gait, way: dat. sg. on gange, 1885; gen. sg. ic hine ne mihte ... ganges ge-twǣman, could not keep him from going, 969.--2) step, foot-step: nom. sg. gang (the foot-print of the mother of Grendel), 1405; acc. sg. uton hraðe fēran Grendles māgan gang scēawigan, 1392.--Comp. in-gang.

be-gang, bi-gang, st. m., (so far as something goes), extent: acc. sg. ofer geofenes begang, over the extent of the sea, 362; ofer flōda begang, 1827; under swegles begong, 861, 1774; flōda begong, 1498; sioleða bigong, 2368.

gangan. See under gān.

ganot, st. m., diver, fulica marina: gen. sg. ofer ganotes bæð (i.e. the sea), 1862.

gād, st. n., lack: nom. sg. ne bið þē wilna gād (thou shalt have no lack of desirable [valuable] things), 661; similarly, 950.

gān, expanded = gangan, st. v., to go: pres. sg. III. gǣð ā Wyrd swā hīo scel, 455; gǣð eft ... tō medo, 605; þonne hē ... on flett gǣð, 2035; similarly, 2055; pres. subj. III. sg. gā þǣr hē wille, let him go whither he will, 1395; imp. sg. II. gā nū tō setle, 1783; nū þū lungre geong, hord scēawian, under hārne stān, 2744; inf. in gān, to go in, 386, 1645 'forð gān, to go forth, to go thither, 1164; þat hīe him tō mihton gegnum gangan, to go towards, to go to, 314; tō sele ... gangan cwōmon, 324; in a similar construction, gongan, 1643; nū gē mōton gangan ... Hrōðgār gesēon, 395; þā cōm of mōre ... Grendel gongan, there came Grendel (going) from the fen, 712; ongēan gramum gangan, to go to meet the enemy, to go to the war, 1035; cwōm ... tō hofe gongan, 1975; wutun gangan tō, let us go thither, 2649.--As preterite, serve, 1) gēong or gīong: hē tō healle gēong, 926; similarly, 2019; sē þe on orde gēong, who went at the head, went in front, 3126; on innan gīong, went in, 2215; hē ... gīong tō þǣs þe hē eorðsele ānne wisse, went thither, where he knew of that earth-hall, 2410; þā se ǣðeling, gīong, þǣt hē bī wealle gesǣt, then went the prince (Bēowulf) that he might sit down by the wall, 2716.--2) gang: tō healle gang Healfdenes sunu, 1010; similarly, 1296; gang þā ǣfter flōre, went along the floor, along the hall, 1317.--3) gengde (Goth. gaggida): hē ... beforan gengde ..., wong scēawian, went in front to inspect the fields, 1413; gengde, also of riding, 1402.--4) from another stem, ēode (Goth. iddja): ēode ellenrōf, þǣt hē for eaxlum gestōd Deniga frēan, 358; similarly, 403; [wið duru healle Wulfgār ēode], went towards the door of the hall, 390; ēode Wealhþēow forð, went forth, 613; ēode tō hire frēan sittan, 641; ēode yrremōd, went with angry feeling, 727; ēode ... tō sele, 919; similarly, 1233; ēode ... þǣr se snottra bād, 1313; ēode weorð Denum ǣðeling tō yppan, the prince (Bēowulf), honored by the Danes, went to the high seat, 1815; ēode ... under inwit-hrōf, 3124; pl. þǣr swīðferhðe sittan ēodon, 493; ēodon him þā tōgēanes, went to meet him, 1627; ēodon under Earna næs, 3032.

ā-gangan, to go out, to go forth, to befall: pret. part. swā bit āgangen wearð eorla manegum (as it befell many a one of the earls), 1235.

full-gangan, to emulate, to follow after: pret. sg. þonne ... sceft nytte hēold, feðer-gearwum fūs flāne full-ēode, when the shaft had employment, furnished with feathers it followed the arrow, did as the arrow, 3120.

ge-gān, ge-gangan: 1) to go, to approach: inf. (w. acc.) his mōdor ... gegān wolde sorhfulne sīð, 1278; sē þe gryre-sīðas gegān dorste, who dared to go the ways of terror (to go into the combat), 1463; pret. sg. se maga geonga under his mǣges scyld elne geēode, went quickly under his kinsman's shield, 2677; pl. elne geēodon tō þǣs þe ..., went quickly thither where ..., 1968; pret. part. syððan hīe tō-gǣdre gegān hǣfdon, when they (Wīglāf and the drake) had come together, 2631; þæt his aldres wæs ende gegongen, that the end of his life had come, 823; þā wæs endedæg gōdum gegongen, þæt se gūðcyning ... swealt, 3037.--2) to obtain, to reach: inf. (w. acc.) þonne hē æt gūðe gegān þenceð longsumne lof, 1536; ic mid elne sceall gold gegangan, 2537; gerund, næs þæt ȳðe cēap tō gegangenne gumena ǣnigum, 2417; pret. pl. elne geēodon ... þæt se byrnwīga būgan sceolde, 2918; pret. part. hæfde ... gegongen þæt, had attained it, that ..., 894; hord ys gescēawod, grimme gegongen, 3086.--3) to occur, to happen: pres. sg. III. gif þæt gegangeð þæt ..., if that happen, that ..., 1847; pret. sg. þæt geīode ufaran dōgrum hilde-hlǣmmum, it happened in later times to the warriors (the Gēatas), 2201; pret. part. þā wæs gegongen guman unfrōdum earfoðlīce þæt, then it had happened to the young man in sorrowful wise that ..., 2822.

oð-gangan, to-go thither: pret. pl. oð þæt hī oðēodon ... in Hrefnesholt, 2935.

ofer-gangan, w. acc., to go over: pret. sg. oferēode þā æðelinga bearn stēap stān-hliðo, went over steep, rocky precipices, 1409; pl. freoðo-wong þone forð oferēodon, 2960.

ymb-gangan, w. acc., to go around: pret. ymb-ēode þā ides Helminga duguðe and geogoðe dæl ǣghwylcne, went around in every part, among the superior and the inferior warriors, 621.

gār, st. m., spear, javelin, missile: nom. sg., 1847, 3022; instr. sg. gāre, 1076; blōdigan gāre, 2441; gen. sg. gāres fliht, 1766; nom. pl. gāras, 328; gen. pl., 161(?).--Comp.: bon-, frum-gār.

gār-cēne, adj., spear-bold: nom. sg., 1959.

gār-cwealm, st. m., murder, death by the spear: acc. sg. gār-cwealm gumena, 2044.

gār-holt, st. n., forest of spears, i.e. crowd of spears: acc. sg., 1835.

gār-secg, st. m. (cf. Grimm, in Haupt l. 578), sea, ocean: acc. sg. on gār-secg, 49, 537; ofer gār-secg, 515.

gār-wiga, w. m., one who fights with the spear: dat. sg. geongum gār-wigan, of Wīglāf, 2675, 2812.

gār-wīgend, pres. part., fighting with spear, spear-fighter: acc. pl. gār-wīgend, 2642.

gāst, gǣst, st. m., ghost, demon: acc. sg. helle gāst (Grendel), 1275; gen. sg. wergan gāstes (of Grendel), 133; (of the tempter), 1748; gen. pl. dyrnra gāsta (Grendel's race), 1358; gǣsta gīfrost (flames consuming corpses), 1124.--Comp.: ellor-, geō-sceaft-gāst; ellen-, wǣl-gǣst.

gāst-bana, w. m., slayer of the spirit, i.e. the devil: nom. sg. gāst-bona, 177.

gǣdeling, st. m., he who is connected with another, relation, companion: gen. sg. gǣdelinges, 2618; dat. pl. mid his gǣdelingum, 2950.

ǣt-gǣdere, adv., together, united: 321, 1165, 1191; samod ǣtgǣdere, 329, 387, 730, 1064.

tō-gadere, adv., together, 2631.

gǣst, gist, gyst, st. m., stranger, guest: nom. sg. gǣst, 1801; se gǣst (the drake), 2313; se grimma gǣst (Grendel), 102; gist, 1139, 1523; acc. sg. gryre-līcne gist (the nixy slain by Bēowulf), 1442; dat. sg. gyste, 2229; nom. pl. gistas, 1603; acc. pl. gǣs[tas], 1894.--Comp.: fēðe-, gryre-, inwit-, nīð-, sele-gǣst (-gyst).

gǣst-sele, st. m., hall in which the guests spend their time, guest-hall: acc. sg., 995.

gē, conj., and, 1341; gē ... gē ..., as well ... as ..., 1865; gē ... gē ..., gē ..., 1249; gē swylce, and likewise, and moreover, 2259.

gē, pron., ye, you, plur. of þū, 237, 245, etc.

gegn-cwide, st. m., reply: gen. pl. þīnra gegn-cwida, 367.

gegnum, adv., thither, towards, away, with the prep, tō, ofer, giving the direction: þæt hīe him tō mihton gegnum gangan (that they might go thither), 314; gegnum fōr [þā] ofer myrcan mōr, away over the dark moor, 1405.

gehðu, geohðu, st. f., sorrow, care: instr. sg. giohðo mǣnde, 2268; dat. sg. on gehðo, 3096; on giohðe, 2794.

gēn (from gegn), adv., yet, again. ne wæs hit lenge þā gēn, þæt ..., it was not then long before ..., 83; ic sceal forð sprecan gēn ymb Grendel, shall from now on speak again of Grendel, 2071; nō þȳ ǣr ūt þā gēn ... gongan wolde (still he would not yet go out), 2082; gēn is eall æt þē lissa gelong (yet all my favor belongs to thee), 2150; þā gēn, then again, 2678, 2703; swā hē nū gēn dēð, as he still does, 2860; furður gēn, further still, besides, 3007; nū gēn, now again, 3169; ne gēn, no more, no farther: ne wæs þæt wyrd þā gēn, that was no more fate (fate no longer willed that), 735.

gēna, still: cwico wæs þā gēna, was still living, 3094.

genga, w. m., goer; in comp. in-, sǣ-, sceadu-genga.

gengde. See gān(3).

genge. See ūð-genge.

gēnunga (from gegnunga), adv., precisely, completely, 2872.

gerwan, gyrwan, w. v.: 1) to prepare, to make ready, to put in condition: pret. pl. gestsele gyredon, 995.--2) to equip, to arm for battle: pret. sg. gyrede hine Bēowulf eorl-gewǣdum (dressed himself in the armor), 1442.

ge-gyrwan: 1) to make, to prepare: pret. pl. him þā gegiredan Gēata lēode ād ... unwāclīcne, 3138; pret. part. glōf ... eall gegyrwed dēofles cræftum and dracan fellum, 2088.--2) to fit out, to make ready: inf. cēol gegyrwan hilde-wǣpnum and heaðowǣdum, 38; hēt him ȳðlidan gōdne gegyrwan, had (his) good ship fitted up for him, 199. Also, to provide warlike equipment: pret. part. syððan hē hine tō gūðe gegyred hæfde, 1473.--3) to endow, to provide, to adorn: pret. part. nom. sg. beado-hrægl ... golde gegyrwed, 553; acc. sg. lāfe ... golde gegyrede, 2193; acc. pl. mādmas ... golde gegyrede, 1029.

gētan, w. v., to injure, to slay: inf., 2941.

be-gēte, adj., attainable; in comp. ēð-begēte.

geador, adv., unitedly, together, jointly, 836; geador ǣtsomne, 491.

on-geador, adv., unitedly, together, 1596.

gealdor, st. n.: 1) sound: acc. sg. bȳman gealdor, 2944.--2) magic song, incantation, spell: instr. sg. þonne wǣs þæt yrfe ... galdre bewunden (placed under a spell), 3053.

gealga, w. m., gallows: dat. sg. þæt his byre rīde giong on galgan, 2447.

gealg-mōd, adj., gloomy: nom. sg. gīfre and galgmōd, 1278.

gealg-trēow, st. n., gallows: dat. pl. on galg-trēowu[m], 2941.

geard, st. m., residence; in Bēowulf corresponding to the house-complex of a prince's residence, used only in the plur.: acc. in geardas (in Finn's castle), 1135; dat. in geardum, 13, 2460; of geardum, 1139; ǣr hē on weg hwurfe ... of geardum, before he went away from his dwelling-place, i.e. died, 265.--Comp. middan-geard.

gearo, adj., properly, made, prepared; hence, ready, finished, equipped: nom. sg. þæt hit wearð eal gearo, heal-ǣrna mǣst, 77; wiht unhǣlo ... gearo sōna wǣs, the demon of destruction was quickly ready, did not delay long, 121; Here-Scyldinga betst beadorinca wǣs on bǣl gearu, was ready for the funeral-pile (for the solemn burning), 1110; þēod (is) eal gearo, the warriors are altogether ready, always prepared, 1231; hraðe wǣs ǣt holme hȳð-weard gearo (geara, MS.), 1915; gearo gūð-freca, 2415; sīe sīo bǣr gearo ǣdre geǣfned, let the bier be made ready at once, 3106. With gen.: gearo gyrnwrǣce, ready for revenge for harm done, 2119, acc. sg. gearwe stōwe, 1007; nom. pl. beornas gearwe, 211; similarly, 1814.

gearwe, gearo, geare, adv., completely, entirely: nē gē ... gearwe ne wisson, you do not know at all ..., 246; similarly, 879; hine gearwe geman witena welhwyle (remembers him very well), 265; wisse hē gearwe þæt ..., he knew very well that ..., 2340, 2726; þæt ic ... gearo scēawige swegle searogimmas (that I may see the treasures altogether, as many as they are), 2749; ic wāt geare þæt ..., 2657.--Comp. gearwor, more readily, rather, 3077.--Superl. gearwost, 716.

gearo-folm, adj., with ready hand, 2086.

gearwe, st. f., equipment, dress; in comp. feðer-gearwe.

geat, st. n., opening, door; in comp. ben-, hilde-geat.

geato-līc, adj., well prepared, handsome, splendid: of sword and armor, 215, 1563, 2155; of Heorot, 308. Adv.: wīsa fengel geatolīc gengde, passed on in a stately manner, 1402.

geatwe, st. f. pl., equipment, adornment: acc. recedes geatwa, the ornaments of the dragon's cave (its treasures), 3089.--Comp.: ēored-, gryre-, gūð-, hilde-, wīg-geatwe.

gēan (from gegn), adv. in

on-gēan, adv. and prep., against, towards: þæt hē mē ongēan slēa, 682; rǣhte ongēan fēond mid folme, 748; foran ongēan, forward towards, 2365. With dat.: ongēan gramum, against the enemy, 1035.

tō-gēanes, tō-genes, prep, against, towards: Grendle tōgēanes, towards Grendel, against Grendel, 667; grāp þā tōgēanes, she grasped at (Bēowulf), 1502; similarly, him tōgēanes fēng, 1543; ēodon him þā tōgēanes, went towards him, 1627; hēt þā gebēodan ... þæt hīe bæl-wudu feorran feredon gōdum tōgēnes, had it ordered that they should bring the wood from far for the funeral-pyre towards the good man (i.e. to the place where the dead Bēowulf lay), 3115.

gēap, adj., roomy, extensive, wide: nom. sg. reced ... gēap, the roomy hall, 1801; acc. sg. under gēapne hrōf, 837.--Comp.: horn-, sǣ-gēap.

geār, st. n., year: nom. sg., 1135; gen. pl. geāra, in adverbial sense, olim, in former times, 2665. See un-geāra.

geār-dagas, st. m. pl., former days: dat. pl. in (on) geār-dagum, 1, 1355.

geofe. See gifu.

geofon, gifen, gyfen (see Kuhn Zeitschr. I. 137), st. n., sea, flood: nom. sg. geofon, 515; gifen gēotende, the streaming flood, 1691; gen. sg.

geofenes begang, 362; gyfenes, 1395.

geogoð, st. f.: 1) youth, time of youth: dat. sg. on geogoðe, 409, 466, 2513; on giogoðe, 2427; gen. gioguðe, 2113.--2) contrasted with duguð, the younger warriors of lower rank (about as in the Middle Ages, the squires with the knights): nom. sg. geogoð, 66; giogoð, 1191; acc. sg. geogoðe, 1182; gen. duguðe and geogoðe, 160; duguðe and iogoðe (geogoðe), 1675, 622.

geoguð-feorh, st. n., age of youth, i.e. age in which one still belongs in the ranks of the geogoð: on geogoð- (geoguð-) fēore, 537, 2665.

geohðo. See gehðo.

geolo, adj., yellow: acc. sg. geolwe linde (the shield of yellow linden bark), 2611.

geolo-rand, st. m., yellow shield (shield with a covering of interlaced yellow linden bark): acc. sg., 438.

geond, prep. w. acc., through, throughout, along, over: geond þisne middangeard, through the earth, over the earth, 75; wide geond eorðan, 266, 3100; fērdon folctogan ... geond wīd-wegas, went along the ways coming from afar, 841; similarly, 1705; geond þæt sæld, through the hall, through the extent of the hall, 1281; similarly, 1982, 2265.

geong, adj., young, youthful: nom. sg., 13, 20, 855, etc.; giong, 2447; w. m. se maga geonga, 2676; acc. sg. geongne gūðcyning, 1970; dat. sg. geongum, 1949, 2045, 2675, etc.; on swā geongum feore, at a so youthful age, 1844; geongan cempan, 2627; acc. pl. geonge, 2019; dat. pl. geongum and ealdum, 72.--Superl. gingest, the last: nom. sg. w. f. gingeste word, 2818.

georn, adj., striving, eager, w. gen. of the thing striven for: eft sīðes georn, 2784.--Comp. lof-georn.

georne, adv., readily, willingly: þæt him wine-māgas georne hȳrdon, 66; georne truwode, 670.--zealously, eagerly: sōhte georne æfter grunde, eagerly searched over the ground, 2295.--carefully, industriously: nō ic him þæs georne ætfealh (held him not fast enough), 969.--completely, exactly: comp. wiste þē geornor, 822.

geō, iū, adv., once, formerly, earlier, 1477; giō, 2522; iū, 2460.

gēoc, st. f., help, support: acc. sg. gēoce gefremman, 2675; þæt him gāst-bona gēoce gefremede wið þēod-þrēaum, 177; gēoce gelȳfde, believed in the help (of Bēowulf), 609; dat. sg. tō gēoce, 1835.

gēocor, adj., ill, bad: nom. sg., 766.--See Haupt's Zeitschrift 8, p. 7.

geō-man, iū-man, st. m., man of former times: gen. pl. iū-manna, 3053.

geō-meowle, w. f., (formerly a virgin), wife: acc. sg. īo-meowlan, 2932.

geōmor, adj., with depressed feelings, sad, troubled: nom. sg. him wæs geōmor sefa, 49, 2420, 2633, 2951; mōdes geōmor, 2101; fem. þæt wæs geōmuru ides, 1076.

geōmore, adv., sadly, 151.

geōmor-gid, st. n., dirge: acc. sg. giōmor-gyd, 3151.

geōmor-līc, adj., sad, painful: swā bið geōmorlīc gomelum ceorle tō gebīdanne þæt..., it is painful to an old man to experience it, that ..., 2445.

geōmor-mōd, adj., sad, sorrowful: nom. sg., 2045, 3019; giōmor-mōd, 2268.

geōmrian, w. v., to complain, to lament: pret. sg. geōmrode giddum, 1119.

geō-sceaft, st. f., (fixed in past times), fate: acc. sg. geōsceaft grimme, 1235.

geōsceaft-gāst, st. m., demon sent by fate: gen. pl. fela geōsceaft-gāsta, of Grendel and his race, 1267.

gēotan, st. v. intrans., to pour, to flow, to stream: pres. part. gifen gēotende, 1691.

gicel, st. m., icicle: in comp. hilde-gicel.

gid, gyd, st. n., speech, solemn alliterative song: nom. sg. þǣr wæs ... gid oft wrecen, 1066; lēoð wæs āsungen, glēomannes gyd, the song was sung, the gleeman's lay, 1161; þǣr wæs gidd and glēo, 2106; acc. sg. ic þis gid āwrǣc, 1724; gyd āwrǣc, 2109; gyd æfter wrǣc, 2155; þonne hē gyd wrece, 2447; dat. pl. giddum, 151, 1119; gen. pl. gidda gemyndig, 869.--Comp.: geōmor-, word-gid.

giddian, w. v., to speak, to speak in alliteration: pret. gyddode, 631.

gif, conj.: 1) if, w. ind., 442, 447, 527, 662, etc.; gyf, 945, etc. With subj., 452, 594, 1482, etc.; gyf, 280, 1105, etc.--2) whether, w. ind., 272; w. subj., 1141, 1320.

gifa, geofa, w. m., giver; in comp. gold-, sinc-, wil-gifa (-geofa).

gifan, st. v., to give: inf. giofan, 2973; pret. sg. nallas bēagas geaf Denum, 1720; hē mē [māðmas] geaf, 2147; and similarly, 2174, 2432, 2624, etc.; pret. pl. gēafon (hyne) on gārsecg, 49; pret. part. þā wæs Hrōðgāre here-spēd gyfen, 64; þā wæs gylden hilt gamelum rince ... on hand gyfen, 1679; syððan ǣrest wearð gyfen ... geongum cempan (given in marriage), 1949.

ā-gifan, to give, to impart: inf. andsware ... āgifan, to give an answer, 355; pret. sg. sōna him se frōda fæder Ōhtheres ... ondslyht āgeaf (gave him a counter-blow), (hand-blow?), 2930.

for-gyfan, to give, to grant: pret. sg. him þæs līf-frēa ... worold-āre forgeaf, 17; þǣm tō hām forgeaf Hrēðel Gēata āngan dōhtor (gave in marriage), 374; similarly, 2998; hē mē lond forgeaf, granted me land, 2493; similarly, 697, 1021, 2607, 2617; mægen-rǣs forgeaf hilde-bille, he gave with his battle-sword a mighty blow, i.e. he struck with full force, 1520.

of-gifan, (to give up), to leave: inf. þæt se mǣra maga Ecgþēowes grund-wong þone ofgyfan wolde (was fated to leave the earth-plain), 2589; pret. sg. þās worold ofgeaf gromheort guma, 1682; similarly, gumdrēam ofgeaf, 2470; Dena land ofgeaf, 1905; pret. pl. næs ofgēafon hwate Scyldingas, left the promontory, 1601; þæt þā hildlatan holt ofgēfan, that the cowards left the wood (into which they had fled), 2847; sg. pret. for pl. þāra þe þis [līf] ofgeaf, 2252.

gifeðe, adj., given, granted: Gūðfremmendra swylcum gifeðe bið þæt..., to such a warrior is it granted that..., 299; similarly, 2682; swā mē gifeðe wæs, 2492; þær mē gifeðe swā ænig yrfeweard æfter wurde, if an heir, (living) after me, had been given me, 2731.--Neut. as subst.: wæs þæt gifeðe tō swīð, þē þone [þēoden] þyder ontyhte, the fate was too harsh that has drawn hither the king, 3086; gyfeðe, 555, 820.--Comp. un-gifeðe.

gif-heal, st. f., hall in which fiefs were bestowed, throne-hall: acc. sg. ymb þā gifhealle, 839.

gif-sceat, st. m., gift of value: acc. pl. gif-sceattas, 378.

gif-stōl, st. m., seat from which fiefs are granted, throne: nom. sg., 2328; acc. sg., 168.

gift, st. f., gift, present: in comp. feoh-gift.

gifu, geofu, st. f., gift, present, grant; fief: nom. sg. gifu, 1885 acc. sg. gimfæste gife þē him god sealde, the great gift that God had granted him (i.e. the enormous strength), 1272; ginfæstan gife þē him god sealde, 2183; dat. pl. (as instr.) geofum, 1959; gen. pl. gifa, 1931; geofena, 1174.--Comp.: māððum-, sinc-gifu.

gīgant, st. m., giant: nom. pl. gīgantas, 113; gen. pl. gīganta, 1563, 1691.

gild, gyld, st. n., reparation: in comp. wiðer-gyld(?).

gildan, gyldan, st. v., to do something in return, to repay, to reward, to pay: inf. gomban gyldan, pay tribute, 11; hē mid gōde gyldan wille uncran eaferan, 1185; wē him þā gūðgeatwa gyldan woldon, 2637; pret. sg. heaðoræsas geald mēarum and māðmum, repaid the battles with horses and treasures, 1048; similarly, 2492; geald þone gūðræs ... Jofore and Wulfe mid ofermāðmum, repaid Eofor and Wulf the battle with exceedingly great treasures, 2992.

an-gildan, to pay for: pret. sg. sum sāre angeald æfenræste, one (æschere) paid for the evening-rest with death's pain, 1252.

ā-gildan, to offer one's self: pret. sg. þā mē sǣl āgeald, when the favorable opportunity offered itself, 1666; similarly, þā him rūm āgeald, 2691.

for-gildan, to repay, to do something in return, to reward: pres. subj. sg.

III. alwalda þec gōde forgylde, may the ruler of all reward thee with good, 957; inf. þone ǣnne heht golde forgyldan, he ordered that the one (killed by Grendel) be paid for (atoned for) with gold, 1055; hē ... wolde Grendle for-gyldan gūðrǣsa fela, wished to pay Grendel for many attacks, 1578; wolde se lāða līge forgyldan drinc-fæt dȳre, the enemy wished to repay with fire the costly drinking vessel (the theft of it), 2306; pret. sg. hē him þǣs lēan forgeald, he gave them the reward therefore, 114; similarly, 1542, 1585, 2095; forgeald hraðe wyrsan wrixle wælhlem þone, repaid the murderous blow with a worse exchange, 2969.

gilp, gylp, st. m., speech in which one promises great things for himself in a coming combat, defiant speech, boasting speech: acc. sg. hæfde ... Gēat-mecga lēod gilp gelǣsted (had fulfilled what he had claimed for himself before the battle), 830; nallas on gylp seleð fætte bēagas, gives no chased gold rings for a boastful speech, 1750; þæt ic wið þone gūðflogan gylp ofersitte, restrain myself from the speech of defiance, 2529; dat. sg. gylpe wiðgrīpan (fulfil my promise of battle), 2522.-- Comp. dol-gilp.

gilpan, gylpan, st. v. w. gen., acc., and dat., to make a defiant speech, to boast, to exult insolently: pres. sg. I. nō ic þæs gilpe (after a break in the text), 587; sg. III. morðres gylpeð, boasts of the murder, 2056; inf. swā ne gylpan þearf Grendles maga ǣnig ... ūhthlem þone, 2007; nealles folc-cyning fyrdgesteallum gylpan þorfte, had no need to boast of his fellow-warrior, 2875; pret. sg. hrēðsigora ne gealp goldwine Gēata, did not exult at the glorious victory (could not gain the victory over the drake), 2584.

gilp-cwide, st. m., speech in which a man promises much for himself for a coming combat, speech of defiance: nom. sg., 641.

gilp-hlǣden, pret. part., laden with boasts of defiance (i.e. he who has made many such boasts, and consequently has been victorious in many combats), covered with glory: nom. sg. guma gilp-hlǣden, 869.

gilp-sprǣc, same as gilp-cwide, speech of defiance, boastful speech: dat. sg. on gylp-sprǣce, 982.

gilp-word, st. n., defiant word before the coming combat, vaunting word: gen. pl. gesprǣc ... gylp-worda sum, 676.

gim, st. m., gem, precious stone, jewel: nom. sg. heofones gim, heaven's jewel, i.e. the sun, 2073. Comp. searo-gim.

gimme-rīce, adj., rich in jewels: acc. sg. gimme-rīce hord-burh hæleða, 466.

gin (according to Bout., ginne), adj., properly gaping, hence, wide, extended: acc. sg. gynne grund (the bottom of the sea), 1552.

gin-fæst, adj., extensive, rich: acc. sg. gim-fæste gife (gim-, on account of the following f), 1272; in weak form, gin-fæstan gife, 2183.

ginnan, st. v., original meaning, to be open, ready; in

on-ginnan, to begin, to undertake: pret. oð þæt ān ongan fyrene fremman fēond on helle, 100; secg eft ongan sīð Bēowulfes snyttrum styrian, 872; þā þæt sweord ongan ... wanian, the sword began to diminish, 1606; Higelāc ongan sīnne geseldan ... fægre fricgean, began with propriety to question his companion, 1984, etc.; ongon, 2791; pret. pl. nō hēr cūðlīcor cuman ongunnon lindhæbbende, no shield-bearing men e'er undertook more openly to come hither, 244; pret. part. hæbbe ic mærða fela ongunnen on geogoðe, have in my youth undertaken many deeds of renown, 409.

gist. See gæst.

gistran, adv., yesterday: gystran niht, yesterday night, 1335.

git, pron., ye two, dual of þū, 508, 512, 513, etc.

gīt, gȳt, adv., yet; then still, 536, 1128, 1165, 2142; hitherto, 957; næfre gīt, never yet, 583; still, 945, 1059, 1135; once more, 2513; moreover, 47, 1051, 1867.

gitan (original meaning, to take hold of, to seize, to attain), in

be-gitan, w. acc., to grasp, to seize, to reach: pret. sg. begeat, 1147, 2231; þā hine wīg beget, when war seized him, came upon him, 2873; similarly, begeat, 1069; pret. pl. hit ǣr on þē gōde be-geāton, good men received it formerly from thee, 2250; subj. sg. for pl. þæt wæs Hrōðgāre hrēowa tornost þāra þe lēodfruman lange begeāte, the bitterest of the troubles that for a long time had befallen the people's chief, 2131.

for-gitan, w. acc., to forget: pres. sg. III. hē þā forðgesceaft forgyteð and forgȳmeð, 1752.

an-gitan, on-gitan, w. acc.: 1) to take hold of, to grasp: imp. sg. gumcyste ongit, lay hold of manly virtue, of what becomes the man, 1724; pret. sg. þē hine se brōga angeat, whom terror seized, 1292.--2) to grasp intellectually, to comprehend, to perceive, to distinguish, to behold: pres. subj. I. þǣt ic ǣrwelan ... ongite, that I may behold the ancient wealth (the treasures of the drake's cave), 2749; inf. sǣl timbred ... ongytan, 308, 1497; Gēata clifu ongitan, 1912; pret. sg. fyren-þearfe ongeat, had perceived their distress from hostile snares, 14; ongeat ... grund-wyrgenne, beheld the she-wolf of the bottom, 1519; pret. pl. bearhtm ongeāton, gūðhorn galan, perceived the noise, (heard) the battle-trumpet sound, 1432; syððan hīe Hygelāces horn and bȳman gealdor ongeāton, 2945.

gīfre, adj., greedy, eager: nom. sg. gīfre and galgmōd, of Grendel's mother, 1278.--Superl.: līg..., gǣsta gīfrost, 1124.--Comp. heoro-gīfre.

gītsian, w. v., to be greedy: pres. sg. III. gȳtsað, 1750.

gio-, giō-. see geo-, geō-.

gladian, w. v., to gleam, to shimmer: pres. pl. III. on him gladiað gomelra lāfe, upon him gleams the legacy of the men of ancient times (armor), 2037.

glæd, adj., gracious, friendly (as a form of address for princes): nom. sg. bēo wið Gēatas glæd, 1174; acc. sg. glædne Hrōðgār, 864; glædne Hrōðulf, 1182; dat. sg. gladum suna Frōdan, 2026.

glæde, adv., in a gracious, friendly way, 58.

glædnian, w. v., to rejoice: inf. w. gen., 367.

glæd-mōd, adj., joyous, glad, 1786.

glēd, st. f., fire, flame: nom. sg., 2653, 3115; dat. (instr.) pl. glēdum, 2313, 2336, 2678, 3042.

glēd-egesa, w. m., terror on account of fire, fire-terror: nom. sg. glēd-egesa grim (the fire-spewing of the drake), 2651.

glēaw (Goth, glaggwu-s), adj., considerate, well-bred, of social conduct; in comp. un-glēaw.

glēo, st. n., social entertainment, (especially by music, play, and jest): nom. sg. þǣr wǣs gidd and glēo, 2106.

glēo-bēam, st. m., (tree of social entertainment, of music), harp. gen. sg. glēo-bēames, 2264.

glēo-drēam, st. m., joyous carrying-on in social entertainment, mirth, social gaiety: acc. sg. gamen and glēo-drēam, 3022.

glēo-man, m., (gleeman, who enlivens the social entertainment, especially with music), harper: gen. sg. glēomannes gyd, 1161.

glitinian (O.H.G. glizinōn), w. v., to gleam, to light, to glitter: inf. geseah þā ... gold glitinian, 2759.

glīdan, st. v., to glide: pret. sg. syððan heofones gim glād ofer grundas, after heaven's gem had glided over the fields (after the sun had set), 2074; pret. pl. glidon ofer gārsecg, you glided over the ocean (swimming), 515.

tō-glīdan (to glide asunder), to separate, to fall asunder: pret. gūð-helm tō-glād (Ongenþēow's helmet was split asunder by the blow of Eofor), 2488.

glōf, st. f., glove: nom. sg. glōf hangode, (on Grendel) a glove hung, 2086.

gnēað, adj., niggardly: nom. sg. f. nǣs hīo ... tō gnēað gifa Gēata lēodum, was not too niggardly with gifts to the people of the Gēatas, 1931.

gnorn, st. m., sorrow, sadness: acc. sg. gnorn þrowian, 2659.

gnornian, w. v., to be sad, to complain: pret. sg. earme ... ides gnornode, 1118.

be-gnornian, w. acc., to bemoan, to mourn for: pret. pl. begnornodon ... hlāfordes [hry]re, bemoaned their lord's fall, 3180.

god, st. m., god: nom. sg., 13, 72, 478, etc.; hālig god, 381, 1554; wītig god, 686; mihtig god, 702; acc. sg. god, 812; ne wiston hīe drihten god, did not know the Lord God, 181; dat. sg. gode, 113, 227, 626, etc.; gen. sg. godes, 570, 712, 787, etc.

gold, st. n., gold: nom. sg., 3013, 3053; icge gold, 1108; wunden gold, wound gold, gold in ring-form, 1194, 3136; acc. sg. gold, 2537, 2759, 2794, 3169; hǣðen gold, heathen gold (that from the drake's cave), 2277; brād gold, massive gold, 3106; dat. instr. sg. golde, 1055, 2932, 3019; fǣttan golde, with chased gold, with gold in plate-form, 2103; gehroden golde, covered with gold, gilded, 304; golde gegyrwed (gegyrede), provided with, ornamented with gold, 553, 1029, 2193; golde geregnad, adorned with gold, 778; golde fāhne (hrōf), the roof shining with gold, 928; bunden golde, bound with gold (see under bindan), 1901; hyrsted golde (helm), the helmet ornamented with, mounted with gold, 2256; gen. sg. goldes, 2302; fǣttan goldes, 1094, 2247; scīran goldes, of pure gold, 1695. --Comp. fǣt-gold.

gold-ǣht, st. f., possessions in gold, treasure: acc. sg., 2749.

gold-fāh, adj., variegated with gold, shining with gold: nom. sg. reced ... gold-fāh, 1801; acc. sg. gold-fāhne helm, 2812; nom. pl. gold-fāg scinon web ǣfter wāgum, variegated with gold, the tapestry gleamed along the walls, 995.

gold-gifa, w. m., gold-giver, designation of the prince: acc. sg. mid mīnne goldgyfan, 2653.

gold-hroden, pret. part., (covered with gold), ornamented with gold: nom. sg., 615, 641, 1949, 2026; epithet of women of princely rank.

gold-hwæt, adj., striving after gold, greedy for gold: næs hē goldhwæt, he (Bēowulf) was not greedy for gold (he did not fight against the drake for his treasure, cf. 3067 ff.) 3075.

gold-māðm, st. m., jewel of gold: acc. pl. gold-māðmas (the treasures of the drake's cave), 2415.

gold-sele, st. m., gold-hall, i.e. the hall in which the gold was distributed, ruler's hall: acc. sg., 716, 1254; dat. sg. gold-sele, 1640, 2084.

gold-weard, st. m., gold-ward, defender of the gold: acc. sg. (of the drake), 3082.

gold-wine, st. m., friend who distributes gold, i.e. ruler, prince: nom. sg. (partly as voc.) goldwine gumena, 1172, 1477, 1603; goldwine Gēata, 2420, 2585.

gold-wlanc, adj., proud of gold: nom. sg. gūðrinc goldwlanc (Bēowulf rewarded with gold by Hrōðgār on account of his victory), 1882.

gomban, gomel, gomen. See gamban, gamal, gamen.

gong, gongan. See gang, gangan.

gōd, adj., good, fit, of persons and things: nom. sg., 11, 195, 864, 2264, 2391, etc.; frōd and gōd, 279; w. dat. cyning æðelum gōd, the king noble in birth, 1871; gumcystum gōd, 2544; w. gen. wes þū ūs lārena gōd, be good to us with teaching (help us thereto through thy instruction), 269; in weak form, se gōda, 205, 355, 676, 1191, etc.; acc. sg. gōdne, 199, 347, 1596, 1970, etc.; gumcystum gōdne, 1487; neut. gōd, 1563; dat. sg. gōdum, 3037, 3115; þǣm gōdan, 384, 2328; nom. pl. gōde, 2250; þā gōdan, 1164; acc. pl. gōde, 2642; dat. pl. gōdum dǣdum, 2179; gen. pl. gōdra gūðrinca, 2649.--Comp. ǣr-gōd.

gōd, st. n.: 1) good that is done, benefit, gift: instr. sg. gōde, 20, 957, 1185; gōde mǣre, renowned on account of her gifts (Þrȳðo), 1953; instr. pl. gōdum, 1862.--2) ability, especially in fight: gen. pl. nāt hē þāra gōda, 682.

gram, adj., hostile: gen. sg. on grames grāpum, in the gripe of the enemy (Bēowulf), 766; nom. pl. þā graman, 778; dat. pl. gramum, 424, 1035.

gram-heort, adj., of a hostile heart, hostile: nom. sg. grom-heort guma, 1683.

gram-hȳdig, adj., with hostile feeling, maliciously inclined: nom. sg. gromhȳdig, 1750.

grāp, st. f., the hand ready to grasp, hand, claw: dat. sg. mid grāpe, 438; on grāpe, 555; gen. sg. eal ... Grendles grāpe, all of Grendel's claw, the whole claw, 837; dat. pl. on grames grāpum, 766; (as instr.) grimman grāpum, with grim claws, 1543.--Comp.: fēond-, hilde-grāp.

grāpian, w. v., to grasp, to lay hold of, to seize: pret. sg. þæt hire wið halse heard grāpode, that (the sword) griped hard at her neck, 1567; hē ... grāpode gearofolm, he took hold with ready hand, 2086.

græs-molde, w. f., grass-plot: acc. sg. græsmoldan træd, went over the grass-plot, 1882.

grǣdig, adj., greedy, hungry, voracious: nom. sg. grim and grǣdig, 121, 1500; acc. sg. grǣdig gūðlēoð, 1523.

grǣg, adj., gray: nom. pl. æsc-holt ufan grǣg, the ashen wood, gray above (the spears with iron points) 330; acc. pl. grǣge syrcan, gray (i.e. iron) shirts of mail, 334.

grǣg-mǣl, adj., having a gray color, here = iron: nom. sg. sweord Bēowulfes gomol and grǣgmǣl, 2683.

grǣpe. See ǣt-grǣpe.

grētan, w. v. w. acc.: 1) to greet, to salute: inf. hine swā gōdne grētan, 347; Hrōðgār grētan, 1647, 2011; ēowic grētan hēt (bade me bring you his last greeting), 3096; pret. sg. grētte Gēata lēod, 626; grētte þā guma ōðerne, 653; Hrōðgār grētte, 1817.-- 2) to come on, to come near, to seek out; to touch; to take hold of: inf. gifstōl grētan, take possession of the throne, mount it as ruler, 168; næs se folccyning ænig ... þē mec gūðwinum grētan dorste (attack with swords), 2736; Wyrd ... sē þone gomelan grētan sceolde, 2422; þæt þone sin-scaðan gūðbilla nān grētan nolde, that no sword would take hold upon the irreconcilable enemy, 804; pret. sg. grētte goldhroden guman on healle, the gold-adorned (queen) greeted the men in the hall, 615; nō hē mid hearme ... gæstas grētte, did not approach the strangers with insults, 1894; gomenwudu grētte, touched the wood of joy, played the harp, 2109; pret. subj. II. sg. þæt þū þone wælgæst wihte ne grētte, that thou shouldst by no means seek out the murderous spirit (Grendel), 1996; similarly, sg. III. þæt hē ne grētte goldweard þone, 3082; pret. part. þær wæs ... gomenwudu grēted, 1066.

ge-grētan, w. acc.: 1) to greet, to salute, to address: pret. sg. holdne gegrētte mēaglum wordum, greeted the dear man with formal words, 1981; gegrētte þā gumena gehwylcne ... hindeman sīðe, spoke then the last time to each of the men, 2517.--2) to approach, to come near, to seek out: inf. sceal ... manig ōðerne gōdum gegrētan ofer ganotes bæð, many a one will seek another across the sea with gifts, 1862.

grēot, st. m., grit, sand, earth: dat. sg. on grēote, 3169.

grēotan, st. v., to weep, to mourn, to lament: pres. sg. III. sē þe ǣfter sincgyfan on sefan grēoteð, who laments in his heart for the treasure-giver, 1343.

grim, adj., grim, angry, wild, hostile: nom. sg., 121, 555, 1500, etc.; weak form, se grimma gǣst, 102; acc. sg. m. grimne, 1149, 2137; fem, grimme, 1235; gen. sg. grimre gūðe, 527; instr. pl. grimman grāpum, 1543.--Comp.: beado-, heaðo-, heoro-, searo-grim.

grimme, adv., grimly, in a hostile manner, bitterly, 3013, 3086.

grim-līc, adj., grim, terrible: nom. sg. grimlīc gry[re-gǣst], 3042.

grimman, st. v., (properly to snort), to go forward hastily, to hasten: pret. pl. grummon, 306.

grindan, st. v., to grind, in

for-grindan, to destroy, to ruin: pret. sg. w. dat. forgrand gramum, destroyed the enemy, killed them (?), 424; pret. part. w. acc. hæfde līgdraca lēoda fæsten ... glēdum forgrunden, had with flames destroyed the people's feasts, 2336; þā his āgen (scyld) wæs glēdum forgrunden, since his own (shield) had been destroyed by the fire, 2678.

gripe, st. m., gripe, attack: nom. sg. gripe mēces, 1766; acc. sg. grimne gripe, 1149.--Comp.: fǣr-, mund-, nīð-gripe.

grīma, w. m., mask, visor: in comp. beado-, here-grīma.

grīm-helm, st. m., mask-helmet, helmet with visor: acc. pl. grīm-helmas, 334.

grīpan, st. v., to gripe, to seize, to grasp: pret. sg. grāp þā tōgēanes, then she caught at, 1502.

for-grīpan (to gripe vehemently), to gripe so as to kill, to kill by the grasp, w. dat.: pret. sg. æt gūðe forgrāp Grendeles mǣgum, 2354. wið-grīpan, w. dat., (to seize at), to maintain, to hold erect: inf. hū wið þām āglǣcean elles meahte gylpe wið-grīpan, how else I might maintain my boast of battle against the monster, 2522.

grōwan, st. v., to grow, to sprout: pret. sg. him on ferhðe grēow brēosthord blōdrēow, 1719.

grund, st. m.: 1) ground, plain, fields in contrast with highlands; earth in contrast with heaven: dat. sg. sōhte ... ǣfter grunde, sought along the ground, 2295; acc. pl. ofer grundas, 1405, 2074.--2) bottom, the lowest part: acc. sg. grund (of the sea of Grendel), 1368; on gyfenes grund, 1395; under gynne grund (bottom of the sea) 1552; dat. sg. tō grunde (of the sea), 553; grunde (of the drake's cave) getenge, 2759; so, on grunde, 2766.--Comp.: eormen-, mere-, sǣ-grund.

grund-būend, pres. part., inhabitant of the earth: gen. pl. grund-būendra, 1007.

grund-hyrde, st. m., warder of the bottom (of the sea): acc. sg. (of Grendel's mother), 2137.

grund-sele, st. m., hall at the bottom (of the sea): dat sg. in þām [grund]sele, 2140.

grund-wang, st. m., ground surface, lowest surface: acc. sg. þone grund-wong (bottom of the sea), 1497; (bottom of the drake's cave), 2772, 2589.

grund-wyrgen, st. f., she-wolf of the bottom (of the sea): acc. sg. grund-wyrgenne (Grendel's mother), 1519.

gryn (cf. Gloss. Aldh. "retinaculum, rete grin," Hpts. Ztschr. IX. 429), st. n., net, noose, snare: gen. pl. fela ... grynna, 931. See gyrn.

gryre, st. m., horror, terror, anything causing terror: nom. sg., 1283; acc. sg. wið Grendles gryre, 384; hīe Wyrd forswēop on Grendles gryre, snatched them away into the horror of Grendel, to the horrible Grendel, 478; dat. pl. mid gryrum ecga, 483; gen. pl. swā fela gryra, 592.--Comp.: fǣr-, wīg-gryre.

gryre-brōga, w. m., terror and horror, amazement: nom. sg. [gryre-]br[ō]g[a], 2229.

gryre-fāh, adj., gleaming terribly: acc. sg. gryre-fāhne (the fire-spewing drake, cf. also [draca] fȳrwylmum fāh, 2672, 2577.

gryre-gǣst, st. m., terror-guest, stranger causing terror: nom. sg. grimlīc gry[regǣst], 3042; dat. sg. wið þām gryregieste (the dragon), 2561.

gryre-geatwe, st. f. pl., terror-armor, warlike equipment: dat. pl. in hyra gryre-geatwum, 324.

gryre-lēoð, st. n., terror-song, fearful song: acc. sg. gehȳrdon gryrelēoð galan godes and-sacan (heard Grendel's cry of agony), 787.

gryre-līc, adj., terrible, horrible: acc. sg. gryre-līcne, 1442, 2137.

gryre-sīð, st. m., way of terror, way causing terror, i.e. warlike expedition: acc. pl. sē þe gryre-sīðas gegān dorste, 1463.

guma, w. m., man, human being: nom. sg., 653, 869, etc.; acc. sg. guman, 1844, 2295; dat. sg. guman (gumum, MS.), 2822; nom pl. guman, 215, 306, 667, etc.; acc. pl. guman, 615; dat. pl. gumum, 127, 321; gen. pl. gumena, 73, 328, 474, 716, etc.--Comp.: driht-, seld-guma.

gum-cyn, st. n., race of men, people, nation: gen. sg. wē synt gumcynnes Gēata lēode, people from the nation of the Gēatas, 260; dat. pl. æfter gum-cynnum, along the nations, among the nations, 945.

gum-cyst, st. f., man's excellence, man's virtue: acc. sg. (or pl.) gumcyste, 1724; dat. pl. as adv., excellently, preeminently: gumcystum gōdne bēaga bryttan, 1487; gumcystum gōd ... hilde-hlemma (Bēowulf), 2544.

gum-drēam, st. m., joyous doings of men: acc. sg. gum-drēam ofgeaf (died), 2470.

gum-dryhten, st. m., lord of men: nom. sg. 1643.

gum-fēða, w. m., troop of men going on foot: nom. sg., 1402.

gum-man, st. m., man: gen. pl. gum-manna fela, 1029.

gum-stōl, st. m., man's seat, κατ' ἐζωχήν, ruler's seat, throne: dat. sg. in gumstōle, 1953.

gūð, st. f., combat, battle: nom. sg., 1124, 1659, 2484, 2537; acc. sg. gūðe, 604; instr. sg. gūðe, 1998; dat. sg. tō (ǣt) gūðe, 438, 1473. 1536, 2354, etc.; gen. sg. gūðe, 483, 527, 631, etc.; dat. pl. gūðum, 1959, 2179; gen. pl. gūða, 2513, 2544.

gūð-beorn, st. m., warrior: gen. pl. gūð-beorna sum (the strand-guard on the Danish coast), 314.

gūð-bil, st. n., battle-bill: nom. sg. gūðbill, 2585; gen. pl. gūð-billa nān, 804.

gūð-byrne, w. f., battle-corselet: nom. sg., 321.

gūð-cearu, st. f., sorrow which the combat brings: dat. sg. ǣfter gūð-ceare, 1259.

gūð-cræft, st. m., warlike strength, power in battle: nom. sg. Grendles gūð-cræft, 127.

gūð-cyning, st. m., king in battle, king directing a battle: nom. sg., 199, 1970, 2336, etc.

gūð-dēað, st. m., death in battle: nom. sg., 2250.

gūð-floga, w. m., flying warrior: acc. sg. wið þone gūðflogan (the drake), 2529.

gūð-freca, w. m., hero in battle, warrior (see freca): nom. sg. gearo gūð-freca, of the drake, 2415.

gūð-fremmend, pres. part., fighting a battle, warrior: gen. pl. gūð-fremmendra, 246; gūð- (gōd-, MS.) fremmendra swylcum, such a warrior (meaning Bēowulf), 299.

gūð-gewǣde, st. n., battle-dress, armor: nom. pl. gūð-gewǣdo, 227; acc. pl. -gewǣdu, 2618, 2631(?), 2852, 2872; gen. pl. -gewǣda, 2624.

gūð-geweorc, st. n., battle-work warlike deed: gen. pl., -geweorca, 679, 982, 1826.

gūð-geatwe, st. f. pl., equipment for combat: acc. þā gūð-geatwa (-getawa, MS.), 2637; dat. in ēowrum gūð-geatawum, 395.

gūð-helm, st. m., battle-helmet: nom. sg., 2488.

gūð-horn, st. n., battle-horn: acc. sg., 1433.

gūð-hrēð, st. f., battle-fame: nom. sg., 820.

gūð-lēoð, st. n., battle-song: acc., sg., 1523.

gūð-mōd, adj., disposed to battle, having an inclination to battle. nom. pl. gūð-mōde, 306.

gūð-rǣs, st. m., storm of battle, attack: acc. sg., 2992; gen. pl. gūð-rǣsa, 1578, 2427.

gūð-rēow, adj., fierce in battle: nom. sg., 58.

gūð-rinc, st. m., man of battle, fighter, warrior: nom. sg., 839, 1119, 1882; acc. sg., 1502; gen. pl. gūð-rinca, 2649.

gūð-rōf, adj., renowned in battle: nom. sg., 609.

gūð-sceaða, w. m., battle-foe, enemy in combat: nom. sg., of the drake, 2319.

gūð-scearu, st. f., decision of the battle: dat. sg. ǣfter gūð-sceare, 1214.

gūð-sele, st. m., battle-hall, hall in which a battle takes place: dat sg. in þǣm gūðsele (in Heorot), 443.

gūð-searo, st. n. pl., battle-equipment, armor; acc., 215, 328.

gūð-sweord, st. n., battle-sword: acc. sg., 2155.

gūð-wērig, adj., wearied by battle dead: acc. sg. gūð-wērigne Grendel, 1587.

gūð-wine, st. m., battle-friend, comrade in battle designation of the sword: acc. sg., 1811; instr. pl. þē mec gūð-winum grētan dorste, who dared to attack me with his war-friends, 2736.

gūð-wiga, w. m., fighter of battles, warrior: nom. sg., 2112.

gyd. See gid.

gyfan. See gifan.

gyldan. See gildan.

gylden, adj., golden: nom. sg. gylden hilt, 1678; acc. sg. segen gyldenne, 47, 1022; bring gyldenne, 2810; dat. sg. under gyldnum bēage, 1164.-- Comp. eal-gylden.

gylp. See gilp.

gyrdan, w. v., to gird, to lace: pret. part. gyrded cempa, the (sword-) girt warrior, 2079.

gyrn, st. n., sorrow, harm: nom. sg., 1776.

gyrn-wracu, st. f., revenge for harm: dat. sg. tō gyrn-wrǣce, 1139; gen. sg. þā wæs eft hraðe gearo gyrn-wrǣce Grendeles mōdor, then was Grendel's mother in turn immediately ready for revenge for the injury, 2119.

gyrwan. See gerwan.

gystran. See gistran.

gȳman, w. v. w. gen., to take care of, to be careful about: pres. III. gȳmeð, 1758, 2452; imp. sg. oferhȳda ne gȳm! do not study arrogance (despise it), 1761.

for-gȳman, w. acc., to neglect, to slight: pres. sg. III. hē þā forð-gesceaft forgyteð and forgȳmeð, 1752.

gȳtsian. See gītsian.

gȳt. See gīt.

H

habban, w. v., to have: 1) w. acc.: pres. sg. I. þæs ic wēn hæbbe (as I hope), 383; þē ic geweald hæbbe, 951; ic mē on hafu bord and byrnan, have on me shield and coat of mail, 2525; hafo, 3001; sg. II. þū nū [friðu] hafast, 1175; pl. I. habbað wē ... micel ærende, 270; pres. subj. sg. III. þæt hē þrīttiges manna mægencræft on his mundgripe hæbbe, 381. Blended with the negative: pl. III. þæt be Sæ-Gēatas sēlran næbben tō gecēosenne cyning ænigne, that the Sea-Gēats will have no better king than you to choose, 1851; imp. hafa nū and geheald hūsa sēlest, 659; inf. habban, 446, 462, 3018; pret. sg. hæfde, 79, 518, 554; pl. hæfdon, 539.--2) used as an auxiliary with the pret. part.: pres. sg. I. hæbbe ic ... ongunnen, 408; hæbbe ic ... geāhsod, 433; II. hafast, 954, 1856; III. hafað, 474, 596; pret. sg. hæfde, 106, 220, 666, 2322, 2334, 2953, etc.; pl. hæfdon, 117, 695, 884, 2382, etc. Pret. part. inflected: nū scealc hafað dæd gefremede, 940; hæfde se gōda ... cempan gecorone, 205. With the pres. part. are formed the compounds: bord-, rond-hæbbend.

for-habban, to hold back, to keep one's self: inf. ne meahte wæfre mōd forhabban in hreðre, the expiring life could not hold itself back in the breast, 1152; ne mihte þā for-habban, could not restrain himself, 2610.

wið-habban, to resist, to offer resistance: pret. þæt se wīnsele wið-hæfde heaðo-dēorum, that the hall resisted them furious in fight, 773.

hafela, heafola, w. m., head: acc. sg. hafelan, 1373, 1422, 1615, 1636, 1781; nā þū mīnne þearft hafalan hȳdan, 446; þonne wē on orlege hafelan weredon, protected our heads, defended ourselves, 1328; se hwīta helm hafelan werede, 1449; dat. sg. hafelan, 673, 1522; heafolan, 2680; gen. sg. heafolan, 2698; nom. pl. hafelan, 1121.--Comp. wīg-heafola.

hafenian, w. v., to raise, to uplift: pret. sg. wæpen hafenade heard be hiltum, raised the weapon, the strong man, by the hilt, 1574.

hafoc, st. m., hawk: nom. sg., 2264.

haga, w. m., enclosed piece of ground, hedge, farm-enclosure: dat. sg. tō hagan, 2893, 2961.

haga, w. m. See ān-haga.

hama, homa, w. m., dress: in the comp. flæsc-, fyrd-, līc-hama, scīr-ham (adj.).

hamer, st. m., hammer: instr. sg. hamere, 1286; gen. pl. homera lāfe (swords), 2830.

hand, hond, st. f., hand: nom. sg. 2138; sīo swīðre ... hand, the right hand, 2100; hond, 1521, 2489, 2510; acc. sg. hand, 558, 984; hond, 657, 687, 835, 928, etc.; dat. sg. on handa, 495, 540; mid handa, 747, 2721; be honda, 815; dat. pl. (as instr.) hondum, 1444, 2841.

hand-bana, w. m., murderer with the hand, or in hand-to-hand combat: dat. sg. tō hand-bonan (-banan), 460, 1331.

hand-gemōt, st. n., hand-to-hand conflict, battle: gen. pl. (ecg) þolode ǣr fela hand-gemōta, 1527; nō þæt lǣsest wæs hond-gemōta, 2356.

hand-gesella, w. m., hand-companion, man of the retinue: dat. pl. hond-gesellum, 1482.

hand-gestealla, w. m., (one whose position is near at hand), comrade, companion, attendant: dat. sg. hond-gesteallan, 2170; nom. pl. hand-gesteallan, 2597.

hand-geweorc, st. n., work done with the hands, i.e. achievement in battle: dat. sg. for þæs hild-fruman hondgeweorce, 2836.

hand-gewriðen, pret. part. hand-wreathed, bound with the hand. acc. pl. wælbende ... hand-gewriðene, 1938.

hand-locen, pret. part., joined, united by hand: nom. sg. (gūð-byrne, līc-syrce) hondlocen (because the shirts of mail consisted of interlaced rings), 322, 551.

hand-rǣs, st. m., hand-battle, i.e. combat with the hands: nom. sg. hond-rǣs, 2073.

hand-scalu, st. f., hand-attendance, retinue: dat. sg. mid his hand-scale (hond-scole), 1318, 1964.

hand-sporu, st. f., finger (on Grendel's hand), under the figure of a spear: nom. pl. hand-sporu, 987.

hand-wundor, st. n., wonder done by the hand, wonderful handwork: gen. pl. hond-wundra mǣst, 2769.

hangan. See hōn.

hangian, w. v., to hang: pres. sg. III. þonne his sunu hangað hrefne to hrōðre, when his son hangs, a joy to the ravens, 2448; pl. III. ofer þǣm (mere) hongiað hrīmge bearwas, over which frosty forests hang, 1364; inf. hangian, 1663; pret. hangode, hung down, 2086.

hatian, w. v. w. acc., to hate, to be an enemy to, to hurt: inf. hē þone heaðo-rinc hatian ne meahte lāðum dǣdum (could not do him any harm), 2467; pret. sg. hū se gūð-sceaða Gēata lēode hatode and hȳnde, 2320.

hād, st. m., form, condition, position, manner: acc. sg. þurh hǣstne hād, in a powerful manner, 1336; on gesīðes hād, in the position of follower, as follower, 1298; on sweordes hād, in the form of a sword, 2194. See under on.

hādor, st. m., clearness, brightness: acc. sg. under heofenes hādor, 414.

hādor, adj., clear, fresh, loud: nom. sg. scop hwīlum sang hādor on Heorote, 497.

hādre, adv., clearly, brightly, 1572.

hāl, adj., hale, whole, sound, unhurt: nom. sg. hāl, 300. With gen. heaðo-lāces hāl, safe from battle, 1975. As form of salutation, wes ... hāl, 407; dat. sg. hālan līce, 1504.

hālig, adj., holy: nom. sg. hālig god, 381, 1554; hālig dryhten, 687.

hām, st. m., home, residence, estate, land: acc. sg. hām, 1408; Hrōðgāres hām, 718. Usually in adverbial sense: gewāt him hām, betook himself home, 1602; tō hām, 124, 374, 2993; fram hām, at home, 194; ǣt hām, at home, 1249, 1924, 1157; gen. sg. hāmes, 2367; acc. pl. hāmas, 1128.--Comp. Finnes-hām, 1157.

hām-weorðung, st. f., honor or ornament of home: acc. sg. hām-weorðunge (designation of the daughter of Hygelāc, given in marriage to Eofor), 2999.

hār, adj., gray: nom. sg. hār hilde-rinc, 1308, 3137; acc. sg. under (ofer) hārne stān, 888, 1416, 2554; hāre byrnan (i.e. iron shirt of mail), 2154;

dat. sg. hārum hildfruman, 1679; f. on hēare hǣðe (on heaw ... h ... ðe, MS.), 2213; gen. sg. hāres, of the old man, 2989.--Comp. un-hār.

hāt, adj., hot, glowing, flaming nom sg., 1617, 2297, 2548, 2559, etc.; wyrm hāt gemealt, the drake hot (of his own heat) melted, 898; acc. sg., 2282(?); inst. sg. hātan heolfre, 850, 1424; g. sg. heaðu-fȳres hātes, 2523; acc. pl. hāte heaðo-wylmas, 2820.--Sup.: hātost heaðo-swāta, 1669.

hāt, st. n., heat, fire: acc. sg. geseah his mondryhten ... hāt þrowian, saw his lord endure the (drake's) heat, 2606.

hata, w. m., persecutor; in comp. dǣd-hata.

hātan, st. v.: 1) to bid, to order, to direct, with acc. and inf., and acc. of the person: pres. sg. I. ic maguþegnas mīne hāte ... flotan ēowerne ārum healdan, I bid my thanes take good care of your craft, 293; imp. sg. II. hāt in gān ... sibbegedriht, 386; pl. II. hātað heaðo-mǣre hlǣw gewyrcean, 2803; inf. þæt healreced hātan wolde ... men gewyrcean, that he wished to command men to build a hall-edifice, 68. Pret. sg. heht: heht ... eahta mēaras ... on flet tēon, gave command to bring eight horses into the hall, 1036; þonne ǣnne heht golde forgyldan, commanded to make good that one with gold, 1054; heht þā þæt heaðo-weorc tō hagan bīodan, ordered the combat to be announced at the hedge(?), 2893; swā se snottra heht, as the wise (Hrōðgār) directed, 1787; so, 1808, 1809. hēt: hēt him ȳðlidan gōdne gegyrwan, ordered a good vessel to be prepared for him, 198; so, hēt, 391, 1115, 3111. As the form of a wish: hēt hine wēl brūcan, 1064; so, 2813; pret. part. þā wæs hāten hraðe Heort innan-weard folmum gefrǣtwod, forthwith was ordered Heorot, adorned by hand on the inside (i.e. that the edifice should be adorned by hand on the inside), 992.--2) to name, to call: pres. subj. III. pl. þæt hit sǣlīðend ... hātan Bīowulfes biorh, that mariners may call it Bēowulf's grave-mound, 2807; pret. part. wæs se grimma gæst Grendel hāten, 102; so, 263, 373, 2603.

ge-hātan, to promise, to give one's word, to vow, to threaten: pres. sg. I. ic hit þē gehāte, 1393; so, 1672; pret. sg. hē mē mēde gehēt, promised me reward, 2135; him fǣgre gehēt lēana (gen. pl.), promised them proper reward, 2990; wēan oft gehēt earmre teohhe, with woe often threatened the unhappy band, 2938; pret. pl. gehēton æt hærgtrafum wīg-weorðunga, vowed offerings at the shrines of the gods, 175; þonne wē gehēton ūssum hlāforde þæt ..., when we promised our lord that...,

2635; pret. part. sīo gehāten [wæs] ... gladum suna Frōdan, betrothed to the glad son of Froda, 2025.

hātor, st. m. n., heat: in comp. and-hātor.

hæft, adj., held, bound, fettered: nom. sg., 2409; acc. sg. helle hæftan, him fettered by hell (Grendel), 789.

hæft-mēce, st. m., sword with fetters or chains (cf. fetel-hilt): dat. sg. þǣm hæft-mēce, 1458. See Note.

hæg-steald, st. m., man, liegeman, youth: gen. pl. hæg-stealdra, 1890.

hæle, st. m., man: nom. sg., 1647, 1817, 3112; acc. sg. hæle, 720; dat. pl. hælum (hænum, MS.), 1984.

hæleð, st. m., hero, fighter, warrior, man: nom. sg., 190, 331, 1070; nom. pl. hæleð, 52, 2248, 2459, 3143; dat. pl. hæleðum 1710, 1962, etc.; gen. pl. hæleða, 467, 497, 612, 663, etc.

hærg. See hearg.

hæð, st. f., heath: dat. sg. hæðe, 2213.

hæðen, adj., heathenish; acc. sg. hæðene sāwle, 853; dat. sg. hæðnum horde, 2217; gen. sg. hæðenes, of the heathen (Grendel), 987; gen. pl. hæðenra, 179.

hæð-stapa, w. m., that which goes about on the heath (stag): nom. sg., 1369

hæl, st. f.: 1) health, welfare, luck: acc. sg. him hæl ābēad, 654; mid hæle, 1218.--2) favorable sign, favorable omen: hæl scēawedon, observed favorable signs (for Bēowulf's undertaking), 204.

hælo, st. f., health, welfare, luck: acc. sg. hælo ābēad heorð-genēatum, 2419.--Comp. un-hælo.

hæst (O.H.G. haisterā hantī, manu violenta; heist, ira; heistigo, iracunde), adj., violent, vehement: acc. sg. þurh hæstne hād, 1336.

hē, fem. hēo, neut. hit, pers. pron., he, she, it; in the oblique cases also reflexive, himself, herself, itself: acc. sg. hine, hī, hit; dat. sg. him, hire, him; gen. sg. his, hire, his; plur. acc. nom. hī, hig, hīe; dat. him; gen. hira, heora, hiera, hiora.--he omitted before the verb, 68, 300, 2309, 2345.

hebban, st. v., to raise, to lift, w. acc.: inf. siððan ic hond and rond hebban mihte, 657; pret. part. hafen, 1291; hæfen, 3024.

ā-hebban, raise, to lift from, to take away: wæs ... icge gold āhafen of horde, taken up from the hoard, 1109; þā wæs ... wōp up āhafen, a cry of distress raised, 128

ge-hegan [ge-hēgan], w. v., to enclose, to fence: þing gehegan, to mark off the court, hold court. Here figurative: inf. sceal ... āna gehegan þing wið þyrse (shall alone decide the matter with Grendel), 425.

hel, st. f., hell: nom. sg., 853; acc. sg. helle, 179; dat. sg. helle, 101, 589; (as instr.), 789; gen. sg. helle, 1275.

hel-bend, st. m. f. bond of hell: instr. pl. hell-bendum fæst, 3073.

hel-rūna, w. m., sorcerer: nom. pl. helrūnan, 163.

be-helan, st. v., to conceal, to hide: pret. part. be-holen, 414.

helm, st. m.: 1) protection in general, defence, covering that protects: acc. sg. on helm, 1393; under helm, 1746.--2) helmet: nom. sg., 1630; acc. sg. helm, 673, 1023, 1527, 2988; (helo, MS.), 2724; brūn-fāgne, gold-fāhne helm, 2616, 2812; dat. sg. under helme, 342, 404; gen. sg. helmes, 1031; acc. pl. helmas, 240, 2639.--3) defence, protector, designation of the king: nom. sg. helm Scyldinga (Hrōðgār), 371, 456, 1322; acc. sg. heofena helm (the defender of the heavens = God), 182; helm Scylfinga, 2382.--Comp.: grīm-, gūð-, heaðo-, niht-helm.

ofer-helmian, w. v. w. acc., to cover over, to overhang: pres. sg. III. ofer-helmað, 1365.

helm-berend, pres. part., helm-wearing (warrior): acc. pl. helmberend, 2518, 2643.

helpan, st. v., to help: inf. þæt him holt-wudu helpan ne meahte, lind wið līge, that a wooden shield could not help him, a linden shield against flame, 2341; þæt him īrenna ecge mihton helpan æt hilde,

2685; wutun gangan to, helpan hildfruman, let us go thither to help the battle-chief, 2650; w. gen. ongan ... mǣges helpan, began to help my kinsman, 2880; so, pret. sg. þǣr hē his mǣges (MS. mǣgenes) healp, 2699.

help, m. and f., help, support, maintenance: acc. sg. helpe, 551, 1553; dat. sg. tō helpe, 1831; acc. sg. helpe, 2449.

hende, -handed: in comp. īdel-hende.

hēr, adv., here, 397, 1062, 1229, 1655, 1821, 2054, 2797, etc.; hither, 244, 361, 376.

here (Goth, harji-s), st. m., army, troops: dat. sg. on herge, in the army, on a warlike expedition, 1249; in the army, among the fighting men, 2639; as instr. herge, 2348.--Comp.: flot-, scip-, sin-here.

here-brōga, w. m., terror of the army, fear of war: dat. sg. for here-brōgan, 462.

here-byrne, w. f., battle-mail, coat of mail: nom. sg., 1444.

here-grīma, w. m., battle-mask, i.e. helmet (with visor): dat. sg. -grīman, 396, 2050, 2606.

here-net, st. n., battle-net, i.e. coat of mail (of interlaced rings): nom. sg., 1554.

here-nīð, st. m., battle-enmity, battle of armies: nom. sg., 2475.

here-pād, st. f., army-dress, i.e. coat of mail, armor: nom. sg., 2259.

here-rinc, st. m., army-hero, hero in battle, warrior: acc. sg. here-rinc (MS. here ric), 1177.

here-sceaft, st. m., battle-shaft, i.e. spear: gen. pl. here-sceafta hēap, 335.

here-spēd, st. f., (war-speed), luck in war: nom. sg., 64.

here-strǣl, st. m., war-arrow, missile: nom. sg., 1436.

here-syrce, w. f., battle-shirt, shirt of mail: acc. sg. here-syrcan, 1512.

here-wǣd, st. f., army-dress, coat of mail, armor: dat. pl. (as instr.) here-wǣdum, 1898.

here-wǣsma, w. m., war-might, fierce strength in battle: dat. pl. an here-wǣsmum, 678.--Leo.

here-wīsa, w. m., leader of the army, i.e. ruler, king: nom. sg., 3021.

herg, hearg, st. m., image of a god, grove where a god was worshipped, hence to the Christian a wicked place(?): dat. pl. hergum geheaðerod, confined in wicked places (parallel with hell-bendum fæst), 3073.

herigean, w. v. w. dat. of pers., to provide with an army, to support with an army: pres. sg. I. ic þē wēl herige, 1834.--Leo.

hete, st. m., hate, enmity: nom. sg. 142, 2555.--Comp.: ecg-, morðor-, wīg-hete.

hete-līc, adj., hated: nom. sg., 1268.

hetend, hettend, (pres. part. of hetan, see hatian), enemy, hostis: nom. pl. hetende, 1829; dat. pl. wið hettendum, 3005.

hete-nīð, st. m., enmity full of hate: acc. pl. hete-nīðas, 152.

hete-sweng, st. m., a blow from hate: acc. pl. hete-swengeas, 2226.

hete-þanc, st. m., hate-thought, a hostile design: dat. pl. mid his hete-þancum, 475.

hēdan, ge-hēdan, w. v. w. gen.: 1) to protect: pret. sg. ne hēdde hē þæs heafolan, did not protect his head, 2698.--2) to obtain: subj. pret. sg. III. gehēdde, 505.

herian, w. v. w. acc., to praise, to commend: with reference to God, to adore: inf. heofena helm herian ne cūðon, could not worship the defence of the heavens (God), 182; nē hūru Hildeburh herian þorfte Eotena trēowe, had no need to praise the fidelity of the Eotens, 1072; pres. subj. þæt mon his wine-dryhten wordum herge, 3177.

ge-heaðerian, w. v., to force, to press in: pret. part. ge-heaðerod, 3073.

heaðo-byrne, w. f., battle-mail, shirt of mail: nom. sg., 1553.

heaðo-dēor, adj., bold in battle, brave: nom. sg., 689; dat. pl. heaðo-dēorum, 773.

heaðo-fyr, st. n., battle-fire, hostile fire: gen. sg. heaðu-fȳres, 2523; instr. pl. heaðo-fȳrum, 2548, of the drake's fire-spewing.

heaðo-grim, adj., grim in battle, 548.

heaðo-helm, st. m., battle-helmet, war-helmet: nom. sg., 3157(?).

heaðo-lāc, st. n., battle-play, battle: dat. sg. ǣt heaðo-lāce, 584; gen. sg. heaðo-lāces hāl, 1975.

heaðo-mǣre, adj., renowned in battle: acc. pl. -mǣre, 2803.

heaðo-rǣs, st. m., storm of battle, attack in battle, entrance by force: nom. sg., 557; acc. pl. -rǣsas, 1048; gen. pl. -rǣsa, 526.

heaðo-rēaf, st. n., battle-dress, equipment for battle: acc. sg. heaðo-rēaf hēoldon (kept the equipments), 401.

heaðo-rinc, st. m., battle-hero, warrior: acc. sg. þone heaðo-rinc (Hrēðel's son, Hǣðcyn), 2467; dat. pl. þǣm heaðo-rincum, 370.

heaðo-rōf, adj., renowned in battle: nom. sg., 381; nom. pl. heaðo-rōfe, 865.

heaðo-scearp, adj., sharp in battle, bold: n. m. pl. (-scearde, MS.), 2830.

heaðo-sēoc, adj., battle-sick: dat. sg. -sīocum, 2755.

heaðo-stēap, adj., high in battle, excelling in battle: nom. sg. in weak form, heaðo-stēapa, 1246; acc. sg. heaðo-stēapne, 2154, both times of the helmet.

heaðo-swāt, st. m., blood of battle: dat. sg. heaðo-swāte, 1607; as instr., 1461; gen. pl. hātost heaðo-swāta, 1669.

heaðo-sweng, st. m., battle-stroke (blow of the sword): dat. sg. æfter heaðu-swenge, 2582.

heaðo-torht, adj., loud, clear in battle: nom. sg. stefn ... heaðo-torht, the voice clear in battle, 2554.

heaðo-wæd, st. f., battle-dress, coat of mail, armor: instr. pl. heaðo-wædum, 39.

heaðo-weorc, st. n., battle-work, battle: acc. sg., 2893.

heaðo-wylm, st. m., hostile (flame-) wave: acc. pl. hāte heaðo-wylmas, 2820; gen. pl. heaðo-wylma, 82.

heaf, st. n., sea: acc. pl. ofer heafo, 2478. See Note.

heafola. See hafela.

heal, st. f., hall, main apartment, large building (consisting of an assembly-hall and a banqueting-hall): nom. sg. heal, 1152, 1215; heall, 487; acc. sg. healle, 1088; dat. sg. healle, 89, 615, 643, 664, 926, 1010, 1927, etc.; gen. sg. [healle], 389.--Comp.: gif-, meodo-heal.

heal-ærn, st. n., hall-building, hall-house: gen. sg. heal-ærna, 78.

heal-gamen, st. n., social enjoyment in the hall, hall-joy: nom. sg., 1067.

heal-reced, st. n., hall-building: acc. sg., 68.

heal-sittend, pres. part., sitting in the hall (at the banquet): dat. pl. heal-sittendum, 2869; gen. pl. heal-sittendra, 2016.

heal-þegn, st. m., hall-thane, i.e. a warrior who holds the hall: gen. sg. heal-þegnes, of Grendel, 142; acc. pl. heal-þegnas, of Bēowulfs band, 720.

heal-wudu, hall-wood, i.e. hall built of wood: nom. sg., 1318.

healdan, st. v. w. acc.: 1) to hold, to hold fast; to support: pret. pl. hū þā stānbogan ... ēce eorðreced innan hēoldon (MS. healde), how the arches of rock within held the everlasting earth-house, 2720. Pret. sg., with a person as object: hēold hine to fæste, held him too fast, 789; w.

the dat. hē him frēondlārum hēold, supported him with friendly advice, 2378.--2) to hold, to watch, to preserve, to keep; reflexive, to maintain one's self, to keep one's self: pres. sg. II. eal þū hit geþyldum healdest, mægen mid mōdes snyttrum, all that preservest thou continuously, strength and wisdom of mind, 1706; III. healdeð hige-mēðum hēafod-wearde, holds for the dead the head-watch, 2910; imp. sg. II. heald forð tela nīwe sibbe, keep well, from now on, the new relationship, 949; heald (heold, MS.) þū nū hrūse ... eorla ǣhte, preserve thou now, Earth, the noble men's possessions, 2248; inf. sē þe holmclifu healdan scolde, watch the sea-cliffs, 230; so, 705; nacan ... ārum healdan, to keep well your vessel, 296; wearde healdan, 319; forlēton eorla gestrēon eorðan healdan, 3168; pres. part. drēam healdende, holding rejoicing (i.e. thou who art rejoicing), 1228; pret. sg. hēold hine syððan fyr and fæstor, kept himself afterwards afar and more secure, 142; ǣgwearde hēold, I have (hitherto) kept watch on the sea, 241; so, 305; hīold hēah-lufan wið hæleða brego, preserved high love, 1955; ginfæstan gife ... hēold, 2184; gold-māðmas hēold, took care of the treasures of gold, 2415; hēold mīn tela, protected well mine own, 2738; þonne ... sceft ... nytte hēold, had employment, was employed, 3119; hēold mec, protected, i.e. brought me up, 2431; pret. pl. heaðo-rēaf hēoldon, watched over the armor, 401; sg. for pl. hēafodbeorge ... walan ūtan hēold, outwards, bosses kept guard over the head, 1032.--Related to the preceding meaning are the two following: 3) to rule and protect the fatherland: inf. gif þū healdan wylt maga rīce, 1853; pret. hēold, 57, 2738.--4) to hold, to have, to possess, to inhabit: inf. lēt þone brego-stōl Bēowulf healdan, 2390; gerund. tō healdanne hlēoburh wera, 1732; pret. sg. hēold, 103, 161, 466, 1749, 2752; lyftwynne hēold nihtes hwīlum, at night-time had the enjoyment of the air, 3044; pret. pl. Gēata lēode hrēawic hēoldon, the Gēatas held the place of corpses (lay dead upon it), 1215; pret. sg. þǣr hēo ǣr mǣste hēold worolde wynne, in which she formerly possessed the highest earthly joy, 1080.--5) to win, to receive: pret. pl. I. heoldon hēah gesceap, we received a heavy fate, heavy fate befell us, 3085.

be-healdan, w. acc.: 1) to take care of, to attend to: pret. sg. þegn nytte behēold, a thane discharged the office, 494; so, 668.--2) to hold: pret. sg. sē þe flōda begong ... behēold, 1499.--3) to look at, to behold: þrȳðswȳð behēold mǣg Higelāces hū ..., great woe saw H.'s kinsman, how ..., 737.

for-healdan, w. acc., (to hold badly), to fall away from, to rebel: pret. part. hæfdon hȳ forhealden helm Scylfinga, had rebelled against the defender of the Scylfings, 2382.

ge-healdan: 1) to hold, to receive, to hold fast: pres. sg. III. sē þe waldendes hyldo gehealdeð, who receives the Lord's grace, 2294; pres. subj. fæder alwalda ... ēowic gehealde sīða gesunde, keep you sound on your journey, 317; inf. ne meahte hē ... on þām frum-gāre feorh gehealdan, could not hold back the life in his lord, 2857.--2) to take care, to preserve, to watch over; to stop: imp. sg. hafa nū and geheald hūsa sēlest, 659; inf. gehealdan hēt hilde-geatwe, 675; pret. sg. hē frǣtwe gehēold fela missēra, 2621; þone þe ǣr gehēold wið hettendum hord and rīce, him who before preserved treasure and realm, 3004.--3) to rule: inf. folc gehealdan, 912; pret. sg. gehēold tela (brāde rīce), 2209.

healf, st. f., half, side, part: acc. sg. on þā healfe, towards this side, 1676; dat. sg. hæleðum be healfe, at the heroes' side, 2263; acc. pl. on twā healfa, upon two sides, mutually, 1096; on bā healfa (healfe), on both sides (to Grendel and his mother), 1306; on two sides, on both sides, 2064; gen. pl. on healfa gehwone, in half, through the middle, 801.

healf, adj., half: gen. sg. healfre, 1088.

heals, st. m., neck: acc. sg. heals, 2692; dat. sg. wið halse, 1567; be healse, 1873.--Comp.: the adjectives fāmig-, wunden-heals.

heals-bēah, st. m., neck-ring, collar: acc. sg. þone heals-bēah, 2173; gen. pl. heals-bēaga, 1196.

heals-gebedde, w. f., beloved bedfellow, wife: nom. sg. healsgebedde (MS. healsgebedda), 63.

healsian, w. v. w. acc., to entreat earnestly, to implore: pret. sg. þā se þēoden mec ... healsode hrēoh-mōd þæt..., entreated me sorrowful, that..., 2133.

heard, adj.: 1) of persons, able, efficient in war, strong, brave: nom. sg. heard, 342, 376, 404, 1575, 2540, etc.; in weak form, se hearda, 401, 1964; se hearda þegn, 2978; þes hearda hēap, 432; nom. pl. hearde hilde-frecan, 2206; gen. pl. heardra, 989. Comparative: acc. sg. heardran hæle, 720. With accompanying gen.: wīges heard, strong in battle, 887; dat. sg. nīða heardum, 2171.--2) of the implements of war, good, firm, sharp, hard: nom. sg. (gūð-byrne, līc-syrce) heard, 322, 551.

In weak form: masc. here-stræl hearda, 1436; se hearda helm, 2256; neutr. here-net hearde, 1554; acc. sg. (swurd, wæpen), heard, 540, 2688, 2988; nom. pl. hearde ... homera lāfe, 2830; heard and hring-mæl Heaðobeardna gestrēon, 2038; acc. pl. heard sweord, 2639. Of other things, hard, rough, harsh, hard to bear: acc. sg. hreðer-bealo hearde, 1344; nom. sg. wrōht ... heard, 2915; here-nīð hearda, 2475; acc. sg. heoro-sweng heardne, 1591; instr. sg. heardan cēape, 2483; instr. pl. heardan, heardum clammum, 964, 1336; gen. pl. heardra hȳnða, 166. Compar.: acc. sg. heardran feohtan, 576.--Comp.: fȳr-, īren-, nīð-, regn-, scūr-heard.

hearde, adv., hard, very, 1439.

heard-ecg, adj., sharp-edged, hard, good in battle: nom. sg., 1289.

heard-fyrde, adj., hard to take away, heavy: acc. sg. hard-fyrdne, 2246.--Leo.

heard-hycgend, pres. part. of a warlike disposition, brave: nom. pl. -hicgende, 394, 800.

hearg-træf, st. n., tent of the gods, temple: dat. pl. ǣt hǣrg-trafum (MS. hrǣrg trafum), 175.

hearm, st. m., harm, injury, insult: dat. sg. mid hearme, 1893.

hearm-sceaða, w. m., enemy causing injury or grief: nom. sg. hearm-scaða, 767.

hearpe, w. f., harp: gen. sg. hearpan swēg, 89, 3024; hearpan wynne (wyn), 2108, 2263.

hēaðu, st. f., sea, waves: acc. sg. hēaðu, 1863?

hēaðu-līðend, pres. part., sea-farer, sailor: nom. pl. -līðende, 1799; dat. pl. -līðendum (designation of the Gēatas), 2956.

hēafod, st. n., head: acc. sg., 48, 1640; dat. sg. hēafde, 1591, 2291, 2974; dat. pl. hēafdum, 1243.

hēafod-beorh, st. f., head-defence, protection for the head: acc. sg. hēafod-beorge, 1031.

hēafod-mǣg, st. m., head-kinsman, near blood-relative: dat. pl. hēafod-mǣgum (brothers), 589; gen. pl. hēafod-māga, 2152.

hēafod-segn, st. n., head-sign, banner: acc. sg., 2153.

hēafod-weard, st. f., head-watch acc. sg. healdeð ... hēafod-wearde lēofes and lāðes, for the friend and the foe (Bēowulf and the drake, who lie dead near each other), 2910.

hēah, hēa, adj., high, noble (in composition, also primus): nom. sg. hēah Healfdene, 57; hēa (Higelāc), 1927; hēah (sele), 82; hēah hlǣw, 2806, 3159; acc. sg. hēah (segn), 48, 2769; hēahne (MS. hēanne) hrōf, 984; dat. sg. in (tō) sele þām hēan, 714, 920; gen. sg. hēan hūses, 116.--high, heavy: acc. hēah gesceap (an unusual, heavy fate), 3085.

hēa-burh, st. f., high city, first city of a country: acc. sg., 1128.

hēah-cyning, st. m., high king, mightiest of the kings: gen. sg. -cyninges (of Hrōðgār), 1040.

hēah-gestrēon, st. n., splendid treasure: gen. pl. -gestrēona, 2303.

hēah-lufe, w. f., high love: acc. sg. hēah-lufan, 1955.

hēah-sele, st. m., high hall, first hall in the land, hall of the ruler: dat. sg. hēah-sele, 648.

hēah-setl, st. n., high seat, throne: acc. sg., 1088.

hēah-stede, st. m., high place, ruler's place: dat. sg. on hēah-stede, 285.

hēan, adj., depressed, low, despised, miserable: nom. sg., 1275, 2100, 2184, 2409.

hēap, st. m., heap, crowd, troop: nom. sg. þegna hēap, 400; þes hearda hēap, this brave band, 432; acc. sg. here-sceafta hēap, the crowd of spears, 335; mago-rinca hēap, 731; dat. sg. on hēape, in a compact body, as many as there were of them, 2597.--Comp. wīg-hēap.

hēawan, st. v., to hew, to cleave: inf., 801.

ge-hēawan, cleave: pres. subj. ge-hēawe, 683.

heoðu, st. f., the interior of a building: dat. sg. þæt hē on heoðe gestōd, in the interior (of the hall, Heorot), 404.

heofon, st. m., heaven: nom. sg., 3157; dat. sg. hefene, 1572; gen. sg. heofenes, 414, 576, 1802, etc.; gen. pl. heofena, 182; dat. pl. under heofenum, 52, 505.

heolfor, st. n., gore, fresh or crude blood: dat. instr. sg. hātan heolfre, 850, 1424; heolfre, 2139; under heolfre, 1303.

heolster, st. n., haunt, hiding-place: acc. sg. on heolster, 756.

heonan, adv., hence, from here: heonan, 252; heonon, 1362.

heor, st. m., door-hinge: nom. pl. heorras, 1000.

heorde, adj. See wunden-heorde.

heorð-genēat, st. m., hearth-companion, i.e. a vassal of the king, in whose castle he receives his livelihood: nom. pl. heorð-genēatas, 261, 3181; acc. pl. heorð-genēatas, 1581, 2181; dat. pl. heorð-genēatum, 2419.

heorot, st. m., stag: nom. sg., 1370.

heorte, w. f., heart: nom. sg., 2562; dat. sg. æt heortan, 2271; gen. sg. heortan, 2464, 2508.--Comp.: the adjectives blīð-, grom-, rūm-, stearc-heort.

heoru, st. m., sword: nom. sg. heoru bunden (cf. under bīndan), 1286. In some of the following compounds heoro- seems to be confounded with here- (see here).

heoro-blāc, adj., pale through the sword, fatally wounded: nom. sg. [heoro-]blāc, 2489.

heoru-drēor, st. m., sword-blood: instr. sg. heoru-drēore, 487; heoro-drēore, 850.

heoro-drēorig, adj., bloody through the sword: nom. sg., 936; acc. sg. heoro-drēorigne, 1781, 2721.

heoro-drync, st. m., sword-drink, i.e. blood shed by the sword: instr. pl. hioro-dryncum swealt, died through sword-drink, i.e. struck by the sword, 2359.

heoro-gīfre, adj., eager for hostile inroads: nom. sg., 1499.

heoro-grim, adj., sword-grim, fierce in battle: nom. sg. m., 1565; fem. -grimme, 1848.

heoro-hōcihte, adj., provided with barbs, sharp like swords : instr. pl. mid eofer-sprēotum heoro-hōcyhtum, 1439.

heoro-serce, w. f., shirt of mail: acc. sg. hioro-sercean, 2540.

heoro-sweng, st. m., sword-stroke: acc. sg. 1591.

heoro-weallende, pres. part., rolling around fighting, of the drake, 2782. See weallian.

heoro-wearh, st. m. he who is sword-cursed, who is destined to die by the sword: nom. sg., 1268.

hēofan, w. v., to lament, to moan: part. nom. pl. hīofende, 3143.

ā-hēoran, to free (?): w. acc. pret. sg. brȳd āhēorde, 2931.

hēore, adj., pleasant, not haunted, secure: nom. sg. fem, nis þǣt hēoru stōw, that is no secure place, 1373.--Comp. un-hēore (-hȳre).

hider, adv., hither, 240, 370, 394, 3093, etc.

ofer-hīgian, w. v. (according to the connection, probably), to exceed, 2767. (O.H.G. ubar-hugjan, to be arrogant.)

hild, st. f., battle, combat: nom. sg., 452, 902, 1482, 2077; hild heoru-grimme, 1848; acc. sg. hilde, 648; instr. sg. hilde, through combat, 2917; dat. sg. æt hilde, 1461.

hilde-bil, st. n., battle-sword: nom. sg., 1667; instr. dat. sg. hilde-bille, 557, 1521.

hilde-bord, st. n., battle-shield: acc. pl. hilde-bord, 397; instr. pl.

-bordum, 3140.

hilde-cyst, st. f., excellence in battle, bravery in battle: instr. pl. -cystum, 2599.

hilde-dēor, adj., bold in battle, brave in battle: nom. sg., 312, 835, 1647, 1817; hilde-dīor, 3112; nom. pl. hilde-dēore, 3171.

hilde-freca, w. m., hero in battle: nom. pl. hilde-frecan, 2206; dat. sg. hild-frecan, 2367.

hilde-geatwe, st. f. pl., equipment for battle, adornment for combat: acc. hilde-geatwe, 675; gen. -geatwa, 2363.

hilde-gicel, st. m., battle-icicle, i.e. the blood which hangs upon the sword-blades like icicles: instr. pl. hilde-gicelum, 1607.

hilde-grāp, st. f., battle-gripe: nom. sg., 1447, 2508.

hilde-hlemma, w. m., one raging in battle, warrior, fighter: nom. sg., 2352, 2545; dat. pl. eft þæt ge-īode ... hilde-hlæmmum, it happened to the warriors (the Gēatas), 2202.

hilde-lēoma, w. m., battle-light, gleam of battle, hence: 1) the fire-spewing of the drake in the fight: nom. pl. -lēoman, 2584.--2) the gleaming sword: acc. sg. -lēoman, 1144.

hilde-mecg, st. m., man of battle, warrior: nom. pl. hilde-mecgas, 800.

hilde-mēce, st. m., battle-sword: nom. pl. -mēceas, 2203.

hilde-rand, st. m., battle-shield: acc. pl. -randas, 1243.

hllde-ræs, st. m., storm of battle: acc. sg., 300.

hilde-rinc, st. m., man of battle, warrior, hero: nom. sg., 1308, 3125, 3137; dat. sg. hilde-rince, 1496; gen. sg. hilde-rinces, 987.

hilde-sæd, adj., satiated with battle, not wishing to fight any more: acc. sg. hilde-sædne, 2724.

hilde-sceorp, st. n., battle-dress, armor, coat of mail: acc. sg., 2156.

hilde-setl, st. n., battle-seat (saddle): nom. sg., 1040.

hilde-strengo, st. f., battle-strength, bravery in battle: acc., 2114.

hilde-swāt, st. m., battle-sweat: nom. sg. hāt hilde-swāt (the hot, damp breath of the drake as he rushes on), 2559.

hilde-tūx, st. m., battle-tooth: instr. pl. hilde-tūxum, 1512.

hilde-wǣpen, st. m., battle-weapon: instr. pl. -wǣpnum, 39.

hilde-wīsa, w. m., leader in battle, general: dat. sg. fore Healfdenes hildewīsan, Healfdene's general (Hnǣf), 1065.

hild-freca. See hilde-freca

hild-fruma, st. m., battle-chief: dat. sg. -fruma, 1679, 2650; gen. sg. þǣs hild-fruman, 2836.

hlld-lata, w. m., he who is late in battle, coward: nom. pl. þā hild-latan, 2847.

hilt, st. n., sword-hilt: nom. gylden hilt, 1678; acc. sg. þæt hilt, 1669; hylt, 1668. Also used in the plural; acc. þā hilt, 1615; dat. pl, be hiltum, 1575.--Comp.: fetel-, wreoðen-hilt.

hilte-cumbor, st. n., banner with a staff: acc. sg., 1023.

hilted, pret. part., provided with a hilt or handle: acc. sg. heard swyrd hiked, sword with a (rich) hilt, 2988.

hin-fūs, adj., ready to die: nom. sg. hyge wæs him hinfūs (i.e. he felt that he should not survive), 756.

hindema, adj. superl., hindmost, last: instr. sg. hindeman sīðe, the last time, for the last time, 2050, 2518.

hirde, hyrde, st. m., (herd) keeper, guardian, possessor: nom. sg. folces hyrde, 611, 1833, 2982; rīces hyrde, 2028; fyrena hyrde, the guardian of mischief, wicked one, 751, 2220; wuldres hyrde, the king of glory, God, 932; hringa hyrde, the keeper of the rings, 2246; cumbles hyrde, the possessor of the banner, the bearer of the banner, 2506; folces hyrde, 1850; frætwa hyrde, 3134; rīces hyrde, 3081; acc. pl. hūses hyrdas, 1667.--Comp.: grund-hyrde.

hit (O.N. hita), st. f. (?), heat: nom. sg. þenden hyt sȳ, 2650.

hladan, st. v.: 1) to load, to lay: inf. on bæl hladan lēofne mannan, lay the dear man on the funeral-pile, 2127; him on bearm hladan bunan and discas, laid cups and plates upon his bosom, loaded himself with them, 2776; pret. part. þǣr wæs wunden gold on wæn hladen, laid upon the wain, 3135.--2) to load, to burden: pret. part. þā wæs ... sǣgēap naca hladen herewǣdum, loaded with armor, 1898.--Comp. gilp-hlæden.

ge-hladan, w. acc., to load, to burden: pret. sg. sǣbāt gehlōd (MS gehleod), 896.

hlāford, st. m., lord, ruler: nom. sg., 2376; acc. sg., 267; dat. sg. hlāforde, 2635; gen. sg. hlāfordes, 3181.--Comp. eald-hlāford.

hlāford-lēas; adj., without a lord: nom. pl. hlāford-lēase, 2936.

hlāw, hlǣw, st. m., grave-hill: acc. sg. hlǣw, 2803, 3159, 3171; dat. sg. for hlāwe, 1121. Also, grave-chamber (the interior of the grave-hill), cave: acc. sg. hlāw [under] hrūsan, 2277; hlǣw under hrūsan, 2412; dat. sg. on hlǣwe, 2774. The drake dwells in the rocky cavern which the former owner of his treasure had chosen as his burial-place, 2242-2271.

hlæst, st. n., burden, load: dat. sg. hlæste, 52.

hlem, st. m., noise, din of battle, noisy attack: in the compounds, ūht-, wæl-hlem.

hlemma, w. m., one raging, one who calls; see hilde-hlemma.

ā-hlehhan, st. v., to laugh aloud, to shout, to exult: pret. sg. his mōd āhlōg, his mood exulted, 731.

hleahtor, st. m., laughter: nom. sg., 612; acc. sg., 3021.

hlēapan, st. v., to run, to trot, to spring: inf. hlēapan lēton ... fealwe mēaras, 865.

ā-hleapan, to spring up: pret. āhlēop, 1398.

hleoðu. See hlið.

hleonian, w. v., to incline, to hang over: inf. oð þæt hē ... fyrgen-bēamas ofer hārne stān hleonian funde, till he found mountain-trees hanging over the gray rocks, 1416.

hlēo, st. m., shady, protected place; defence, shelter; figurative designation of the king, or of powerful nobles: wīgendra hlēo, of Hrōðgār, 429; of Sigemund, 900; of Bēowulf, 1973, 2338; eorla hlēo, of Hrōðgār, 1036, 1867; of Bēowulf, 792; of Hygelāc, 2191.

hlēo-burh, st. f., ruler's castle or city: acc. sg., 913, 1732.

hlēoðor-cwyde, st. m., speech of solemn sound, ceremonious words, 1980.

hlēor, st. n., cheek, jaw: in comp. fǣted-hlēor (adj.).

hlēor-bera, w. m., cheek-bearer, the part of the helmet that reaches down over the cheek and protects it: acc. pl. ofer hlēor-beran (visor?), 304.

hlēor-bolster, st. m., cheek-bolster, pillow: nom. sg., 689.

hlēotan, st. v. w. acc., to obtain by lot, to attain, to get: pret. sg. feorh-wunde hlēat, 2386.

hlīfian, w. v., to rise, to be prominent: inf. hlīfian, 2806; pret. hlīfade, 81, 1800, 1899.

hlið, st. n., cliff, precipice of a mountain: dat. sg. on hlīðe, 3159; gen. sg. hlīðes, 1893; pl. hliðo in composition, stān-hliðo; hleoðu in the compounds fen-, mist-, nǣs-, wulf-hleoðu.

hlin-bed (Frisian hlen-bed, Richthofen 206^28, for which another text has cronk-bed), st. n., κλινίδιον, bed for reclining, sick-bed: acc. sg. hlim-bed, 3035.

tō-hlīdan, st. v., to spring apart, to burst: pret. part. nom. pl. tō-hlidene, 1000.

hlūd, adj., loud: acc. sg. drēam ... hlūdne, 89.

hlyn, st. m., din, noise, clatter: nom. sg., 612.

hlynnan, hlynian, w. v., to sound, to resound: inf. hlynnan (of the voice), 2554; of fire, to crackle: pret. sg. hlynode, 1121.

hlynsian, w. v., to resound, to crash: pret. sg. reced hlynsode, 771.

hlytm, st. m., lot: dat. sg. næs þā on hlytme, hwā þæt hord strude, it did not depend upon lot who should plunder the hoard, i.e. its possession was decided, 3127.

hnāh, adj.: 1) low, inferior: comp. acc. sg. hnāgran, 678; dat. sg. hnāhran rince, an inferior hero, one less brave, 953.--2) familiarly intimate: nom. sg. næs hīo hnāh swā þēah, was nevertheless not familiarly intimate (with the Gēatas, i.e. preserved her royal dignity towards them), (niggardly?), 1930.

hnǣgan, w. v. w. acc., (for nǣgan), to speak to, to greet: pret. sg. þæt hē þone wīsan wordum hnǣgde frēan Ingwina, 1319.

ge-hnǣgan, w. acc., to bend, to humiliate, to strike down, to fell: pret. sg. ge-hnǣgde helle gāst, 1275; þǣr hyne Hetware hilde gehnǣgdon, 2917.

hnitan, st. v., to dash against, to encounter, here of the collision of hostile bands: pret. pl. þonne hniton (hnitan) fēðan, 1328, 2545.

hoðma, w. m., place of concealment, cave, hence, the grave: dat. sg. in hoðman, 2459.

hof, st. n., enclosed space, court-yard, estate, manor-house: acc. sg. hof (Hrōðgār's residence), 312; dat. sg. tō hofe sīnum (Grendel's home in the sea), 1508; tō hofe (Hygelāc's residence), 1975; acc. pl. beorht hofu, 2314; dat. pl. tō hofum Gēata, 1837.

hogode. See hycgan.

hold, adj., inclined to, attached to, gracious, dear, true: nom. sg. w. dat. of the person, hold weorod frēan Scyldinga, a band well disposed to the lord of the Scyldings, 290; mandrihtne hold, 1230; Hygelāce wæs ...

nefa swȳðe hold, to H. was his nephew (Bēowulf) very much attached, 2171; acc. sg. þurh holdne hige, from a kindly feeling, with honorable mind, 267; holdne wine, 376; holdne, 1980; gen. pl. holdra, 487.

hold. See healdan.

holm, st. m., deep sea: nom. sg., 519, 1132, 2139; acc. sg., 48, 633; dat. sg. holme, 543, 1436, 1915; acc. pl. holmas, 240.--Comp. wǣg-holm.

holm-clif, st. n., sea-cliff: dat. sg. on þām holm-clife, 1422; from þǣm holmclife, 1636; acc. pl. holm-clifu, 230.

holm-wylm, st. m., the waves of the sea: dat. sg. holm-wylme, 2412.

holt, st. n., wood, thicket, forest. acc. sg. on holt, 2599; holt, 2847.--Comp.: æsc-, fyrgen-, gār-, Hrefnes-holt.

holt-wudu, st. m., forest-wood: 1) of the material: nom. sg., 2341.--2) = forest: acc. sg., 1370.

hop, st. n., protected place, place of refuge, place of concealment, in the compounds fen-, mōr-hop.

hord, st. m. and n., hoard, treasure: nom. sg., 2284, 3085; bēaga hord, 2285; māðma hord, 3012; acc. sg. hord, 913, 2213, 2320, 2510, 2745, 2774, 2956, 3057; sāwle hord, 2423; þǣt hord, 3127; dat. sg. of horde, 1109; for horde, on account of (the robbing of) the hoard, 2782; hǣðnum horde, 2217; gen. sg. hordes, 888.--Comp.: bēah-, brēost-, word-, wyrm-hord.

hord-ǣrn, st. n., place in which a treasure is kept, treasure-room: dat. hord-ǣrne, 2832; gen. pl. hord-ǣrna, 2280.

hord-burh, st. f., city in which is the treasure (of the king's), ruler's castle: acc. sg., 467.

hord-gestrēon, st. n., hoard-treasure, precious treasure: dat. pl. hord-gestrēonum, 1900; gen. pl. mægen-byrðenne hord-gestrēona, the great burden of rich treasures, 3093.

hord-māððum, st. m., treasure-jewel, precious jewel: acc. sg. (-madmum, MS.), 1199.

hord-wela, w. m., treasure-riches, abundance of treasures: acc. sg. hord-welan, 2345.

hord-weard, st. m., warder of the treasure, hoard-warden: 1) of the king: nom. sg., 1048; acc. sg., 1853.--2) of the drake: nom. sg., 2294, 2303, 2555, 2594.

hord-weorðung, st. f., ornament out of the treasure, rich ornament: acc. sg.--weorðunge, 953.

hord-wyn, st. f., treasure-joy, joy-giving treasure: acc. sg. hord-wynne, 2271.

horn, st. m., horn: 1) upon an animal: instr. pl. heorot hornum trum, 1370.--2) wind-instrument: nom. sg., 1424; acc. sg., 2944.--Comp. gūð-horn.

horn-boga, w. m., bow made of horn: dat. sg. of horn-bogan, 2438.

horn-gēap, adj., of great extent between the (stag-)horns adorning the gables(?): nom. sg. sele ... hēah and horn-gēap, 82.

horn-reced, st. n., building whose two gables are crowned by the halves of a stag's antler(?): acc. sg., 705. Cf. Heyne's Treatise on the Hall, Heorot, p. 44.

hors, st. n., horse: nom. sg., 1400.

hōciht, adj., provided with hooks, hooked: in comp. heoro-hōciht.

be-hōfian, w. v. w. gen., to need, to want: pres. sg. III. nū is se dæg cumen þat ūre man-dryhten mægenes behōfað gōdra gūðrinca, now is the day come when our lord needs the might of strong warriors, 2648.

on-hōhsnian, w. v., to hinder: pret. sg. þæt onhōhsnode Heminges mæg (on hohsnod, MS.), 1945.

hōlinga, adv., in vain, without reason, 1077.

be-hōn, st. v., to hang with: pret. part. helmum behongen, 3140.

hōs (Goth, hansa), st. f., accompanying troop, escort: instr. sg. mægða hōse, with an accompanying train of servingwomen, 925.

hrǣðe, adv., hastily, quickly, immediately, 224, 741, 749, 1391, etc.; hraðe, 1438; hreðe, 992; compar. hraðor, 543.

hran-fix, st. m., whale: acc. pl. hron-fixas, 540.

hran-rād, st. f., whale-road, i.e. sea: dat. sg. ofer hron-rāde, 10.

hrā, st. n., corpse: nom. sg., 1589.

hrā-fyl, st. m., fall of corpses, killing, slaughter: acc. sg., 277.

hrǣdlīce, adv., hastily, immediately, 356, 964.

hrǣfn, hrefn, st. m., raven: nom. sg. hrefn blaca, black raven, 1802; se wonna hrefn, the dark raven, 3025; dat. sg. hrefne, 2449.

hrǣgl, st. n., dress, garment, armor: nom. sg., 1196; gen. sg., hrǣgles, 1218; gen. pl. hrǣgla, 454--Comp.: beado-, fyrd-, mere-hrǣgl.

hreðe. See hraðe.

hreðer, st. m., breast, bosom nom. sg. hreðer inne wēoll (it surged in his breast), 2114; hreðer ǣðme wēoll, 2594; dat. sg. in hreðre, 1152; of hreðre, 2820.--Breast as the seat of feeling, heart: dat. sg. þæt wæs ... hreðre hygemēðe, that was depressing to the heart (of the slayer, Hǣðcyn), 2443; on hreðre, 1879, 2329; gen. pl. þurh hreðra gehygd, 2046.--Breast as seat of life: instr. sg. hreðre, parallel with aldre, 1447.

hreðer-bealo, st. n., evil that takes hold on the heart, evil severely felt: acc. sg., 1344.

hrefn. See hrǣfn.

hrēð, st. f., glory; in composition, gūð-hrēð; renown, assurance of victory, in sige-hrēð.

hrēðe, adj., renowned in battle: nom. sg. hrēð (on account of the following æt, final e is elided, as wēnic for wēne ic, 442; frōfor and fultum for frōfre and fultum, 699; firen ondrysne for firene ondr., 1933, 2576.

256

hrēð-sigor, st. m., glorious victory: dat. sg. hrēð-sigora, 2584.

hrēmig, adj., boasting, exulting: with instr. and gen. hūðe hrēmig, 124; since hrēmig, 1883; frǣtwum hrēmig, 2055; nom. pl. nealles Hetware hrēmge þorfton (sc. wesan) fēðe-wīges, 2365.

on-hrēran, w. v., to excite, to stir up: pret. part. on-hrēred, 549, 2555.

hreā-wīc, st. n., place of corpses: acc. sg. Gēata lēode hreā-wīc hēoldon, held the place of corpses, 1215.

hrēad, st. f., ornament(?), in comp. earm-hrēad. See hrēoðan.

hrēam, st. m., noise, alarm:: nom. sg., 1303.

hrēoða, w. m., cover, in the compound bord-hrēoða.

hrēoðan, ge-hrēoðan, st. v., to cover, to clothe; only in the pret. part. hroden, gehroden, dressed, adorned: hroden, 495, 1023; þā wæs heal hroden fēonda fēorum, then was the hall covered with the corpses of the enemy, 1152; ge-hroden golde, adorned with gold, 304.--Comp.: bēag-, gold-hroden.

hrēoh, hrēow, hrēo, adj., excited, stormy, wild, angry, raging; sad, troubled: nom. sg. (Bēowulf) hrēoh and heoro-grim, 1565; þæt þām gōdan wæs hrēow on hreðre, (that came with violence upon him, pained his heart), 2329; hrēo wǣron ȳða, the waves were angry, the sea stormy, 548; næs him hrēoh sefa, his mind was not cruel, 2181; dat. sg. on hrēon mōde, of sad heart, 1308; on hrēoum mōde, angry at heart, 2582.

hrēoh-mōd, adj., of sad heart, 2133; angry at heart, 2297.

hrēosan, st. v., to fall, to sink, to rush: pret. hrēas, 2489, 2832; pret. pl. hruron, 1075; hīe on weg hruron, they rushed away, 1431; hruron him tēaras, tears burst from him, 1873.

be-hrēosan, to fall from, to be divested of: pret. part. acc. pl. fyrn-manna fatu ... hyrstum behrorene, divested of ornaments (from which the ornaments had fallen away), 2760.

hrēow, st. f., distress, sorrow: gen. pl. þæt wæs Hrōðgāre hrēowa tornost, that was to Hrōðgār the bitterest of his sorrows, 2130.

hring, st. m.: 1) ring: acc. sg. þone hring, 1203; hring gyldenne, 2810; acc. pl. hringas, 1196, 1971, 3035; gen. pl. hringa, 1508, 2246.--2) shirt of mail (of interlaced rings): nom. sg. hring, 1504; byrnan hring, 2261.--Comp. bān-hring.

hringan, w. v., to give forth a sound, to ring, to rattle: pret. pl. byrnan hringdon, 327.

hring-boga, w. m., one who bends himself into a ring: gen. sg. hring-bogan (of the drake, bending himself into a circle), 2562.

hringed, pret. part., made of rings: nom. sg. hringed byrne, 1246; acc. sg. hringde byrnan, 2616.

hringed-stefna, w. m., ship whose stem is provided with iron rings (cramp-irons), especially of sea-going ships (cf. Frið-þiofs saga, I: þorsteinn átti skip þat er Ellidi hēt, ... borðit war spengt iarni): nom. sg., 32, 1898; acc. sg. hringed-stefnan, 1132.

hring-īren, st. n., ring-iron, ring-mail: nom. sg., 322.

hring-mǣl, adj., marked with rings, i.e. ornamented with rings, or marked with characters of ring-form: nom. acc. sg., of the sword, 1522, 1562(?); nom. pl. heard and hring-mǣl Heaðobeardna gestrēon (rich armor), 2038.

hring-naca, w. m., ship with iron rings, sea-going ship: nom. sg., 1863.

hring-net, st. n., ring-net, i.e. a shirt of interlaced rings: acc. sg., 2755; acc. pl. hring-net, 1890.

hring-sele, st. m., ring-hall, i.e. hall in which are rings, or in which rings are bestowed: acc. sg., 2841; dat. sg., 2011, 3054.

hring-weorðung, st. f., ring-ornament: acc. sg. -weorðunge, 3018.

hrīnan, st. v. w. dat.: 1) to touch, lay hold of: inf. þæt him heardra nān hrīnan wolde īren ǣrgōd (that no good sword of valiant men would make an impression on him), 989; him for hrōf-sele hrīnan ne mehte fǣrgripe flōdes (the sudden grip of the flood might not touch him owing to the hall-roof), 1516; þǣt þām hring-sele hrīnan ne mōste gumena ǣnig (so that none might touch the ringed-hall), 3054; pret. sg. siððan hē hire folmum [hr]ān (as soon as he touched it with his hands), 723; oð þǣt dēaðes wylm hrān ǣt heortan (seized his heart), 2271. Pret. subj. þēah þe him wund hrīne (although he was wounded), 2977.--2) (O.N. hrīna, sonare, clamare), to resound, rustle: pres. part. nom. pl. hrīnde bearwas (for hrīnende) 1364; but see Note.

hroden. See hrēoðan.

hron-fix. See hran-fix.

hrōðor, st. m., joy, beneficium: dat sg. hrefne tō hrōðre, 2449; gen. pl. hrōðra, 2172.

hrōf, st. m., roof, ceiling of a house: nom. sg., 1000; acc. sg. under Heorotes hrōf, 403; under gēapne hrōf, 838; geseah stēapne hrōf (here inner roof, ceiling), 927; so, ofer hēahne hrōf, 984; ymb þǣs helmes hrōf, 1031; under beorges hrōf, 2756.--Comp. inwit-hrōf.

hrōf-sele, st. m., covered hall: dat. sg. hrōf-sele, 1516.

hrōr, adj., stirring, wide-awake, valorous: dat. sg. of þǣm hrōran, 1630.--Comp. fela-hrōr.

hruron. See hrēosan.

hrūse, w. f., earth, soil: nom. sg., 2248, 2559; acc. sg. on hrūsan, 773, 2832; dat. sg. under hrūsan, 2412.

hrycg, st. m., back: acc. sg. ofer wǣteres hrycg (over the water's back, surface), 471.

hryre, st. m., fall, destruction, ruin: acc. sg., 3181; dat. sg., 1681, 3006.-- Comp.: lēod-, wīg-hryre.

hrysian, w. v., to shake, be shaken, clatter: pret. pl. syrcan hrysedon (corselets rattled, of men in motion), 226.

hund, st. m., dog: instr. pl. hundum, 1369.

hund, num., hundred: þrēo hund, 2279; w. gen. pl. hund missēra, 1499;

hund þūsenda landes and locenra bēaga, 2995.

hū, adv., how, quomodo, 3, 116, 279, 738, 845, 2319, 2520, 2719, etc.

huð, st. f., booty, plunder: dat. (instr.) sg. hūðe, 124.

hūru, adv., above all, certainly, 369; indeed, truly, 182, 670, 1072, 1466, 1945, 2837; yet, nevertheless, 863; now, 3121.

hūs, st. n., house: gen. sg. hūses, 116; gen. pl. hūsa sēlest (Heorot), 146, 285, 659, 936.

hwan, adv., whither: tō hwan syððan wearð hondrǣs hæleða (what issue the hand-to-hand fight of the heroes had), 2072.

hwanan, hwanon, adv., whence: hwanan, 257, 2404; hwanon, 333.

hwā, interrog. and indef. pron., who: nom. sg. m. hwā, 52, 2253, 3127; neut. hwæt, 173; ānes hwæt (a part only), 3011; hwæt þā men wǣron (who the men were), 233, etc.; hwæt syndon gē searo-hæbbendra (what armed men are ye?), 237; acc. sg. m. wið manna hwone (from (?) any man), 155; neut. þurh hwæt, 3069; hwæt wit geō sprǣcon, 1477; hwæt ... hȳnðo (gen.), fǣr-nīða (what shame and sudden woes), 474; so, hwæt þū worn fela (how very much thou), 530; swylces hwæt, 881; hwæt ... ārna, 1187; dat. m. hwām, 1697.--Comp. ǣg-hwā.

hwæt, interj., what! lo! indeed! 1, 943, 2249.

ge-hwā, w. part, gen., each, each one: acc. sg. m. wið fēonda gehwone, 294; nīða gehwane, 2398; mēca gehwane, 2686; gum-cynnes gehwone, 2766; fem, on healfa gehwone, 801; dat. sg. m. dōgora gehwām, 88; æt nīða gehwām, 883; þegna gehwām, 2034; eorla gehwǣm, 1421; fem. in mǣgða ge-hwǣre, 25; nihta gehwǣm, 1366; gen. sing. m. manna gehwǣs, 2528; fem. dǣda gehwǣs, 2839.

hwār. See hwǣr.

hwǣder. See hwider.

hwǣðer, pron., which of two: nom. sg. hwǣðer ... uncer twēga, 2531; swā hwǣðer, utercunque: acc. sg. on swā hwǣðere hond swā him gemet þince, 687.--Comp. ǣg-hwǣðer.

ge-hwæðer, each of two, either-other: nom. sg. m. wæs gehwæðer ōðrum lifigende lāð, 815; wæs ... gehwæðer ōðrum hrōðra gemyndig, 2172; nē gehwæðer incer (nor either of you two), 584; nom. sg. neut. gehwæðer þāra (either of them, i.e. ready for war or peace), 1249; dat. sg. hiora gehwæðrum, 2995; gen. sg. bēga gehwæðres, 1044.

hwæðer, hwæðere, hwæðre, 1) adv., yet, nevertheless: hwæðre, 555, 891, 1271, 2099, 2299, 2378, etc.; hwæðre swā þēah, however, notwithstanding, 2443; hwæðere, 574, 578, 971, 1719--2) conj., = utrum, whether: hwæðre, 1315; hwæðer, 1357, 2786.

hwæt, adj., sharp, bold, valiant: nom. sg. se secg hwata, 3029; dat. sg. hwatum, 2162; nom. pl. hwate, 1602, 2053; acc. pl. hwate, 2643, 3006.--Comp.: fyrd-, gold-hwæt.

hwæt. See hwā.

hwær, adv., where: elles hwær, elsewhere, 138; hwær, somewhere, 2030. In elliptical question: wundur hwār þonne..., is it a wonder when...? 3063.--Comp. ō-hwær.

ge-hwær, everywhere: þēah þū heaðo-ræsa gehwær dohte (everywhere good in battle), 526.

hwele. See hwyle.

hwergen, adv., anywhere: elles hwergen, elsewhere, 2591.

hwettan, w. v., to encourage, urge: pres. subj. swā þin sefa hwette (as thy mind urges, as thou likest), 490; pret. pl. hwetton higerōfne (they whetted the brave one), 204.

hwēne, adv., a little, paululum, 2700.

hwealf, st. f., vault: acc. sg. under heofones hwealf, 576, 2016.

hweorfan, st. v., to stride deliberately, turn, depart, move, die: pres. pl. þāra þe cwice hwyrfað, 98; inf. hwīlum hē on lufan læteð hworfan monnes mōd-geþonc (sometimes on love (?) possessions (?) permits the thoughts of man to turn), 1729; londrihtes mōt ... monna æghwylc īdel hweorfan (of rights of land each one of men must be deprived),

2889; pret. sg. fæder ellor hwearf ... of earde (died), 55; hwearf þā hrædlīce þǣr Hrōðgār sæt, 356; hwearf þā bī bence (turned then to the bench), 1189; so, hwearf þā be wealle, 1574; hwearf geond þæt reced, 1982; hlǣw oft ymbe hwearf (went oft round the cave), 2297; nalles æfter lyfte lācende hwearf (not at all through the air did he go springing), 2833; subj. pret. sg, ǣr hē on weg hwurfe ... of geardum (died), 264.

and-hweorfan, to move against: pret. sg. oð þæt ... norðan wind heaðo-grim and-hwearf (till the fierce north wind blew in our faces), 548.

ǣt-hweorfan, to go to: pret. sg. hwīlum hē on beorh ǣt-hwearf (at times returned to the mountain), 2300.

ge-hweorfan, to go, come: pret. sg. gehwearf þā in Francna fæðm feorh cyninges, 1211; hit on ǣht gehwearf ... Denigea frēan, 1680; so, 1685, 2209.

geond-hweorfan, to go through from end to end: pres. sg. flet eall geond-hwearf, 2018.

hwider, adv., whither: hwyder, 163; hwǣder (hwǣðer, MS.), 1332.

hwīl, st. f., time, space of time: nom. sg. wæs sēo hwīl micel (it was a long time), 146; þā wæs hwīl dæges (the space of a day), 1496; acc. sg. hwīle, for a time, 2138; a while, 105, 152; lange (longe) hwīle, a long while, 16, 2781; āne hwīle, a while, 1763; lȳtle hwīle, brief space, 2031, 2098; ǣnige hwīle, any while, 2549; lǣssan hwīle, a lesser while, 2572; dat. sg. ǣr dæges hwīle, before daybreak, 2321; dat. pl. nihtes hwīlum, sometimes at night, 3045. Adv., sometimes, often: hwīlum, 175, 496, 917, 1729, 1829, 2017, 2112, etc.; hwīlum ... hwīlum, 2108-9-10.-- Comp.: dæg-, gescæp-, orleg-, sige-hwīl.

hwīt, adj., brilliant, flashing: nom. sg. se hwīta helm, 1449.

hworfan. See hweorfan.

hwōpan, st. v., to cry, cry out mourn: pret. sg. hwēop, 2269.

hwyder. See hwider.

hwylc, pron., which, what, any: 1) adj.: nom. sg. m. sceaða ic nāt hwylc,

274; fem, hwylc orleghwīl, 2003; nom. pl. hwylce Sǣgēata sīðas wǣron, 1987.--2) subst., w. gen. pl. nom. m.: Frisna hwylc, 1105; fem, efne swā hwylc mǣgða swā þone magan cende (whatever woman brought forth this son), 944; neut. þonne his bearna hwylc (than any one of his sons), 2434; dat. sg. efne swā hwylcum manna swā him gemet þūhte, 3058.--Comp.: ǣg-, nāt-, wēl-hwylc.

ge-hwylc, ge-hwilc, ge-hwelc, w. gen. pl., each: nom. sg. m. gehwylc, 986, 1167, 1674; acc. sg. m. gehwylcne, 937, 2251, 2517; gehwelcne, 148; fem, gehwylce, 1706; neut. gehwylc, 2609; instr. sg. dōgra gehwylce, 1091; so, 2058, 2451; dat. sg. m. gehwylcum, 412, 769, 785, etc.; fem, ecga gehwylcre, 806; neut. cynna gehwylcum, 98; gen. sg. m. and neut. gehwylces, 733, 1397, 2095.

hwyrft, st. m., circling movement, turn: dat. pl. adv. hwyrftum scrīðað (wander to and fro), 163.--Comp. ed-hwyrft.

hycgan, w. v., to think, resolve upon: pret. sg. ic þæt hogode þæt ... (my intention was that ...), 633.--Comp. w. pres. part.: bealo-, heard-, swīð-, þanc-, wīs-hycgend.

for-hycgan, to despise, scorn, reject with contempt: pres. sg. I. ic þæt þonne for-hicge þæt ..., reject with scorn the proposition that ..., 435.

ge-hycgan, to think, determine upon: pret. sg. þā þū ... feorr gehogodest sǣcce sēcean, 1989.

ofer-hycgan, to scorn: pret. sg. ofer-hogode þā hringa fengel þæt hē þone wīdflogan weorode gesōhte (scorned to seek the wide-flier with a host), 2346.

hȳdig (for hygdig), adj., thinking, of a certain mind: comp. ān-, bealo-, grom-, nīð-, þrīst-hȳdig.

ge-hygd, st. n., thought, sentiment: acc. sg. þurh hreðra gehygd, 2046.-- Comp.: brēost-, mōd-gehygd, won-hyd.

hyge, hige, st. m., mind, heart, thought: nom. sg. hyge, 756; hige, 594; acc. sg. þurh holdne hige, 267; gen. sg. higes, 2046; dat. pl. higum, 3149.

hyge-bend, st. m. f., mind-fetter, heart-band: instr. pl. hyge-bendum fæst, fast in his mind's fetters, secretly, 1879.

hyge-geōmor, adj., sad in mind: nom. sg. hyge-giōmor, 2409.

hyge-mēðe, adj.: 1) sorrowful, soul-crushing: nom. sg., 2443.--2) life-weary, dead: dat. pl. hyge-mēðum (-mǣðum, MS.), 2910.

hyge-rōf, adj., brave, valiant, vigorous-minded: nom. sg. [hygerōf], 403; acc. sg. hige-rōfne, 204.

hyge-sorh, st. f., heart-sorrow: gen. pl. -sorga, 2329.

hyge-þȳhtig, adj., doughty, courageous: acc. sg. hige-þihtigne (of Bēowulf), 747. See þȳhtig.

hyge-þrym, st. m., animi majestas, high-mindedness: dat. pl. for hige-þrymmum, 339.

hyht, st. m., thought, pleasant thought, hope (Dietrich): nom. sg., 179.

ge-hyld (see healdan), st. n., support, protection: nom. sg., 3057.--Leo.

hyldan, w. v., to incline one's self, lie down to sleep: pret. sg. hylde hine, inclined himself, lay down, 689.

hyldo, st. f., inclination, friendliness, grace: acc. sg. hyldo, 2068, 2294; gen. sg. hyldo, 671, 2999.

ā-hyrdan, w. v., harden: pret. part. ā-hyrded, 1461.

hyrde. See hirde.

hyrst, st. f., accoutrements, ornament, armor: acc. sg. hyrste (Ongenþēow's equipments and arms), 2989; acc. pl. hyrsta, 3166; instr. pl. hyrstum, 2763.

hyrstan, w. v., to deck, adorn: pret. part. hyrsted sweord, 673; helm [hyr]sted golde, 2256.

hyrtan, w. v., to take heart, be emboldened: pret. sg. hyrte hyne hord-weard (the drake took heart; see 2566, 2568, 2570), 2594.

hyse, st. m., youth, young man: nom. sg. as voc., 1218.

hyt. See hit.

hȳdan, w. v., to hide, conceal, protect, preserve: pres. subj. hȳde [hine, himself] sē þe wylle, 2767; inf. w. acc. nō þū mīnne þearft hafalan hȳdan, 446; ǣr hē in wille hafelan [hȳdan] (ere in it he [the stag] will hide his head), 1373.

ge-hȳdan, w. acc., to conceal, preserve: pret. sg. gehȳdde, 2236, 3060.

hȳð, st. f., haven: dat. sg. æt hȳðe, 32.

hȳð-weard, st. m., haven-warden: nom. sg., 1915.

hȳnan (see hēan), w. v. w. acc., to crush, afflict, injure: pret. sg. hȳnde, 2320.

hȳnðu, st. f., oppression, affliction, injury: acc. sg. hȳnðu, 277; gen. sg. hwæt ... hȳnðo, 475; fela ... hȳnðo, 594; gen. pl. heardra hȳnða, 166.

hȳran, w. v.: 1) to hear, perceive, learn: a) w. inf. or acc. with inf.: I. pret. sg. hȳrde ic, 38, 582, 1347, 1843, 2024; III. sg. þæt hē fram Sigemunde secgan hȳrde, 876; I. pl. swā wē sōðlīce secgan hȳrdon, 273. b) w. acc.: nǣnigne ic ... sēlran hȳrde hordmāððum (I heard of no better hoard-jewel), 1198. c) w. dependent clause: I. sg. pret. hȳrde ic þæt ..., 62, 2164, 2173.--2) w. dat. of person, to obey: inf. oð þæt him ǣghwylc þāra ymbsittendra hȳran scolde, 10; hȳran heaðo-sīocum, 2755; Pret. pl. þæt him winemāgas georne hȳrdon, 66.

ge-hȳran, to hear, learn: a) w. acc.: II. pers. sg. pres. mīnne gehȳrað ānfealdne geþōht, 255; III. sg. pret. gehȳrde on Bēowulfe fæstrǣdne geþōht, 610. b) w. acc. and inf.: III. pl. pret. gehȳrdon, 786. c) w. depend. clause: I. pres. sg. ic þæt gehȳre þæt ..., 290.

I

ic, pers. pron. I: acc. mec, dat. mē, gen. mīn; dual nom. wit, acc. uncit, unc, dat. unc, gen. uncer; pl. nom. wē, acc. ūsic, ūs, dat. ūs, gen. ūser. ic omitted before the verb, 470.

icge, gold (perhaps related to Sanskrit īç, = dominare, imperare, O.H.G.

ēht, wealth, opes), treasure?, sword (edge)?, 1108.--Körner.

ides, st. f., woman, lady, queen: nom. sg., 621, 1076, 1118, 1169; dat. sg. idese, 1650, 1942. Also of Grendel's mother: nom. sg., 1260; gen. sg. idese, 1352.

in. See inn.

in: I. prep. w. dat. and acc.: 1) w. dat. (local, indicating rest), in: in geardum, 13, 2460; in þǣm gūðsele, 443; in bēorsele, 2636; so, 89, 482, 589, 696, 729, 2140, 2233, etc.; in mǣgða gehwǣre, 25; in þȳstrum, 87; in Caines cynne, 107; in hyra gryregeatwum (in their accoutrements of terror, war-weeds), 324; so, 395; in campe (in battle), 2506; hiora in ānum (in one of them), 2600. Prep. postpositive: Scedelandum in, 19. Also, on, upon, like on: in ealo-bence, 1030; in gumstōle, 1953; in þām wongstede (on the grassy plain, the battle-field), 2787; in bǣlstede, 3098. Temporal: in geār-dagum, 1.--2) w. acc. (local, indicating motion), in, into: in woruld, 60; in fȳres fæðm, 185; so, 1211; in Hrefnesholt, 2936. Temporal, in, at, about, toward: in þā tīde (in watide, MS.), 2228.

II. adv., in (here or there), 386, 1038, 1372, 1503, 1645, 2153, 2191, 2228; inn, 3091.

incge, adj. (perhaps related to icge), instr. sg. incge lāfe (with the costly sword ? or with mighty sword?), 2578.--[Edge: incge lāfe, edge of the sword.--K. Körner?]

in-frōd, adj., very aged: nom. sg., 2450; dat. sg. in-frōdum, 1875.

in-gang, st. m., entrance, access to: acc. sg., 1550.

in-genga, w. m., in-goer, visitor: nom. sg., of Grendel, 1777.

in-gesteald, st. m., house-property, possessions in the house: acc. sg., 1156.

inn, st. n., apartment, house: nom. sg. in, 1301.

innan, adv., within, inside, 775, 1018, 2413, 2720; on innan (in the interior), within, 1741, 2716; þǣr on innan (in there), 71; burgum on innan (within his city), 1969. Also, therein: þǣr on innan, 2090, 2215,

2245.

innan-weard, adv., inwards, inside, within, 992, 1977; inne-weard, 999.

inne, adv.: 1) inside, within, 643, 1282, 1571, 2114, 3060; word inne ābēad (called, sent word, in, i.e. standing in the hall door), 390; in it (i.e. the battle), 1142; þǣr inne (therein), 118, 1618, 2116, 2227, 3088.--2) = insuper, still further, besides, 1867.

inwit, st. n., evil, mischief, spite, cunning hostility, as in

inwit-feng, st. m., malicious grasp, grasp of a cunning foe: nom. sg., 1448.

inwit-gǣst, st. m., evil guest, hostile stranger: nom. sg., 2671.

inwit-hrōf, st. m., hostile roof, hiding-place of a cunning foe: acc. sg. under inwit-hrōf, 3124.

inwit-net, st. n., mischief-net, cunning snare: acc. sg., 2168.

inwit-nīð, st. n., cunning hostility, hostile contest: nom. pl. inwit-nīðas (hostility through secret attack), 1859; gen. pl. inwit-nīða, 1948.

inwit-scear, st. m., massacre through cunning, murderous attack: acc. sg. eatolne inwit-scear, 2479.

inwit-searo, st. n., cunning, artful intrigue: acc. sg. þurh inwit-searo, 1102. See searo.

inwit-sorh, st. f., grief, remorse, mourning springing from hostile cunning: nom. sg., 1737; acc. sg. inwid-sorge, 832.

inwit-þanc, adj., ill-disposed, malicious: dat. sg. hē onfēng hraðe inwit-þancum (he quickly grasped the cunning-in-mind [Grendel]), 749.

irnan (for rinnan), st. v., to run: so be-irnan, to run up to, occur: pret. sg him on mōd be-arn (came into his mind), 67.

on-irnan, to open: pret. sg. duru sōna onarn, 722.

irre-mōd, adj. See yrre-mōd.

Ī

īdel, adj., empty, bare; deprived of: nom. sg., 145, 413; w. gen. lond-rihtes þǣre mǣgburge īdel (deprived of his land-possessions among the people [of the Gēatas]), 2889.

īdel-hende, adj., empty-handed, 2082.

īren, st. n., iron, sword: nom. sg. dryhtlīc īren (the doughty, lordly sword), 893; īren ǣr-gōd, 990; acc. sg. lēoflīc īren, 1810; gen. pl. īrena cyst (choicest of swords), 674; īrenna cyst, 803; īrenna ecge (edges of swords), 2684.

īren, adj., of iron: nom. sg. ecg wǣs īren, 1460.

īren-bend, st. f., iron band, bond, rivet: instr. pl. īren-bendum fǣst (bold), 775, 999.

īren-byrne, w. f., iron corselet: acc. sg. īren-byrnan, 2987. See īsern-byrne.

īren-heard, adj., hard as iron: nom. sg., 1113.

īrenne, adj., of iron: in comp. eall-īrenne.

īren-þrēat, st. m., iron troop, armored band: nom. sg., 330.

īs, st. n., ice: dat. sg. īse, 1609.

īsern-byrne, w. f., iron corselet: acc. sg. īsern-byrnan, 672. See īren-byrne.

īsern-scūr, st. f., iron shower, shower of arrows: gen. sg. þone þe oft gebād īsern-scūre, 3117.

īs-gebind, st. n., fetters of ice: instr. sg. īs-gebinde, 1134.

īsig, adj., shining, brilliant (like brass): nom. sg. īsig (said of a vessel covered with plates(?) of metal), 33.--Leo.

IO IU

iū. See geō.

iū-man. See geō-man.

īo-mēowle. See geō-mēowle.

L

laðu, st. f., invitation.--Comp.: frēond-, nēod-laðu.

ge-lafian, w. v. w. acc. pers. and instr. of the thing, to refresh, lave: pret. sg. wine-dryhten his wætere gelafede, 2723.

lagu, st. m., lake, sea: nom. sg., 1631.

lagu-cræftig, adj., acquainted with the sea: nom. sg. lagu-cræftig mon (pilot), 209.

lagu-strǣt, st. f., path over the sea: acc. sg. ofer lagu-strǣte, 239.

lagu-strēam, st. m., sea-current, flood: acc. pl. ofer lagu-strēamas, 297.

land, st. n., land: nom. sg. lond, 2198; acc. sg. land, 221, 2063; lond, 2472, 2493; land Dena, 242, 253; lond Brondinga, 521; Finna land, 580; dat. sg. on lande (in the land), 2311, 2837; at near, land, shore, 1914; tō lande (to the land, ashore), 1624; gen. sg. landes, 2996; gen. pl. ofer landa fela (over much country, space; afar), 311.--Comp.: el-, ēa-land.

land-būend, part, pres., terricola, inhabitant of the land: nom. pl. lond-būend, 1346; dat. pl. land-būendum, 95.

land-fruma, w. m., ruler, prince of the country: nom. sg., 31.

land-gemyrcu, st. n. pl., frontier, land-mark: acc. pl., 209.

land-geweorc, st. n., land-work, fortified place: acc. sg. lēoda land-geweorc, 939. See weorc, geweorc.

land-riht, st. n., prerogatives based upon land-possessions, right to possess land, hence real estate itself: gen. sg. lond-rihtes īdel, 2887.

land-waru, st. f., inhabitants, population: acc. pl. land-wara, 2322.

land-weard, st. m., guard, guardian of the frontier: nom. sg., 1891.

lang, long, adj., long: 1) temporal: nom. sg. tō lang, 2094; nǣs þā long (lang) tō þon (not long after), 2592, 2846; acc. sg. lange hwīle (for a long time), 16, 2160, 2781; longe (lange) þrāge, 54, 114, 1258; lange tīd, 1916. Compar. nom. sg. lengra fyrst, 134.--2) local, nom. sg. sē wæs fīftiges fōtgemearces lang, 3044.--Comp.: and-, morgen-, niht-, up-lang.

lange, longe, adv., long: lange, 31, 1995, 2131, 2345, 2424; longe, 1062, 2752, 3109; tō lange (too long, excessively long), 906, 1337, 1749. Compar. leng, 451, 1855, 2802, 3065; nō þȳ leng (none the longer), 975. Superl. lengest (longest), 2009, 2239.

ge-lang, adj., extending, reaching to something or somebody, hence ready, prepared: nū is rǣd gelang eft ǣt þē ānum (now is help [counsel] at hand in thee alone), 1377; gēn is eall ǣt þē lissa gelong (all of favor is still on thee dependent, is thine), 2151. See ge-lenge.

lang-ge-strēon, st. n., long-lasting treasure: gen. pl. long-gestrēona, 2241.--Leo.

langian, w. v., reflex, w. dat, to long, yearn: pres. sg. III. him ...ǣfter dēorum men dyrne langað beorn (the hero longeth secretly after the dear man), 1880.

lang-sum, adj., long-lasting, continuing: nom. sg. longsum, 134, 192, 1723; acc. sg. long-sumne, 1537.

lang-twidig, adj., long-granted, assured: nom. sg., 1709.

lata, w. m., a lazy, cowardly one; in comp. hild-lata.

lā, interj., yes! indeed! 1701, 2865.

lāc, st. n.: 1) measured movement, play: in comp. beadu-, heaðo-lāc.--2) gift, offering: acc. pl. lāc, 1864; lāðlīcu lāc (loathly offering, prey), 1585; dat. pl. lācum, 43, 1869.--Comp. sǣ-lāc.

ge-lāc, st. n., sport, play: acc. pl. sweorda gelāc (battle), 1041; dat. pl. ǣt ecga gelācum, 1169.

lācan, st. v., to move in measured time, dancing, playing, fighting, flying, etc.: inf. dareðum lācan (fight), 2849; part. pres. ǣfter lyfte lācende (flying through the air), 2833.

for-lācan, to deceive, betray: part, pret. hē wearð on fēonda geweald forð forlācen (deceitfully betrayed into the enemy's hands), 904.

lād, st. f., street, way, journey: dat. sg. on lāde, 1988; gen. sg. lāde, 569.-- Comp.: brim-, sǣ-lād.

ge-lād, st. n., way, path, road: acc. sg. uncūð gelād, 1411.

lāð, adj., loathly, evil, hateful, hostile: nom. sg. lāð, 816; lāð lyft-floga, 2316; lāð (enemy), 440; nē lēof nē lāð, 511; neut. lāð, 134, 192; in weak form, se lāða (of the dragon), 2306; acc. sg. lāðne (wyrm), 3041; dat. sg. lāðum, 440, 1258; gen. sg. lāðes (of the enemy), 842; fela lāðes (much evil), 930; so, 1062; lāðan līges, 83; lāðan cynnes, 2009, 2355; þǣs lāðan (of the enemy), 132; acc. pl. neut. lāð gewidru (hateful storms), 1376; dat. instr. pl. wið lāðum, 550; lāðum scuccum and scinnum, 939; lāðum dǣdum (with evil deeds), 2468; lāðan fingrum, 1506; gen. pl. lāðra manna, spella, 2673, 3030; lāðra (the enemy), 242. Compar. nom. sg. lāðra ... beorn, 2433.

lāð-bite, st. m., hostile bite: dat. sg. lāð-bite līces (the body's hostile bite = the wound), 1123.

lāð-getēona, w. m., evil-doer, injurer: nom. sg., 975; nom. pl. lāð-getēonan, 559.

lāð-līc, adj., loathly, hostile: acc. pl. lāð-līcu, 1585.

lāf, st. f.: 1) what is left, relic; inheritance, heritage, legacy: nom. sg. Hrēðlan lāf (Bēowulf's corselet), 454; nom. pl. fēla lāfe (the leavings of files = swords, Grein), 1033; so, homera lāfe, 2830; on him gladiað gomelra lāfe, heard and hringmǣl Heaðobeardna gestrēon (on him gleams the forefather's bequest, hard and ring-decked, the Heaðobeardas' treasure, i.e. the equipments taken from the slain king of the Heaðobeardas), 2037; acc. sg. sweorda lāfe (leavings of the sword, i.e. those spared by the sword), 2937.--2) the sword as a specially precious heir-loom: nom. sg., 2629; acc. sg. lāfe, 796, 1489, 1689, 2192, 2564; instr. sg. incge lāfe, 2578.--Comp.: ende-, eormen-, wēa-, yrfe-, ȳð-lāf.

lār, st. f., lore, instruction, prescription: dat. sg. be fæder lāre, 1951; gen. pl. lāra, 1221; lārena, 269.--Comp. frēond-lār.

lāst, st. m., footstep, track: acc. sg. lāst, 132, 972, 2165; on lāst (on the traces of, behind), 2946; nom. pl. lāstas, 1403; acc. pl. lāstas, 842.--Comp.: fēðe-, feorh-, fōt-, wræc-lāst.

læger. See leger.

lāger-bed, st. n., bed to lie on : instr. sg. leger-bedde, 1008.

læs, adj., less, 1947; þȳ læs (the less), 487; conjunct, that not, lest, 1919.

læssa, adj., less, fewer: nom. sg. læssa, 1283; acc. sg. m. læssan, 43; fem, læssan hwīle, 2572; dat. sg. for læssan (for less, smaller), 952. Superl. nom. sg. nō þæt læsest wæs hond-gemōt[a], 2355.

læt, adj., negligent, neglectful; w. gen.: nom. sg. elnes læt, 1530.

lædan, w. v. w. acc.: to lead, guide, bring: inf. lædan, 239; pret. pl. læddon, 1160.

for-1ædan, to mislead: pret. pl. for-læddan, 2440 (?).

ge-lædan, lead, bring: part. pret. ge-læded, 37.

læfan, w. v.: 1), to bequeathe, leave: imper. sg. þīnum magum læf folc and rīce, 1179; pret. sg. eaferum læfde ... lond and lēodbyrig, 2471.--2) spare, leave behind: āht cwices læfan (to spare aught living), 2316.

læn-dagas, st. m. pl., loan-days, transitory days (of earthly existence as contrasted with the heavenly, unending): acc. pl. læn-dagas, 2592; gen. pl. læn-daga, 2342.

læne, adj., inconstant, perishable, evanescent, given over to death or destruction: nom. sg., 1755, 3179; acc. sg. of rust-eaten treasures, 3130; þās lænan gesceaft (this fleeting life), 1623; gen. sg. lænan līfes, 2846.

læran, w. v., to teach, instruct: imper. sg. þū þē lær be þon (learn this, take this to heart), 1723.

ge-lǣran, to teach, instruct, give instruction: inf. ic þǣs Hrōðgār mæg ... rǣd gelǣran (I can give H. good advice about this), 278; so, 3080; pret. pl. þā mē þæt ge-lǣrdon lēode mīne (gave me the advice), 415.

lǣstan, w. v.: 1) to follow, to sustain, serve: inf. þæt him se līc-homa lǣstan nolde (that his body would not sustain him), 813.--2) perform: imper. lǣst eall tela (do all well), 2664.

ge-lǣstan: 1) to follow, serve: pret. sg. (sweord) þæt mec ǣr and oft gelǣste, 2501.--2) to fulfil, grant: subj. pres. pl. þæt ... wilgesīðas, þonne wīg cume, lēode gelǣstan (render war service), 24; inf. ic þē sceal mīne gelǣstan frēode (shall grant thee my friendship, be grateful), 1707; pret. sg. bēot ... gelǣste (fulfilled his boast), 524; gelǣste swā (kept his word), 2991; pres. part. hæfde Ēast-Denum ... gilp gelǣsted (had fulfilled for the East Danes his boast), 830.

lǣtan, st. v., to let, allow, w. acc. and inf.: pres. sg. III. lǣteð, 1729; imper. pl. II. lǣtað, 397; sg. II. lǣt, 1489; pret. sg. lēt, 2390, 2551, 2978, 3151(?); pret. pl. lēton, 48, 865, 3133; subj. pret. sg. II. lēte, 1997; sg. III. lēte, 3083.

ā-lǣtan: 1) to let, allow: subj. pres. sg. II. þæt þū ne ālǣte ... dōm ge-drēosan, 2666.--2) to leave, lay aside: inf. ālǣtan lǣn-dagas (die) 2592; so, ālǣtan līf and lēodscipe, 2751.

for-lǣtan: 1) to let, permit, w. acc. and inf.: pret. sg. for-lēt, 971; pret. pl. for-lēton, 3168. Also with inf. omitted: inf. nolde eorla hlēo ... þone cwealmcuman cwicne (i.e. wesan) forlǣtan (would not let the murderous spirit go alive), 793.--2) to leave behind, leave: pret. sg. in þām wong-stede ... þǣr hē hine ǣr forlēt (where he had previously left him), 2788.

of-lǣtan, to leave, lay aside: pres. sg. II. gyf þū ǣr þonne hē worold oflǣtest (leavest the world, diest), 1184; so pret. sg. oflēt līf-dagas and þās lǣnan gesceaft, 1623.

on-lǣtan, to release, liberate: pres. sg. III. þonne forstes bend fæder on-lǣteð (as soon as the Father looseth the frost's fetters), 1610.

ā-lecgan, w. v.: 1) to lay, lay down: pret. sg. syððan hilde-dēor hond ā-legde ... under gēapne hrōf, 835; þæt hē on Bēowulfes bearm ā-legde (this [the sword] he laid in B.'s bosom, presented to him), 2195; pret.

pl. ā-ledon þā lēofne þēoden ... on bearm scipes, 34; ā-legdon þā tō middes mǣrne þēoden (laid the mighty prince in the midst [of the pyre]), 3142.--2) to lay aside, give up: siððan ... in fen-freoðo feorh ā-legde (laid down his life, died), 852; nū se here-wīsa hleahtor ā-legde, gamen and glēo-drēam (now the war-chief has left laughter, etc.), 3021.

leger, st. n., couch, bed, lair: dat. sg. on legere, 3044.

lemian, w. v., to lame, hinder, oppress: pret. sg. (for pl.) hine sorh-wylmas lemede tō lange, 906. MS.

leng. See lang.

lenge, adj., extending along or to, near (of time): nom. sg. neut. ne wǣs hit lenge þā gēn (nor was it yet long), 83.

ge-lenge, adj., extending, reaching to, belonging: nom. sg. yrfe-weard ... līce gelenge (an heir belonging to one's body), 2733.

let, st. m., place of rest, sojourn? in comp. eo-let (voyage?).

lettan, w. v., to hinder: pret. pl. (acc. pers. and gen. thing), þæt syððan nā ... brim-līðende lāde ne letton (might no longer hinder seafarers from journeying), 569.

ā-lēdon. See ā-lecgan.

lēg, st. m., flame, fire: nom. sg. wonna lēg (the lurid flame), 3116; swōgende lēg, 3146; dat. sg. for dracan lēge, 2550. See līg.

lēg-draca, w. m., fire-drake, flaming dragon: nom. sg., 3041.

leahtre. See or-leahtre.

lēaf, st. n., leaf, foliage: instr. pl. lēafum, 97.

lēafnes-word, st. n., permission, leave: acc. pl., 245.

lēan, st. v. w. acc. to scold, blame: pres. sg. III. lyhð, 1049; pret. sg. lōg, 1812; pret. pl. lōgon, 203, 863.

be-lēan, to dissuade, prevent: inf. nē inc ǣnig mon ... belēan mihte sorhfullne sīð (no one might dissuade you twain from your difficult journey), 511.

lēan, st. n., reward, compensation: acc. sg., 114, 952, 1221, 1585, 2392; dat. sg. lēane, 1022. Often in the pl.: acc. þā lēan, 2996; dat. þām lēanum, 2146; gen. lēana, 2991.--Comp.: and-, ende-lēan.

leān (for lǣn, O.H.G. lēhan), st. n, loan, 1810.

lēanian, w. v., to reward, compensate: pres. sg. I. ic þē þā fǣhðe fēo lēanige (repay thee for the contest with old-time treasures), 1381; pret. sg. mē þone wæl-rǣs wine Scyldinga fǣttan golde fela lēanode (the friend of the Scyldings rewarded me richly for the combat with plated gold), 2103.

lēas, adj., false: nom. pl. lēase, 253.

lēas, adj., deprived of, free from, w. gen.: nom. sg. drēama lēas, 851; dat. sg. winigea lēasum, 1665.--Comp.: dōm-, drēam-, ealdor-, feoh-, feormend-, hlāford-, sāwol-, sige-, sorh-, tīr-, þēoden-, wine-, wyn-lēas.

lēasig, adj., concealing one's self; in comp. sin-lēasig(?).

leoðo-cræft, st. m., the art of weaving or working in meshes, wire, etc.: instr. pl. segn eall-gylden ... gelocen leoðo-cræftum (a banner all handwrought of interlaced gold), 2770.

leoðo-syrce, w. f., shirt of mail (limb-sark): acc. sg. locene leoðo-syrcan (locked linked sark), 1506; acc. pl. locene leoðo-syrcan, 1891.

leomum. See lim.

leornian, w. v., to learn, devise, plan: pret. him þæs gūð-cyning ... wrǣce leornode (the war-king planned vengeance therefor), 2337.

lēod, st. m., prince: nom. sg., 341, 348, 670, 830, 1433, 1493, 1613, 1654, etc.; acc. lēod, 626.

lēod, st. f., people: gen. sg. lēode, 597, 600, 697. In pl. indicates individuals, people, kinsmen: nom. pl. lēode, 362, 415, 1214, 2126, etc.; gum-cynnes Gēata lēode (people of the race of the Gēatas), 260; acc. pl. lēode, 192, 443, 1337, 1346, etc.; dat. pl. lēodum, 389, 521, 619, 698,

275

906, 1160, etc.; gen. pl. lēoda, 205, 635, 794, 1674, 2034, etc.

lēod-bealo, st. n., (mischief, misfortune affecting an entire people), great, unheard-of calamity: acc. sg., 1723; gen. pl. lēod-bealewa, 1947.

lēod-burh, st. f., princely castle, stronghold of a ruler, chief city: acc. pl. -byrig, 2472.

lēod-cyning, st. m., king of the people: nom. sg., 54.

lēod-fruma, w. m., prince of the people, ruler: acc. sg. lēod-fruman, 2131.

lēod-gebyrgea, w. m., protector of the people, prince: acc. sg. -gebyrgean, 269.

lēod-hryre, st. m., fall, overthrow, of the prince, ruler: dat. sg. æfter lēod-hryre (after the fall of the king of the Heaðobeardas, Frōda, cf. 2051, 2031; gen. sg. þæs lēod-hryres (of the fall of Heardred, cf. 2389, 2392.

lēod-sceaða, w. m., injurer of the people: dat. sg. þām lēod-sceaðan, 2094.

lēod-scipe, st. m., the whole nation, people: acc. sg., 2752; dat. sg. on þām lēod-scipe, 2198.

lēoð, st. n., song, lay: nom. sg., 1160.--Comp.: fyrd-, gryre-, gūð-, sorh-lēoð.

lēof, adj., lief, dear: nom. sg., 31, 54, 203, 511, 521, 1877, 2468; weak form m., lēofa, 1217, 1484, 1855, 2664; acc. sg. m. lēofne, 34, 297, 619, 1944, 2128, 3109, 3143; gen. sg. lēofes (m.), 1995, 2081, 2898; (neut.), 1062, 2911; dat. pl. lēofum, 1074; gen. pl. lēofra, 1916. Compar. nom. sg. neut. lēofre, 2652. Superl. nom. sg. m. lēofost, 1297; acc. sg. þone lēofestan, 2824.

lēoflīc, dear, precious, valued: nom. sg. m. lēoflīc lind-wiga, 2604; acc. sg. neut. lēoflīc īren, 1810.

lēogan, st. v., to lie, belie, deceive. subj. pres. næfne him his wlite lēoge (unless his looks belie him), 250; pret. sg. hē ne lēag fela wyrda nē worda, 3030.

ā-lēogan, to deceive, leave unfulfilled: pret. sg. hē bēot ne ā-lēh (he left not his promise unfulfilled), 80.

ge-lēogan, to deceive, betray: pret. sg. him sēo wēn gelēah (hope deceived him), 2324.

lēoht, st. n., light, brilliance: nom. sg., 569, 728, 1751 (?); acc. sg. sunnan lēoht, 649; godes lēoht gecēas (chose God's light, died), 2470; dat. sg. tō lēohte, 95.--Comp.: ǣfen-, fȳr-, morgen-lēoht.

lēoht, adj., luminous, bright: instr. sg. lēohtan sweorde, 2493.

lēoma, w. m.: 1) light, splendor: nom. sg., 311, 2770; acc. sg. lēoman, 1518; sunnan and mōnan lēoman (light of sun and moon), 95.--2) (as beadu- and hilde-lēoma), the glittering sword: nom. sg. līxte se lēoma (the blade-gleam flashed), 1571.

lēosan, st. v., = amitti, in

be-lēosan, to deprive, be deprived of: pres. part. (hēo) wearð beloren lēofum bearnum and brōðrum (was deprived of her dear children and brethren), 1074.

for-lēosan, with dat. instr., to lose something: pret. sg. þǣr hē dōme for-lēas, ellen-mǣrðum (there lost he the glory, the repute, of his heroic deeds), 1471; pret. sg. for pl. þām þe ǣr his elne for-lēas (to him who, before, had lost his valor), 2862; part. pret. nealles ic þām lēanum for-loren hǣfde (not at all had I lost the rewards), 2146.

libban, w. v., to live, be, exist: pres. sing. III. lifað, 3169; lyfað, 945; leofað, 975, 1367, 2009; subj. pres. sg. II. lifige, 1225; pres. part. lifigende, 816, 1954, 1974, 2063; dat. sg. be þē lifigendum (in thy lifetime), 2666; pret. sg. lifde, 57, 1258; lyfde, 2145; pret. pl. lifdon, 99. See unlifigende.

licgan, st. v.: 1) to lie, lie down or low: pres. sg. nū sēo hand ligeð (now the hand lies low), 1344; nū se wyrm ligeð, 2746, so 2904; inf. licgan, 3130; licgean, 967, 3083; pret. sg. læg, 40, 552, 2078; syððan Heardrēd læg (after Heardrēd had fallen), 2389; pret. pl. lāgon, 3049; lǣgon, 566.--2) to lie prostrate, rest, fail: pret. sg. nǣfre on ōre læg wīd-cūðes wīg (never failed the far-famed one's valor at the front), 1042; syððan wiðer-gyld lǣg (after vengeance failed, or, when Withergyld lay dead, if W. is a proper name), 2052.

ā-licgan, to succumb, fail, yield: inf. 2887; pret. sg. þæt his dōm ā-lǣg (that its power failed it), 1529.

ge-licgan, to rest, lie still: pret. sg. wind-blond gelǣg, 3147.

lida, w. m., boat, ship (as in motion); in comp.: sund-, ȳð-lida.

lid-man, st. m., seafarer, sailor: gen. pl. lid-manna, 1624.

lim, st. n., limb, branch: instr. pl. leomum, 97.

limpan, st. v., to happen, befall (well or ill); impers. w. dat. pret. sg. hū lomp ēow on lāde (how went it with you on the journey?), 1988.

ā-limpan, to come about, offer itself: pret. sg. oð þæt sǣl ā-lamp (till the opportunity presented itself), 623; pret. part. þā him ā-lumpen wǣs wistfylle wēn (since a hope of a full meal had befallen him), 734.

be-limpan, to happen to, befall: pret. sg. him sīo sār belamp, 2469.

ge-limpan, to happen, occur, turn out: pres. sg. III. hit eft gelimpeð þæt..., 1754; subj. pres. þisse ansȳne alwealdan þanc lungre gelimpe (thanks to the Almighty forthwith for this sight!), 930; pret. sg. him on fyrste gelamp þæt..., 76; swā him ful-oft gelamp (as often happened to them), 1253; þæs þe hire se willa gelamp þæt ... (because her wish had been fulfilled), 627; frōfor eft gelamp sārig-mōdum, 2942; subj. pret. gif him þyslīcu þearf gelumpe, 2638; pret. part. Denum eallum wearð ... willa gelumpen, 825.

lind, st. f. (properly linden; here, a a wooden shield covered with linden-bark or pith): nom. sg., 2342; acc. sg. geolwe linde, 2611; acc. pl. linde, 2366.

lind-gestealla, w. m., shield-comrade, war-comrade: nom. sg., 1974.

lind-hæbbend, pres. part., provided with a shield, i.e. warrior: nom. pl. -hæbbende, 245; gen. pl. hæbbendra, 1403.

lind-plega, w. m., shield-play, i.e. battle: dat. sg. lind-plegan, 1074, 2040.

lind-wiga, w. m., shield-fighter, warrior: nom. sg., 2604.

linnan, st. v., to depart, be deprived of: inf. aldre linnan (depart from life), 1479; ealdres linnan, 2444.

lis, st. f., favor, affection: gen. pl. eall ... lissa, 2151.

list, st. m., art, skill, cleverness, cunning: dat. pl. adverbial, listum (cunningly), 782.

līxan, w. v., to shine, flash: pret. sg. līxte, 311, 485, 1571.

līc, st. n.: 1) body, corpse: nom. sg., 967; acc. sg. līc, 2081; þæt līc (the body, corpse), 2128; dat. sg. līce, 734, 1504, 2424, 2572, 2733, 2744; gen. sg. līces, 451, 1123.-- 2) form, figure: in comp. eofor-, swīn-līc.

ge-līc, adj., like, similar: nom. pl. m. ge-līce, 2165. Superl. ge-līcost, 218, 728, 986, 1609.

līc-hama, -homa, w. m. (body-home, garment), body: nom. sg. līc-homa, 813, 1008, 1755; acc. sg. līc-haman, 2652; dat. sg. līc-haman, 3179.

līcian, w. v., to please, like (impers.): pres. sg. III. mē þīn mōd-sefa līcað leng swā wēl, 1855; pret. pl. þām wīfe þā word wēl līcodon, 640.

līcnes. See on-līcnes.

līc-sār, st. n., bodily pain: acc. sg. līc-sār, 816.

līc-syrce, w. f., body-sark, shirt of mail covering the body: nom. sg., 550.

1līðan, st. v., to move, go: pres. part. nom. pl. þā līðende (navigantes, sailors), 221; þā wæs sund liden (the water was then traversed), 223.-- Comp.: hēaðu-, mere-, wæg-līðend.

līðe (O.H.G. lindi), adj., gentle, mild, friendly: nom. sg. w. instr. gen. lāra līðe, 1221. Superl. nom. sg. līðost, 3184.

lið-wǣge, st. n., can in which līð (a wine-like, foaming drink) is contained: acc. sg., 1983.

līf, st. n., life: acc. sg. līf, 97, 734, 1537, 2424, 2744, 2752; dat. sg. līfe, 2572; tō līfe (in one's life, ever) 2433; gen. sg. līfes, 197, 791, 807, 2824, 2846; worolde līfes (of the earthly life), 1388, 2344.--Comp. edwīt-līf.

līf-bysig, adj. (striving for life or death), weary of life, in torment of death: nom. sg., 967.

līf-dagas, st. m. pl., lifetime: acc.-dagas, 794, 1623.

līf-frēa, w. m., lord of life, God: nom. sg., 16.

līf-gedāl, st. n., separation from life: nom. sg., 842.

līf-gesceaft, st. f., fate, destiny: gen. pl.-gesceafta, 1954, 3065.

līf-wraðu, st. f., protection for one's life, safety: acc. sg. līf-wraðe, 2878; dat. sg. tō līf-wraðe, 972.

līf-wyn, st. f., pleasure, enjoyment, joy (of life): gen. pl. līf-wynna, 2098.

līg, st. m. n., flame, fire: nom. sg., 1123; dat. instr. sg. līge, 728, 2306, 2322, 2342; gen. sg. līges, 83, 782. See lēg.

līg-draca, w. m., fire-drake, flaming dragon; nom. pl., 2334. See lēg-draca.

līg-egesa, w. m., horror arising through fire, flaming terror: acc. sg., 2781.

līge-torn, st. m., false, pretended insult or injury, fierce anger(?): dat. sg. æfter līge-torne (on account of a pretended insult? or fierce anger? cf. Bugge in Zacher's Zeits. 4, 208), 1944.

līg-ȳð, st. m., wave of fire: instr. pl. līg-ȳðum, 2673.

lēon, st. v., to lend: pret. sg. þæt him on þearfe lāh þyle Hrōðgāres (which H.'s spokesman lent him in need), 1457.

on-lēoon, to lend, grant as a loan, with gen. of thing and dat. pers.: pret. sg. þā hē þæs wæpnes on-lāh sēlran sweord-frecan, 1468.

loca, w. m., bolt, lock: in comp. bān-, burh-loca.

locen. See lūcan.

lond, long. See land, lang.

lof, st. m. n., praise, repute: acc. sg. lof, 1537.

lof-dǣd, st. f., deed of praise: instr. pl. lof-dǣdum, 24.

lof-georn, adj., eager for praise, ambitious: superl. nom. sg. lof-geornost, 3184.

loga, w. m., liar; in comp. trēow-loga.

losian, w. v., to escape, flee: pres. sg. III. losað, 1393, 2063; pret. sg. hē on weg losade (fled away), 2097.

lōcian, w. v., to see, look at: pres. sg. II. sǣ-lāc ... þē þū hēr tō lōcast (booty of the sea that thou lookest on), 1655.

ge-lōme, adv., often, frequently, 559.

lufe, w. f., love: in comp. hēah-, mōd-, wīf-lufe.

lufa (cf. and-leofa, big-leofa, nourishment), w. m., food, subsistence; property, real estate: acc. sg. on lufan (on possessions), 1729.--Comp. eard-lufa.

lufen, st. f. (cf. lufa), subsistence, food; real estate, (enjoyment?): nom. sg. lufen (parallel with ēðel-wyn), 2887.

luf-tācen, st. n., love-token: acc. pl. luf-tācen, 1864.

lufian, w. v., to love, serve affectionately: pret. sg. III. lufode þā lēode (was on affectionate terms with the people), 1983.

lungre, adv.: 1) hastily, quickly, forthwith, 930, 1631, 2311, 2744.--2) quite, very, fully: fēower mēaras lungre gelīce (four horses quite alike), 2165.

lust, st. m., pleasure, joy: dat. pl. adv. lustum (joyfully), 1654; so, on lust, 619, cf. 600.

lūcan, st. v., to twist, wind, lock, interweave: pret. part. acc. sg. and pl. locene leoðo-syrcan (shirt of mail wrought of meshes or rings interlocked), 1506, 1891; gen. pl. locenra bēaga (rings wrought of gold wire), 2996.

be-lūcan: 1) to shut, close in or around: pret. sg. winter ȳðe be-lēac īs-gebinde (winter locked the waves with icy bond), 1133.-- 2) to shut in, off, preserve, protect: pret. sg. I. hig wīge belēac manegum mǣgða (I shut them in, protected them, from war arising from many a tribe), 1771. Cf. mē wīge belūc wrāðum fēondum (protect me against mine enemies), Ps. 34, 3.

ge-lūcan, to unite, link together, make: pret. part. gelocen, 2770.

on-lūcan, to unlock, open: pret. sg. word-hord on-lēac (opened the word-hoard, treasure of speech), 259.

tō-lucan, (to twist, wrench, in two) to destroy: inf., 782.

lyft, st. f. (m. n.?), air: nom. sg., 1376; dat. sg. æfter lyfte (along, through, the air), 2833.

lyft-floga, w. m., air-flier: nom. sg. (of the dragon), 2316.

lyft-geswenced, pret. part., urged, hastened on, by the wind, 1914.

lyft-wyn, st. f., enjoyment of the air: acc. sg. lyft-wynne, 3044.

lyhð. See leahan.

lystan, w. v., to lust after, long for: pret. sg. Gēat ungemetes wēl ... restan lyste(the Gēat [Bēowulf] longed sorely to rest), 1794.

lȳt, adj. neut. (= parum), little, very little, few: lȳt eft becwōm ... hāmes nīosan (few escaped homeward), 2366; lȳt ǣnig (none at all), 3130; usually with gen.: wintra lȳt, 1928; lȳt ... hēafod-māga, 2151; wergendra tō lȳt (too few defenders), 2883; lȳt swīgode nīwra spella (he kept to himself little, none at all, of the new tidings), 2898; dat. sg. lȳt manna (too few of men), 2837.

lȳtel, adj., small, little: nom. sg. neut. tō lȳtel, 1749; acc. sg. f. lȳtle hwīle (a little while), 2031, 2098; lif-wraðe lȳtle (little protection for his life), 2878.--Comp. un-lȳtel.

lȳt-hwōn, adv., little = not at all: lȳt-hwōn lōgon, 204.

lȳfe, st. n., leave, permission, (life?): instr. sg. þīne lȳfe (life, MS.), 2132.--Leo. Cf. O.N. leyfi, n., leave, permission, in Möbius' Glossary, p. 266.

lȳfan, w. v., (fundamental meaning to believe, trust) in

ā-lȳfan, to allow, grant, entrust: pret. sg. nǣfre ic ǣnegum men ǣr ālȳfde ... þrȳð-ǣrn Dena (never before to any man have I entrusted the palace of the Danes), 656; pret. part. (þā mē wǣs) sīð ... ālȳfed inn under eorð-weall (the way in under the wall of earth was allowed me), 3090.

ge-lȳfan, w. v., to believe, trust: 1) w. dat.: inf. þǣr gelȳfan sceal dryhtnes dōme sē þe hine dēað nimeð (whomever death carrieth away, shall believe it to be the judgment of God, i.e. in the contest between Bēowulf and Grendel), 440.--2) w. acc.: pret. sg. gēoce gelȳfde brego Beorht-Dena (believed in, expected, help, etc.), 609; þǣt hēo on ǣnigne eorl gelȳfde fyrena frōfre (that she at last should expect from any earl comfort, help, out of these troubles), 628; sē þe him bealwa tō bōte gelȳfde (who trusted in him as a help out of evils), 910; him tō anwaldan āre gelȳfde (relied for himself on the help of God), 1273.

ā-lȳsan, w. v., to loose, liberate: pret. part. þā wǣs of þǣm hrōran helm and byrne lungre ā-lȳsed (helm and corselet were straightway loosed from him), 1631.

M

maðelian, w. v. (sermocinari), to speak, talk: pret. sg. maðelode, 286, 348, 360, 371, 405, 456, 499, etc.; maðelade, 2426.

maga, w. m., son, male descendant, young man: nom. sg. maga Healfdenes (Hrōðgār), 189, 1475, 2144; maga Ecgþēowes (Bēowulf), 2588: maga (Grendel), 979; se maga geonga (Wīglāf), 2676; Grendeles maga (a relative of Grendel), 2007; acc. sg. þone magan, 944.

magan, v. with pret.-pres. form, to be able: pres. sg. I. III. mæg, 277, 478, 931, 943, 1485, 1734, etc.; II. meaht þū, 2048; subj. pres. mǣge, 2531, 2750; þēah ic eal mǣge (even though I could), 681; subj. pl. wē mǣgen, 2655; pret. sg. meahte, 542, 755, 1131, 1660, 2465, etc.; mihte, 190, 207, 462, 511, 571, 657, 1509, 2092, 2610; mehte, 1083, 1497, 1516, 1878; pl. meahton, 649, 942, 1455, 1912, 2374, 3080; mihton, 308, 313, 2684, 3164; subj. pret. sg. meahte, 243, 763, 2521; pres. sg. mǣg, sometimes = licet, may, can, will (fut.), 1366, 1701, 1838, 2865.

mago (Goth. magu-s), st. m., male, son: nom. sg. mago Ecglāfes (Hunferð), 1466; mago Healfdenes (Hrōðgār), 1868, 2012.

mago-dryht, st. f., troop of young men, band of men: nom. sg. mago-driht, 67.

mago-rinc, st. m., hero, man (preeminently): gen. pl. mago-rinca, hēap, 731.

magu-þegn, mago-þegn, st. m., vassal, war-thane: nom. sg. 408, 2758; dat. sg. magu-þegne, 2080; acc. pl. magu-þegnas, 293; dat. pl. mago-þegnum, 1481; gen. pl. mago-þegna ... þone sēlestan (the best of vassals), 1406.

man, mon, st. m.: 1) man, human being: nom. sg. man, 25, 503, 534, 1049, 1354, 1399, 1535, 1877, etc.; mon, 209, 510, 1561, 1646, 2282, etc.; acc. sg. w. mannan, 297, 577, 1944, 2128, 2775; wīd-cūðne man, 1490; dat. sg. men, 656, 753, 1880; menn, 2190; gen. sg. mannes, 1195 (?), 2081, 2534, 2542; monnes, 1730; nom. pl. men, 50, 162, 233, 1635, 3167; acc. pl. men, 69, 337, 1583, 1718; dat. pl. mannum, 3183; gen. pl. manna, 155, 201, 380, 702, 713, 736, etc.; monna, 1414, 2888.--2) indef. pron. = one, they, people (Germ. man): man, 1173, 1176; mon, 2356, 3177.--Comp.: fyrn-, glēo-, gum-, iū-, lid-, sǣ-, wǣpned-man.

man. See munan.

man-cyn, st. n., mankind: dat. sg. man-cynne, 110; gen. sg. man-cynnes, 164, 2182; mon-cynnes, 196, 1956.

man-drēam, st. m., human joy, mundi voluptas: acc. sg. man-drēam, 1265; dat. pl. mon-drēamum, 1716.

man-dryhten, st. m. (lord of men), ruler of the people, prince, king:

nom. sg. man-dryhten, 1979, 2648; mon-drihten, 436; mon-dryhten, 2866; acc. sg. mon-dryhten, 2605; dat. sg. man-drihtne, 1230; man-dryhtne, 1250, 2282; gen. sg. man-dryhtnes, 2850; mon-dryhtnes, 3150.

ge-mang, st. m., troop, company: dat. sg. on gemonge (in the troop [of the fourteen Gēatas that returned from the sea]), 1644.

manian, w. v., to warn, admonish: pres. sg. III. manað swā and myndgað ... sārum wordum (so warneth and remindeth he with bitter words), 2058.

manig, monig, adj., many, many a, much: 1) adjectively: nom. sg. rinc manig, 399; geong manig (many a young man), 855; monig snellīc sǣ-rinc, 690; medu-benc monig, 777; so 839, 909, 919, 1511, 2763, 3023, etc.; acc. sg. medo-ful manig, 1016; dat. sg. m. þegne monegum, 1342, 1420; dat. sg. f. manigre mǣgðe, 75; acc. pl. manige men, 337; dat. pl. manegum māðmum, 2104; monegum mǣgðum, 5; gen. pl. manigra mēda, 1179.--2) substantively: nom. sg. manig, 1861; monig, 858; dat. sg. manegum, 349, 1888; nom. pl. manige, 1024; monige, 2983; acc. pl. monige, 1599; gen. pl. manigra, 2092.--3) with depend. gen. pl.: dat. manegum mǣgða, 1772; monegum fīra, 2002; hæleða monegum bold-āgendra, 3112; acc. pl. rinca manige, 729; (māðm)-ǣhta monige, 1614.

manig-oft, adv., very often, frequently, 171 [if manig and oft are to be connected].

man-līce, adv., man-like, manly, 1047.

man-þwǣre, adj., kind, gentle toward men, philanthropic: nom. sg. superl. mon-þwǣrust, 3183.

mā, contracted compar., more: with partitive gen., 504, 736, 1056.

māðum, māððum, st. m., gift, jewel, object of value: acc. sg. māððum, 169, 1053, 2056, 3017; dat. instr. sg. māðme, 1529, 1903; nom. pl. māðmas, 1861; acc. pl. mādmas, 385, 472, 1028, 1483, 1757, 1868, etc.; dat. instr. pl. māðmum, mādmum, 1049, 1899, 2104, 2789; gen. pl. māðma, 1785, 2144, 2167, etc.; mādma, 36, 41.--Comp.: dryht-, gold-, hord-, ofer-, sinc-, wundor-māðum.

māðm-ǣht, st. f., treasure in jewels, costly objects: gen. pl. māðm-ǣhta,

1614, 2834.

māððum-fæt, st. n., treasure-casket or cup, costly vessel: nom. sg., 2406.

māðm-gestrēon, st. n., precious jewel: gen. pl. māðm-gestrēona, 1932.

māðum-gifu, st. f., gift of valuable objects, largess of treasure: dat. sg. æfter māððum-gife, 1302.

māðum-sigl, st. n., costly, sun-shaped ornament, valuable decoration: gen. pl. māððum-sigla, 2758.

māðum-sweord, st. n., costly sword (inlaid with gold and jewels): acc. sg., 1024.

māðum-wela, w. m., wealth of jewels, valuables:: dat. sg. æfter-māððum-welan (after the sight of the wealth of jewels), 2751.

māgas. See mǣg.

māge, w. f., female relative: gen. sg. Grendles māgan (mother), 1392.

mān, st. n., crime, misdeed: instr. sg. māne, 110, 979; adv., criminally, 1056.

mān-for-dǣdla, w. m., evil-doer, criminal: nom. pl. mān-for-dǣdlan, 563.

mān-scaða, w. m., mischievous, hurtful foe, hostis nefastus: nom. sg. 713, 738, 1340; mān-sceaða, 2515.

māra (comp. of micel), adj., greater, stronger, mightier: nom. sg. m. māra, 1354, 2556; neut. māre, 1561; acc. sg. m. māran, 2017; mund-gripe māran (a mightier hand-grip), 754; with following gen. pl. māran ... eorla (a more powerful earl), 247; fem. māran, 533, 1012; neut. māre, 518; with gen. pl. morð-beala māre (more, greater, deeds of murder), 136; gen. sg. f. māran, 1824.

mǣst (superl. of micel, māra), greatest, strongest: nom. sg. neut. (with partitive gen.), mǣst, 78, 193; fem. mǣst, 2329; acc. sg. fem. fǣhðe mǣste, 459; mǣste ... worolde wynne (the highest earthly pleasure),

1080; neut. n. (with partitive gen.) mǣst mǣrða, 2646; hond-wundra mǣst, 2769; bǣl-fȳra mǣst, 3144; instr. sg. m. mǣste cræfte, 2182.

mǣcg. See mecg.

mægð, st. f., wife, maid, woman: nom. sg., 3017; gen. pl. mægða hōse (accompanied by her maids of honor), 925; mægða, 944, 1284.

mægen, st. n.: 1) might, bodily strength, heroic power: acc. sg. mægen, 518, 1707; instr. sg. mægene, 780(?), 2668; gen. sg. mægenes, 418, 1271, 1535, 1717, etc.; mægnes, 671, 1762; mægenes strang, strengest (great in strength), 1845, 196; mægenes rōf (id.), 2085.--2) prime, flower (of a nation), forces available in war: acc. sg. swā hē oft (i.e. etan) dyde mægen Hrēðmanna (the best of the Hreðmen), 445; gen. sg. wið manna hwone mægenes Deniga (from(?) any of the men of the Danes), 155.--Comp. ofer-mægen.

mægen-āgend, pres. part., having great strength, valiant: gen. pl. -āgendra, 2838.

mægen-byrðen, st. f., huge burthen: acc. sg. mægen-byrðenne, 3092; dat. (instr.) sg., 1626.

mægen-cræft, st. m., great, hero-like, strength: acc. sg., 380.

mægen-ellen, st. n. (the same), acc. sg., 660.

mægen-fultum, st. m., material aid: gen. pl. næs þæt þonne mætost mægen-fultuma (that was not the least of strong helps, i.e. the sword Hrunting), 1456.

mægen-rǣs, st. m., mighty attack, onslaught: acc. sg., 1520.

mægen-strengo, st. f., main strength, heroic power: acc. sg., 2679.

mægen-wudu, st. m., might-wood, i.e. the spear, lance: acc. sg., 236.

mæst, st. m., mast: nom. sg., 1899; dat. sg. be mæste (beside the mast), 36; to the mast, 1906.

mǣðum. See māðum, hyge-mǣðum.

mǣg, st. m., kinsman by blood: nom. sg. mǣg, 408, 738, 759, 814, 915, 1531, 1945, etc; (brother), 468, 2605? acc. sg. mǣg (son), 1340; (brother), 2440, 2485, 2983; dat. sg. mǣge, 1979; gen. sg. mǣges, 2629, 2676, 2699, 2880; nom. pl. māgas, 1016; acc. pl. māgas, 2816; dat. pl. māgum, 1179, 2615, 3066; (to brothers), 1168; mǣgum, 2354; gen. pl. māga, 247, 1080, 1854, 2007, 2743.--Comp.: fæderen-, hēafod-, wine-mǣg.

mǣg-burh, st. f., borough of blood-kinsmen, entire population united by ties of blood; (in wider sense) race, people, nation: gen. sg. lond-rihtes ... þǣre mǣg-burge (of land possessions among the people, i.e. of the Gēatas), 2888.

mǣgð, st. f., race, people: acc. sg. mǣgðe, 1012; dat. sg. mǣgðe, 75; dat. pl. mǣgðum, 5; gen. pl. mǣgða, 25, 1772.

mǣg-wine, st. m., blood kinsman, friend, 2480 (nom. pl.).

mǣl, st. n.: l) time, point of time: nom. sg. 316; þā wǣs sǣl and mǣl (there was [appropriate] chance and time), 1009; acc. sg. mǣl, 2634; instr. pl. ǣrran mǣlum, 908, 2238, 3036; gen. pl. mǣla, 1250; sǣla and mǣla, 1612; mǣla gehwylce (each time, without intermission), 2058.--2) sword, weapon: nom. sg. brōden (brogden) mǣl (the drawn sword), 1617, 1668 (cf. Grimm, Andreas and Elene, p. 156).--3) mole, spot, mark.--Comp.: grǣg-, hring-, sceaðen-, wunden-mǣl.

mǣl-cearu, st. f., long-continued sorrow, grief: acc. sg. mǣl-ceare, 189.

mǣl-gesceaft, st. f., fate, appointed time: acc. pl. ie on earde bād mǣl-gesceafta (awaited the time allotted for me by fate), 2738.

mǣnan, w. v., with acc. in the sense of (1) to remember, mention, proclaim: inf. mǣnan, 1068; pret. part. þǣr wǣs Bēowulfes mǣrðo mǣned, 858.--2) to mention sorrowfully, mourn: inf. 3173; pret. sg. giohðo mǣnde (mourned sorrowfully), 2268; pret. pl. mǣndon, 1150, 3150.

ge-mǣnan (see mān), w. v. with acc., to injure maliciously, break: subj. pret. pl. ge-mǣnden, 1102.

ge-mǣne, adj., common, in common: nom. sg. gemǣne, 2474; þǣr unc hwīle wǣs hand gemǣne (i.e. in battle), 2138; sceal ūrum þǣt sweord and helm bām gemǣne (i.e. wesan), 2661; nom. pl. gemǣne, 1861; dat. pl. þæt þām folcum sceal ... sib gemǣnum (attraction for gemǣne, i.e. wesan), 1858; gen. pl. unc sceal (i.e. wesan) fela māðma gemǣnra (we two shall share many treasures together), 1785.

mǣrðu, st. f.: 1) glory, a heroes fame: nom. sg. 858; acc. sg. mǣrðo, 660, 688; acc. pl. mǣrða, 2997; instr. pl. mǣrðum (gloriously), 2515: gen. pl. mǣrða, 504, 1531.--2) deed of glory, heroism: acc. sg. mǣrðo, 2135; gen. pl. mǣrða, 408, 2646.--Comp. ellen-mǣrðu.

mǣre, adj., memorable; celebrated, noble; well known, notorious: nom. sg. m. mǣre, 103, 129, 1716, 1762; se mǣra, 763, 2012, 2588; also as vocative m. se mǣra, 1475; nom. fem. mǣru, 2017; mǣre, 1953; neut. mǣre, 2406; acc. sg. m. mǣrne, 36, 201, 353, 1599, 2385, 2722, 2789, 3099; neut. mǣre, 1024; dat. sg. mǣrum, 345, 1302, 1993, 2080, 2573; tō þǣm mǣran, 270; gen. sg. mǣres, 798; mǣran, 1730; nom. pl. mǣre, 3071; superl. mǣrost, 899,--Comp.: fore-, heaðo-mǣre.

mǣst. See māra.

mǣte, adj., moderate, small: superl. nom. sg. mǣtost, 1456.

mecg, mǣcg, st. m., son, youth, man. in comp. hilde-, ōret-mecg, wrǣc-mǣcg.

medla. See on-medla.

medu, st. m., mead: acc. sg. medu, 2634; dat. sg. tō medo, 605.

medo-ǣrn, st. n., mead-hall: acc. sg. medo-ǣrn (Heorot), 69.

medu-benc, st. f., mead-bench, bench in the mead-hall: nom. sg. medu-benc, 777; dat. sg. medu-bence, 1053; medo-bence, 1068, 2186; meodu-bence, 1903.

medu-drēam, st. m., mead-joy, joyous carousing during mead-drinking: acc. sg. 2017.

medo-ful, st. n., mead-cup: acc. sg. 625, 1016.

medo-heal, st. f., mead-hall: nom. sg., 484; dat. sg. meodu-healle, 639.

medu-scenc, st. m., mead-can, vessel: instr. pl. meodu-scencum, 1981.

medu-seld, st. n., mead-seat, mead-house: acc. sg., 3066.

medo-setl, st. n., mead-seat upon which one sits mead-drinking: gen. pl. meodo-setla, 5.

medo-stīg, st. f., mead-road, road to the mead-hall: acc. sg. medo-stīg, 925.

medo-wang, st. m., mead-field (where the mead-hall stood): acc. pl. medo-wongas, 1644.

meðel, st. n., assembly, council: dat. sg. on meðle, 1877.

meðel-stede, st. m., (properly place of speech, judgment-seat), here meeting-place, battle-field (so, also 425, the battle is conceived under the figure of a parliament or convention): dat. sg. on þǣm meðel-stede, 1083.

meðel-word, st. n., words called forth at a discussion; address: instr. pl. meðel-wordum, 236.

melda, w. m., finder, informer, betrayer: gen. sg. þǣs meldan, 2406.

meltan, st. v. intrans., to consume by fire, melt or waste away: inf., 3012; pret. sg. mealt, 2327; pl. multon, 1121.

ge-meltan, the same: pret. sg. gemealt, 898, 1609, 1616; ne gemealt him se mōd-sefa (his courage did not desert him), 2629.

men. See man.

mene, st. m., neck ornament, necklace, collar: acc. sg., 1200.

mengan, w. v., to mingle, unite, with, w. acc. of thing: inf. sē þe mere-grundas mengan scolde, 1450.

ge-mengan, to mix with, commingle: pret. part. 849, 1594.

menigu, st. f., multitude, many: nom. and acc. sg. māðma menigeo (multitude of treasures, presents), 2144; so, mǣnigo, 41.

mercels, st. m., mark, aim: gen. sg. mercelses, 2440.

mere, st. m., sea, ocean: nom. sg. se mere, 1363; acc. sg. on mere, 1131, 1604; on nicera mere, 846; dat. sg. fram mere, 856.

mere-dēor, st. n., sea-beast: acc. sg., 558.

mere-fara, w. m., seafarer: gen. sg. mere-faran, 502.

mere-fix, st. m., sea-fish: gen. pl. mere-fixa (the whale, cf. 540, 549.

mere-grund, st. m., sea-bottom: acc. sg., 2101; acc. pl. mere-grundas, 1450.

mere-hrægl, st. n., -sea-garment, i.e., sail: gen. pl. mere-hrægla sum, 1906.

mere-līðend, pres. part., moving on the sea, sailor: nom. pl. mere-līðende, 255.

mere-strǣt, st. f., sea-street, way over the sea: acc. pl. mere-strǣta 514.

mere-strengo, st. f., sea-power, strength in the sea: acc. sg., 533.

mere-wīf, st. n., sea-woman, mer-woman: acc. sg. (of Grendel's mother), 1520.

mergen. See morgen.

met, st. n., thought, intention (cf. metian = meditari): acc. pl. onsǣl meoto, 489 (meaning doubtful; see Bugge, Journal 8, 292; Dietrich, Haupt's Zeits. 11, 411; Körner, Eng. Stud. 2, 251).

ge-met, st. n., an apportioned share; might, power, ability : nom. sg. nis þæt ... gemet mannes nefne mīn ānes (nobody, myself excepted, can do that), 2534; acc. sg. ofer mīn gemet (beyond my power), 2880; dat. sg. mid gemete, 780.

ge-met, adj., well-measured, meet, good: nom. sg. swā him gemet þince (þūhte), (as seemed meet to him), 688, 3058. See un-gemete, adv.

metan, st. v., to measure, pass over or along: pret. pl. fealwe strǣte mēarum mǣton (measured the yellow road with their horses), 918; so, 514, 1634.

ge-metan, the same: pret. sg. medu-stīg gemǣt.(measured, walked over, the road to the mead-hall), 925.

metod, st. m. (the measuring, arranging) Creator, God: nom. sg., 110, 707, 968, 1058, 2528; scīr metod, 980; sōð metod, 1612; acc. sg. metod, 180; dat. sg. metode, 169, 1779; gen. sg. metodes, 671.--Comp. eald-metod.

metod-sceaft, st. f.: 1) the Creator's determination, divine purpose, fate: acc. sg. -sceaft, 1078.--2) the Creators glory: acc. sg. metod-sceaft sēon (i.e. die), 1181; dat. sg. tō metod-sceafte, 2816.

mēce, st. m., sword: nom. sg., 1939; acc. sg. mēce, 2048; brādne mēce, 2979; gen. sg. mēces, 1766, 1813, 2615, 2940; dat. pl. instr. mēcum, 565; gen. pl. mēca, 2686.--Comp.: beado-, hæft-, hilde-mēce.

mēd, st. f., meed, reward: acc. sg. mēde, 2135; dat. sg. mēde, 2147; gen. pl. mēda, 1179.

ge-mēde, st. n., approval, permission (Grein): acc. pl. ge-mēdu, 247.

mēðe, adj., tired, exhausted, dejected: in comp. hyge-, sǣ-mēðe.

mētan, w. v., to meet, find, fall in with: with acc., pret. pl. syðð an æscheres ... hafelan mētton, 1422; subj. pret. sg. þæt hē ne mētte ... on elran man mundgripe māran (that he never met, in any other man, with a mightier hand-grip), 752.

ge-mētan, with acc., the same: pret. sg. gemētte, 758, 2786; pl. næs þā long tō þon, þæt þā āglǣcean hȳ eft gemētton (it was not long after that the warriors again met each other), 2593.

ge-mēting, st. f., meeting, hostile coming together: nom. sg., 2002.

mēagol, adj., mighty, immense; formal, solemn: instr. pl. mēaglum wordum, 1981.

mearc, st. f., frontier, limit, end: dat. sg. tō mearce (the end of life), 2385.--Comp. Weder-mearc, 298.

ge-mearc, st. n., measure, distance: comp. fōt-, mīl-ge-mearc.

mearcian, w. v., to mark, stain: pres. ind. sg. mearcað mōrhopu (will stain, mark, the moor with the blood of the corpse), 450.

ge-mearcian, the same: pret. part. (Cain) morðre gemearcod (murder-marked [cf. 1 Book Mos. IV. 15]), 1265; swā wǣs on þǣm scennum ... gemearcod ... hwām þǣt sweord geworht wǣre (engraved for whom the sword had been wrought), 1696.

mearc-stapa, w. m., march-strider, frontier-haunter (applied to Grendel and his mother): nom. sg., 103; acc. pl. mearc-stapan, 1349.

mearh, st. m., horse, steed: nom. pl. mēaras, 2164; acc. pl. mēaras, 866, 1036; dat. pl. inst. mēarum, 856, 918; mēarum and māðmum, 1049, 1899; gen. pl. mēara and māðma, 2167.

mearn. See murnan.

meodu. See medu.

meoto. See met.

meotud. See metod.

meowle, w. f., maiden: comp. geō-meowle.

micel, adj., great, huge, long (of time): nom. sg. m., 129, 502; fem., 67, 146, 170; neut., 772; acc. sg. m. micelne, 3099; fem, micle, 1779, 3092; neut. micel, 270, 1168. The comp. māre must be supplied before þone in: medo-ǣrn micel ... (māre) þone yldo beam ǣfre ge-frūnon, 69; instr. sg. ge-trume micle, 923; micle (by much, much); micle lēofre (far dearer), 2652; efne swā micle (lǣssa), ([less] even by so much), 1284; oftor micle (much oftener), 1580; dat. sg, weak form miclan, 2850; gen. sg. miclan, 979. The gen. sg. micles is an adv. = much, very: micles wyrðne gedōn (deem worthy of much, i.e. honor very highly), 2186; tō fela micles (far too much, many), 695; acc. pl. micle, 1349. Compar., see māra.

mid, I. prep. w. dat., instr., and acc., signifying preëminently union, community, with, hence: 1) w. dat.: a) with, in company, community, with; mid Finne, 1129; mid Hrōðgāre, 1593; mid scip-herge, 243; mid gesīðum (with his comrades), 1314; so, 1318, 1964, 2950, etc.; mid his frēo-drihtne, 2628; mid þǣm lācum (with the gifts), 1869; so, 2789, 125; mid hǣle (with good luck!), 1218; mid bǣle fōr (sped off amid fire), 2309. The prep. postponed: him mid (with him, in his company), 41; with him, 1626; ne wǣs him Fitela mid (was not with him), 890. b) with, among: mid Gēatum (among the Gēatas), 195, 2193, 2624; mid Scyldingum, 274; mid Eotenum, 903; mid yldum (eldum), 77, 2612; mid him (with, among, one another), 2949. In temporal sense: mid ǣr-dǣge (at dawn), 126.--2) with, with the help of, through, w. dat.: mid ār-stafum (through his grace), 317; so, 2379; mid grāpe (with the fist), 438; so, 1462, 2721; mid his hete-þoncum (through his hatred), 475; mid sweorde, 574; so, 1660, 2877; mid gemete (through, by, his power), 780; so, 1220, 2536, 2918; mid gōde (with benefits), 1185; mid hearme (with harm, insult), 1893; mid þǣre sorge (with [through?] this sorrow), 2469; mid rihte (by rights), 2057. With instr.: mid þȳ wīfe (through [marriage with] the woman), 2029.--3) w. acc., with, in community, company, with: mid his eorla gedriht, 357; so, 634, 663, 1673; mid hine, 880; mid mīnne gold-gyfan, 2653.

II. adv., mid, thereamong, in the company, 1643; at the same time, likewise, 1650.

middan-geard, st. m., globe, earth: acc. sg., 75, 1772; dat. sg. on middan-gearde, 2997; gen. sg. middan-geardes, 504, 752.

midde, w. f., middle = medius: dat. sg. on middan (through the middle, in two), 2706; gen. sg. (adv.) tō-middes (in the midst), 3142.

middel-niht, st. f., midnight: dat. pl. middel-nihtum, 2783, 2834.

miht, st. f., might, power, authority: acc. sg. þurh drihtnes miht (through the Lord's help, power), 941; instr. pl. selfes mihtum, 701.

mihtig, adj.: 1) physically strong, powerful: acc. sg. mihtig mere-dēor, 558; mere-wīf mihtig, 1520.--2) possessing authority, mighty: nom. sg. mihtig god, 702, 1717, 1726; dat. sg. mihtigan drihtne, 1399.--Comp.: ǣl-, fore-mihtig.

milde, adj., kind, gracious, generous: nom. sg. mōdes milde (kind-hearted), 1230; instr. pl. mildum wordum (graciously), 1173. Superl. nom. sg. worold-cyning mannum mildust (a king most liberal to men), 3183.

milts, st. f., kindness, benevolence: nom. sg., 2922.

missan, w. v. with gen., to miss, err in: pret. sg. miste mercelses (missed the mark), 2440.

missēre, st. n., space of a semester, half a year: gen. pl. hund missēra (fifty winters), 2734, 2210; generally, a long period of time, season, 1499, 1770; fela missēra, 153, 2621.

mist-hlið, st. n., misty cliff, cloud-capped slope: dat. pl. under mist-hleoðum, 711.

mistig, adj., misty: acc. pl. mistige mōras, 162.

mīl-gemearc, st. n., measure by miles: gen. sg. mīl-gemearces, 1363.

mīn: 1) poss. pron., my, mine, 255, 345, etc.; Hygelāc mīn (my lord, or king, H.), 2435.--2) gen. sg. of pers. pron. ic, of me, 2085, 2534, etc.

molde, w. f., dust; earth, field: in comp. græs-molde.

mon. See man.

ge-mong. See ge-mang.

morð-bealu, st. n., murder, deadly hale or deed of murder: gen. pl. morð-beala, 136.

morðor, st. n., deed of violence, murder: dat. instr. sg. morðre, 893, 1265, 2783; gen. sg. morðres, 2056; morðres scyldig (guilty of murder), 1684.

morðor-bed, st. n., bed of death, murder-bed: acc. sg. wæs þām yldestan ... morðor-bed strēd (a bed of death was spread for the eldest, i.e. through murder his death-bed was prepared), 2437.

morðor-bealu, st. n., death-bale, destruction by murder: acc. sg. morðor-bealo, 1080, 2743.

morðor-hete, st. m., murderous hate: gen. sg. þæs morðor-hetes, 1106.

morgen, morn, mergen, st. m., morning, forenoon; also morrow: nom.

295

sg. morgen, 1785, 2125; (morrow), 2104; acc. sg. on morgen (in the morning), 838; dat. sg. on morgne, 2485; on mergenne, 565, 2940; gen. pl. morna gehwylce (every morning), 2451.

morgen-ceald, adj., morning-cold, dawn-cold: nom. sg. gār morgen-ceald (spear chilled by the early air of morn), 3023.

morgen-lang, adj., lasting through the morning: acc. sg. morgen-longne dæg (the whole forenoon), 2895.

morgen-lēoht, st. n., morning-light: nom. sg., 605, 918.

morgen-swēg, st. m., morning-cry, cry at morn: nom. sg., 129.

morgen-tīd, st. f., morning-tide: acc. sg. on morgen-tīde, 484, 818(?)

morn. See morgen.

mōd, st. n.: 1) heart, soul, spirit, mood, mind, manner of thinking: nom. sg., 50, 731; wæfre mōd (the flicker ing spirit, the fading breath), 1151; acc. sg. on mōd (into his mind), 67; dat. instr. sg. mōde geþungen (of mature, lofty spirit), 625; on mōde (in heart, mind), 754, 1845, 2282? 2528; on hrēoum mōde (fierce of spirit), 2582; gen. sg. modes, 171, 811, 1707; modes blīðe (gracious-minded, kindly disposed), 436; so, mōdes milde, 1230; mōdes sēoce (depressed in mind), 1604.--2) boldness, courage: nom. and acc. sg., 1058, 1168. 3) passion, fierceness: nom. sg., 549.--Comp. form adj.: galg-, geōmor-, glæd-, gūð-, hrēoh-, sārig-, stīð-, swīð-, wērig-, yrre-mōd.

mōd-cearu, st. f., grief of heart: acc. sg. mōd-ceare, 1993, 3150.

mōd-gehygd, st. f., thought of the heart; mind: instr. pl. mōd-gehygdum, 233

mōd-ge-þanc, st. n., mood-thought, meditation: acc. sg. mōd-ge-þonc, 1730.

mōd-giōmor, adj., grieved at heart, dejected: nom. sg., 2895.

mōdig, adj., courageous: nom. sg., 605, 1644, 1813, 2758; hē þæs (þǣm, MS.) mōdig wæs (had the courage for it), 1509; se mōdega, 814; dat. sg. mid þām mōdigan, 3012; gen. sg. mōdges, 502; mōdiges, 2699;

Gēata lēod georne truwode mōdgan mægnes (trusted firmly in his bold strength), 671; nom. pl. mōdge, 856; mōdige, 1877; gen. pl. mōdigra, 312, 1889.--Comp, fela-mōdig.

mōdig-līc, adj., of bold appearance: compar. acc. pl. mōdiglīcran, 337.

mōd-lufe, w. f., hearts affection, love: gen. sg. þīnre mōd-lufan, 1824.

mōd-sefa, w. m., thought of the heart; brave, bold temper; courage: nom. sg., 349, 1854, 2629; acc. sg. mōd-sefan, 2013; dat. sg. mōd-sefan, 180.

mōd-þracu, st. f., boldness, courage, strength of mind: dat. sg. for his mōd-þræce, 385.

mōdor, f., mother: nom. sg., 1259, 1277, 1283, 1684, 2119; acc. sg. mōdor, 1539, 2140, 2933.

mōna, w. m., moon: gen. sg. mōnan, 94.

mōr, st. m., moor, morass, swamp: acc. sg. ofer myrcan mōr, 1406; dat. sg. of mōre, 711; acc. pl. mōras, 103, 162, 1349.

mōr-hop, st. n., place of refuge in the moor, hiding-place in the swamp: acc. pl. mōr-hopu, 450.

ge-mōt, st. n., meeting: in comp. hand-, torn-ge-mōt.

mōtan, pret.-pres. v.: 1) power or permission to have something, to be permitted; may, can: pres. sg. I., III. mōt, 186, 442, 604; II. mōst, 1672; pl. mōton, 347, 365, 395; pres. subj. ic mōte, 431; III. sē þe mōte, 1388; pret sg. mōste, 168, 707, 736, 895, 1488, 1999, 2242, 2505, etc.; pl. mōston, 1629, 1876, 2039, 2125, 2248; pres. subj. sg. II. þæt þū hine selfne gesēon mōste (mightest see), 962.--2) shall, must, be obliged: pres. sg. mōt, 2887; pret. sg. mōste, 1940; þær hē þȳ fyrste forman dōgore wealdan mōste, swā him Wyrd ne gescrāf, hrēð æt hilde (if he must for the first time that day be victorious, as Fate had denied him victory, cf. 2681, 2683 seqq.), 2575.

ge-munan, pret.-pres. v., to have in mind, be mindful; remember, think of, w. acc.: pres. sg. hine gearwe geman witena wēl-hwylc (each of the knowing ones still remembers him well), 265; ic þē þæs lēan geman (I shall not forget thy reward for this), 1221; ic þæt eall gemon (I remember all that), 2428; so, 1702, 2043; gif hē þæt eall gemon hwæt... (if he is mindful of all that which ...), 1186; ic þæt mǣl gemon hwǣr... (I remember the time when...), 2634; pret. sg. w. gemunde... ǣfen-sprǣce (recalled his evening speech), 759; so, 871, 1130, 1260, 1271, 1291, 2115, 2432, 2607, 2679; sē þǣs lēod-hryres lēan gemunde (was mindful of reward for the fall of the ruler), 2392; þæt hē Eotena bearn inne gemunde (that he in this should remember, take vengeance on, the children of the Eotens), 1142; so, hond gemunde fǣhðo genōge (his hand remembered strife enough), 2490; ne gemunde mago Ecglāfes þæt ... (remembered not that which ...), 1466; pret. pl. helle gemundon in mōd-sefan (their thoughts [as heathens] fixed themselves on, remembered, hell), 179.

on-munan, w. acc. pers. and gen. of thing, to admonish, exhort: pret. sg. onmunde ūsic mǣrða (exhorted us to deeds of glory), 2641.

mund, st. f., hand: instr. pl. mundum, mid mundum, 236, 514, 1462, 3023, 3092.

mund-bora, w. m., protector, guardian, preserver: nom. sg., 1481, 2780.

mund-gripe, st. m., hand-grip, seizure: acc. sg. mund-gripe, 754; dat. sg. mund-gripe, 380, 1535; ǣfter mund-gripe (after having seized the criminal), 1939.

murnan, st. v., to shrink from, be afraid of, avoid: pret. sg. nō mearn fore fǣhðe and fyrene, 136; so, 1538; nalles for ealdre mearn (was not apprehensive for his life), 1443.--2) to mourn, grieve: pres. part. him wǣs ... murnende mōd, 50; pres. subj., þonne hē fela murne (than that he should mourn much), 1386.

be-murnan, be-meornan, with acc., to mourn over: pret. be-mearn, 908, 1078.

murn-līce. See un-murn-līce.

mūð-bana, w. m., mouth-destroyer: dat. sg. tō mūð-bonan (of Grendel because he bit his victim to death), 2080.

mūða, w. m., mouth, entrance: acc. sg. recedes mūðan (mouth of the house, door), 725.

ge-mynd, st. f., memory, memorial, remembrance: dat. pl. tō gemyndum, 2805, 3017. See weorð-mynd.

myhdgian, w. v., to call to mind, remember: pres. sg. myndgað, 2058; pres. part. w. gen. gif þonne Frēsna hwylc ... þǣs morðor-hetes myndgiend wǣre (were to call to mind the bloody feud), 1106.

ge-myndgian, w. v. w. acc., to remember: bið gemyndgad ... eaforan ellor-sīð (is reminded of his son's decease), 2451.

ge-myndig, adj., mindful: nom. sg. w. gen., 614, 869, 1174, 1531, 2083, etc.

myne, st. m.: 1) mind, wish: nom. sg., 2573.--2) love(?): nē his myne wisse (whose [God's] love he knew not), 169.

ge-mynian, w. v. w. acc., to be mindful of: imper. sg. gemyne mǣrðo! 660.

myntan, w. v., to intend, think of, resolve: pret. sg. mynte ... manna cynnes sumne besyrwan (meant to entrap all(?) [see sum], some one of (?), the men), 713; mynte þæt hē gedǣlde ... (thought to sever), 732; mynte se mǣra, þǣr hē meahte swā, wīdre gewindan (intended to flee), 763.

myrce, adj., murky, dark: acc. sg. ofer myrcan mōr, 1406.

myrð, st. f., joy, mirth: dat. (instr.) sg. mōdes myrðe, 8n.

N

naca, w. m., vessel, ship: acc. sg. nacan, 295; gen. sg. nacan, 214.-- Comp.: hring-, ȳð-naca.

nacod, adj., naked: nom. and acc. sg. swurd, gūð-bill nacod, 539, 2586; nacod nīð-draca, 2274.

nalas, nales, nallas. See nealles.

nama, w. m., name: nom. sg. Bēowulf is mīn nama, 343; wæs þǣm hæft-mēce Hrunting nama, 1458; acc. sg. scōp him Heort naman (gave it the name Hart), 78.

nā (from ne-ā), strength, negative, never, not all, 445, 567, 1537.

nāh, from ne-āh. See āgan.

nān (from ne-ān), indef. pron., none, no: with gen. pl. gūð-billa nān, 804; adjectively, nān ... īren ǣrgōd, 990.

nāt, from ne-wāt: I know not=nescio. See witan.

nāt-hwylc (nescio quis, ne-wāt-hwylc, know not who, which, etc.), indef. pron., any, a certain one, some or other: 1) w. partitive gen.: nom. sg. gumena nāt-hwylc, 2234;. gen. sg. nāt-hwylces (þāra banena), 2054; niða nāt-hwylces(?), 2216; nāt-hwylces hæleða bearna, 2225.--2) adjectively: dat. sg. in nið-sele nāt-hwylcum, 1514.

nǣbben, from ne-hǣbben (subj. pres.). See habban.

nǣfne. See nefne.

nǣgel, st. m., nail: gen. pl. nǣgla (of the finger-nails), 986.

nǣgled, part., nailed?, nail-like?, buckled?: acc. sg. neut. nǣgled (MS. gled) sinc, 2024.

nǣs, st. m., naze, rock projecting into the sea, cliff, promontory: acc. sg. nǣs, 1440, 1601, 2899; dat. sg. nǣsse, 2244, 2418; acc. pl. windige nǣssas, 1412; gen. pl. nǣssa, 1361.

nǣs, from ne-wǣs (was not). See wesan.

nǣs, neg. adv., not, not at all, 562, 2263.

nǣs-hlið, st. n., declivity, slope of a promontory that sinks downward to the sea: dat. pl. on nǣs-hleoðum, 1428.

nǣfre, adv., never, 247, 583, 592, 656, 719, 1042, 1049, etc.; also strengthened by ne: nǣfre ne, 1461.

ge-nǣgan, w. v. w. acc. pers. and gen. of thing, to attack, press; pret. pl. nīða genǣgdan nefan Hererīces (in combats pressed hard upon H.'s nephew), 2207; pret. part. wearð ... nīða genǣged, 1440.

nǣnig (from ne-ǣnig), pron., not any, none, no: 1) substantively w. gen. pl.: nom. sg., 157, 242, 692; dat. sg. nǣnegum, 599; gen. pl. nǣnigra, 950.--2) adjectively: nom. sg. ōðer nǣnig, 860; nǣnig wǣter, 1515; nǣnig ... dēor, 1934; acc. sg. nǣnigne ... hord-māððum, 1199.

nǣre, from ne-wǣre (were not, would not be). See wesan.

ne, simple neg., not, 38, 50, 80, 83, 109, etc.; before imper. ne sorga! 1385; ne gȳm! 1761, etc. Doubled =certainly not, not even that: nē gē ... gearwe ne wisson (ye certainly have not known, etc.), 245; so, 863; ne ic ... wihte ne wēne (nor do I at all in the least expect), 2923; so, 182. Strengthened by other neg.: nōðer ... ne, 2125; swā hē ne mihte nō ... (so that he absolutely could not), 1509.

nē ... nē, not ... and not, nor; neither ... nor, 154-157, 511, 1083-1085, etc. Another neg. may supply the place of the first ne: so, nō ... ne, 575-577, 1026-1028, 1393-1395, etc.; nǣfre ... ne, 583-584; nalles ... nē, 3016-3017. The neg. may be omitted the first time: ǣr nē siððan (neither before nor after, before nor since), 719; sūð nē norð (south nor north), 859; ādl nē yldo (neither illness nor old age), 1737; wordum nē worcum (neither by word nor deed), 1101; wiston and ne wēndon (knew not and weened not), 1605.

nefa, w. m., nephew, grandson: nom. sg. nefa (grandson), 1204; so, 1963; (nephew), 2171; acc. sg. nefan (nephew), 2207; dat. sg. nefan (nephew), 882.

nefne, nǣfne, nemne (orig. from ne-gif-ne): 1) subj.: a) with depend. clause = unless: nefne him wītig god wyrd forstōde (if fate, the wise God, had not prevented him), 1057; nefne god sylfa ... sealde (unless God himself, etc.), 3055; nǣfne him his wlite lēoge (MS. nǣfre) (unless his face belie him), 250; nǣfne hē wæs māra (except that he was huger), 1354; nemne him heaðo-byrne helpe ge-fremede, 1553; so, 2655.--b) w. follow. substantive = except, save, only: nefne sin-frēa (except the husband), 1935; ic lȳt hafo hēafod-māga nefne Hygelāc þec (have no near kin but thee), 2152; nis þæt ēower (gen. pl.) sīð ... nefne mīn ānes, 2534.--2) Prep. with dat., except: nemne fēaum ānum, 1082.

ge-nehost. See ge-neahhe.

nelle, from ne-wille (I will not). See willan.

nemnan, w. v. w. acc.: 1) to name, call: pres. pl. þone yldestan ōret-mecgas Bēowulf nemnað (the warriors call the most distinguished one Bēowulf), 364; so inf. nemnan, 2024; pret. pl. nemdon, 1355.--2) to address, as in

be-nemnan, to pronounce solemnly, put under a spell: pret. sg. Fin Hengeste ... āðum be-nemde þæt (asserted, promised under oath that ...), 1098; pret. pl. swā hit oð dōmes dæg dīope benemdon þēodnas mǣre (put under a curse), 3070.

nemne. See nefne.

nerian, ge-nerian, w. v., to save, rescue, liberate: pres. sg. Wyrd oft nereð unfǣgne eorl, 573; pret. part. hæfde ... sele Hrōðgāres ge-nered wið nīðe (saved from hostility), 828.

ge-nesan, st. v.: 1) intrans., to remain over, be preserved: pret. sg. hrōf āna genǣs ealles ansund (the roof alone was quite sound), 1000.--2) w. acc., to endure successfully, survive, escape from: pret. sg. sē þā sæcce ge-nǣs, 1978; fela ic ... gūð-rǣsa ge-nǣs, 2427; pret. part. swā hē nīða gehwane genesen hæfde, 2398.

net, st. n., net: in comp. brēost-, here-, hring-, inwit-, searo-net.

nēdla, w. m., dire necessity, distress: in comp. þrēa-nēdla.

nēðan (G. nanþjan), w. v., to venture, undertake boldly: pres. part. nearo nēðende (encountering peril), 2351; pret. pl. þǣr git ... on dēop water aldrum nēðdon (where ye two risked your lives in the deep water), 510; so, 538.

ge-nēðan, the same: inf. ne dorste under ȳða gewin aldre ge-nēðan, 1470. With depend. clause: nǣnig þæt dorste genēðan þæt (none durst undertake to ...), 1934; pret. sg. hē under hārne stān āna genēðde frēcne dǣde (he risked alone the bold deed, venturing under the grey rock), 889; (ic) wigge under wætere weorc genēðde earfoð-līce (I with difficulty stood the work under the water in battle, i.e. could hardly win the victory), 1657; ic genēðde fela gūða (ventured on, risked, many contests), 2512; pres. pl. (of majesty) wē ... frēcne genēðdon eafoð uncūðes (we have boldly risked, dared, the monster's power), 961.

nēh. See nēah.

ge-neahhe, adv., enough, sufficiently, 784, 3153; superl. genehost brǣgd eorl Bēowulfes ealde lāfe (many an earl of B.'s), 795.

nealles (from ne-ealles), adv., omnino non, not at all, by no means: nealles, 2146, 2168, 2180, 2223, 2597, etc.; nallas, 1720, 1750; nalles, 338, 1019, 1077, 1443, 2504, etc.; nalas, 43, 1494, 1530, 1538; nales, 1812.

nearo, st. n., strait, danger, distress: acc. sg. nearo, 2351, 2595.

nearo, adj., narrow: acc. pl. f. nearwe, 1410.

nearwe, adv., narrowly, 977.

nearo-cræft, st. m., art of rendering difficult of access?, inaccessibility (see 2214 seqq.): instr. pl. nearo-cræftum, 2244.

nearo-fāh, m., foe that causes distress, war-foe: gen. sg. nearo-fāges, 2318.

nearo-þearf, st. f., dire need, distress: acc. sg. nearo-þearfe, 422.

ge-nearwian, w. v., to drive into a corner, press upon: pret. part. genearwod, 1439.

nēah, nēh: 1) adj., near, nigh: nom. sg. nēah, 1744, 2729. In superl. also = last: instr. sg. nȳhstan sīðe (for the last time), 1204; nīehstan sīðe, 2512.

2) adv., near: feor and (oððe) nēah, 1222, 2871; 3) prep, sǣ-grunde nēah, 564; so, 1925, 2243; holm-wylme nēh, 2412. Compar. nēar, 746.

nēan, adv., near by, (from) close at hand, 528; (neon, MS.), 3105; feorran and nēan, 840; nēan and feorran, 1175, 2318.

ge-nēat, st. m., comrade, companion: in comp. bēod-, heorð-genēat.

nioðor. See niðer.

neowol, adj., steep, precipitous: acc. pl. neowle, 1412.

nēod, st. f., polite intercourse regulated by etiquette?, hall-joy?: acc. sg.

nīode, 2117; inst. (= joy), 2216.

nēod-laðu, st. f., polite invitation; wish: dat. sg. ǣfter nēod-laðu (according to his wishes), 1321.

nēosan, nēosian, w. v. w. gen., to seek out, look for; to attack: inf. nēosan, 125, 1787, 1792, 1807, 2075; nīosan, 2389, 2672; nēosian, 115, 1126; nīosian, 3046; pret. sg. nīosade, 2487.

nēotan, st. v., to take, accept, w. gen.; to use, enjoy: imper. sg. nēot, 1218.

be-nēotan, w. dat., to rob, deprive of: inf. hine aldre be-nēotan, 681; pret. sg. cyning ealdre bi-nēat (deprived the king of life), 2397.

nicor, st. m., sea-horse, walrus, sea-monster (cf. Bugge in Zacher's Journal, 4, 197): acc. pl. niceras, 422, 575; nicras, 1428; gen. pl. nicera, 846.

nicor-hūs, st. n., house or den of sea-monsters: gen. pl. nicor-hūsa, 1412.

nið st. m., man, human being: gen. pl. nidða, 1006; niða? (passage corrupt), 2216.

nider, nyðer, neoðor, adv., down, downward: niðer, 1361; nioðor, 2700; nyðer, 3045.

nið-sele, st. m., hall, room, in the deep (Grein): dat. sg. [in] nið-sele nāt-hwylcum, 1514.

nigen, num., nine: acc. nigene, 575.

niht, st. f. night: nom. sg., 115, 547. 650, 1321, 2117; acc. sg. niht, 135, 737, 2939; gystran niht (yester-night), 1335; dat. sg. on niht, 575, 684; on wanre niht, 703; gen. sg. nihtes hwīlum (sometimes at night, in the hours of the night), 3045; as adv. = of a night, by night, G. nachts, 422, 2274; dǣges and nihtes, 2270; acc. pl. seofon niht (se'nnight, seven days, cf. Tac. Germ, 11), 517; dat. pl. sweartum nihtum, 167; deorcum nihtum, 275, 221; gen. pl. nihta, 545, 1366.--Comp.: middel-, sin-niht.

niht-bealu, st. n., night-bale, destruction by night: gen. pl. niht-bealwa,

193.

niht-helm, st. m., veil or canopy of night: nom. sg., 1790.

niht-long, adj., lasting through the night: acc. sg. m. niht-longne fyrst (space of a night), 528.

niht-weorc, st. n., night-work, deed done at night: instr. sg. niht-weorce, 828.

niman, st. v. w. acc.: 1) to take, hold, seize, undertake: pret. sg. nam þā mid handa hige-þīhtigne rinc, 747; pret. pl. wē ... nīode nāman, 2117.-- 2) to take, take away, deprive of: pres. sg. sē þe hine dēað nimeð (he whom death carrieth off), 441; so, 447; nymeð, 1847; nymeð nȳd-bāde, 599; subj. pres. gif mec hild nime, 452, 1482; pret. sg. ind. nam on Ongenþīo īren-byrnan, 2987; ne nom hē ... māðm-ǣhta mā (he took no more of the rich treasures), 1613; pret. part. þā wæs ... sēo cwēn numen (the queen carried off), 1154.

be-niman, to deprive of: pret. sg. oð þæt hine yldo benam mǣgenes wynnum (till age bereft him of joy in his strength), 1887.

for-niman, to carry off: pres. sg. þē þā dēað for-nam (whom death carried off), 488; so, 557, 696, 1081, 1124, 1206, 1437, etc. Also, dat. for acc.: pret. pl. him īrenna ecge fornāmon, 2829.

ge-niman: 1) to take, seize: pret. sg. (hine) be healse ge-nam (clasped him around the neck, embraced him), 1873.--2) to take, take away: pret. on reste genam þrītig þegna, 122; hēo under heolfre genam cūðe folme, 1303; segn ēac genom, 2777; þā mec sinca baldor ... æt mīnum fæder genam (took me at my father's hands, adopted me), 2430; pret. part. genumen, 3167.

ge-nip, st. n., darkness, mist, cloud: acc. pl. under nǣssa genipu, 1361; ofer flōda genipu, 2809.

nis, from ne-is (is not): see wesan.

nīwe, nīowe, adj., new, novel; unheard-of: nom. sg. swēg up ā-stāg nīwe geneahhe (a monstrous hubbub arose), 784; beorh ... nīwe (a newly-raised(?) grave-mound), 2244; acc. sg. nīwe sibbe (the new kinship), 950; instr. sg. nīwan stefne (properly, novā voce; here = de novo, iterum, again), 2595; nīowan stefne (again), 1790; gen. pl. nīwra spella (new tidings), 2899.

ge-nīwian, w. v., to renew: pret. part. ge-nīwod, 1304, 1323; genīwad, 2288.

nīw-tyrwed, pret. part., newly-tarred: acc. sg. nīw-tyrwedne (-tyrwydne, MS.) nacan, 295.

nīð, st. m., properly only zeal, endeavor; then hostile endeavor, hostility, battle, war: nom. sg., 2318; acc. sg. nīð, 184, 276; Wedera nīð (enmity against the W., the sorrows of the Weders), 423; dat. sg. wið (æt) nīðe, 828, 2586; instr. nīðe, 2681; gen. pl. nīða, 883, 2351, 2398, etc.; also instr. = by, in, battle, 846, 1440, 1963, 2171, 2207.--Comp.: bealo-, fǣr-, here-, hete-, inwit-, searo-, wǣl-nīð.

nīð-draca, w. m., battle-dragon: nom. sg., 2274.

nīð-gast, st. m., hostile alien, fell demon: acc. sg. þone nīð-gǣst (the dragon), 2700.

nīð-geweorc, st. n., work of enmity, deed of evil: gen. pl. -geweorca, 684.

nīð-grim, adj., furious in battle, savage: nom. sg., 193.

nīð-heard, adj., valiant in war: nom. sg., 2418.

nīð-hȳdig, adj., eager for battle, valorous: nom. pl. nīð-hȳdige men, 3167.

ge-nīðla, w. m., foe, persecutor, waylayer: in comp. ferhð-, feorh-genīðla.

nīð-wundor, st. n., hostile wonder, strange marvel of evil: acc. sg., 1366.

nīpan, st. v., to veil, cover over, obscure; pres. part. nīpende niht, 547, 650.

nolde, from ne-wolde (would not); see willan.

norð, adv., northward, 859.

norðan, adv., from the north, 547.

nose, w. f., projection, cliff, cape: dat. sg. of hlīðes nosan, 1893; æt brimes nosan, 2804.

nō (strengthened neg.), not, not at all, by no means, 136, 244, 587, 755, 842, 969, 1736, etc.; strengthened by following ne, 459(?), 1509; nō ... nō (neither ... nor), 541-543; so, nō ... ne, 168. See ne.

nōðer (from nā-hwǣðer), neg., and not, nor, 2125.

ge-nōh, adj., sufficient, enough: acc. sg. fǣhðo genōge, 2490; acc. pl. genōge ... bēagas, 3105.

nōn, st. f., [Eng. noon], ninth hour of the day, three o'clock in the afternoon of our reckoning (the day was reckoned from six o'clock in the morning; cf. Bouterwek Scrēadunga, 24 2: wē hātað ǣnne dǣg fram sunnan upgange oð ǣfen): nom. sg. nōn, 1601.

nū, adv.: 1) now, at present, 251, 254, 375, 395, 424, 426, 489, etc.: nū gȳt (up to now, hitherto), 957; nū gēn (now still, yet), 2860; (now yet, still), 3169.--2) conj., since, inasmuch as: nū þū lungre geong ... nū se wyrm ligeð (go now quickly, since the dragon lieth dead), 2746; so, 2248; þæt þū mē ne forwyrne ... nū ic þus feorran cōm (that do not thou refuse me, since I am come so far), 430; so, 1476; nū ic on māðma hord mīne bebohte frōde feorh-lege, fremmað gē nū (as I now..., so do ye), 2800; so, 3021.

nymðe, conj. w. subj., if not, unless, 782; nymðe mec god scylde (if God had not shielded me), 1659.

nyt, st. f., duty, service, office, employment: acc. sg. þegn nytte behēold (did his duty), 494; so, 3119.--Comp.: sund-, sundor-nyt.

nyt, adj., useful: acc. pl. m. nytte, 795; comp. un-nyt.

ge-nyttian, w. v., to make use of, enjoy: pret. part. hǣfde eorð-scrafa ende ge-nyttod (had enjoyed, made use of), 3047.

nȳd, st. f., force, necessity, need, pain: acc. sg. þurh dēaðes nȳd, 2455; instr. sg. nȳde, 1006. In comp. (like nȳd-maga, consanguineus, in

AEthelred's Laws, VI. 12, Schmid, p. 228; nēd-maga, in Cnut's Laws, I. 7, ibid., p. 258); also, tie of blood.--Comp. þrēa-nȳd.

ge-nȳdan, w. v.: 1) to force, compel: pret. part. nīðe ge-nȳded (forced by hostile power), 2681.--2) to force upon: pret. part. acc. sg. f. nȳde genȳdde ... gearwe stōwe (the inevitable place prepared for each, i.e. the bed of death), 1006.

nȳd-bād, st. f., forced pledge, pledge demanded by force: acc. pl. nȳd-bāde, 599.

nȳd-gestealla, w. m., comrade in need or united by ties of blood: nom. pl. nȳd-gesteallan, 883.

nȳd-gripe, st. m., compelling grip: dat. sg. in nȳd-gripe (mid-gripe, MS.), 977.

nȳd-wracu, st. f., distressful persecution, great distress: nom. sg., 193.

nȳhst. See nēah.

O

oððe, conj.: 1) or; otherwise, 283, 437, 636, 638, 694, 1492, 1765, etc.--2) and(?), till(?), 650, 2476, 3007.

of, prep. w. dat., from, off from: 1) from some point of view: ge-seah of wealle (from the wall), 229; so, 786; of hefene scīneð (shineth from heaven), 1572; of hlīðes nosan gǣstas grētte (from the cliff's projection), 1893; of þām lēoma stōd (from which light streamed), 2770; þǣr wǣs māðma fela of feorwegum ... gelǣded (from distant lands), 37; þā cōm of mōre (from the moor), 711, 922.--2) forth from, out of: hwearf of earde (wandered from his home, died), 56; so, 265, 855, 2472; þā ic of searwum cōm (when I had escaped from the persecutions of the foe), 419; þā him Hrōðgār gewāt ... ūt of healle (out of the hall), 664; so, 2558, 2516; 1139, 2084, 2744; wudu-rēc ā-stāh sweart of (ofer) swioðole (black wood-reek ascended from the smoking fire), 3145; (icge gold) ā-hæfen of horde (lifted from the hoard), 1109; lēt þā of brēostum ... word ūt faran (from his breast), 2551; dyde ... helm of hafelan (doffed his helmet), 673; so, 1130; sealdon wīn of wunder-fatum (presented wine from wondrous vessels), 1163; siððan hyne Hǣðcyn of horn-bogan ... flāne geswencte (with an arrow shot from the horned bow), 2438; so, 1434. Prep. postponed: þā hē him of dyde īsern-byrnan (doffed his iron corselet), 672.

ofer, prep. w. dat. and acc., over, above: 1) w. dat, over (rest, locality): Wīglāf siteð ofer Bīowulfe, 2908; ofer ǣðelinge, 1245; ofer eorðan, 248, 803, 2008; ofer wer-þēode (over the earth, among mankind), 900; ofer ȳðum, 1908; ofer hron-rāde (over the sea), 10; so, 304, 1287, 1290, etc.; ofer ealowǣge (over the beer-cup, drinking), 481.--2) w. acc. of motion: a) over (local): ofer ȳðe (over the waves), 46, 1910; ofer swan-rāde (over the swan-road, the sea), 200; ofer wǣgholm, 217; ofer geofenes be-gang, 362; so, 239, 240, 297, 393, 464, 471, etc.; ofer bolcan (over the gangway), 231; ofer landa fela (over many lands), 311; so, 1405, 1406; ofer hēahne hrōf (along upon (under?) the high roof), 984; ofer eormen-grund (over the whole earth), 860; ofer ealle (over all, on all sides), 2900, 650; so, 1718;--606, 900, 1706; ofer borda gebrǣc (over, above, the crashing of shields), 2260; ofer bord-(scild) weall, 2981, 3119. Temporal: ofer þā niht (through the night, by night), 737. b) w. verbs of saying, speaking, about, of, concerning: hē ofer benne sprǣc, 2725. c) beyond, over: ofer mīn ge-met (beyond my power), 2880;--hence, against, contrary to: hē ofer willan gīong (went against his will), 2410; ofer ealde riht (against the ancient laws, i.e. the ten commandments), 2331;--also, without: wīg ofer wǣpen (war sans, dispensing with, weapons), 686;--temporal = after: ofer eald-gewin (after long, ancient, suffering), 1782.

ofer-hygd, st. n., arrogance, pride, conceit: gen. pl. ofer-hygda, 1741; ofer-hȳda, 1761.

ofer-māðum, st. m., very rich treasure: dat. pl. ofer-māðmum, 2994.

ofer-mǣgen, st. n., over-might, superior numbers: dat. sg. mid ofer-mǣgene, 2918.

ofer-þearf, st. f., dire distress, need: dat. sg. [for ofer] þea[rfe], 2227.

oft, adv., often, 4, 165, 444, 572, 858, 908, 1066, 1239, etc.; oft [nō] seldan, 2030; oft nalles ǣne, 3020; so, 1248, 1888. Compar. oftor, 1580. Superl. oftost, 1664.

om-, on-. see am-, an-.

ombiht. See ambiht.

oncer. See ancer.

ond. See and.

onsȳn. See ansȳn.

on, prep. w. dat. and acc., signifying primarily touching on, contact with: I. local, w. dat.: a) on, upon, in at (of exterior surface): on hēah-stede (in the high place), 285; on mīnre ēðel-tyrf (in my native place), 410; on þǣm meðel-stede, 1083; so, 2004; on þām holmclife, 1422; so, 1428; on foldan (on earth), 1197; so, 1533, 2997; on þǣre medu-bence (on the mead-bench), 1053; beornas on blancum (the heroes on the dapple-greys), 857, etc.; on rǣste (in bed), 1299; on stapole (at, near, the pillar), 927; on wealle, 892; on wāge (on the wall), 1663; on þǣm wǣl-stenge (on the battle-lance), 1639; on eaxle (on his shoulder), 817, 1548; on bearme, 40; on brēostum, 552; on hafelan, 1522; on handa (in his hand), 495, 540; so, 555, 766; on him byrne scān (on him shone the corselet), 405; on ōre (at the front), 1042; on corðre (at the head of, among, his troop), 1154; scip on ancre (the ship at anchor), 303; þæt hē on heoðe ge-stōd (until he stood in the hall), 404; on fæder stæle (in a father's place), 1480; on ȳðum (on the waves, in the water), 210, 421, 534, 1438; on holme, 543; on ēg-strēamum, 577; on segl-rāde, 1438, etc.; on flōde, 1367. The prep. postponed: Frēslondum on, 2358.--b) in, inside of (of inside surface): secg on searwum (a champion in armor), 249; so, 963; on wīg-geatwum, 368; (reced) on þǣm se rīca bād (in which the mighty one abode), 310; on Heorote (in Heorot), 475, 497, 594, 1303; on bēor-sele, 492, 1095; on healle, 615, 643; so, 639, 1017, 1026, etc.; on burgum (in the cities, boroughs), 53; on helle, 101; on sefan mīnum (in my mind), 473; on mōde, 754; so, 755, 949, 1343, 1719, etc.; on aldre (in his vitals), 1435; on middan (in medio), 2706.--c) among, amid: on searwum (among the arms), 1558; on gemonge (among the troop), 1644; on þām lēod-scipe (among the people), 2198; nymðe līges fæðm swulge on swaðule (unless the embracing flame should swallow it in smoke), 783;--in, with, touched by, possessing something: þā wæs on sālum sinces brytta (then was the dispenser of treasure in joy), 608; so, 644, 2015; wæs on hrēon mōde, 1308; on sweofote (in sleep), 1582, 2296; hēo wæs on ofste (she was in haste), 1293; so, 1736, 1870; þā wæs on blōde brim weallende (there was the flood billowing in, with, blood), 848; (hē) wæs on sunde (was a-swimming), 1619; wæs tō fore-mihtig fēond on fēðe (too powerful in speed), 971; þǣr wæs swīgra secg ... on gylpsprǣce (there was the champion more silent in his boasting speech), 982;--in; full of, representing, something: on weres wæstmum (in man's form), 1353.--d) attaching to, hence proceeding from; from something: ge-hȳrde on Bēowulfe fæst-rǣdne ge-þōht (heard in, from, B. the fixed resolve), 610; þæt hē ne mētte ... on elran men mund-gripe māran, 753;--hence, with verbs of taking: on rǣste genam (took from his bed), 122; so, 748, 2987; hit ǣr on þē gōde be-geāton (took it before from thee), 2249.--e) with: swā hit lungre wearð on hyra sinc-gifan sāre ge-endod (as it, too, soon painfully came to an end with the dispenser of treasure), 2312.--f) by: mǣg þonne on þǣm golde ongitan Gēata dryhten (the lord of the Geatas may perceive by the gold), 1485.--g) to, after weorðan: þæt hē on fylle wearð (that he came to a fall), 1545.

With acc.: a) w. verbs of moving, doing, giving, seeing, etc., up to, on, upon, in: ā-lēdon þā lēofne þēoden ... on bearm scipes, 35; on stefn (on wang) stigon, 212, 225; þā him mid scoldon on flōdes ǣht feor ge-wītan, 42; sē þe wið Brecan wunne on sīdne sǣ (who strovest in a swimming-match with B. on the broad sea), 507, cf. 516; þæt ic on holma ge-þring eorlscipe efnde (that I should venture on the sea to do valiant deeds), 2133; on fēonda geweald sīðian, 809; þāra þe on swylc staráð, 997; so, 1781; on lufan lǣteð hworfan (lets him turn his thoughts to love?, to possessions?), 1729; him on mōd bearn (came into his mind, occurred to him), 67; rǣsde on þone rōfan (rushed on the powerful one), 2691; (cwōm) on worðig (came into the palace), 1973; so, 27, 242, 253, 512, 539, 580, 677, 726, etc.; on weg (away), 764, 845, 1383, 1431, 2097.--b) towards, on: gōde gewyrcean ... on fæder wine (pl.), 21.--c) aim or object, to, for the object, for, as, in, on: on þearfe (in his need, in his strait), 1457; so, on hyra man-dryhtnes miclan þearfe, 2850; wrāðum on andan (as a terror to the foe), 709; Hrōðgār maðelode him on andsware (said to him in reply), 1841; betst beado-rinca wæs on bǣl gearu (on the pyre ready), 1110; wīg-heafolan bær frēan on fultum (for help), 2663; wearð on bīd wrecen (forced to wait), 2963.--d) ground, reason, according to, in conformity with: rodera rǣdend hit on ryht gescēd (decided it in accordance with right), 1556; nē mē swōr fela āða on unriht (swore no oaths unjustly, falsely), 2740; on spēd (skilfully), 874; nallas on gylp seleð fǣtte bēagas (giveth no gold-wrought rings as he promised), 1750; on sīnne selfes dōm (boastingly, at his own will), 2148; him eal worold wendeð on willan (according to his will), 1740.--e) w. verbs of buying, for, in exchange for: mē ic on māðma hord mīne be-bohte frōde feorh-lege (for the hoard of jewels), 2800.--f) of, as to: ic on Higelāce wāt, Gēata dryhten (I know with respect to, as to, of, H.), 1831; so, 2651; þæt hēo on ǣnigne eorl ge-lȳfde fyrena frōfre (that she should rely on any earl for help out of trouble), 628; þā hīe ge-truwedon on twā healfa (on both sides, mutually), 1096; so, 2064; þæt þū him ondrǣdan ne þearft ... on þā healfe (from, on this side), 1676.--g) after superlatives or virtual superlatives = among: næs ... sinc-māððum sēlra (= þæt wæs sinc-māðma sēlest) on sweordes hād (there was no better jewel in sword's shape, i.e. among all swords there was none better), 2194; sē wæs Hrōðgāre hæleða lēofost on ge-sīðes hād (dearest of men as, in the character of, follower, etc.), 1298.

II. Of time: a) w. dat., in, inside of, during, at: on fyrste (in time, within the time appointed), 76; on ūhtan (at dawn), 126; on mergenne (at morn, on the morrow), 565, 2940; on niht, 575; on wanre niht, 703; on tȳn dagum, 3161; so, 197, 719, 791, 1063, etc.; on geogoðe (in youth), 409, 466; on geogoð-fēore, 537; so, 1844; on orlege (in, during, battle), 1327; hū lomp ēow on lāde (on the way), 1988; on gange (in going, en route), 1885; on sweofote (in sleep), 1582.--b) w. acc., towards, about: on undern-mǣl (in the morning, about midday), 1429; on morgen-tīd, 484, 518; on morgen, 838; on ende-stæf (toward the end, at last), 1754; oftor micle þonne on ǣnne sīð (far oftener than once), 1580.

III. With particles: him on efn (beside, alongside of, him), 2904; on innan (inside, within), 71, 1741, 1969, 2453, 2716; þǣr on innan (in there), 2090, 2215, 2245. With the relative þē often separated from its case: þē ic hēr on starie (that I here look on, at), 2797; þē gē þǣr on standað (that ye there stand in), 2867.

on-cȳð (cf. Dietrich in Haupt's Zeits. XI., 412), st. f., pain, suffering: nom. sg., 1421; acc. sg. or pl. on-cȳððe, 831.

on-drysne, adj., frightful, terrible: acc. sg. firen on-drysne, 1933.

ōnettan (for anettan, from root an-, Goth. inf. anan, to breathe, pant), w. v., to hasten: pret. pl. ōnetton, 306, 1804.

on-līcnes, st. f., likeness, form, figure: nom. sg., 1352.

on-mēdla, w. m., pride, arrogance: dat. sg. for on-mēdlan, 2927. Cf. Bugge in Zacher's Zeits. 4, 218 seqq.

on-sǣge, adj., tending to fall, fatal: nom. sg. þā wæs Hondscīo (dat.) hild on-sǣge, 2077; Hæðcynne wearð ... gūð on-sǣge, 2484.

on-weald, st. m., power, authority: acc. sg. (him) bēga ge-hwæðres ... onweald ge-tēah (gave him power over, possession of, both), 1044.

open, adj., open: acc. sg. hord-wynne fond ... opene standan, 2272.

openian, w. v., to open, w. acc.: inf. openian, 3057.

orc (O.S. orc, Goth. aúrkei-s), st. m., crock, vessel, can : nom. pl. orcas, 3048; acc. pl. orcas, 2761.

orcnē, st. m., sea-monster: nom. pl. orcnēas, 112.

ord, st. n. point: nom. sg. oð þæt wordes ord brēost-hord þurh-brǣc (till the word-point broke through his breast-hoard, came to utterance), 2792; acc. sg. ord (sword-point), 1550; dat. instr. orde (id.), 556; on orde (at the head of, in front [of a troop]), 2499, 3126.

ord-fruma, w. m., head lord, high prince: nom. sg., 263.

ōret-mecg, st. m., champion, warrior, military retainer: nom. pl. ōret-mecgas, 363, 481; acc. pl. ōret-mecgas, 332.

ōretta, w. m., champion, fighter, hero: nom. sg., 1533, 2539.

or-leg, st. n., war, battle: dat. sg. on orlege, 1327; gen. sg. or-leges, 2408.

or-leg-hwīl, st. f., time of battle, war-time: nom. sg. [or-leg]-hwīl, 2003; gen. sg. orleg-hwīle, 2912; gen. pl orleg-hwīla, 2428.

or-leahtre, adj., blameless: nom. sg 1887.

or-þanc (cf. Gloss. Aldhelm. mid or-þance = argumento in Haupt XI., 436; orþancum = machinamentis, ibid. 477; or-þanc-scipe = mechanica, 479, st. m., mechanical art, skill: instr. pl. or-þoncum, 2088; smiðes or-þancum, 406.

or-wēna, adj. (weak form), hopeless, despairing, w. gen.: aldres or-wēna (hopeless of life), 1003, 1566.

or-wearde, adj., unguarded, without watch or guard: adv., 3128.

oruð, st. n., breath, snorting: nom. sg., 2558; dat. oreðe, 2840.

ō

oð (Goth. und, O.H.G. unt, unz): 1) prep. w. acc., to, till, up to, only temporal: oð þone ānne dæg, 2400; oð dōmes dæg, 3070; ō woruld-ende, 3084.--2) oð þæt, conj. w. depend, indicative clause, till, until, 9, 56, 66, 100, 145. 219, 296, 307, etc.

ōðer (Goth. anþar), num.: 1) one or other of two, a second, = alter: nom. sg. subs.: se ōðer, 2062; ōðer(one i.e. of my blood-relations, Hǣðcyn and Hygelāc), 2482; ōðer ... ōðer (the one ... the other), 1350-1352. Adj.: ōðer ... mihtig mān-sceaða (the second mighty, fell foe, referring to 1350, 1339; se ōðer ... hæle, 1816; fem. niht ōðer, 2118; neut. ōðer gēar (the next, second, year), 1134; acc. sg. m. ōðerne, 653, 1861, 2441, 2485; þenden rēafode rinc ōðerne(whilst one warrior robbed the other, i.e. Eofor robbed Ongenþēow), 2986; neut. ōðer swylc(another such, an equal number), 1584; instr. sg. ōðre sīðe (for the second time, again), 2671, 3102; dat. sg. ōðrum, 815, 1030, 1166, 1229, 1472, 2168, 2172, etc.; gen. sg. m. ōðres dōgores, 219, 606; neut. ōðres, 1875.--2) another, a different one, = alius: nom. sg., subs. ōðer, 1756; ōðer nænig (no other), 860. Adj.: ænig ōðer man, 503, 534; so, 1561; ōðer in (a different house or room), 1301; acc. sg. ōðer flet, 1087; gen. sg. ōðres ... yrfe-weardes, 2452; acc. pl. ealo drincende ōðer sædan (ale drinkers said other things), 1946; acc. pl. neut. word ōðer, 871.

ōfer, st. m., shore: dat. sg. on ōfre, 1372.

ofost, st. f., haste: nom. sg. ofost is sēlest tō gecȳðanne (haste is best to make known, best to say at once), 256; so, 3008; dat. sg. bēo þū on ofeste (ofoste) (be in haste, hasten), 386, 2748; on ofste, 1293; on ofoste, 2784, 3091.

ofost-līce, adv., in haste, speedily, 3131.

ō-hwǣr, adv., anywhere, 1738, 2871.

ōmig, adj., rusty: nom. sg., 2764; nom. pl. ōmige, 3050.

ōr, st. n., beginning, origin; front: nom. sg., 1689; acc. sg., 2408; dat. sg. on ōre, 1042.

ō-wiht, anything, aught: instr. sg. ō-wihte (in any way), 1823, 2433.

P

pād, st. f., dress; in comp. here-pād.

pæð, st. m., path, road, way; in comp. ān-pæð.

plega, w. m., play, emulous contest; lind-plega, 1074.

R

raðe, adv., quickly, immediately, 725, Cf. hrāðe.

rand, rond, st. m., shield: acc. sg, rand, 683; rond, 657, 2567, 2610; dat. ronde (rond, MS.), 2674; under rande, 1210; bī ronde, 2539; acc. pl. randas, 231; rondas, 326, 2654.--Comp.: bord-, hilde-, sīd-rand.

rand-hæbbend, pres. part., shield-bearer, i.e. man at arms, warrior: gen. pl. rond-hæbbendra, 862.

rand-wiga, w. m., shield-warrior, shield-bearing warrior: nom. sg., 1299; acc. sg. rand-wigan, 1794.

rād, st. f., road, street; in comp. hran-, segl-, swan-rād.

ge-rād, adj., clever, skilful, ready: acc. pl. neut. ge-rāde, 874.

rāp, st. m., rope, bond, fetter: in comp. wæl-rāp.

rāsian, w. v., to find, discover: pret. part. þā wæs hord rāsod, 2284.

ræst. See rest.

ræcan, w. v., to reach, reach after: pret. sg. ræhte ongēan fēond mid folme (reached out his hand toward the foe), 748.

ge-ræcan, to attain, strike, attack: pret. sg. hyne ... wæpne ge-ræhte (struck him with his sword), 2966; so, 556.

ræd, st. m.: 1) advice, counsel, resolution; good counsel, help: nom. sg. nū is ræd gelong eft æt þē ānum (now is help to be found with thee alone), 1377; acc. sg. ræd, 172, 278, 3081.--2) advantage, gain, use: acc. sg. þæt ræd talað (counts that a gain), 2028; ēcne ræd (the eternal gain, everlasting life), 1202; acc. pl. ēce rædas, 1761.--Comp.: folc-ræd, and adj., ān-, fæst-ræd.

rædan, st. v., to rule; reign; to possess: pres. part. rodera rædend (the ruler of the heavens), 1556; inf. þone þe þū mid rihte rædan sceoldest (that thou shouldst possess by rights), 2057; wolde dōm godes dædum rædan gumena gehwylcum (God's doom would rule over, dispose of, every man in deeds), 2859. See sele-rædend.

ræd-bora, w. m. counsellor, adviser: nom. sg., 1326.

ræden, st. f., order, arrangement, law: see Note on 1143; comp. worold-ræden(?).

ā-ræran, w. v.: 1) to raise, lift up: pret. pl. þā wæron monige þē his mæg ... ricone ā-rærdon (there were many that lifted up his brother quickly), 2984.--2) figuratively, to spread, disseminate: pret. part. blæd is ā-ræred (thy renown is far-spread), 1704.

ræs, st. m., on-rush, attack, storm: acc. sg. gūðe ræs (the storm of battle, attack), 2627; instr. pl. gūðe ræsum, 2357.--Comp.: gūð-, hand-, heaðo-, mægen-, wæl-ræs.

(ge-)ræsan, w. v., to rush (upon): pret. sg. ræsde on þone rōfan, 2691, 2840.

ræswa, w. m., prince, ruler: dat. sg. weoroda ræswan, 60.

reccan, w. v., to explicate, recount, narrate: inf. frum-sceaft fīra feorran reccan (recount the origin of man from ancient times), 91; gerund, tō lang is tō reccenne, hū ic ... (too long to tell how I...), 2094; pret. sg. syllīc spell rehte (told a wondrous tale), 2111; so intrans. feorran rehte (told of olden times), 2107.

reced, st. n., building, house; hall (complete in itself): nom. sg., 412, 771, 1800; acc. sg., 1238; dat. sg. recede, 721, 729, 1573; gen. sg. recedes, 326, 725, 3089; gen. pl. receda, 310.--Comp.: eorð-, heal-, horn-, win-reced.

regn-heard, adj., immensely strong, firm: acc. pl. rondas regn-hearde, regnian, rēnian, w. v., to prepare, bring on or about: inf. dēað rēn[ian] hond-gesteallan (prepare death for his comrade), 2169.

ge-regnian, to prepare, deck out, adorn: pret. part. medu-benc monig ... golde ge-regnad, 778.

regn-, rēn-weard, st. m., mighty guardian: nom. pl. rēn-weardas (of Bēowulf and Grendel contending for the possession of the hall), 771.

rest, ræst, st. f.: 1) bed, resting-place: acc. sg. ræste, 139; dat. sg. on ræste (genam) (from his resting-place), 1299, 1586; tō ræste (to bed), 1238. Comp.: flet-ræst, sele-rest, wæl-rest.--2) repose, rest; in comp. ǣfen-ræst.

ge-reste (M.H.G. reste), f., resting-place: in comp. wind-gereste.

restan, w. v.: 1) to rest: inf. restan, 1794; pret. sg. reflex. reste hine þā rūm-heort, 1800.--2) to rest, cease: inf., 1858.

rēc (O.H.G. rouh), st. m., reek, smoke: instr. sg. rēce, 3157.--Comp.: wæl-, wudu-rēc.

rēcan (O.H.G. ruohjan), w. v. w. gen., to reck, care about something, be anxious: pres. sg. III. wǣpna ne rēceð (recketh not for weapons, weapons cannot hurt him), 434.

rēðe, adj., wroth, furious: nom. sg., 122, 1586; nom. pl. rēðe, 771. Also, of things, wild, rough, fierce: gen. sg. rēðes and-hāttres (fierce, penetrating heat), 2524.

rēaf, st. n., booty, plunder in war; clothing, garments (as taken by the victor from the vanquished): in comp. heaðo-, wæl-rēaf.

rēafian, w. v., to plunder, rob, w. acc.: inf. hord rēafian, 2774; pret. sg. þenden rēafode rinc ōðerne, 2986; wæl rēafode, 3028; pret. pl. wæl rēafedon, 1213.

be-rēafian, w. instr., to bereave, rob of: pret. part. since be-rēafod, 2747; golde be-rēafod, 3019.

reord, st. f., speech, language; tone of voice: acc. sg. on-cnīow mannes reorde (knew, heard, a human voice), 2556.

reordian, w. v., to speak, talk: inf. fela reordian (speak much), 3026.

ge-reordian, to entertain, to prepare for: pret. part. þā wæs eft swā ǣr ... flet-sittendum fægere ge-reorded (again, as before, the guests were hospitably entertained), 1789

rēot, st. m.?, f.?, noise, tumult? (grave?): instr. sg. rēote, 2458. Bugge, in Zachers Zeits. 4, 215, takes rēote as dat. from rēot (rest, repose).

rēoc, adj., savage, furious: nom. sg., 122.

be-rēofan, st. v., to rob of, bereave: pret. part. w. instr. acc. sg. fem. golde berofene, 2932; instr. sg. rēote berofene, 2458.

rēon. See rōwan.

rēotan, st. v., to weep: pres. pl. oð þæt ... roderas rēotað, 1377.

rēow, adj., excited, fierce, wild: in comp. blōd-, gūð-, wæl-rēow. See hrēow.

ricone, hastily, quickly, immediately, 2984.

riht, st. n., right or privilege; the (abstract) right: acc. sg. on ryht (according to right), 1556; sōð and riht (truth and right), 1701; dat. sg. wið rihte, 144; æfter rihte (in accordance with right), 1050; syllīc spell rehte æfter rihte (told a wondrous tale truthfully), 2111; mid rihte, 2057; acc. pl. ealde riht (the ten commandments), 2331; --Comp. in ēðel-, folc-, land-, un-, word-riht.

riht, adj., straight, right: in comp. up-riht.

rihte, adv., rightly, correctly, 1696. See æt-rihte.

rinc, st. m., man, warrior, hero: nom. sg., 399, 2986; also of Grendel, 721; acc. sg. rinc, 742, 748; dat. sg. rince, 953; of Hrōðgār, 1678; gen. pl. rinca, 412, 729.--Comp. in beado-, gūð-, here-, heaðo-, hilde-, mago-, sǣ-rinc.

ge-risne, ge-rysne, adj., appropriate, proper: nom. sg. n. ge-rysne, 2654.

rīce, st. n.: 1) realm, land ruled over: nom. sg., 2200, 2208; acc. sg. rīce, 913, 1734, 1854, 3005; gen. sg. rīces, 862, 1391, 1860, 2028, 3081. Comp. Swīo-rīce.--2) council of chiefs, the king with his chosen advisers(?): nom. sg. oft gesǣt rīce tō rūne, 172.

rīce, adj., mighty, powerful: nom. sg. (of Hrōðgār), 1238; (of Hygelāc), 1210; (of ǣsc-here), 1299; weak form, se rīca (Hrōðgār), 310; (Bēowulf), 399; (Hygelāc), 1976.--Comp. gimme-rīce.

rīcsian, rīxian, w. v. intrans., to rule, reign: inf. rīcsian, 2212; pret. sg. rīxode, 144.

rīdan, st. v., to ride: subj. pres. þæt his byre rīde giong on galgan, 2446; pres. part. nom. pl. rīdend, 2458; inf. wicge rīdan, 234; mēarum rīdan, 856; pret. sg. sǣ-genga ... sē þe on ancre rād, 1884; him tō-gēanes rād (rode to meet them), 1894; pret. pl. ymbe hlǣw riodan (rode round the grave-mound), 3171.

ge-rīdan, w. acc., to ride over: pret. sg. sē þe nǣs ge-rād (who rode over the promontory), 2899.

rīm, st. n., series, number: in comp. dæg-, un-rīm.

ge-rīm, st. n., series, number: in comp. dōgor-ge-rim.

ge-rīman, w. v., to count together, enumerate in all: pret. part. in comp. forð-gerīmed.

ā-rīsan, st. v., to arise, rise: imper. sg. ā-rīs, 1391; pret. sg. ā-rās þā se rīca, 399; so, 652, 1791, 3031; ā-rās þā bī ronde (arose by his shield), 2539; hwanan sīo fǣhð ā-rās (whence the feud arose), 2404.

rodor, st. m., ether, firmament, sky (from radius?, Bugge): gen. sg. rodores candel, 1573; nom. pl. roderas, 1377; dat. pl. under roderum, 310; gen. pl. rodera, 1556.

rōf, adj., fierce, of fierce, heroic, strength, strong: nom. sg., 2539; also with gen. mægenes rōf (strong in might), 2085; so, þēah þe hē rōf sīe nīð-geweorca, 683; acc. sg. rōfne, 1794; on þone rōfan, 2691.--Comp.: beadu-, brego-, ellen-, heaðo-, hyge-, sige-rōf.

rōt, adj., glad, joyous: in comp. un-rōt.

rōwan, st. v., to row (with the arms), swim: pret. pl. rēon (for rēowon), 512, 539.

rūm, st. m., space, room: nom. sg., 2691.

rūm, adj.: 1) roomy, spacious: nom. sg. þūhte him eall tō rūm, wongas and wīc-stede (fields and dwelling seemed to him all too broad, i.e. could not hide his shame at the unavenged death of his murdered son), 2462.--2) in moral sense, great, magnanimous, noble-hearted: acc. sg. þurh rūmne sefan, 278.

rūm-heort, adj., big-hearted, noble-spirited: nom. sg., 1800, 2111.

ge-rūm-līc, adj., commodious, comfortable: compar. ge-rūm-līcor, 139.

rūn, st. f., secrecy, secret discussion, deliberation or council: dat. sg. ge-sæt rīce tō rūne, 172.--Comp. beado-rūn.

rūn-stæf, st. m., rune-stave, runic letter: acc. pl. þurh rūn-stafas, 1696.

rūn-wita, w. m., rune-wit, privy councillor, trusted adviser: nom. sg., 1326.

ge-rysne. See ge-risne.

ge-rȳman, w. v.: 1) to make room for, prepare, provide room: pret. pl. þæt hīe him ōðer flet eal ge-rȳmdon, 1087; pret. part. þā wæs Gēat-mǣcgum ... benc gerȳmed, 492; so, 1976.--2) to allow, grant, admit: pret. part. þā mē ge-rȳmed wæs (sīð) (as access was permitted me), 3089; þā him gerȳmed wearð, þæt hīe wæl-stōwe wealdan mōston, 2984.

S

ge-saca, w. m., opponent, antagonist, foe: acc. sg. ge-sacan, 1774.

sacan, st. v., to strive, contend: inf. ymb feorh sacan, 439.

ge-sacan, to attain, gain by contending (Grein): inf. gesacan sceal sāwl-berendra ... gearwe stōwe (gain the place prepared, i.e. the death-bed),

1005.

on-sacan: 1) (originally in a lawsuit), to withdraw, take away, deprive of: pres. subj. þǣtte freoðuwebbe fēores on-sǣce ... lēofne mannan, 1943.--2) to contest, dispute, withstand: inf. þǣt hē sǣmannum on-sacan mihte (i.e. hord, bearn, and brȳde), 2955.

sacu, st. f., strife, hostility, feud: nom. sg., 1858, 2473; acc. sg. sǣce, 154; sǣcce, 1978, 1990, 2348, 2500, 2563; dat. sg. ǣt (tō) sǣcce, 954, 1619, 1666, 2613, 2660, 2682, 2687; gen. sg. secce, 601; gen. pl. sǣcca, 2030.

ge-sacu, st. f., strife, enmity: nom. sg., 1738.

sadol, st. m., saddle: nom. sg., 1039.

sadol-beorht, adj., with bright saddles (?): acc. pl. sadol-beorht, 2176.

ge-saga. See secgan.

samne, somne, adv., together, united; in ǣt-somne, together, united, 307, 402, 491, 544, 2848.

tō-somne (together), 3123; þā se wyrm ge-bēah snūde tō-somne (when the dragon quickly coiled together), 2569.

samod, somod: I. adv., simultaneously, at the same time: somod, 1212, 1615, 2175, 2988; samod, 2197; samod ǣt-gǣdere, 387, 730, 1064.--II. prep. w. dat., with, at the same time with: samod ǣr-dǣge (with the break of day), 1312; somod ǣr-dǣge, 2943.

sand, st. n., sand, sandy shore: dat. sg. on sande, 295, 1897, 3043(?); ǣfter sande (along the shore), 1965; wið sande, 213.

sang, st. m., song, cry, noise: nom. sg. sang, 1064; swutol sang scopes, 90; acc. sg. sige-lēasne sang (Grendel's cry of woe), 788; sārigne sang (Hrēðel's dirge for Herebeald), 2448.

sāl, st. m., rope: dat. sg. sāle, 1907; on sāle (sole, MS.), 302.

sāl. See sǣl.

sār, st. n., wound, pain (physical or spiritual): nom. sg. sār, 976; sīo sār,

2469; acc. sg. sār, 788; sāre, 2296; dat. (instr.) sg. sāre, 1252, 2312, 2747.--Comp. līc-sār.

sār, adj., sore, painful: instr. pl. sārum wordum, 2059.

sāre, adv., sorely, heavily, ill, graviter: sē þe him [sā]re gesceōd (who injured him sorely), 2224.

sārig, adj., painful, woeful: acc. sg. sārigne sang, 2448.

sārig-ferð, adj., sore-hearted, grieved: nom. sg. sārig-ferð (Wīglāf), 2864.

sārig-mōd, adj., sorrowful-minded, saddened: dat. pl. sārig-mōdum, 2943.

sār-līc, adj., painful: nom. sg., 843; acc. sg. neut., 2110.

sāwol, sāwl, st. f., soul (the immortal principle as contrasted with līf, the physical life): nom. sg. sāwol, 2821; acc. sg. sāwle, 184, 802; hǣðene sāwle, 853; gen. sg. sāwele, 1743; sāwle, 2423.

sāwl-berend, pres. part., endowed with a soul, human being: gen. pl. sāwl-berendra, 1005.

sāwul-drēor, st. n., (blood gushing from the seat of the soul), soul-gore, heart's blood, life's blood: instr. sg. sāwul-drīore, 2694.

sāwul-lēas, adj., soulless, lifeless: acc. sg. sāwol-lēasne, 1407; sāwul-lēasne, 3034.

sǣce, sǣcce. See sacu.

sǣd, adj., satiated, wearied: in comp. hilde-sǣd.

sǣl, st. n., habitable space, house, hall: dat. sg. sel, 167; sǣl, 307, 2076, 2265.

sǣld, st. n., hall, king's hall or palace: acc. sg. geond þǣt sǣld (Heorot), 1281.

sǣ, st. m. and f., sea, ocean: nom. sg., 579, 1224; acc. sg. on sīdne sǣ,

507; ofer sǣ, 2381; ofer sǣ sīde, 2395; dat. sg. tō sǣ, 318; on sǣ, 544; dat. pl. be sǣm tweonum, 859, 1298, 1686, 1957.

sǣ-bāt, st. m., sea-boat: acc. sg., 634, 896.

sǣ-cyning, st. m., sea-king, king ruling the sea: gen. pl. sǣ-cyninga, 2383.

sǣ-dēor, st. n., sea-beast, sea-monster: nom. sg., 1511.

sǣ-draca, w. m., sea-dragon: acc. pl. sǣ-dracan, 1427.

ge-sǣgan, w. v., to fell, slay: pret. part. hæfdon eal-fela eotena cynnes sweordum ge-sǣged (felled with the sword), 885.

sǣge. See on-sǣge.

sǣ-genga, w. m., sea-goer, i.e. sea-going ship: nom. sg., 1883, 1909.

sǣ-gēap, adj., spacious (broad enough for the sea): nom. sg. sǣ-gēap naca, 1897.

sǣ-grund, st. m., sea-bottom, ocean-bottom: dat. sg. sǣ-grunde, 564.

sæl, sāl, sēl, st. f.: 1) favorable opportunity, good or fit time: nom. sg. sæl, 623, 1666, 2059; sæl and mǣl, 1009; acc. sg. sēle, 1136; gen. pl. sǣla and mǣla, 1612.--2) Fate(?): see Note on l. 51.--3) happiness, joy: dat. pl. on sālum, 608; sǣlum, 644, 1171, 1323. See sēl, adj.

ge-sǣlan, w. v., to turn out favorably, succeed: pret. sg. him ge-sǣlde þæt ...(he was fortunate enough to, etc.), 891; so, 574; efne swylce mǣla, swylce hira man-dryhtne þearf ge-sǣlde (at such times as need disposed it for their lord), 1251.

sǣlan (see sāl), w. v., to tie, bind: pret. sg. sǣlde ... sīð-fæðme scip, 1918; pl. sǣ-wudu sǣldon, 226.

ge-sǣlan, to bind together, weave, interweave: pret. part. earm-bēaga fela searwum ge-sǣled (many curiously interwoven armlets, i.e. made of metal wire: see Guide to Scandinavian Antiquities, p. 48), 2765.

on-sǣlan, with acc., to unbind, unloose, open: on-sǣl meoto, sige-hrēð secgum (disclose thy views to the men, thy victor's courage; or, thy presage of victory?), 489.

sǣ-lāc, st. n., sea-gift, sea-booty: instr. sg. sǣ-lāce, 1625; acc. pl. þās sǣ-lāc, 1653.

sǣ-lād, st. f., sea-way, sea-journey: dat. sg. sǣ-lāde, 1140, 1158.

sǣ-līðend, pres. part., seafarer: nom. pl. sǣ-līðend, 411, 1819, 2807; sǣ-līðende, 377.

sǣ-man, m., sea-man, sea-warrior: dat. pl. sǣ-mannum, 2955; gen. pl. sǣ-manna, 329 (both times said of the Gēatas).

sǣmra, weak adj. compar., the worse, the weaker: nom. sg. sǣmra, 2881; dat. sg. sǣmran, 954.

sǣ-mēðe, adj., sea-weary, exhausted by sea-travel: nom. pl. sǣ-mēðe, 325.

sǣ-nǣs, st. m., sea-promontory, cape, naze: acc. pl. sǣ-nǣssas, 223, 571.

sǣne, adj., careless, slow: compar. sg. nom. hē on holme wǣs sundes þē sǣnra, þē hyne swylt fornam (was the slower in swimming in the sea, whom death took away), 1437.

sǣ-rinc, st. m., sea-warrior or hero: nom. sg., 691.

sǣ-sīð, st. m., sea-way, path, journey: dat. sg. æfter sǣ-sīðe, 1150.

sǣ-wang, st. m., sea-shore or beach: acc. sg. sǣ-wong, 1965.

sǣ-weal, st. m., (sea-wall), seashore: dat. sg. sǣ-wealle, 1925.

sǣ-wudu, st. m., (sea-wood), vessel, ship: acc. sg. sǣ-wudu, 226.

sǣ-wylm, st. m., sea-surf, billow: acc. pl. ofer sǣ-wylmas, 393.

scacan, sceacan, st. v., properly, to shake one's self; hence, to go, glide, pass along or away: pres. sg. þonne mīn sceaceð līf of līce, 2743; inf. þā cōm beorht [sunne] scacan [ofer grundas], (the bright sun came gliding over the fields), 1804; pret. sg. duguð ellor scōc (the chiefs are gone elsewhither, i.e. have died), 2255; þonne strǣla storm ... scōc ofer scild-weall (when the storm of arrows leapt over the wall of shields), 3119; pret. part. wǣs hira blǣd scacen (their bravest men had passed away), 1125; þā wǣs winter scacen (the winter was past), 1137; so, sceacen, 2307, 2728.

scadu, sceadu, st. f., shadow, concealing veil of night: acc. sg. under sceadu bregdan (i.e. kill), 708.

scadu-genga, w. m., shadow-goer, twilight-stalker (of Grendel): nom. sg. sceadu-genga, 704.

scadu-helm, st. m., shadow-helm, veil of darkness: gen. pl. scadu-helma ge-sceapu (shapes of the shadow, evil spirits wandering by night), 651.

scalu, st. f., retinue, band (part of an armed force); in comp. hand-scalu: mid his hand-scale (hond-scole), 1318, 1964.

scamian, w. v., to be ashamed: pres. part. nom. pl. scamiende, 2851; nō hē þǣre feoh-gyfte ... scamigan þorfte (needed not be ashamed of his treasure-giving), 1027.

scawa (see scēawlan), w. m., observer, visitor: nom. pl. scawan, 1896.

ge-scād, st. n., difference, distinction: acc. sg. ǣg-hwǣðres gescād, worda and worca (difference between, of, both words and deeds), 288.

ge-scādan, st. v., to decide, adjudge: pret. sg. rodera rǣdend hit on ryht gescēd (decided it in accordance with right), 1556.

scānan? See scīnan, pret. pl. scionon, 303; the imaginary scānan having been abandoned.

ge-scǣp-hwīle, st. f., fated hour, hour of death (appointed rest?): dat. sg. tō gescǣp-hwīle (at the fated hour), 26.

sceððan, w. v., to scathe, injure: inf. w. dat. pers., 1034; aldre sceððan (hurt her life), 1525; þæt on land Dena lāðra nǣnig mid scipherge sceððan ne meahte (injure through robber incursions), 243; pret. sg. þǣr him nǣnig wǣter wihte ne sceðede, 1515.

325

ge-sceððan, the same: inf. þæt him ... ne mihte eorres inwit-feng aldre gesceððan, 1448.

scenc, st. m., vessel, can: in comp. medu-scenc.

scencan, w. v., to hand drink, pour out: pret. sg. scencte scīr wered, 496 (cf. skinker = cup-bearer).

scenne, w. f.?, sword-guard?: dat. pl. on þǣm scennum scīran goldes, 1695.

sceran, st. v., to shear off, cleave, hew to pieces: pres. sg. þonne heoru bunden ... swīn ofer helme andweard scireð (hews off the boar-head on the helm), 1288.

ge-sceran, to divide, hew in two: pret. sg. helm oft ge-scǣr (often clove the helm in two), 1527; so, gescer, 2974.

scerwen, st. f.?, in comp. ealu-scerwen (ale-scare or panic?), 770.

scēt. See scēotan.

sceadu. See scadu.

sceaða, w. m.: 1) scather, foe: gen. pl. sceaðena, 4.--2) fighter, warrior: nom. pl. scaðan, 1804.--Comp.: attor-, dol-, fēond-, gūð-, hearm-, lēod-, mān-, sin-, þēod-, ūht-sceaða.

sceaðan, st. v. w. dat., to scathe, injure, crush: pret. sg. sē þe oft manegum scōd (which has oft oppressed many), 1888.

ge-sceaðan, w. dat., the same: pret. sg. swā him ǣr gescōd hild ǣt Heorote, 1588; sē þe him sāre ge-sceōd (who injured him sorely), 2224; nō þȳ ǣr in gescōd hālan līce, 1503; bill ǣr gescōd eald-hlāfordes þām þāra māðma mund-bora wǣs (the weapon of the ancient chieftain had before laid low the dragon, the guardian of the treasure), 2778 (or, sheathed in brass?, if ǣr and gescōd form compound).

sceaðen-mǣl, st. n., deadly weapon, hostile sword: nom. sg., 1940.

sceaft, st. m., shaft, spear, missile: nom. sg. sceft, 3119.--Comp.: here-, wæl-sceaft.

ge-sceaft, st. f.: 1) creation, earth, earthly existence: acc. sg. þās lǣnan ge-sceaft, 1623.--2) fate, destiny: in comp. forð-, līf-, mǣl-gesceaft.

scealc, st. m., servant, military retainer: nom. sg., 919; (of Bēowulf), 940.--Comp bēor-scealc.

ge-sceap, st. n.: 1) shape, creature: nom. pl. scadu-helma ge-sceapu, 651.--2) fate, providence: acc. sg. hēah ge-sceap (heavy fate), 3085.

sceapan, sceppan, scyppan, st. v., to shape, create, order, arrange, establish: pres. part. scyppend (the Creator), 106; pret. sg. scōp him Heort naman (shaped, gave, it the name Heorot), 78; pres. part. wæs sīo wrōht scepen heard wið Hūgas, syððan Hygelāc cwōm (the contest with the Hūgas became sharp after H. had come), 2915.

ge-sceapan, to shape, create: pret. sg. līf ge-sceōp cynna gehwylcum, 97.

scear, st. m., massacre: in comp. gūð-, inwit-scear, 2429, etc.

scearp, adj., sharp, able, brave: nom. sg. scearp scyld-wiga, 288.--Comp.: beadu-, heaðo-scearp.

scearu, st. f., division, body, troop: in comp. folc-scearu; that is decided or determined, in gūð-scearu (overthrow?), 1214.

sceat, st. m., money; also unit of value in appraising (cf. Rieger in Zacher's Zeits. 3, 415): acc. pl. sceattas, 1687. When numbers are given, sceat appears to be left out, cf. 2196, 2995 (see þūsend).--Comp. gif-sceat.

scēat, st. m., region, field: acc. pl. gefrǣtwade foldan scēatas leomum and lēafum, 96;--top, surface, part: gen. pl. eorðan scēata, 753.

scēawere, st. m., observer, spy: nom. pl. scēaweras, 253.

scēawian, w. v. w. acc., to see, look at, observe: inf. scēawian, 841, 1414, 2403, 2745, 3009, 3033; scēawigan, 1392; pres. sg. II. þæt gē genōge nēan scēawiað bēagas and brād gold, 3105; subj. pres. þæt ic ... scēawige swegle searo-gimmas, 2749; pret. sg. scēawode, 1688, 2286,

2794; sg. for pl., 844; pret. pl. scēawedon, 132, 204, 984, 1441.

ge-scēawian, to see, behold, observe: pret. part. ge-scēawod, 3076, 3085.

sceorp, st. n., garment: in comp. hilde-sceorp.

scēotan, st. v., to shoot, hurl missiles: pres. sg. sē þe of flān-bogan fyrenum scēoteð, 1745; pres. part. nom. pl. scēotend (the warriors, bowmen), 704, 1155; dat. pl. for scēotendum (MS. scotenum), 1027.

ge-scēotan, w. acc., to shoot off, hurry: pret. sg. hord eft gescēat (the dragon darted again back to the treasure), 2320.

of-scēotan, to kill by shooting: pret. sg. his mǣg of-scēt ... blōdigan gāre (killed his brother with bloody dart), 2440.

scild, scyld, st. m., shield: nom. sg. scyld, 2571; acc. sg. scyld, 437, 2076; acc. pl. scyldas, 325, 333, 2851.

scildan, scyldan, w. v., to shield, protect: pret. subj. nymðe mec god scylde (if God had not shielded me), 1659.

scild-freca, w. m., shield-warrior (warrior armed with a shield): nom. sg. scyld-freca, 1034.

scild-weall, st. m., wall of shields: acc. sg. scild-weall, 3119.

scild-wiga, w. m., shield-warrior: nom. sg. scyld-wiga, 288.

scinna, w. m., apparition, evil spirit: dat. pl. scynnum, 940.

scip, st. n., vessel, ship: nom. sg., 302; acc. sg., 1918; dat. sg. tō scipe, 1896; gen. sg. scipes, 35, 897; dat pl. tō scypum (scypon, MS.), 1155.

scip-here, st. m., (exercitus navalis) armada, fleet: dat. sg. mid scip-herge, 243.

ge-scīfe (for ge-scȳfe), adj., advancing (of the dragon's movement), 2571; = G. schief?

scīnan, st. v., to shine, flash: pres. sg. sunne ... sūðan scīneð, 607; so,

1572; inf. geseah blācne lēoman beorhte scīnan, 1518; pret. sg. (gūð-byrne, woruld--candel) scān, 321, 1966; on him byrne scān, 405; pret. pl. gold-fāg scinon web ǣfter wāgum, 995; scionon, 303.

scīr, adj., sheer, pure, shining: nom. sg. hring-īren scīr, 322; scīr metod, 980; acc. sg. n. scīr wered, 496; gen. sg. scīran goldes, 1695.

scīr-ham, adj., bright-armored, clad in bright mail: nom. pl. scīr-hame, 1896.

scoten. See scēoten.

ge-scōd, pret. part., shod (calceatus), covered: in comp. ǣr-ge-scōd(?). See ge-sceaðan, and Note.

scop, st. m., singer, shaper, poet: nom. sg., 496, 1067; gen. sg. scopes, 90.

scrǣf, st. n., hole in the earth, cavern: in comp. eorð-scrǣf.

scrīðan, st. v., to stride, go: pres. pl. scrīðað, 163; inf. scrīðan, 651, 704; scrīðan tō, 2570.

scrīfan, st. v., to prescribe, impose (punishment): inf. hū him (Grendel) scīr metod scrīfan wille, 980.

for-scrīfan, w. dat. pers., to proscribe, condemn: pret. part. siððan him scyppend for-scrifen hǣfde, 106.

ge-scrīfan, to permit, prescribe: pret. sg. swā him Wyrd ne ge-scrāf (as Weird did not permit him), 2575.

scrūd, st. m., clothing, covering; ornament: in comp. beadu-, byrdu-scrūd.

scucca, w. m., shadowy sprite, demon: dat. pl. scuccum, 940.

sculan, aux. v. w. inf.: 1) shall, must (obligation): pres. sg. I., III. sceal, 20, 24, 183, 251, 271, 287, 440, 978, 1005, 1173, 1387, 1535, etc.; scel, 455, 2805, 3011; II. scealt, 589, 2667; subj. pres. scyle, 2658; scile, 3178; pret. ind. sg. I., III. scolde, 10, 806, 820, 966, 1071, 1444, 1450, etc.; sceolde, 2342, 2409, 2443, 2590, 2964; II. sceoldest, 2057; pl.

scoldon, 41, 833, 1306, 1638; subj. pret. scolde, 1329, 1478; sceolde, 2709.--2) w. inf. following it expresses futurity, = shall, will: pres. sg. I., III. sceal bēodan (shall offer), 384; so, 424, 438, 602, 637, 1061, 1707, 1856, 1863, 2070; sceall, 2499, 2509, etc.; II. scealt, 1708; pl. wit sculon, 684; subj. pret. scolde, 280, 692, 911; sceolde, 3069.--3) sculan sometimes forms a periphrastic phrase or circumlocution for a simple tense, usually with a slight feeling of obligation or necessity: pres. sg. hē ge-wunian sceall (he inhabits; is said to inhabit?), 2276; pret. sg. sē þe wæter-egesan wunian scolde, 1261; wæcnan scolde (was to awake), 85; sē þone gomelan grētan sceolde (was to, should, approach), 2422; þǣt se byrn-wiga būgan sceolde (the corseleted warrior had to bow, fell), 2919; pl. þā þe beado-grīman bȳwan sceoldon (they that had to polish or deck the battle-masks), 2258; so, 230, 705, 1068.--4) w. omitted inf., such as wesan, gangan: unc sceal worn fela māðma ge-mǣnra (i.e. wesan). 1784; so, 2660; sceal se hearda helm ... fǣtum befeallen (i.e. wesan), 2256; ic him æfter sceal (i.e. gangan), 2817; subj. þonne þū forð scyle (i.e. gangan), 1180. A verb or inf. expressed in an antecedent clause is not again expressed with a subsequent sceal: gǣð ā Wyrd swā hīo scel (Weird goeth ever as it shall [go]), 455; gūð-bill ge-swāc swā hit nō sceolde (i.e. ge-swīcan), 2586.

scūa, w. m., shadowy demon: in comp. dēað-scūa.

scūfan, st. v.: 1) intrans., to move forward, hasten: pret. part. þā wæs morgen-lēoht scofen and scynded, 919.--2) w. acc., to shove, push: pret. pl. guman ūt scufon ... wudu bundenne (pushed the vessel from the land), 215; dracan scufun ... ofer weall-clif (pushed the dragon over the wall-like cliff), 3132. See wīd-scofen(?)

be-scūfan, w. acc., to push, thrust down, in: inf. wā bið þǣm þe sceal ... sāwle be-scūfan in fȳres fæðm (woe to him that shall thrust his soul into fire's embrace), 184.

scūr, st. m., shower, battle-shower: in comp. īsern-scūr.

scūr-heard, adj., fight-hardened? (file-hardened?): nom. pl. scūr-heard, 1034.

scyld, scyldan. See scild, scildan.

scyldig, adj., under obligations or bound for; guilty of, w. gen. and instr.: ealdres (morðres) scyldig, 1339, 1684, 2062; synnum scyldig (guilty of evil deeds), 3072.

scyndan, w. v., to hasten: inf. scyndan, 2571; pret. part, scynded, 919

scynna. See scinna.

scyppend. See sceapan.

scyran, w. v., to arrange, decide: inf. þæt hit sceaðen-mæl scyran moste (that the sword must decide it), 1940. O.N. skora, to score, decide.

scȳne, adj., sheen, well-formed, beautiful: nom. sg. mægð scȳne, 3017.

sē, se, pron. dem. and article, the: m. nom., 79, 84, 86, 87, 90, 92, 102, etc.; fem, sēo, 66, 146, etc.; neut. þæt;--relative: sē (who), 1611, 2866; sē þe (he who), 2293; sēo þe (she who), 1446; sē þe (for sēo þe), 1345, 1888, 2686; cf. 1261, 1498; (Grendel's mother, as a wild, demonic creature, is conceived now as man, now as woman: woman, as having borne a son; man, as the incarnation of savage cunning and power); se for sēo, 2422; dat. sg. þām (for þām þe), 2780.

secce. See sacu.

secg, st. m., man, warrior, hero, spokesman (secgan?): nom. sg., 208, 872, 2228, 2407, etc.; (Bēowulf), 249, 948, 1312, 1570, 1760, etc.; (Wulfgār), 402; (Hunferð), 981; (Wīglāf), 2864; acc. sg. sinnigne secg (Grendel's mother, cf. se), 1380; dat. sg. secge, 2020; nom. pl. secgas, 213, 2531, 3129; dat. pl. secgum, 490; gen. pl. secga, 634, 843, 997, 1673.

secg, st. f., sword (sedge?): acc. sg. secge, 685.

secgan, w. v., to say, speak: 1) w. acc.: pres. sg. gode ic þanc secge, 1998; so, 2796; pres. part. swā se secg hwata secgende wæs lāðra spella (partitive gen.), 3029; inf. secgan, 582, 876, 881, 1050; pret. sg. sægde him þæs lēanes þanc, 1810; pret. sg. II. hwæt þū worn fela ... sægdest from his sīðe, 532.--2) without acc inf. swā wē sōðlīce secgan hȳrdon, 273; pret. sg. sægde, 2633, 2900--3) w. depend. clause: pres. sg. ic secge, 591; pl. III. secgað, 411; inf. secgan, 51, 391, 943, 1347, 1701, 1819, 2865, 3027; gerund. tō secganne, 473, 1725; pret. sg. sægde, 90, 1176; pl. sægdon, 377, 2188; sædan, 1946.

ā-secgan (edicere), to say out, deliver: inf. wille ic ā-secgan suna Healfdenes ... mīn ǣrende, 344.

ge-secgan, to say, relate: imper. sg. II. ge-saga, 388; þæt ic his ǣrest þē eft ge-sǣgde (that I should, after, tell thee its origin), 2158; pret. part. gesǣgd, 141; gesǣd, 1697.

sefa, w. m., heart, mind, soul, spirit: nom. sg., 49, 490, 595, 2044, 2181, 2420, 2601, 2633; acc. sg. sefan, 278, 1727, 1843; dat. sg. sefan, 473, 1343, 1738.--Comp. mōd-sefa.

ge-segen, st. f., legend, tale: in comp. eald-ge-segen.

segl, st. n., sail: nom. sg., 1907.

segl-rād, st. f., sail-road, i.e. sea: dat. sg. on segl-rāde, 1430.

segn, st. n., banner, vexillum: nom. sg., 2768, 2959; acc. sg. segen, 47, 1022; segn, 2777; dat. sg. under segne, 1205.--Comp. hēafod-segn.

sel, st. n., hall, palace. See sǣl.

seld, st. n., dwelling, house: in comp. medu-seld.

ge-selda, w. m., contubernalis, companion: acc. sg. geseldan, 1985.

seldan, adv., seldom: oft [nō] seldan, 2030.

seld-guma, w. m., house-man, home-stayer(?); common man?, house-carl?: nom. sg., 249.

sele, st. m. and n., building consisting of one apartment; apartment, room: nom. sg., 81, 411; acc. sg. sele, 827, 2353; dat. sg. tō sele, 323, 1641; in (on, tō) sele þām hēan, 714, 920, 1017, 1985; on sele (in the den of the dragon), 3129.--Comp.: bēah-, bēor-, dryht-, eorð-, gest-, gold-, grund-, gūð-, hēah-, hring-, hrōf-, nið-, win-sele.

sele-drēam, st. m., hall-glee, joy in the hall: acc. sg. þāra þe þis līf ofgeaf, gesāwon sele-drēam (referring to the joy of heaven?), 2253.

sele-ful, st. n., hall-goblet: acc. sg., 620.

sele-gyst, st. m., hall-guest, stranger in hall or house: acc. sg. þone sele-gyst, 1546.

sele-rædend, pres. part., hall-ruler, possessor of the hall: nom. pl., 51; acc. lēode mīne sele-rædende, 1347.

sele-rest, st. f., bed in the hall: acc. sg. sele-reste, 691.

sele-þegn, st. m., retainer, hall-thane, chamberlain: nom. sg., 1795.

sele-weard, st. m., hall-ward, guardian of the hall: acc. sg., 668.

self, sylf, pron., self: nom. sg. strong form, self, 1314, 1925 (? selfa); þū self, 595; þū þē self, 954; self cyning (the king himself, the king too), 921, 1011; sylf, 1965; in weak form, selfa, 1469; hē selfa, 29, 1734; þǣm þe him selfa dēah (that can rely upon, trust to, himself), 1840; seolfa, 3068; hē sylfa, 505; god sylfa, 3055; acc. sg. m. selfne, 1606; hine selfne (himself), 962; hyne selfne (himself, reflex.), 2876; wið sylfne (beside), 1978; gen. sg. m. selfes, 701, 896; his selfes, 1148; on sīnne sylfes dōm (at his own will), 2148; sylfes, 2224, 2361, 2640, 2711, 2777, 3014; his sylfes, 2014, 2326; fem. hire selfre, 1116; nom. pl. selfe, 419; Sūð-Dene sylfe, 1997.

ge-sella, w. m., house-companion, comrade: in comp. hand-gesella.

sellan, syllan, w. v.: 1) w. acc. of thing, dat. of pers., to give, deliver; permit, grant, present: pres. sg. III. seleð him on ēðle eorðan wynne, 1731; inf. syllan, 2161, 2730; pret. sg. sealde, 72, 673, 1272, 1694, 1752, 2025, 2156, 2183, 2491, 2995; nefne god sylfa sealde þām þe hē wolde hord openian (unless God himself gave to whom he would to open the hoard), 3056; pret. sg. II. sealdest, 1483.--2) to give, give up (only w. acc. of thing): ǣr hē feorh seleð (he prefers to give up his life), 1371; nallas on gylp seleð fǣtte bēagas (giveth out gold-wrought rings, etc.), 1750; pret. sg. sinc-fato sealde, 623; pl. byrelas sealdon wīn of wunder-fatum, 1162.

ge-sellan, w. acc. and dat. of pers., to give, deliver; grant, present: inf. ge-sellan, 1030; pret. sg. ge-sealde, 616, 1053, 1867, 1902, 2143, etc.

sel-līc, syl-līc (from seld-līc), adj., strange, wondrous: nom. sg. glōf ... syllīc, 2087; acc. sg. n. syllīc spell, 2110; acc. pl. sellīce sǣ-dracan, 1427. Compar. acc. sg. syllīcran wiht (the dragon), 3039.

semninga, adv., straightway, at once 645, 1641, 1768.

sendan, w. v. w. acc. of thing and dat. of pers., to send: pret. sg. þone god sende folce tō frōfre (whom God sent as a comfort to the people), 13; so, 471, 1843.

for-sendan, to send away, drive off pret. part. hē wearð on fēonda geweald ... snūde for-sended, 905.

on-sendan, to send forth, away, w. acc. of thing and dat. of pers.: imper. sg. on-send, 452, 1484; pret. sg. on-sende, 382; pl. þē hine ... forð on-sendon ǣnne ofer ȳðe (who sent him forth alone over the sea), 45; pret. part. bealo-cwealm hafað fela feorh-cynna feorr on-sended, 2267.

sendan (cf. Gl. Aldhelm, sanda = ferculorum, epularum, in Haupt IX. 444), w. v., to feast, banquet: pres. sg. III. sendeð, 601.--Leo.

serce, syrce, w. f., sark, shirt of mail: nom. sg. syrce, 1112; nom. pl. syrcan, 226; acc. pl. grǣge syrcan, 334.--Comp.: beadu-, heoro-serce; here-, leoðo-, līc-syrce.

sess, st. m., seat, place for sitting: dat. sg. sesse, 2718; þā hē bī sesse gēong (by the seat, i.e. before the dragon's lair), 2757.

setl, st. n., seat, settle: acc. sg., 2014; dat. sg. setle, 1233, 1783, 2020; gen. sg. setles, 1787; dat. pl. setlum, 1290.--Comp.: hēah-, hilde-, meodu-setl.

settan, w. v., to set: pret. sg. setton sǣ-mēðe sīde scyldas ... wið þæs recedes weall (the sea-wearied ones set their broad shields against the wall of the hall), 325; so, 1243.

ā-settan, to set, place, appoint: pret. pl. hīe him ā-setton segen [gyl]-denne hēah ofer hēafod, 47; pret. part. hæfde kyninga wuldor Grendle tō-gēanes ... sele-weard ā-seted, 668.

be-settan, to set with, surround: pret. sg. (helm) besette swīn-līcum (set the helm with swine-bodies), 1454.

ge-settan: 1) to set, set down: pret. part. swā wæs ...þurh rūn-stafas rihte ge-mearcod, ge-seted and ge-sǣd (thus was ... in rune-staves rightly marked, set down and said), 1697.--2) to set, ordain, create:

pret. sg. ge-sette ... sunnan and mōnan lēoman tō lēohte land-būendum, 94.--3) = componere, to lay aside, smooth over, appease: pret. sg. þæt hē mid þȳ wīfe wæl-fǣhða ... dæl ... ge-sette, 2030.

sēcan, w. v., to follow after, hence: 1) to seek, strive for, w. acc.: pret. sg. sinc-fæt sōhte (sought the costly cup), 2301; ne sōhte searo-nīðas, 2739; so, 3068. Without acc.: þonne his myne sōhte (than his wish demanded), 2573; hord-weard sōhte georne æfter grunde (the hoard-warden sought eagerly along the ground), 2294.--2) to look for, come or go some whither, attain something, w. acc.: pres. sg. III. sē þe ... biorgas sēceð, 2273; subj. þēah þe hǣð-stapa holt-wudu sēce, 1370; imper. sēc gif þū dyrre (look for her, i.e. Grendel's mother, if thou dare), 1380; inf. sēcean, 200, 268, 646, 1598, 1870, 1990, 2514(?), 3103, etc.; sēcan, 665, 1451; drihten sēcean (seek, go to, the Lord), 187; sēcean wyn-lēas wīc (Grendel was to seek a joyless place, i.e. Hell), 822; so, sēcan dēofla gedrǣg, 757; sāwle sēcan (seek the life, kill), 802; so, sēcean sāwle hord, 2423; gerund. sǣcce tō sēceanne, 2563; pret. sg. I., III. sōhte, 139, 208, 376, 417, 2224; II. sōhtest, 458; pl. sōhton, 339.--3) to seek, attack: þē ūs sēceað tō Swēona lēode, 3002; pret. pl. hine wrǣc-mǣcgas ofer sǣ sōhtan, 2381.

ge-sēcan: 1) to seek, w. acc.: inf. gif hē gesēcean dear wīg ofer wǣpen, 685.--2) to look for, come or go to attain, w. acc.: inf. ge-sēcean, 693; gerund, tō ge-sēcanne, 1923; pret. sg. ge-sōhte, 463, 520, 718, 1952; pret. part. nom. pl. feor-cȳððe bēoð sēlran ge-sōhte þām þe hine selfa dēah, 1840.--3) to seek with hostile intent, to attack: pres. sg. ge-sēceð 2516; pret. sg. ge-sōhte, 2347; pl. ge-sōhton, 2927; ge-sōhtan, 2205.

ofer-sēcan, w. acc., to surpass, outdo (in an attack): pres. sg. wǣs sīo hond tō strong, sē þe mēca gehwane ... swenge ofer-sōhte, þonne hē tō sæcce bǣr wǣpen wundrum heard (too strong was the hand, that surpassed every sword in stroke, when he [Bēowulf] bore the wondrous weapon to battle, i.e. the hand was too strong for any sword; its strength made it useless in battle), 2687.

sēl, st. f. See sæl.

sēl, sǣl, adj., good, excellent, fit, only in compar.: nom. sg. m. sēlra, 861, 2194; þǣm þǣr sēlra wǣs (to the one that was the better, i.e. Hygelāc), 2200; dēað bið sēlla þonne edwīt-līf, 2891; neut. sēlre, 1385; acc. sg. m. sēlran þē (a better than thee), 1851; sēlran, 1198; neut. þæt sēlre, 1760; dat. sg. m. sēlran sweord-frecan, 1469; nom. pl. fem. sēlran,

1840. Superl., strong form: nom. sg. neut. sēlest, 173, 1060; hūsa sēlest, 146, 285, 936; ofost is sēlest, 256; bolda sēlest, 2327; acc. sg. neut. hrǣgla sēlest, 454; hūsa sēlest, 659; billa sēlest, 1145;--weak form: nom. sg. m. reced sēlesta, 412; acc. sg. m. þone sēlestan, 1407, 2383; (þǣs, MS.), 1957; dat. sg. m. þǣm sēlestan, 1686; nom. pl. sēlestan, 416; acc. pl. þā sēlestan, 3123.

sēl, compar. adv., better, fitter, more excellent, 1013, 2531; ne byð him wihte þē sēl (he shall be nought the better for it), 2278; so, 2688.

sealma (Frisian selma, in bed-selma), w. m., bed-chamber, sleeping-place: acc. sg. on sealman, 2461.

sealt, adj., salty: acc. sg. neut. ofer sealt wǣter (the sea), 1990.

searo (G. sarwa, pl.), st. n.: 1) armor, accoutrements, war-gear: nom. pl. sǣ-manna searo, 329; dat. pl. secg on searwum (a man, warrior, in panoply), 249, 2701; in (on) searwum, 323, 1558; 2531, 2569; instr. pl. searwum, 1814.--2) insidiae, ambuscade, waylaying, deception, battle: þā ic of searwum cwōm, fāh from fēondum, 419.--3) cunning, art, skill: instr. pl. sadol searwum fāh (saddle cunningly ornamented), 1039; earmbēaga fela, searwum ge-sǣled (many cunningly-linked armlets), 2765.--Comp. fyrd-, gūð-, inwit-searo.

searo-bend, st. f., band, bond, of curious workmanship: instr. pl. searo-bendum fǣst, 2087.

searo-fāh, adj., cunningly inlaid, ornamented, with gold: nom. sg. here-byrne hondum ge-brōden, sīd and searo-fāh, 1445.

searo-ge-þrǣc, st. n., heap of treasure-objects: acc. sg., 3103.

searo-gim, st. m., cunningly set gem, rich jewel: acc. pl. searo-gimmas, 2750; gen. pl. searo-gimma, 1158.

searo-grim, adj., cunning and fierce: nom. sg., 595.

searo-hǣbbend, pres. part. as subst., arms-bearing, warrior with his trappings: gen. pl. searo-hǣbbendra, 237.

searo-net, st. n., armor-net, shirt of mail, corselet: nom. sg., 406.

searo-nīð, st. m.: 1) cunning hostility, plot, wiles: acc. pl. searo-nīðas, 1201, 2739.--2) also, only hostility, feud, contest: acc. pl. searo-nīðas, 3068; gen. pl. searo-nīða, 582.

searo-þanc, st. m., ingenuity: instr. pl. searo-þoncum, 776.

searo-wundor, st. n., rare wonder: acc. sg., 921.

seax, st. n., shortsword, hip-knife; dagger: instr. sg. seaxe, 1546.--Comp. wæl-seax.

seax-ben, st. f., dagger-wound: instr. pl. siex-bennum, 2905.

seofon, num., seven, 517; seofan, 2196; decl. acc. syfone, 3123.

seomian, w. v.: 1) intrans., to be tied; lie at rest: inf. siomian, 2768; pret. sg. seomode, 302.--2) w. acc., to put in bonds, entrap, catch: pret. sg. duguðe and geogoðe seomade (cf. 2086-2092, 161.

seonu, st. f., sinew: nom. pl. seonowe, 818.

sēoc, adj., feeble, weak; fatally ill: nom. sg. feorh-bennum sēoc (of Bēowulf, sick unto death), 2741; siex-bennum sēoc (of the dead dragon), 2905; nom. pl. mōdes sēoce (sick of soul), 1604.--Comp.: ellen-, feorh-, heaðo-sēoc.

sēoðan, st. v. w. acc., to seethe, boil; figuratively, be excited over, brood: pret. sg. ic þǣs mōd-ceare sorh-wylmum sēað (I pined in heart-grief for that), 1994; so, 190.

seoloð, st. m.?, bight, bay (cf. Dietrich in Haupt XI. 416): gen. pl. sioleða bi-gong (the realm of bights = the [surface of the] sea?), 2368.

sēon, sȳn, st. f., aspect, sight: in comp. wlite-, wundor-sēon, an-sȳn.

sēon, st. v., to see: a) w. acc.: inf. searo-wunder sēon, 921; so, 387, 1181, 1276, 3103; þǣr mæg nihta ge-hwǣm nīð-wundor sēon (there may every night be seen a repulsive marvel), 1366; pret. sg. ne seah ic ... heal-sittendra medudrēam māran, 2015.--b) w. acc. and predicate adj.: ne seah ic elþēodige þus manige men mōdiglīcran, 336.--c) w. prep. or adv.: pret. sg. seah on enta ge-weorc, 2718; seah on un-lēofe, 2864; pl. folc tō sǣgon (looked on), 1423.

ge-sēon, to see, behold: a) w. acc.: pres. sg. III. sē þe bēah ge-syhð, 2042; inf. ge-sēon, 396, 571, 649, 962, 1079, etc.; pret. sg. geseah, 247, 927, 1558, 1614; pl. ge-sāwon, 1606, 2253.--b) w. acc. and predicate adj., pres. sg. III. ge-syhð ... on his suna būre win-sele wēstne (sees in his son's house the wine-hall empty; or, hall of friends?), 2456.--c) w. inf.: pret. sg. ge-seah ... beran ofer bolcan beorhte randas (saw shining shields borne over the gang-plank), 229; pret. pl. mǣre māððum-sweord monige ge-sāwon beforan beorn beran, 1024.--d) w. acc. and inf.: pret. sg. ge-seah, 729, 1517, 1586, 1663, 2543, 2605, etc.; pl. ge-sāwon, 221, 1348, 1426; ge-sēgan, 3039; ge-sēgon, 3129.--e) w. depend, clause: inf. mæg þonne ... gesēon sunu Hrēðles, þæt ic (may the son of H. see that I...), 1486; pret. pl. ge-sāwon, 1592.

geond-sēon, to see, look through, over, w. acc.: pret. sg. (ic) þæt eall geond-seh, 3088.

ofer-sēon, to see clearly, plainly: pret. pl. ofer-sāwon, 419.

on-sēon, to look on, at, w. acc.: pret. pl. on-sāwon, 1651.

sēowian, w. v., to sew, put together, link: pret. part. searo-net sēowed smiðes or-þancum (the corselet woven by the smith's craft), 406.

sib, st. f., peace, friendship, relationship: nom. sg., 1165, 1858; sibb, 2601; acc. sibbe, 950, 2432, 2923; instr. sg. sibbe (in peace?), 154.--Comp.: dryht-, friðo-sib.

sib-ǣðeling, st. m., nobilis consanguineus, kindred prince or nobleman: nom. pl. -ǣðelingas, 2709.

sibbe-gedryht, st. f., body of allied or related warriors: acc. sg. sibbe-gedriht (the Danes), 387; (the Gēatas), 730.

siððan, syððan: 1) adv.: a) since, after, from now on, further, 142, 149, 283, 567, 1903, 2052, 2065, 2176, 2703, 2807, 2921; seoððan, 1876.--b) then, thereupon, after, 470, 686, 1454, 1557, 1690, 2208; seoððan, 1938; ǣr nē siððan (neither before nor after), 719.

2) Conj.: a) w. ind. pres., as soon as, when, 413, 605, 1785, 2889, 2912.--b) w. ind. pret., when, whilst, 835, 851, 1205, 1207, 1421, 1590, 2357, 2961, 2971, 3128; seoððan, 1776;--since, 649, 657, 983, 1199, 1254, 1309, 2202;--after, either with pluperf.: siððan him scyppend

forscrifen hæfde (after the Creator had proscribed him), 106; so, 1473; or with pret. = pluperf.: syððan niht becōm (after night had come on), 115; so, 6, 132, 723, 887, 902, 1078, 1149, 1236, 1262, 1282, 1979, 2013, 2125; or pret. and pluperf. together, 2104-2105.

siex. See seax.

sige-dryhten, st. m., lord of victory, victorious lord: nom. sg. sige-drihten, 391.

sige-ēadig, adj., blest with victory, victorious: acc. sg. neut. sige-ēadig bil, 1558.

sige-folc, st. n., victorious people, troop: gen. pl. sige-folca, 645.

sige-hrēð, st. f., confidence of victory(?): acc. sg., 490. See Note.

sige-hrēðig, adj., victorious: nom. sg., 94, 1598, 2757.

sige-hwīl, st. f., hour or day of victory: gen. sg. sige-hwīle, 2711.

sige-lēas, adj., devoid of victory, defeated: acc. sg. sige-lēasne sang, 788.

sige-rōf, adj., victorious: nom. sg., 620.

sige-þēod, st. f., victorious warrior troop: dat. sg. on sige-þēode, 2205.

sige-wǣpen, st. n., victor-weapon, sword: dat. pl. sige-wǣpnum, 805.

sigl, st. n.: 1) sun: nom. sg. sigel, 1967.--2) sun-shaped ornament: acc. pl. siglu, 3165; sigle (bracteates of a necklace), 1201; gen. pl. sigla, 1158.--Comp. māððum-sigl.

sigor, st. m., victory: gen. sg. sigores, 1022; gen. pl. sigora, 2876, 3056.--Comp.: hrēð-, wīg-sigor.

sigor-ēadig, adj., victorious: nom. sg. sigor-ēadig secg (of Bēowulf), 1312, 2353.

sin. See syn.

sinc, st. n., treasure, jewel, property: nom. sg., 2765; acc. sg. sinc, 81,

1205, 1486, 2384, 2432; instr. sg. since, 1039, 1451, 1616, 1883, 2218, 2747; gen. sg. sinces, 608, 1171, 1923, 2072; gen. pl. sinca, 2429.

sinc-fāh, adj., treasure-decked: acc. sg. neut. weak form, sinc-fāge sel, 167.

sinc-fæt, st. n., costly vessel: acc. sg., 2232, 2301;--a costly object: acc. sg., 1201 (i.e. mene); acc. pl. sinc-fato, 623.

sinc-ge-strēon, st. n., precious treasure, jewel of value : instr. pl. -gestrēonum, 1093; gen. pl. -gestrēona, 1227.

sinc-gifa, w. m., jewel-giver, treasure-giver = prince, ruler: acc. sg. sinc-gyfan, 1013; dat. sg. sinc-gifan (of Bēowulf), 2312; (of æschere), 1343.

sinc-māððum, st. m., treasure: nom. sg., 2194.

sinc-þego, f., acceptance, taking, of jewels: nom. sg., 2885.

sin-dolh, st. n., perpetual, i.e. incurable, wound: nom. sg. syn-dolh, 818.

sin-frēa, w. m., wedded lord, husband: nom. sg., 1935.

sin-gāl, adj., continual, lasting: acc. sg. fem, sin-gāle sæce, 154.

sin-gāles, adv. gen. sg., continually, ever, 1778; syngales, 1136.

singāla, adv. gen. pl., the same, 190.

singan, st. v., to sound, ring, sing: pret. sg. hring-īren scīr song in searwum (the ringed iron rang in the armor), 323; horn stundum song fūs-līc f[yrd]-lēoð (at times the horn rang forth a ready battle-song), 1424; scop hwīlum sang (the singer sang at whiles), 496.

ā-singan, to sing out, sing to an end: pret. part. lēoð wæs ā-sungen, 1160.

sin-here, st. m., (army without end?), strong army, host: instr. sg. sin-herge, 2937.

sin-niht, st. f., perpetual night, night after night: acc. pl. sin-nihte (night after night), 161.

sin-sceaða, w. m., irreconcilable foe: nom. sg. syn-scaða, 708; acc. sg. syn-scaðan, 802.

sin-snǣd, st. f., (continuous biting) bite after bite: dat. pl. syn-snǣdum swealh (swallowed bite after bite, in great bites), 744.

sittan, st. v.: 1) to sit: pres. sg. Wīglāf siteð ofer Bīowulfe, 2907; imper. sg. site nū tō symle, 489; inf. þǣr swið-ferhðe sittan ēodon (whither the strong-minded went and sat), 493; ēode ... tō hire frēan sittan (went to sit by her lord), 642; pret. sg. on wicge sǣt (sat on the horse), 286; ǣt fōtum sǣt (sat at the feet), 500, 1167; þǣr Hrōðgār sǣt (where H. sat), 356; so, 1191, 2895; hē gewērgad sǣt ... frēan eaxlum nēah, 2854; pret. pl. sǣton, 1165; gistas sētan (MS. sēcan) ... and on mere staredon (the strangers sat and stared on the sea), 1603.--2) to be in a certain state or condition (quasi copula): pret. sg. mǣre þēoden ... unblīðe sǣt, 130.--Comp.: flet-, heal-sittend.

be-sittan, obsidere, to surround, besiege, w. acc.: besǣt þā sin-herge sweorda lāfe wundum wērge (then besieged he with a host the leavings of the sword, wound-weary), 2937.

for-sittan, obstrui, to pass away, fail: pres. sg. ēagena bearhtm for-siteð (the light of the eyes passeth away), 1768.

ge-sittan: 1) to sit, sit together: pret. sg. monig-oft ge-sǣt rīce to rūne (very often sat the king deliberating with his council (see rīce), 171; wið earm ge-sǣt (supported himself upon his arm, sat on his arm?), 750; fēða eal ge-sǣt (the whole troop sat down), 1425; ge-sǣt þā wið sylfne (sat there beside, near to, him, i.e. Hygelāc), 1978;

ge-sǣt þā on nǣsse, 2418; so, 2718; pret. part. (syððan) ... wē tō symble ge-seten hǣfdon, 2105.--2) w. acc., to seat one's self upon or in something, to board: pret. sg. þā ic ... sǣ-bāt ge-sǣt, 634.

of-sittan, w. acc., to sit over or upon: pret. sg. of-sǣt þā þone sele-gyst, 1546.

ofer-sittan, w. acc., to dispense with, refrain from (cf. ofer, 2 [c]): pres. sg. I. þǣt ic wið þone gūð-flogan gylp ofer-sitte, 2529; inf. secge ofer-sittan, 685.

on-sittan (O.H.G. int-sizzan, to start from one's seat, to be startled), w.

acc., to fear: inf. þā fæhðe, atole ecg-þræce ēower lēode sīwðe onsittan to dread the hostility, the fierce contest, of your people, 598.

ymb-sittan, to sit around, w. acc.: pret. pl. (þæt hīe) ... symbel ymb-sæton (sat round the feast), 564. See ymb-sittend.

sīd, adj.: 1) wide, broad, spacious, large: nom. sg. (here-byrne, glōf) sīd, 1445, 2087; acc. sg. m. sīdne scyld, 437; on sīdne sǣ, 507; fem. byrnan sīde (of a corselet extending over the legs), 1292; ofer sǣ sīde, 2395; neut. sīde rīce, 1734, 2200; instr. sg. sīdan herge, 2348; acc. pl. sīde sǣ-næssas, 223; sīde scyldas, 325; gen. pl. sīdra sorga (of great sorrows), 149.--2) in moral sense, great, noble: acc. sg. þurh sīdne sefan, 1727.

side, adv., far and wide, afar, 1224.

sīd-fæðme, adj., broad-bosomed: acc. sg. sīd-fæðme scip, 1918.

sīd-fæðmed, quasi pret. part., the same: nom. sg. sīd-fæðmed scip, 302.

sīd-rand, st. m., broad shield: nom. sg., 1290.

sīð (G. seþu-s), adj., late: superl. nom. sg. sīðast sige-hwīle (the last hour, day, of victory), 2711; dat. sg. æt sīðestan (in the end, at last), 3014.

sīð, adv. compar., later: ǣr and sīð (sooner and later, early and late), 2501.

sīð (G. sinþ-s), st. m.: 1) road, way, journey, expedition; esp., road to battle: nom. sg., 501, 3059, 3090; næs þæt ēðe sīð (that was no easy road, task), 2587; so, þæt wæs gēocor sīð, 766; acc. sg. sīð, 353, 512, 909, 1279, 1430, 1967; instr. dat. sīðe, 532, 1952, 1994; gen. sg. sīðes, 579, 1476, 1795, 1909. Also, return: nom. sg., 1972.--2) undertaking, enterprise; esp., battle-work: nom. sg. nis þæt ēower sīð, 2533; ne bið swylc earges sīð (such is no coward's enterprise), 2542; acc. sg. sīð, 873. In pl.= adventures: nom. sīðas, 1987; acc. sīðas, 878; gen. sīða, 318.--3) time (as iterative): nom. sg. næs þæt forma sīð (that was not the first time), 717, 1464; so, 1528, 2626; acc. sg. oftor micle þonne on ǣnne sīð, 1580; instr. sg. (forman, ōðre, þriddan) sīðe, 741, 1204, 2050, 2287, 2512, 2518, 2671, 2689, 3102.--Comp.: cear-, eft-, ellor-, gryre-, sǣ-, wil-, wrǣc-sīð.

ge-sīð, st. m., comrade, follower: gen. sg. ge-sīðes, 1298; nom. pl. ge-sīðas, 29; acc. pl. ge-sīðas, 2041, 2519; dat. pl. ge-sīðum, 1314, 1925, 2633; gen. pl. ge-sīða, 1935.--Comp.: eald-, wil-gesīð.

sīð-fæt, st. m., way, journey: acc. sg. þone sīð-fæt, 202; dat. sg. sīð-fate, 2640.

sīð-fram, -from, adj., ready for the journey: nom. pl. sīð-frome, 1814.

sīðian, w. v., to journey, march: inf., 721, 809; pret. sg. sīðode, 2120.

for-sīðian, iter fatale inire (Grein): pret. sg. hæfde þā for-sīðod sunu Ecg-þēowes under gynne grund (would have found his death, etc.), 1551.

sīe, sȳ. See wesan.

sīgan, st. v., to descend, sink, incline: pret. pl. sigon æt-somne (descended together), 307; sigon þā tō slǣpe (they sank to sleep), 1252.

ge-sīgan, to sink, fall: inf. ge-sīgan æt sæcce (fall in battle), 2660.

sīn, poss. pron., his: acc. sg. m. sīnne, 1961, 1985, 2284, 2790; dat. sg. sīnum, 1508.

slǣp, st. m., sleep: nom. sg., 1743; dat. sg. tō slǣpe, 1252.

slǣpan, st. v., to sleep: pres. part. nom. sg. slǣpende, 2220; acc. sg. hē gefēng ... slǣpendne rinc (seized a sleeping warrior], 742; acc. pl. slǣpende frǣt folces Denigea fīftȳne men (devoured, sleeping, fifteen of the people of the Danes), 1582.

slēac, adj., slack, lazy: nom. sg., 2188.

sleahan, slēan: 1) to strike, strike at: a) intrans.: pres. subj. sg. þæt hē mē ongēan slēa (that he should strike at me), 682; pret. sg. yrringa slōh (struck angrily), 1566; so, slōh hilde-bille, 2680. b) trans.: pret. sg. þæt hē þone nīð-gǣst nioðor hwēne slōh (that he struck the dragon somewhat lower, etc.), 2700.--2) w. acc.: to slay, kill: pret. sg. þæs þe hē Ābel slōg (because he slew A.), 108; so, slōg, 421, 2180; slōh, 1582, 2356; pl. slōgon, 2051; pret. part. þā wæs Fin slægen, 1153.

ge-slēan, w. acc.: 1) to fight a battle: pret. sg. ge-slōh þīn fæder fæhðe mæste, 459.--2) to gain by fighting: syððan hīe þā mærða ge-slōgon, 2997.

of-slēan, to ofslay, kill, w. acc.: pret. sg. of-slōh, 574, 1666, 3061.

slīðe (G. sleiþ-s), adj., savage, fierce, dangerous: acc. sg. þurh slīðne nīð, 184; gen. pl. slīðra ge-slyhta, 2399.

slīðen, adj., furious, savage, deadly nom. sg. sweord-bealo slīðen, 1148.

slītan, st. v., to slit, tear to pieces, w. acc.: pret. sg. slāt (slǣpendne rinc), 742.

slyht, st. m., blow: in comp. and-slyht.

ge-slyht, st. n. (collective), battle, conflict: gen. pl. slīðra ge-slyhta, 2399.

smið, st. m., smith, armorer: nom. sg. wǣpna smið, 1453; gen. sg. smiðes, 406.--Comp. wundor-smið.

be-smiðian, w. v., to surround with iron-work, bands, etc.: pret. part. hē (the hall Heorot) þæs fæste wæs innan and ūtan īren-bendum searo-þoncum besmiðod (i.e. the beams out of which the hall was built were held together skilfully, within and without, by iron clamps), 776.

snell, adj., fresh, vigorous, lively; of martial temper: nom. sg. se snella, 2972.

snellīc, adj., the same: nom. sg., 691.

snotor, snottor, adj., clever, wise, intelligent: nom. sg. snotor, 190, 827, 909, 1385; in weak form, (se) snottra, 1314, 1476, 1787; snotra, 2157, 3121; nom. pl. snotere, 202, 416; snottre, 1592.--Comp. fore-snotor.

snotor-līce, adv., intelligently, wisely: compar. snotor-līcor, 1483.

snūde, adv., hastily, quickly, soon, 905, 1870, 1972, 2326, 2569, 2753.

be-snyðian, w. v., to rob, deprive of: pret. sg. þætte Ongenþīo ealdre be-snyðede Hæðcyn, 2925.

snyrian, w. v., to hasten, hurry: pret. pl. snyredon ǣt-somne (hurried forward together), 402.

snyttru, f., intelligence, wisdom: acc. sg. snyttru, 1727; dat. pl. mid mōdes snyttrum, 1707; þē wē ealle ǣr ne meahton snyttrum be-syrwan (a deed which all of us together could not accomplish before with all our wisdom), 943. Adv., wisely, 873.

somne. See samne.

sorgian, w. v.: 1) to be grieved, sorrow: imper. sg. II. ne sorga! 1385.--2) to care for, trouble one's self about: inf. nō þū ymb mīnes ne þearft līces feorme leng sorgian (thou needst not care longer about my life's [body's] sustenance), 451.

sorh, st. f., grief, pain, sorrow: nom. sg., 1323; sorh is mē tō secganne (pains me to say), 473; acc. sg. sorge, 119, 2464; dat. instr. sg. mid þǣre sorge, 2469; sorge (in sorrow, grieved), 1150; gen. sg. worna fela ... sorge, 2005; dat. pl. sorgum, 2601; gen. pl. sorga, 149.--Comp.: hyge-, inwit-, þegn-sorh.

sorh-cearig, adj., curis sollicitus, heart-broken: nom. sg., 2456.

sorh-ful, adj., sorrowful, troublesome, difficult: nom. sg., 2120; acc. sg. sorh-fullne (sorh-fulne) sīð, 512, 1279, 1430.

sorh-lēas, adj., free from sorrow or grief: nom. sg., 1673.

sorh-leoð, st. n., dirge, song of sorrow: acc. sg., 2461.

sorh-wylm, st. m., wave of sorrow nom. pl. sorh-wylmas, 905.

sōcn, st. f., persecution, hostile pursuit or attack (see sēcan): dat, (instr.) þǣre sōcne (by reason of Grendel's persecution), 1778.

sōð, st. n., sooth, truth:: acc. sg. sōð, 532, 701, 1050, 1701, 2865; dat. sg. tō sōðe (in truth), 51, 591, 2326.

sōð, adj., true, genuine: nom. sg, þæt is sōð metod, 1612; acc. sg. n. gyd āwrǣc sōð and sār-līc, 2110.

sōðe, adv., truly, correctly, accurately, 524; sōðe gebunden (of alliterative verse: accurately put together), 872.

sōð-cyning, st. m., true king: nom. sg. sigora sōð-cyning (God), 3056.

sōð-fæst, adj., soothfast, established in truth, orthodox (here used of the Christian martyrs): gen. pl. sōð-fæstra dōm (glory, realm, of the saints), 2821.

sōð-līce, adv., in truth, truly, truthfully, 141, 273, 2900.

sōfte, adv., gently, softly: compar. þȳ sēft (the more easily), 2750.--Comp. un-sōfte.

sōna, adv., soon, immediately, 121, 722, 744, 751, 1281, 1498, 1592, 1619, 1763, etc.

on-spannan, st. v., to un-span, unloose: pret. sg. his helm on-spēon (loosed his helm), 2724.

spel, st. n., narrative, speech: acc. sg. spell, 2110; acc. pl. spel, 874; gen. pl. spella, 2899, 3030.--Comp. wēa-spel.

spēd, st. f.: 1) luck, success: in comp. here-, wīg-spēd.--2) skill, facility: acc. sg. on spēd (skilfully), 874.

spīwan, st. v., to spit, spew, w. instr.: inf. glēdum spīwan (spit fire), 2313

spor, st. n., spur: in comp. hand-spor.

spōwan, st. v., to speed well, help, avail: pret. sg. him wiht ne spēow (availed him naught), 2855; hū him æt æte spēow (how he sped in the eating), 3027.

spræc, st. f., speech, language: instr. sg. frēcnan spræce (through bold, challenging, discourse), 1105.--Comp.: æfen-, gylp-spræc.

sprecan, st. v., to speak: inf. ic sceal forð sprecan gēn ymbe Grendel (I shall go on speaking about G.), 2070; w. acc. sē þe wyle sōð sprecan (he who will speak the truth), 2865; imper. tō Gēatum sprec (spræc, MS.), 1172; pret. sg. III. spræc, 1169, 1699, 2511, 2725; word æfter spræc, 341; nō ymbe þā fæhðe spræc, 2619; II. hwæt þū worn fela ... ymb Brecan spræce (how much thou hast spoken of Breca!), 531; pl. hwæt wit geō sprǣcon (what we two spoke of before), 1477; gomele ymb gōdne on-geador sprǣcon, þǣt big ... (the graybeards spoke together about the valiant one, that they ...), 1596; swā wit furðum sprǣcon (as we two spoke, engaged, before), 1708; pret. part. þā wæs ... þrȳð-word sprecen, 644.

ge-sprecan, w. acc., to speak: pret. sg. ge-sprǣc, 676, 1399, 1467, 3095.

sprēot, st. m., pole; spear, pike: in comp. eofor-sprēot.

springan, st. v., to jump, leap; flash: pret. sg. hrā wīde sprong (the body bounded far), 1589; swāt ǣdrum sprong forð under fexe (the blood burst out in streams from under his hair), 2967; pl. wīde sprungon hilde-lēoman (flashed afar), 2583. Also figuratively: blǣd wīde sprang (his repute spread afar), 18.

ge-springan, to spring forth: pret. sg. swā þǣt blōd ge-sprang (as the blood burst forth), 1668. Figuratively, to arise, originate: pret. sg. Sigemunde gesprong æfter dēað-dǣge dōm un-lȳtel, 885.

on-springan, to burst in two, spring asunder: pret. pl. seonowe onsprungon, burston bānlocan 818.

standan, st. v.: 1) absolutely or with prep., to stand: pres. III. pl. ēored-geatwe þē gē þǣr on standað (the warlike accoutrements wherein ye there stand), 2867; inf. ge-seah ... orcas stondan (saw vessels standing), 2761; pret. sg. æt hȳðe stōd hringed-stefna (in the harbor stood the curved-prowed?, metal-covered?, ship), 32; stōd on stapole (stood near the [middle] column), 927; so, 1914, 2546; þǣt him on aldre stōd here-strǣl hearda (that the sharp war-arrow stood in his vitals), 1435; so, 2680; pl. gāras stōdon ... samod ǣt-gǣdere (the spears stood together), 328; him big stōdan bunan and orcas (by him stood cans and pots), 3048. Also of still water: pres. sg. III. nis þǣt feor heonon ... þǣt se mere standeð, 1363.--2) with predicate adj., to stand, continue in a certain state: subj. pres. þǣt þes sele stande ... rinca ge-hwylcum īdel and unnyt (that this hall stands empty and useless for every warrior), 411; inf. hord-wynne fand eald ūht-sceaða opene standan, 2272; pret. sg. oð þǣt īdel stōd hūsa sēlest, 145; so, 936; wæter under stōd drēorig and ge-drēfed, 1418--3) to belong or attach to; issue: pret. sg. Norð-Denum stōd atelīc egesa (great terror clung to, overcame, the North Danes), 784; þāra ānum stōd sadol searwum fāh (on one of the steeds lay an ingeniously-inlaid saddle), 1038; byrne-lēoma eldum on andan (burning light stood forth, a horror to men), 2314; lēoht inne stōd (a light stood in it, i.e. the sword), 1571; him of ēagum stōd ... lēoht unfǣger (an uncanny light issued from his eyes), 727; so, þæt [fram] þām gyste [gryre-] brōga stōd, 2229.

ā-standan, to stand up, arise: pret. sg. ā-stōd, 760, 1557, 2093.

ǣt-standan, to stand at, near, or in: pret. sg. þæt hit (i.e. þæt swurd) on wealle ǣt-stōd, 892.

for-standan, to stand against or before, hence: 1) to hinder, prevent: pret. sg. (brēost-net) wið ord and wið ecge in-gang for-stōd (the shirt of mail prevented point or edge from entering), 1550; subj. nefne him wītig god wyrd for-stōde (if the wise God had not warded off such a fate from them, i.e. the men threatened by Grendel), 1057.--2) defend, w. dat. of person against whom: inf. þæt hē ... mihte hēaðo-līðendum hord for-standan, bearn and brȳde (that he might protect his treasure, his children, and his spouse from the sea-farers), 2956.

ge-standan, intrans., to stand: pret. sg. ge-stōd, 358, 404, 2567; pl. nealles him on hēape hand-gesteallan ... ymbe gestōdon (not at all did his boon-companions stand serried around him), 2597.

stapa, w. m., stepper, strider: in comp. hǣð-, mearc-stapa.

stapan, st. v., to step, stride, go forward: pret. sg. eorl furður stōp, 762; gum-fēða stop lind-hǣbbendra (the troop of shield-warriors strode on), 1402.

ǣt-stapan, to stride up or to: pret. sg. forð nēar ǣt-stōp (strode up nearer), 746.

ge-stapan, to walk, stride: pret. sg. hē to forð gestōp dyrnan cræfte, dracan hēafde nēah (he, i.e. the man that robbed the dragon of the vessel, had through hidden craft come too near the dragon's head), 2290.

stapol, st. m., (= βάσις), trunk of a tree; hence, support, pillar, column: dat. sg. stōd on stapole (stood by or near the wooden middle column of Heorot), 927; instr. pl. þā stān-bogan stapulum fæste (the arches of stone upheld by pillars), 2719. See Note.

starian, w. v., to stare, look intently at: pres. sg. I. þæt ic on þone hafelan ... ēagum starige (that I see the head with my eyes), 1782; þāra frǣtwa ... þē ic hēr on starie (for the treasures ... that I here look upon), 2797; III. þonne hē on þæt sine starað, 1486; sg. for pl. þāra þe on swylc starað, 997; pret. sg. þæt (sin-frēa) hire an dǣges ēagum starede, 1936; pl. on mere staredon, 1604.

stān, st. m., 1) stone: in comp. eorclan-stān.--2) rock: acc. sg. under (ofer) hārne stān, 888, 1416, 2554, 2745; dat. sg. stāne, 2289, 2558.

stān-beorh, st. m., rocky elevation, stony mountain: acc. sg. stān-beorh stēapne, 2214.

stān-boga, w. m., stone arch, arch hewn out of the rock: dat. sg. stān-bogan, 2546; nom. pl. stān-bogan, 2719.

stān-clif, st. n., rocky cliff: acc. pl. stān-cleofu, 2541.

stān-fāh, adj., stone-laid, paved with stones of different colors: nom. sg. strǣt wæs stān-fāh (the street was of different colored stones), 320.

stān-hlið, st. n., rocky slope: acc. pl. stān-hliðo, 1410.

stæf, st. m.: 1) staff: in comp. rūn-staf.--2) elementum: in comp. ār-, ende-, fācen-stæf.

stæl, st. m., place, stead: dat. sg. þæt þū mē ā wǣre forð-gewitenum on fæder stǣle (that thou, if I died, wouldst represent a father's place to me), 1480.

stǣlan, w. v., to place; allure or instigate: inf. þā ic on morgne ge-frægn mæg ōðerne billes ecgum on bonan stǣlan (then I learned that on the morrow one brother instigated the other to murder with the sword's edge; or, one avenged the other on the murderer?, cf. 2962 seqq.), 2486.

ge-stǣlan, to place, impose, institute: pret. part. gē feor hafað fǣhðe ge-stǣled (Grendel's mother has further begun hostilities against us), 1341.

stede, st. m., place, -stead: in comp. bǣl-, burh-, folc-, hēah-, meðel-, wang-, wīc-stede.

stefn, st. f., voice: nom. sg., 2553; instr. sg. nīwan (nīowan) stefne (properly novā voce) = denuo, anew, again, 2595, 1790.

stefn, st. m., prow of a ship: acc. sg., 213; see bunden-, hringed-, wunden-stefna.

on-stellan, w. v., constituere, to cause, bring about: pret. sg. sē þæs or-leges ōr on-stealde, 2408.

steng, st. m., pole, pike: in comp. wæl-steng.

ge-steppan, w. v., to stride, go: pret. sg. folce ge-stepte ofer sæ sīde sunu Ōhtheres (O.'s son, i.e. Ēadgils, went with warriors over the broad sea), 2394.

stede (O.H.G. stāti, M.H.G. stæte), adj., firm, steady: nom. sg. wæs stēde nægla ge-hwylc stȳle ge-līcost (each nail-place was firm as steel), 986.

stēpan, w. v. w. acc., to exalt, honor: pret. sg. þēah þe hine mihtig god ... eafeðum stēpte, 1718.

ge-steald, st. n., possessions, property: in comp. in-gesteald, 1156.

ge-stealla, w. m., (contubernalis), companion, comrade: in comp. eaxl-, fyrd-, hand-, lind-, nȳd-ge-stealla.

stearc-heort, adj., (fortis animo), stout-hearted, courageous: nom. sg. (of the dragon), 2289; (of Bēowulf), 2553.

stēap, adj., steep, projecting, towering: acc. sg. stēapne hrōf, 927; stān-beorh stēapne, 2214; wið stēapne rond, 2567; acc. pl. m. beorgas stēape, 222; neut. stēap stān-hliðo, 1410.--Comp. heaðo-stēap.

stille, adj., still, quiet: nom. sg. wīd-floga wundum stille, 2831.

stille, adv., quietly, 301.

stincan, st. v., to smell; snuff: pret. sg. stonc þā æfter stāne (snuffed along the stone), 2289.

stīð, adj., hard, stiff: nom. sg. wunden-mæl (swurd) ... stīð and stȳlecg, 1534.

stīð-mōd, adj., stout-hearted, unflinching: nom. sg., 2567.

stīg, st. m., way, path: nom. sg., 320, 2214; acc. pl. stīge nearwe, 1410--Comp. medu-stīg.

stīgan, st. v., to go, ascend: pret. sg. þā hē tō holme [st]āg (when he plunged forward into the sea), 2363; pl. beornas ... on stefn stigon, 212; Wedera lēode on wang stigon, 225; subj. pret. ǣr hē on bed stige, 677.

ā-stīgan, to ascend: pres. sg. þonon ȳð-geblond up ā-stīgeð won tō wolcnum, 1374; gūð-rinc ā-stāh (the fierce hero ascended, i.e. was laid on the pyre? or, the fierce smoke [rēc] ascended?), 1119; gamen eft ā-stāh (joy again went up, resounded), 1161; wudu-rēc ā-stāh sweart of swioðole, 3145; swēg up ā-stāg, 783.

ge-stīgan, to ascend, go up: pret. sg. þā ic on holm ge-stāh, 633.

storm, st. m., storm: nom. sg. strǣla storm (storm of missiles), 3118; instr. sg. holm storme wēol (the sea billowed stormily), 1132.

stōl, st. m., chair, throne, seat: in comp. brego-, ēðel-, gif-, gum-stōl.

stōw, st. f., place, -stow: nom. sg. nis þæt hēoru stōw (a haunted spot), 1373; acc. sg. frēcne stōwe, 1379; grund-būendra gearwe stōwe (the place prepared for men, i.e. death-bed; see gesacan and ge-nȳdan), 1007: comp. wæl-stow.

strang, strong, adj., strong; valiant; mighty: nom. sg. wæs þæt ge-win tō strang (that sorrow was too great), 133; þū eart mægenes strang (strong of body), 1845; wæs sīo hond tō strong (the hand was too powerful), 2685; superl. wigena strengest (strongest of warriors), 1544; mægenes strengest (strongest in might), 196; mægene strengest, 790.

strādan? (cf. strǣde = passus, gressus), to tread, (be)-stride, stride over (Grein): subj. pres. sē þone wong strāde, 3074. See Note.

strǣl, st. m., arrow, missile: instr. sg. biteran strǣle, 1747; gen. pl. strǣla storm, 3118.

strǣt, st. f., street, highway: nom. sg., 320; acc. sg. strǣte, 1635; fealwe strǣte, 917.--Comp.: lagu-, mere-strǣt.

351

strengel, st. m., (endowed with strength), ruler, chief: acc. sg. wigena strengel, 3116.

strengo, st. f., strength, power, violence: acc. sg. mægenes strenge, 1271; dat. sg. strenge, 1534; strengo, 2541;--dat. pl. strengum = violently, powerfully [loosed from the strings?], 3118: in comp. hilde-, mægen-, mere-strengo.

strēgan (O.S. strōwian), w. v., to strew, spread: pret. part, wæs þǣm yldestan ... morðorbed strēd (the death-bed was spread for the eldest one), 2437.

strēam, st. m., stream, flood, sea: acc. sg. strēam, 2546; nom. pl. strēamas, 212; acc. pl. strēamas, 1262: comp. brim-, ēagor-, firgen-, lagu-strēam.

ge-strēon (cf. strēon = robur, vis), st. n., property, possessions; hence, valuables, treasure, jewels: nom. pl. Heaðo-beardna ge-strēon (the costly treasure of the Heathobeardas, i.e. the accoutrements belonging to the slain H.), 2038; acc. pl. æðelinga, eorla ge-strēon, 1921, 3168.-- Comp.: ǣr-, eald-, eorl-, hēah-, hord-, long-, māðm-, sinc-, þēod-ge-strēon.

strūdan, st. v., to plunder, carry off: subj. pres. nǣs þā on hlytme hwā þǣt hord strude, 3127.

ge-strȳnan, w. v. w. acc., to acquire, gain: inf. þǣs þe (because) ic mōste mīnum lēodum ... swylc ge-strȳnan, 2799.

stund, st. f., time, space of time, while: adv. dat. pl. stundum (at times), 1424.

styrian, w. v. w. acc.: 1) to arrange, put in order, tell: inf. secg eft on-gan sīð Bēowulfes snyttrum styrian (the poet then began to tell B.'s feat skilfully, i.e. put in poetic form), 873.--2) to rouse, stir up: pres. sg. III. þonne wind styreð lāð ge-widru (when the wind stirreth up the loathly weather), 1375.--3) to move against, attack, disturb: subj. pres. þǣt hē ... hring-sele hondum styrede (that he should attack the ring-hall with his hands), 2841.

styrman, w. v., to rage, cry out: pret. sg. styrmde, 2553.

stӯle, st. n., steel: dat. sg. stӯle, 986.

stӯl-ecg, adj., steel-edged: nom. sg., 1534.

be-stӯman, w. v., to inundate, wet, flood: pret. part. (wǣron) eal benc-þelu blōde be-stӯmed, 486.

suhtor-ge-fǣderan (collective), w. m. pl., uncle and nephew, father's brother and brother's son: nom. pl., 1165.

sum, pron.: 1) indef., one, a, any, a certain; neut. something: a) without part. gen.: nom. sg. sum, 1252; hilde-rinc sum, 3125; neut. ne sceal þǣr dyrne sum wesan (naught there shall be hidden), 271; acc. sg. m. sumne, 1433; instr. sg. sume worde (by a word, expressly), 2157; nom. pl. sume, 400, 1114; acc. pl. sume, 2941. b) with part. gen.: nom. sg. gumena sum (one of men, a man), 1500, 2302; mere-hrægla sum, 1906; þæt wæs wundra sum, 1608; acc. sg. gylp-worda sum, 676. c) with gen. of cardinals or notions of multitude: nom. sg. fīftӯna sum (one of fifteen, with fourteen companions), 207; so, eahta sum, 3124; fēara sum (one of few, with a few), 1413; acc. sg. manigra sumne (one of many, with many), 2092; manna cynnes sumne (one of the men), i.e. one of the watchmen in Heorot), 714; fēara sumne (some few, one of few; or, one of the foes?), 3062.--2) with part. gen. sum sometimes = this, that, the afore-mentioned: nom. sg. ēower sum (a certain one, that one, of you, i.e. Bēowulf), 248; gūð-beorna sum (the afore-mentioned warrior, i.e. who had shown the way to Hrōðgār's palace), 314; eorla sum (the said knight, i.e. Bēowulf), 1313; acc. sg. hord-ǣrna sum (a certain hoard-hall), 2280.

sund, st. m.: 1) swimming: acc. sg. ymb sund, 507; dat. sg. ǣt sunde (in swimming), 517; on sunde (a-swimming), 1619; gen. sg. sundes, 1437.--2) sea, ocean, sound: nom. sg., 223; acc. sg. sund, 213, 512, 539, 1427, 1445.

ge-sund, adj., sound, healthy, unimpaired: acc. sg. m. ge-sundne, 1629, 1999; nom. pl. ge-sunde, 2076; acc. pl. w. gen. fæder alwalda ... ēowic ge-healde sīða ge-sunde (the almighty Father keep you safe and sound on your journey!), 318.--Comp. an-sund.

sund-ge-bland, st. n., (the commingled sea), sea-surge, sea-wave: acc. sg., 1451.

sund-nyt, st. f., swimming-power or employment, swimming: acc. sg. sund-nytte drēah (swam through the sea), 2361.

sundur, sundor, adv., asunder, in twain: sundur gedǣlan (to separate, sunder), 2423.

sundor-nyt, st. f., special service (service in a special case): acc. sg. sundor-nytte, 668.

sund-wudu, st. m., (sea-wood), ship: nom. acc. sg. sund-wudu, 208, 1907.

sunne, w. f., sun: nom. sg., 607; gen. sg. sunnan, 94, 649.

sunu, st. m., son: nom. sg., 524, 591, 646, 981, 1090, 1486, etc.; acc. sg. sunu, 268, 948, 1116, 1176, 1809, 2014, 2120; dat. sg. suna, 344, 1227, 2026, 2161, 2730; gen. sg. suna, 2456, 2613, (1279); nom. pl. suna, 2381.

sūð, adv., south, southward, 859.

sūðan, adv., from the south, 607; sigel sūðan fūs (the sun inclined from the south), 1967.

swaðrian, w. v., to sink to rest, grow calm: brimu swaðredon (the waves became calm), 570. See sweðrian.

swaðu, st. f., trace, track, pathway: acc. sg. swaðe, 2099.--Comp.: swāt-, wald-swaðu.

swaðul, st. m.? n.?, smoke, mist (Dietrich in Haupt V. 215): dat. sg. on swaðule, 783. See sweoðol.

swancor, adj., slender, trim: acc. pl. þrīo wicg swancor, 2176.

swan-rād, st. f., swan-road, sea: acc. sg. ofer swan-rāde, 200.

and-swarian, w. v., to answer: pret. sg. him se yldesta and-swarode, 258; so, 340.

swā: 1) demons, adv., so, in such a manner, thus: swā sceal man dōn, 1173, 1535; swā þā driht-guman drēamum lifdon, 99; þæt ge-ǣfndon swā (that we thus accomplished), 538; þǣr hīe meahton (i.e. feorh ealgian), 798; so, 20, 144, 189, 559, 763, 1104, 1472, 1770, 2058, 2145, 2178, 2991; swā manlīce (so like a man), 1047; swā fela (so many), 164, 592; swā dēorlīce dǣd (so valiant a deed), 585; hine swā gōdne (him so good), 347; on swā geongum feore (in so youthful age), 1844; ge-dēð him swā ge-wealdene worolde dǣlas þæt ... (makes parts of the world so subject to him that...), 1733. In comparisons = ever, the (adv.): mē þīn mōd-sefa līcað leng swā wēl (thy mind pleases me ever so well, the longer the better), 1855. As an asseverative = so: swā mē Higelāc sīe ... mōdes blīðe (so be Higelac gracious-minded to me!), 435; swā þēah (nevertheless, however), 973, 1930, 2879; swā þēh, 2968; hwæðre swā þēah (yet however), 2443.--2): a) conj., as, so as: oð þæt his byre mihte eorlscipe efnan swā his ǣrfæder (until his son might do noble deeds, as his old father did), 2623; eft swā ǣr (again as before), 643;--with indic.: swā hē selfa bæd (as he himself requested), 29; swā hē oft dyde (as he often did), 444; gǣð ā Wyrd swā hīo sceal, 455; swā guman gefrungon, 667; so, 273, 352, 401, 561, 1049, 1056, 1059, 1135, 1232, 1235, 1239, 1253, 1382, etc.;--with subj.: swā þīn sefa hwette (as pleases thy mind, i.e. any way thou pleasest), 490. b) as, as then, how, 1143; swā hīe ā wǣron ... nȳd-gesteallan (as they were ever comrades in need), 882; swā hit dīope ... be-nemdon þēodnas mǣre (as, [how?] the mighty princes had deeply cursed it), 3070; swā hē manna wæs wīgend weorðfullost (as he of men the worthiest warrior was), 3099. c) just as, the moment when: swā þæt blōd gesprang, 1668. d) so that: swā hē ne mihte nō (so that he might not...), 1509; so, 2185, 2007.--3) = qui, quae, quod, German so: worhte wlite-beorhtne wang swā wæter bebūgeð (wrought the beauteous plain which (acc.) water surrounds), 93.--4) swā ... swā = so ... as, 595, 687-8, 3170; efne swā ... swā (even so ... as), 1093-4, 1224, 1284; efne swā hwylc mǣgða swā (such a woman as, whatsoever woman), 944; efne swā hwylcum manna swā (even so to each man as), 3058.

for-swāfan, st. v., to carry away, sweep off: pret. sg. ealle Wyrd for-swēof mīne māgas tō metod-sceafte, 2815.

for-swāpan, st. v., to sweep off, force: pret. sg. hīe Wyrd forswēop on Grendles gryre, 477.

swāt, st. m., (sweat), wound-blood: nom. sg., 2694, 2967; instr. sg. swāte, 1287.--Comp. heaðo-, hilde-swāt.

swāt-fāh, adj., blood-stained: nom. sg., 1112.

swātig, adj., gory: nom. sg., 1570.

swāt-swaðu, st. f., blood-trace: nom. sg., 2947.

be-swǣlan, w. v., to scorch: pret. part. wǣs se lēg-draca ... glēdum beswǣled, 3042.

swǣs, adj., intimate, special, dear: acc. sg. swǣsne ēðel, 520; nom. pl. swǣse ge-sīðas, 29; acc. pl. lēode swǣse, 1869; swǣse ge-sīðas, 2041; gen. pl. swǣsra ge-sīða, 1935.

swǣs-līce, adv., pleasantly, in a friendly manner, 3090.

swebban, w. v., (to put to sleep), to kill: inf. ic hine sweorde swebban nelle, 680; pres. sg. III. (absolutely) swefeð, 601.

ā-swebban, to kill, slay: pret. part. nom. pl. sweordum ā-swefede, 567.

sweðrian, w. v., to lessen, diminish: inf. þæt þæt fyr ongan sweðrian, 2703; pret. siððan Heremōdes hild sweðrode, 902.

swefan, st. v.: 1) to sleep: pres. sg. III. swefeð, 1742; inf. swefan, 119, 730, 1673; pret. sg. swǣf, 1801; pl. swǣfon, 704; swǣfun, 1281.--2) to sleep the death-sleep, die: pres. sg. III. swefeð, 1009, 2061, 2747; pl. swefað, 2257, 2458.

swegel, st. n., ether, clear sky: dat. sg. under swegle, 1079, 1198; gen. sg. under swegles begong, 861, 1774.

swegle, adj., bright, etherlike, clear: acc. pl. swegle searo-gimmas, 2750.

swegel-wered, quasi pret. part., ether-clad: nom. sg. sunne swegl-wered, 607.

swelgan, st. v., to swallow: pret. sg. w. instr. syn-snǣdum swealh (swallowed in great bites), 744; object omitted, subj. pres. nymðe līges fæðm swulge on swaðule, 783.

for-swelgan, w. acc., to swallow, consume: pret. sg. for-swealg, 1123, 2081.

swellan, st. v., to swell: inf. þā sīo wund on-gan ... swelan and swellan,

2714.

sweltan, st. v., to die, perish: pret. sg. swealt, 1618, 2475; draca morðre swealt (died a violent death), 893, 2783; wundor-dēaðe swealt, 3038; hioro-dryncum swealt, 2359.

swencan, w. v., to swink, oppress, strike: pret. sg. hine wundra þǣs fela swencte (MS. swecte) on sunde, 1511.

ge-swencan, to oppress, strike, injure: pret. sg. syððan hine Hǣðcyn ... flāne geswencte, 2439; pret. part. synnum ge-swenced, 976; hǣðstapa hundum ge-swenced, 1369.--Comp. lyft-ge-swenced.

sweng, st. m., blow, stroke: dat. sg. swenge, 1521, 2967; swenge (with its stroke), 2687; instr. pl. sweordes swengum, 2387.--Comp.: feorh-, hete-, heaðo-, heoro-sweng.

swerian, st. v., to swear: pret. w. acc. I. nē mē swōr fela āða on unriht (swore no false oaths), 2739; hē mē āðas swōr, 472.

for-swerian, w. instr., to forswear, renounce (protect with magic formulæ?): pret. part. hē sige-wǣpnum for-sworen hæfde, 805.

swēg, st. m., sound, noise, uproar: nom. sg. swēg, 783; hearpan swēg, 89, 2459, 3024; sige-folca swēg, 645; sang and swēg, 1064; dat. sg. swēge, 1215.--Comp.: benc-, morgen-swēg.

swelan, w. v., to burn (here of wounds): inf. swelan, 2714. See swǣlan.

sweart, adj., swart, black, dark: nom. sg. wudu-rēc sweart, 3146; dat. pl. sweartum nihtum, 167.

sweoðol (cf. O.H.G. suedan, suethan = cremare; M.H.G. swadem = vapor; and Dietrich in Haupt V., 215), st. m.? n.?, vapor, smoke, smoking flame: dat. sg. ofer swioðole (MS. swic ðole), 3146. See swaðul.

sweofot, st. m., sleep: dat. sg. on sweofote, 1582, 2296.

sweoloð, st. m., heat, fire, flame: dat. sg. sweoloðe, 1116. Cf. O.H.G. suilizo, suilizunga = ardor, cauma.

sweorcan, st. v., to trouble, darken. pres. sg. III. nē him inwit-sorh on sefan sweorceð (darkens his soul), 1738.

for-sweorcan, to grow dark or dim: pres. sg. III. ēagena bearhtm for-siteð and for-sworceð, 1768.

ge-sweorcan (intrans.), to darken: pret. sg. niht-helm ge-swearc, 1790.

sweord, swurd, swyrd, st. n., sword: nom. sg. sweord, 1287, 1290, 1570, 1606, 1616, 1697; swurd, 891; acc. sg. sweord, 437, 673, 1559, 1664, 1809, 2253, 2500, etc.; swurd, 539, 1902; swyrd, 2611, 2988; instr. sg. sweorde, 561, 574, 680, 2493, 2881; gen. sg. sweordes, 1107, 2194, 2387; acc. pl. sweord, 2639; nom. pl., 3049; instr. pl. sweordum, 567, 586, 885; gen. pl. sweorda, 1041, 2937, 2962.--Comp.: gūð-, māðð um-, wǣg-sweord.

sweord, st. f., oath: in comp. āð-sweord (sword-oath?), 2065.

sweord-bealo, st. n., sword-bale, death by the sword: nom. sg., 1148.

sweord-freca, w. m., sword-warrior: dat. sg. sweord-frecan, 1469.

sweord-gifu, st. f., sword-gift, giving of swords: nom. sg. swyrd-gifu, 2885.

sweotol, swutol, adj.: 1) clear, bright: nom. sg. swutol sang scopes, 90.--2) plain, manifest: nom. sg. syndolh sweotol, 818; tācen sweotol, 834; instr. sg. sweotolan tācne, 141.

swēof, swēop. See swāfan, swāpan.

swið, st. n.? (O.N. swiði), burning pain: in comp. þrȳð-swið(?).

swift, adj., swift: nom. sg. se swifta mearh, 2265.

swimman, swymman, st. v., to swim: inf. swymman, 1625.

ofer-swimman, w. acc., to swim over or through: pret. sg. ofer-swam sioleða bigong (swam over the sea), 2368.

swincan, st. v., to struggle, labor, contend: pret. pl. git on wæteres ǣht seofon niht swuncon, 517.

ge-swing, st. n., surge, eddy: nom. sg. atol ȳða geswing, 849.

swingan, st. v., to swing one's self, fly: pres. sg. III. nē gōd hafoc geond sǣl swingeð, 2265.

swīcan, st. v.: 1) to deceive, leave in the lurch, abandon: pret. sg. nǣfre hit (the sword) ǣt hilde ne swāc manna ǣngum, 1461.--2) to escape: subj. pret. būtan his līc swice, 967.

ge-swīcan, to deceive, leave in the lurch: pret. sg. gūð-bill ge-swāc nacod ǣt nīðe, 2585, 2682; w. dat. sēo ecg ge-swāc þēodne ǣt þearfe (the sword failed the prince in need), 1525.

swīð, swȳð (Goth, swinþ-s), adj., strong, mighty: nom. sg. wǣs þǣt gewin tō swȳð, 191.--Comp. nom. sg. sīo swīðre hand (the right hand), 2099; harsh, 3086.

swīðe, adv., strongly, very, much, 598, 998, 1093, 1744, 1927; swȳðe, 2171, 2188. Compar. swīðor, more, rather, more strongly, 961, 1140, 1875, 2199--Comp. un-swīðe.

ofer-swīðian, w. v., to overcome, vanquish, w. acc. of person: pres. sg. III. oferswȳðeð, 279, 1769.

swīð-ferhð, adj., (fortis animo), strong-minded, bold, brave: nom. sg. swȳð-ferhð, 827; gen. sg. swīð-ferhðes, 909; nom. pl. swīð-ferhðe, 493; dat. pl. swīð-ferhðum, 173.

swīð-hycgend, pres. part. (strenue cogitans), bold-minded, brave in spirit: nom. sg. swīð-hycgende, 920; nom. pl. swīð-hycgende, 1017.

swið-mōd, adj., strong-minded: nom. sg., 1625.

on-swīfan, st. v. w. acc., to swing, turn, at or against, elevate: pret. sg. biorn (Bēowulf) bord-rand on-swāf wið þām gryre-gieste, 2560.

swīgian, w. v., to be silent, keep silent: pret. sg. lȳt swīgode nīwra spella (kept little of the new tidings silent), 2898; pl. swīgedon ealle, 1700.

swīgor, adj., silent, taciturn: nom, sg. weak, þā wǣs swīgra secg ... on gylp-sprǣce gūð-ge-weorca, 981.

swīn, swȳn, st. n., swine, boar (image on the helm): nom. sg. swȳn, 1112; acc. sg. swīn, 1287.

swīn-līc, st. n., swine-image or body: instr. pl. swīn-līcum, 1454.

swōgan, st. v., to whistle, roar: pres. part. swōgende lēg, 3146.

swutol. See sweotol.

swylc, swilc (Goth, swa-leik-s), demons, adj. = talis, such, such a; relative = qualis, as, which: nom. sg. swylc, 178, 1941, 2542, 2709; swylc ... swylc=talis ... qualis, 1329; acc. sg. swylc, 2799; eall ... swylc (all ... which, as), 72; ōðer swylc (such another, i.e. hand), 1584; on swylc (on such things), 997; dat. sg. gūð-fremmendra swylcum (to such a battle-worker, i.e. Bēowulf), 299; gen. sg. swylces hwæt (some such), 881; acc. pl. swylce, 2870; call swylce ... swylce, 3166; swylce twēgen (two such), 1348; ealle þearfe swylce (all needs that), 1798; swylce hīe ... findan meahton sigla searo-gimma (such as they might find of jewels and cunning gems), 1157; efne swylce mǣla swylce (at just such times as), 1250; gen. pl. swylcra searo-nīða, 582; swylcra fela ... ǣr-gestrēona, 2232.

swylce, adv., as, as also, likewise, similarly, 113, 293, 758, 831, 855, 908, 921, 1147, 1166, 1428, 1483, 2460, 2825; gē swylce (and likewise), 2259; swilce, 1153.

swylt, st. m., death: nom. sg., 1256, 1437.

swylt-dæg, st. m., death-day: dat. sg. ǣr swylt-dǣge, 2799.

swynsian, w. v., to sound: pret. sg. hlyn swynsode, 612.

swyrd. See sweord.

swȳðl. See swīð.

swȳn. See swīn.

syððan (seðian, Gen. 1525), w. v., to punish, avenge, w. acc.: inf. þonne hit sweordes ecg syððan scolde (then the edge of the sword should avenge it), 1107.

syððan. See siððan.

syfan-wintre, adj., seven-winters-old: nom. sg., 2429.

syhð. See sēon.

syl (O.H.G. swella), st. f., sill, bench-support: dat. sg. fram sylle, 776.

sylfa. See selfa.

syllan. See sellan.

syllīc. See sellīc.

symbol, syml, st. n., banquet, entertainment: acc. sg. symbel, 620, 1011; geaf mē sinc and symbel (gave me treasure and feasting, i.e. made me his friend and table-companion), 2432; þǣt hīe ... symbel ymbsǣton (that they might sit round their banquet), 564; dat. sg. symle, 81, 489, 1009; symble, 119, 2105; gen. pl. symbla, 1233.

symble, symle, adv., continually, ever: symble, 2451; symle, 2498; symle wæs þȳ sǣmra (he was ever the worse, the weaker, i.e. the dragon), 2881.

symbel-wyn, st. f., banqueting-pleasure, joy at feasting: acc. sg. symbel-wynne drēoh, 1783.

syn, st. f., sin, crime: nom. synn and sacu, 2473; dat. instr. pl. synnum, 976, 1256, 3072.

syn. See sin.

syn-bysig, adj., (culpa laborans), persecuted on account of guilt? (Rieger), guilt-haunted?: nom. sg. secg syn-[by]sig, 2228.

ge-syngian, w. v., to sin, commit a crime: pret. part. þǣt wæs feohlēas ge-feoht, fyrenum ge-syngad, 2442.

synnig, adj., sin-laden, sinful: acc. sg. m. sinnigne secg, 1380.--Comp.: fela-, un-synnig.

ge-synto, f., health: dat. pl. on gesyntum, 1870.

syrce. See serce.

syrwan, w. v. w. acc., to entrap, catch unawares: pret. sg. duguðe and geogoðe seomade and syrede, 161.

be-syrwan: 1) to compass or accomplish by finesse; effect: inf. dǣd þē wē ealle ǣr ne meahton snyttrum be-syrwan (a deed that all of us could not accomplish before with all our wisdom), 943.--2) to entrap by guile and destroy: inf. mynte se mānscaða manna cynnes sumne be-syrwan (the fell foe thought to entrap some one (all?, see sum) of the men), 714.

sȳn, f., seeing, sight, scene: comp, an-sȳn.

ge-sȳne, adj., visible, to be seen: nom. sg. 1256, 1404, 2948, 3059, 3160.--Comp.: ēð-ge-sȳne, ȳð-ge-sēne.

T

taligean, w. v.: 1) to count, reckon, number; esteem, think: pres. sg. I. nō ic mē ... hnāgran gūð-geweorca þonne Grendel hine (count myself no worse than G. in battle-works), 678; wēn ic talige ...þæt (I count on the hope ... that), 1846; telge, 2068; sg. III. þæt rǣd talað þæt (counts it gain that), 2028.--2) to tell, relate: sōð ic talige (I tell facts), 532; swā þū self talast (as thou thyself sayst), 595.

tācen, st. n., token, sign, evidence: nom. sg. tācen sweotol, 834; dat. instr. sg. sweotolan tācne, 141; tīres tō tācne, 1655.--Comp. luf-tācen.

tān, st. m., twig: in comp. āter-tān. [emended to āter-tēarum in text-- KTH]

ge-tǣcan, w. v., to show, point out: pret. sg. him þā hilde-dēor hof mōdigra torht ge-tǣhte (the warrior pointed out to them the bright dwelling of the bold ones, i.e. Danes), 313. Hence, to indicate, assign: pret. sōna mē se mǣra mago Healfdenes ... wið his sylfes sunu setl getǣhte (assigned me a seat by his own son), 2014.

tǣle, adj., blameworthy: in comp. un-tǣle.

ge-tǣse, adj., quiet, still: nom. sg. gif him wǣre ... niht ge-tǣse (whether he had a pleasant, quiet, night), 1321.

tela, adv., fittingly, well, 949, 1219, 1226, 1821, 2209, 2738.

telge. See talian.

tellan, w. v., to tell, consider, deem: pret. sg. nē his līf-dagas lēoda ǣnigum nytte tealde (nor did he count his life useful to any man), 795; þǣt ic mē ǣnigne under swegles begong ge-sacan ne tealde (I believed not that I had any foe under heaven), 1774; cwǣð hē þone gūð-wine gōdne tealde (said he counted the war-friend good), 1811; hē ūsic gār-wīgend gōde tealde (deemed us good spear-warriors), 2642; pl. swā (so that) hine Gēata beam gōdne ne tealdon, 2185.--2) to ascribe, count against, impose: pret. sg. (Þrȳðo) him wǣlbende weotode tealde hand-gewriðene, 1937.

ge-tenge, adj., attached to, lying on: w. dat. gold ... grunde ge-tenge, 2759.

tēar, st. m., tear: nom. pl. tēaras, 1873.

teoh, st. f., troop, band: dat. sg. earmre teohhe, 2939.

(ge?)-teohhian, w. v., to fix, determine, assign: pret. sg. ic for lǣssan lēan teohhode ... hnāhran rince, 952; pres. part. wæs ōðer in ǣr geteohhod (assigned)... mǣrum Gēate, 1301.

tēon, st. v., to draw, lead: inf. heht ... eahta mēaras ... on flet tēon (bade eight horses be led into the hall), 1037; pret. sg. mē tō grunde tēah fāh fēond-sceaða (the many-hued fiend-foe drew me to the bottom), 553; eft-sīðas tēah (withdrew, returned), 1333; sg. for pl. ǣg-hwylcum ...þāra þe mid Bēowulfe brim-lāde tēah (to each of those that crossed the sea with B.) 1052; pret. part. þā wæs ... heard ecg togen (then was the hard edge drawn), 1289; wearð ... on næs togen (was drawn to the promontory), 1440.

ā-tēon, to wander, go, intrans.: pret. sg. tō Heorute ā-tēah (drew to Heorot), 767.

ge-tēon: 1) to draw: pret. sg. gomel swyrd ge-tēah, 2611; w. instr. and acc. hyre seaxe ge-tēah, brad brūn-ecg, 1546.--2) to grant, give, lend: imp. nō þū him wearne getēoh þīnra gegn-cwida glǣdnian (refuse not to gladden them with thy answer), 366; pret. sg. and þā Bēowulfe bēga gehwǣðres eodor Ingwina onweald ge-tēah (and the prince of the

Ingwins gave B. power over both), 1045; so, hē him ēst getēah (gave possession of), 2166.

of-tēon, to deprive, withdraw, w. gen. of thing and dat. pers.: pret. sg. Scyld Scēfing ... monegum mǣgðum meodo-setla of-tēah, 5; w. acc. of thing, hond ... feorh-sweng ne of-tēah, 2490; w. dat. hond (hord, MS.) swenge ne of-tēah, 1521.

þurh-tēon, to effect: inf. gif hē torn-gemōt þurh-tēon mihte, 1141.

tēon (cf. tēoh, materia, O.H.G. ziuc), w. v. w. acc., to make, work: pret. sg. tēode, 1453;--to furnish out, deck: pret. pl. nalas hī hine lǣssan lācum tēodan (provided him with no less gifts), 43.

ge-tēon, to provide, do, bring on: pres. sg. unc sceal weorðan ... swā unc Wyrd ge-tēoð, 2527; pret. sg. þē him ... sāre ge-tēode (who had done him this harm), 2296.

ge-tēona, w. m., injurer, harmer: in comp. lāð-ge-tēona.

til, adj., good, apt, fit: nom. sg. m. Hālga til, 61; þegn ungemete till (of Wīglāf), 2722; fem. wǣs sēo þēod tilu, 1251; neut. ne wǣs þǣt ge-wrixle til, 1305.

tilian, w. v. w. gen., to gain, win: inf. gif ic ... ōwihte mǣg þīnre mōd-lufan māran tilian (if I ... gain), 1824.

timbrian, w. v., to build: pret. part. acc. sg. sǣl timbred (the well-built hall), 307.

be-timbrian, (construere), to finish building, complete: pret. pl. betimbredon on tȳn dagum beadu-rōfes bēcn, 3161.

tīd, st. f., -tide, time: acc. sg. twelf wintra tīd, 147; lange tīd, 1916; in þā tīde, 2228.--Comp.: ān-, morgen-tīd.

ge-tīðian (from tigðian), w. v., to grant: pret. part. impers. wǣs ... bēne (gen.) ge-tīðad fēasceaftum men, 2285.

tīr, st. m., glory, repute in war. gen. sg. tīres, 1655.

tīr-ēadig, adj., glorious, famous: dat. sg. tīr-ēadigum menn (of Bēowulf),

2190.

tīr-fæst, adj., famous, rich in glory. nom. sg. (of Hrōðgār), 923.

tīr-lēas, adj., without glory, infamous: gen. sg. (of Grendel), 844.

toga, w. m., leader: in comp. folc-toga.

torht, adj., bright, brilliant: acc. sg. neut. hof ... torht, 313.--Comp.: wuldor-torht, heaðo-torht (loud in battle).

torn, st. n.: 1) wrath, insult, distress: acc. sg. torn, 147, 834; gen. pl. torna, 2190.--2) anger: instr. sg. torne ge-bolgen, 2402.--Comp. līge-torn.

torn, adj., bitter, cruel: nom. sg, hrēowa tornost, 2130.

torn-ge-mōt, st. n., (wrathful meeting), angry engagement, battle: acc. sg., 1141.

tō, I. prep. w. dat. indicating direction or tending to, hence: 1) local = whither after verbs of motion, to, up to, at: cōm tō recede (to the hall), 721; ēode tō sele, 920; ēode tō hire frēan sittan, 642; gǣð eft ... tō medo (goeth again to mead), 605; wand tō wolcnum (wound to the welkin), 1120; sigon tō slǣpe (sank to sleep), 1252; 28, 158, 234, 438, 553, 926, 1010, 1014, 1155, 1159, 1233, etc.; līð-wǣge bǣr hǣlum tō handa (bore the ale-cup to the hands of the men? at hand?), 1984; oð þæt niht becōm ōðer tō yldum, 2118; him tō bearme cwōm māððum-fæt mǣre (came to his hands, into his possession), 2405; sǣlde tō sande sīd-fæðme scip (fastened the broad-bosomed ship to the shore), 1918; þat se harm-scaða tō Heorute ā-tēah (went forth to Heorot), 767. After verb sittan: site nū tō symble (sit now to the meal), 489; siððan ... wē tō symble geseten hæfdon, 2105; tō ham (home, at home), 124, 374, 2993. With verbs of speaking: maðelode tō his wine-drihtne (spake to his friendly lord), 360; tō Gēatum sprec, 1172; so, heht þæt heaðo-weorc tō hagan bīodan (bade the battle-work be told at the hedge), 2893.--2) with verbs of bringing and taking (cf. under on, I., d): hraðe wæs tō būre Bēowulf fetod (B. was hastily brought from a room), 1311; siððan Hāma æt-wæg tō þǣre byrhtan byrig Brōsinga mene (since H. carried the Brōsing-necklace off from the bright city), 1200; wēan āhsode. fǣhðo to Frȳsum (suffered woe, feud as to, from, the Frisians), 1208.--3) =end of motion, hence: a) to, for, as, in: þone god sende folce tō frōfre (for, as, a help to the folk), 14; gesette ... sunnan and mōnan lēoman to lēohte (as a light), 95; ge-sæt ... tō rune (sat in counsel), 172; wearð hē Heaðo-lāfe tō hand-bonan, 460; bringe ... tō helpe (bring to, for, help), 1831; Jofore forgeaf āngan dōhtor ... hyldo tō wedde (as a pledge of his favor), 2999; so, 508(?), 666, 907, 972, 1022, 1187, 1263, 1331, 1708, 1712, 2080, etc.; secgan tō sōðe (to say in sooth), 51; so, 591, 2326. b) with verbs of thinking, hoping, etc., on, for, at, against: hē tō gyrn-wrǣce swīðor þōhte þonne tō sǣ-lāde (thought more on vengeance than on the sea-voyage), 1139; sæcce ne wēneð tō Gār-Denum (nor weeneth of conflict with the Spear-Danes), 602; þonne wēne ic tō þē wyrsan geþinges (then I expect for thee a worse result), 525; nē ic to Swēoþēode sibbe oððe trēowe wihte ne wēne (nor expect at all of, from, the Swedes ...), 2923; wiste þǣm āhlǣcan tō þǣm hēah-sele hilde ge-þinged (battle prepared for the monster in the high hall), 648; wēl bið þǣm þe mot tō fæder fæðmum freoðo wilnian (well for him that can find peace in the Father's arms), 188; þāra þe hē ge-worhte tō West-Denum (of those that he wrought against the West-Danes), 1579.--4) with the gerund, inf.: tō gefremmanne (to do), 174; tō ge-cȳðanne (to make known), 257; tō secganne (to say), 473; to beflēonne (to avoid, escape), 1004; so, 1420, 1725, 1732, 1806, 1852, 1923, 1942, etc. With inf.: tō fēran, 316; tō friclan, 2557.--5) temporal: gewāt him tō gescǣp-hwīle (went at(?) the hour of fate; or, to his fated rest?), 26; tō wīdan feore (ever, in their lives), 934; āwa tō aldre (for life, forever), 956; so, tō aldre, 2006, 2499; tō life (during life, ever), 2433.--6) with particles: wōd under wolcnum tō þǣs þe ... (went under the welkin to the point where ...), 715; so, elne ge-ēodon tō þǣs þe, 1968; so, 2411; hē him þǣs lēan for-geald ... tō þǣs þe hē on reste geseah Grendel licgan (he paid him for that to the point that he saw G. lying dead), 1586; wæs þæt blōd tō þǣs hāt (the blood was hot to that degree), 1617; næs þā long tō þon þæt ('twas not long till), 2592, 2846; wæs him se man tō þon lēof þæt (the man was dear to him to that degree), 1877; tō hwan siððan wearð hond-rǣs hæleða (up to what point, how, the hand-contest turned out), 2072; tō middes (in the midst), 3142.

II. Adverbial modifier, quasi preposition [better explained in many cases as prep. postponed]: l) to, towards, up to, at: gēong sōna tō, 1786; so, 2649; fēhð ōðer tō, 1756; sǣ-lāc ... þē þū hēr tō lōcast (upon which thou here lookest), 1655; folc tō sǣgon (the folk looked on), 1423; þæt hī him tō mihton gegnum gangan (might proceed thereto), 313; sē þe him bealwa tō bōte gelȳfde (who believed in help out of evils from him, i.e. Bēowulf), 910; him tō anwaldan āre ge-lyfde (trusted for himself to the Almighty's help), 1273; þē ūs sēceað tō Swēona lēode (that the Swedes will come against us), 3002.--2) before adj. and adv., too: tō strang (too mighty), 133; tō fæst, 137; tō swȳð, 191; so, 789, 970, 1337, 1743, 1749, etc.; tō fela micles (far too much), 695; hē tō forð ge-stōp (he had gone too far), 2290.

tōð (G. tunþu-s), st. m., tooth: in comp. blōdig-tōð (adj.).

tredan, st. v. w. acc., to tread: inf. sǣ-wong tredan, 1965; el-land tredan, 3020; pret. sg. wrǣc-lāstas trǣd, 1353; medo-wongas trǣd, 1644; grǣs-moldan trǣd, 1882.

treddian, tryddian (see trod), w. v., to stride, tread, go: pret. sg. treddode, 726; tryddode getrume micle (strode about with a strong troop), 923.

trem, st. n., piece, part: acc. sg. nē ... fōtes trem (not a foot's breadth), 2526.

trēow, st. f., fidelity, good faith: acc. sg. trēowe, 1073; sibbe oððe trēowe, 2923.

trēow, st. n., tree: in comp. galg-trēow.

trēowian. See truwian.

trēow-loga, w. m., troth-breaker, pledge-breaker: nom. pl. trēow-logan, 2848.

trodu, st. f., track, step: acc. sg. or pl. trode, 844.

ge-trum, st. n., troop, band: instr. sg. ge-trume micle, 923.

trum, adj., strong, endowed with: nom. sg. heorot hornum trum, 1370.

ge-truwan, w. v. w. acc., to confirm, pledge solemnly: pret. sg. þā hīe getruwedon on twā healfe fæste frioðu-wǣre, 1096.

truwian, trēowan, w. v., to trust in, rely on, believe in: 1) w. dat.: pret. sg. sīðe ne truwode lēofes mannes (I trusted not in the dear man's enterprise), 1994; bearne ne truwode þæt hē ... (she trusted not the child that ...), 2371; gehwylc hiora his ferhðe trēowde þæt hē ... (each trusted his heart that ...), 1167.--2) w. gen.: pret. sg. Gēata lēod georne truwode mōdgan mægnes, 670; wiðres ne truwode, 2954.

ge-truwian, to rely on, trust in, w. dat.: pret. sg. strenge ge-truwode, mund-gripe mægenes, 1534;--w. gen. pret. sg. beorges ge-truwode, wīges and wealles, 2323; strenge ge-truwode ānes mannes, 2541.

tryddian. See treddian.

trȳwe, adj., true, faithful: nom. sg. þā gȳt wæs ... æghwylc ōðrum trȳwe, 1166.

ge-trȳwe, adj., faithful: nom. sg. hēr is æghwylc eorl ōðrum ge-trȳwe, 1229.

turf, st. f., sod, soil, seat: in comp. ēðel-turf.

tūx, st. m., tooth, tusk: in comp. hilde-tūx.

ge-twæfan, w. v. w. acc. of person and gen. thing, to separate, divide, deprive of, hinder: pres. sg. III. þæt þec ādl oððe ecg eafoðes ge-twæfeð (robs of strength), 1764; inf. god ēaðe mæg þone dol-scaðan dæda ge-twæfan (God may easily restrain the fierce foe from his deeds), 479; pret. sg. sumne Gēata lēod ... fēores getwæfde (cut him off from life), 1434; nō þær wæg-flotan wind ofer ȳðum sīðes ge-twæfde (the wind hindered not the wave-floater in her course over the water), 1909; pret. part. æt rihte wæs gūð ge-twæfed (almost had the struggle been ended), 1659.

ge-twæman, w. v. acc. pers. and gen. thing, to hinder, render incapable of, restrain: inf. ic hine ne mihte ... ganges getwæman, 969.

twēgen, m. f. n. twā, num., twain, two: nom. m. twēgen, 1164; acc. m. twēgen, 1348; dat. twǣm, 1192 gen. twēga, 2533; acc. f. twā, 1096, 1195.

twelf, num., twelve, gen. twelfa, 3172.

tweone (Frisian twine), num. = bini, two: dat. pl. be sǣm tweonum, 859, 1298; 1686.

twidig, adj., in comp. lang-twidig (long-assured), 1709.

tȳder, st. m., race, descendant: in comp. un-tȳder, 111.

tȳdre (Frisian teddre), adj., weak, unwarlike, cowardly: nom. pl. tȳdre, 2848.

tȳn, num., ten: uninflect. dat. on tȳn dagum, 3161; inflect. nom. tȳne, 2848.

tyrwian, w. v., to tar: pret. part. tyrwed in comp.: nīw-tyrwed.

on-tyhtan, w. v., to urge on, incite, entice: pret. sg. on-tyhte, 3087.

Þ

þafian, w. v. w. acc., to submit to, endure: inf. þæt se þēod-cyning þafian sceolde Eofores ānne dōm, 2964.

þanc, st. m.: 1) thought: in comp. fore-, hete-, or-, searo-þanc; inwit-þanc (adj.).--2) thanks (w. gen. of thing): nom. sg., 929, 1779; acc. sg. þanc, 1998, 2795.--3) content, favor, pleasure: dat. sg. þā þe gif-sceattas Gēata fyredon þyder tō þance (those that tribute for the Gēatas carried thither for favor). 379.

ge-þanc, st. m., thought: instr. pl. þēostrum ge-þoncum, 2333.--Comp. mōd-ge-þanc.

þanc-hycgende, pres. part., thoughtful, 2236.

þancian, w. v., to thank: pret. sg. gode þancode ... þæs þe hire se willa ge-lamp (thanked God that her wish was granted), 626; so, 1398; pl. þancedon, 627(?).

þanon, þonon, þonan, adv., thence: 1) local: þanon eft gewāt (he went thence back), 123; þanon up ... stigon (went up thence), 224; so, þanon, 463, 692, 764, 845, 854, 1293; þanan, 1881; þonon, 520, 1374, 2409; þonan, 820, 2360, 2957.--2) personal: þanon untȳdras ealle on-wōcon (from him, i.e. Cain, etc.), 111; so, þanan, 1266; þonon, 1961; unsōfte þonon feorh oð-ferede (i.e. from Grendel's mother), 2141.

þā, adv.: l) there, then, 3, 26, 28, 34, 47, 53, etc. With þǣr: þā þǣr, 331. With nū: nū þā (now then), 658.--2) conjunction, when, as, since, w. indic., 461, 539, 633, etc.;--because, whilst, during, since, 402, 465,

724, 2551, etc.

þǣt, I. demons, pron. acc. neut. of se: demons, nom. þǣt (that), 735, 766, etc.; instr. sg. þȳ, 1798, 2029; þǣt ic þȳ wǣpne ge-brǣd (that I brandished as(?) a weapon; that I brandished the weapon?), 1665; þȳ weorðra (the more honored), 1903; þȳ sēft (the more easily), 2750; þȳ lǣs hym ȳðe þrym wudu wynsuman for-wrecan meahte (lest the force of the waves the winsome boat might carry away), 1919; nō þȳ ǣr (not sooner), 755, 1503, 2082, 2374, 2467; nō þȳ leng (no longer, none the longer), 975. þȳ =adv., therefore, hence, 1274, 2068; þē ... þē = on this account; for this reason ... that, because, 2639-2642; wiste þē geornor (knew but too well), 822; hē ... wæs sundes þē sǣnra þē hine swylt fornam (he was the slower in swimming as [whom?] death carried him off), 1437; nǣs him wihte þē sēl (it was none the better for him), 2688; so, 2278. Gen. sg. þǣs = adv., for this reason, therefore, 7, 16, 114, 350, 589, 901, 1993, 2027, 2033, etc. þǣs þe, especially after verbs of thanking, = because, 108, 228, 627, 1780, 2798;--also = secundum quod: þǣs þe hīe gewislīcost ge-witan meahton, 1351;--therefore, accordingly, 1342, 3001; tō þǣs (to that point; to that degree), 715, 1586, 1617, 1968, 2411; þǣs georne (so firmly), 969; ac hē þǣs fæste wæs ... besmiðod (it was too firmly set), 774; nō þǣs frōd leofað gumena bearna þǣt þone grund wite (none liveth among men so wise that he should know its bottom), 1368; hē þǣs (þǣm, MS.) mōdig wæs (had the courage for it), 1509.

II. conj. (relative), that, so that, 15, 62, 84, 221, 347, 358, 392, 571, etc.; oð þǣt (up to that, until); see oð.

þǣtte (from þǣt þe, see þē), that, 151, 859, 1257, 2925, etc.; þǣt þe (that), 1847.

þǣr: 1) demons. adv., there (where), 32, 36, 89, 400, 757, etc.; morðor-bealo māga, þǣr hēo ǣr mǣste hēold worolde wynne (the death-bale of kinsmen where before she had most worldly joy), 1080. With þā: þā þǣr, 331; þǣr on innan (therein), 71. Almost like Eng. expletive there, 271, 550, 978, etc.;--then, at that time, 440;--thither: þǣr swīð-ferhðe sittan ēodon (thither went the bold ones to sit, i.e. to the bench), 493, etc.--2) relative, where, 356, 420, 508, 513, 522, 694, 867, etc.; ēode ... þǣr se snottra bād (went where the wise one tarried), 1314; so, 1816;--if, 763, 798, 1836, 2731, etc.;--whither: gā þǣr hē wille, 1395.

þē, þe, I. relative particle, indecl., partly standing alone, partly associated with se, sēo, þæt: Hunferð maðelode, þē æt fōtum sæt (H., who sat at his feet, spake), 500; so, 138, etc.; wæs þæt gewin tō swȳð þē on þā lēode be-cōm (the misery that had come on the people was too great), 192, etc.; ic wille ... þē þā and-sware ǣdre ge-cȳðan þē mē se gōda ā-gifan þenceð (I will straightway tell thee the answer that the good one shall give), 355; oð þone ānne dæg þē hē ... (till that very day that he ...), 2401; hēo þā fǣhðe wrǣc þē þū ... Grendel cwealdest (the fight in which thou slewest G.), 1335; mid þǣre sorge þē him sīo sār belamp (with the sorrow wherewith the pain had visited him), 2469; pl. þonne þā dydon þē ... (than they did that ...), 45; so, 378, 1136; þā māðmas þē hē mē sealde (the treasures that he gave me), 2491; so, ginfæstan gife þē him god sealde (the great gifts that God had given him), 2183. After þāra þe (of those that), the depend. verb often takes sg. instead of pl. (Dietrich, Haupt XI., 444 seqq.): wundor-sīona fela secga ge-hwylcum þāra þe on swylc staræð (to each of those that look on such), 997; so, 844, 1462, 2384, 2736. Strengthened by se, sēo, þæt: sægde sē þe cūðe (said he that knew), 90; wæs se grimma gæst Grendel hāten, sē þe mōras hēold (the grim stranger hight Grendel, he that held the moors), 103; here-byrne ... sēo þe bān-cofan beorgan cūðe (the corselet that could protect the body), 1446, etc.; þǣr ge-lȳfan sceal dryhtnes dōme sē þe hine dēað nimeð (he shall believe in God's judgment whom death carrieth off), 441; so, 1437, 1292 (cf. Heliand I., 1308).

þǣs þe. See þæt.

þēah þe. See þēah.

for þām þe. See for-þām.

þȳ, þē, the, by that, instr. of se: āhte ic holdra þȳ lǣs ... þē dēað for-nam (I had the less friends whom death snatched away), 488; so, 1437.

þeccan, w. v., to cover (thatch), cover over: inf. þā sceal brond fretan, ǣled þeccean (fire shall eat, flame shall cover, the treasures), 3016; pret. pl. þǣr git ēagor-strēam earmum þehton (in swimming), 513.

þegn, st. m., thane, liegeman, king's higher vassal; knight: nom. sg., 235, 494, 868, 2060, 2710; (Bēowulf), 194; (Wīglāf), 2722; acc. sg. þegen (Bēowulf, MS. þegn), 1872; dat. sg. þegne, 1342, 1420; (Hengest), 1086; (Wīglāf), 2811; gen. sg. þegnes, 1798; nom. pl. þegnas, 1231; acc. pl. þegnas, 1082, 3122; dat. pl. þegnum, 2870; gen. pl. þegna, 123, 400,

1628, 1674, 1830, 2034, etc.--Comp.: ambiht-, ealdor-, heal-, magu-, sele-þegn.

þegnian, þēnian, w. v., to serve, do liege service: pret. sg. ic him þēnode dēoran sweorde (I served them with my good sword, i.e. slew them with it), 560.

þegn-sorh, st. f., thane-sorrow, grief for a liegeman: acc. sg. þegn-sorge, 131.

þegu, st. f., taking: in comp.: bēah-, bēor-, sinc-þegu.

þel, st. n., deal-board, board for benches: in comp. benc-þel, 486, 1240.

þencan, w. v.: 1) to think: absolutely: pres. sg. III. sē þe wēl þenceð, 289; so, 2602. With depend. clause: pres. sg. nænig heora þōhte þæt hē ... (none of them thought that he), 692.--2) w. inf., to intend: pres. sg. III. þā and-sware ... þē mē se gōda ā-gifan þenceð (the answer that the good one intendeth to give me), 355; (blōdig wæl) byrgean þenceð, 448; þonne hē ... gegān þenceð longsumne lof (if he will win eternal fame), 1536; pret. sg. nē þæt āglǣca yldan þōhte (the monster did not mean to delay that), 740; pret. pl. wit unc wið hronfixas werian þōhton, 541; (hine) on healfa ge-hwone hēawan þōhton, 801.

ā-þencan, to intend, think out: pret. sg. (hē) þis ellen-weorc āna ā-þōhte tō ge-fremmanne, 2644.

ge-þencan, w. acc.: 1) to think of: þæt hē his selfa ne mæg ... ende ge-þencean (so that he himself may not think of, know, its limit), 1735.--2) to be mindful: imper. sg. ge-þenc nū ... hwæt wit geō sprǣcon, 1475.

þenden: 1) adv., at this time, then, whilst: nalles fācen-stafas Þēod-Scyldingas þenden fremedon (not at all at this time had the Scyldings done foul deeds), 1020 (referring to 1165; cf. Wīdsīð, 45 seqq.); þenden rēafode rinc ōðerne (whilst one warrior robbed another, i.e. Eofor robbed Ongenþēow), 2986.--2) conj., so long as, whilst, 30, 57, 284, 1860, 2039, 2500, 3028;--whilst, 2419. With subj., whilst, as long as: þenden þū mōte, 1178; þenden þū lifige, 1255; þenden hyt sȳ (whilst the heat lasts), 2650.

þengel, st. m., prince, lord, ruler: acc. sg. hringa þengel (Bēowulf), 1508.

þes (m.), þēos (f.), þis (n.), demons. pron., this: nom. sg. 411, 432, 1703; f., 484; nom. acc. neut., 2156, 2252, 2644; þȳs, 1396; acc. sg. m. þisne, 75; f. þās, 1682; dat. sg. neut. þissum, 1170; þyssum, 2640; f. þisse, 639; gen. m. þisses, 1217; f. þisse, 929; neut. þysses, 791, 807; nom. pl. and acc. þās, 1623, 1653, 2636, 2641; dat. þyssum, 1063, 1220.

þē. See þæt.

þēh. See þēah.

þearf, st. f., need: nom. sg. þearf, 1251, 2494, 2638; þā him wæs manna þearf (as he was in need of men), 201; acc. sg. þearfe, 1457, 2580, 2850; fremmað gē nū lēoda þearfe (do ye now what is needful for the folk), 2802; dat. sg. æt þearfe, 1478, 1526, 2695, 2710; acc. pl. se for andrysnum ealle beweotede þegnes þearfe (who would supply in courtesy all the thane's needs), 1798 (cf. sele-þegn, 1795.--Comp.: firen-, nearo-, ofer-þearf.

þearf. See þurfan.

ge-þearfian, w. v., = necessitatem imponere: pret. part. þā him swā ge-þearfod wǣs (since so they found it necessary), 1104.

þearle, adv., very, exceedingly, 560.

þēah, þēh, conj., though, even though or if: 1) with subj. þēah, 203, 526, 588, 590, 1168, 1661, 2032, 2162. Strengthened by þe: þēah þe, 683, 1369, 1832, 1928, 1942, 2345, 2620; þēah ... eal (although), 681.--2) with indic.: þēah, 1103; þēh, 1614.--3) doubtful: þēah hē ūðe wēl, 2856; swā þēah (nevertheless), 2879; nō ... swā þēah (not then however), 973; næs þē forht swā þēh (he was not, though, afraid), 2968; hwæðre swā þēah (yet however), 2443.

þēaw, st. m., custom, usage: nom. sg., 178, 1247; acc. sg. þēaw, 359; instr. pl. þēawum (in accordance with custom), 2145.

þeód, st. f.: 1) war-troop, retainers: nom. sg., 644, 1231, 1251.--2) nation, folk: nom. sg., 1692; gen. pl. þēoda, 1706.--Comp.: sige-, wer-þēod.

þēod-cyning, st. m., (=folc-cyning), warrior-king, king of the people: nom. sg. (Hrōðgār), 2145; (Ongenþēow), 2964, 2971; þīod-cyning

373

(Bēowulf), 2580; acc. sg. þēod-cyning (Bēowulf), 3009; gen. sg. þēod-cyninges (Bēowulf), 2695; gen. pl. þēod-cyninga, 2.

þēoden, st. m., lord of a troop, war-chief, king; ruler: nom. sg., 129, 365, 417, 1047, 1210, 1676, etc.; þīoden, 2337, 2811; acc. sg. þēoden, 34, 201, 353, 1599, 2385, 2722, 2884, 3080; þīoden, 2789; dat. sg. þēodne, 345, 1526, 1993, 2573, 2710, etc.; þēoden, 2033; gen. sg. þēodnes 798, 911, 1086, 1628, 1838, 2175; þīodnes, 2657; nom. pl. þēodnas, 3071.

þēoden-lēas, adj., without chief or king: nom. pl. þēoden-lēase, 1104.

þēod-gestrēon, st. n., people's-jewel, precious treasure: instr. pl. þēod-ge-strēonum, 44; gen. pl. þēod-ge-strēona, 1219.

þēodig, adj., appertaining to a þēod: in comp. el-þēodig.

þēod-scaða, w. m., foe of the people, general foe: nom. sg. þēod-sceaða (the dragon), 2279, 2689.

þēod-þrēa, st. f. m., popular misery, general distress: dat. pl. wið þēod-þrēaum, 178.

þēof, st. m., thief: gen. sg. þēofes cræfte, 2221.

þēon, st. v.: 1) to grow, ripen, thrive: pret. sg. weorðmyndum þāh (grew in glory), 8.--2) to thrive in, succeed: pret. sg. hūru þæt on lande lȳt manna þāh (that throve to few), 2837. See Note, l. 901.

ge-þēon, to grow, thrive; increase in power and influence: imper. ge-þēoh tela, 1219; inf. lof-dædum sceal ... man geþēon, 25; þæt þæt þēodnes bearn ge-þēon scolde, 911.

on-þēon? to begin, undertake, w. gen.: pret. hē þæs ǣr onþāh, 901. [In MS. Emended in text.--KTH] See Note l. 901.

þēon (for þēowan), w. v., to oppress, restrain: inf. næs se folc-cyning ymb-sittendra ǣnig þāra þe mec ... dorste egesan þēon (that durst oppress me with terror), 2737.

þēostor, adj., dark, gloomy: instr. pl. þēostrum ge-þoncum, 2333.

þēow, st. m., slave, serf 2225.

þicgan, st. v. w. acc., to seize, attain, eat, appropriate: inf. þæt hē (Grendel) mā mōste manna cynnes þicgean ofer þā niht, 737; symbel þicgan (take the meal, enjoy the feast), 1011; pret. pl. þæt hīe mē þēgon, 563; þǣr wē medu þēgun, 2634.

ge-þicgan, w. acc., to grasp, take: pret. sg. (symbel and sele-ful, ful) ge-þeah, 619, 629; Bēowulf ge-þah ful on flette, 1025; pret. pl. (medo-ful manig) ge-þǣgon, 1015.

þider, þyder, adv., thither: þyder, 3087, 379, 2971.

þīhtig, þȳhtig, adj., doughty, vigorous, firm: acc. sg. neut. sweord ... ecgum þȳhtig, 1559.--Comp. hyge-þīhtig.

þincan. See þyncan.

þing, st. n.: 1) thing: gen. pl. ǣnige þinga (ullo modo), 792, 2375, 2906.--2) affair, contest, controversy: nom. sg. mē wearð Grendles þing ... undyrne cūð (Grendel's doings became known to me), 409.--3) judgment, issue, judicial assembly(?): acc. sg. sceal ... āna gehegan þing wið þyrse (shall bring the matter alone to an issue against the giant: see hegan), 426.

ge-þing, st. n.: 1) terms, covenant: acc. pl. ge-þingo, 1086.--2) fate, providence, issue: gen. sg. ge-þinges, 398, 710; (ge-þingea, MS.), 525.

ge-þingan, st. v., to grow, mature, thrive (Dietrich, Haupt IX., 430): pret. part. cwēn mōde ge-þungen (mature-minded, high-spirited, queen), 625. See wēl-þungen.

ge-þingan (see ge-þing), w. v.: 1) to conclude a treaty: w. refl. dat, enter into a treaty: pres. sg. III. gif him þonne Hrēðrīc tō hofum Gēata ge-þingeð (if H. enters into a treaty (seeks aid at?) with the court of the Gēatas, referring to the old German custom of princes entering the service or suite of a foreign king), 1838. Leo.--2) to prepare, appoint: pret. part. wiste [ǣt] þǣm āhlǣcan ... hilde ge-þinged, 648; hraðe wǣs ... mēce ge-þinged, 1939.

þingian, w. v.: 1) to speak in an assembly, make an address: inf. ne hȳrde ic snotor-līcor on swā geongum feore guman þingian (I never heard a man so young speak so wisely), 1844.--2) to compound, settle, lay aside: inf. ne wolde feorh-bealo ... fēo þingian (would not compound the life-bale for money), 156; so, pret. sg. þā fǣhðe fēo þingode, 470.

þīhan. See þēon.

þīn, possess, pron., thy, thine, 267, 346, 353, 367, 459, etc.

ge-þōht, st. m., thought, plan: acc. sg. ān-fealdne ge-þōht, 256; fæst-rǣdne ge-þōht, 611.

þolian, w. v. w. acc.: 1) to endure, bear: inf. (inwid-sorge) þolian, 833; pres. sg. III. þrēa-nȳd þolað, 284; pret. sg. þolode þrȳðswȳð, 131.--2) to hold out, stand, survive: pres. sg. (intrans.) þenden þis sweord þolað (as long as this sword holds out), 2500; pret. sg. (sēo ecg) þolode ǣr fela hand-gemōta, 1526.

ge-þolian: 1) to suffer, bear, endure: gerund. tō ge-þolianne, 1420; pret. sg. earfoð-līce þrāge ge-þolode..., þæt hē ... drēam gehȳrde (bore ill that he heard the sound of joy), 87; torn ge-þolode (bore the misery), 147.--2) to have patience, wait: inf. þǣr hē longe sceal on þæs waldendes wǣre ge-þolian, 3110.

þon (Goth, þan) = tum, then, now, 504; æfter þon (after that), 725; ǣr þon dǣg cwōme (ere day came), 732; nō þon lange (it was not long till then), 2424; næs þā long tō þon (it was not long till then), 2592, 2846; wæs him se man tō þon lēof þæt ... (the man was to that degree dear to him that ...), 1877.

þonne: 1) adv., there, then, now, 377, 435, 525, 1105, 1456, 1485, 1672, 1823, 3052, 3098(?).--2) conj., if, when, while: a) w. indic., 573, 881, 935, 1034, 1041, 1043, 1144, 1286, 1327, 1328, 1375, etc.; þæt ic gum-cystum gōdne funde bēaga bryttan, brēac þonne mōste (that I found a good ring-giver and enjoyed him whilst I could), 1488. b) w. subj., 23, 1180, 3065; þonne ...þonne (then ... when), 484-85, 2447-48; gif þonne ...þonne (if then ... then), 1105-1107. c) than after comparatives, 44, 248, 469, 505, 534, 679, 1140, 1183, etc.; a comparative must be supplied, l. 70, before þone: þæt hē ... hātan wolde medo-ærn micel men ge-wyrcean þone yldo bearn ǣfre ge-frūnon (a great mead-house (greater) than men had ever known).

þracu, st. f., strength, boldness: in comp. mōd-þracu; = impetus in ecg-þracu.

þrāg, st. f., period of time, time: nom. sg. þā hine sīo þrāg be-cwōm (when the [battle]-hour befell him), 2884; acc. sg. þrāge (for a time), 87; longe (lange) þrāge, 54, 114.--Comp. earfoð-þrāg.

ge-þrǣc, st. n., multitude, crowd: in comp. searo-ge-þrǣc.

þrec-wudu, st. m., (might-wood), spear (cf. mǣgen-wudu): acc. sg., 1247.

þrēa, st. m. f., misery, distress: in comp. þēod-þrēa, þrēa-nēdla, -nȳd.

þrēa-nēdla, w. m., crushing distress, misery: dat. sg. for þrēa-nēdlan, 2225.

þrea-nȳd, st. f., oppression, distress: acc. sg. þrēa-nȳd, 284; dat. pl. þrēa-nȳdum, 833.

þrēat, st. m., troop, band: dat. sg. on þām þrēate, 2407; dat. pl. sceaðena þrēatum, 4.--Comp. īren-þrēat.

þrēatian, w. v. w. acc., to press, oppress: pret. pl. mec ...þrēatedon, 560.

þreot-teoða, num. adj. w. m., thirteenth: nom. sg. þreot-teoða secg, 2407.

þrēo, num. (neut.), three: acc. þrīo wicg, 2175; þrēo hund wintra, 2279.

þridda, num. adj. w. m., third: instr. þriddan sīðe, 2689.

ge-þring, st. n., eddy, whirlpool, crush: acc. on holma ge-þring, 2133.

þringan, st. v., to press: pret. sg. wergendra tō lȳt þrong ymbe þēoden (too few defenders pressed round the prince), 2884; pret. pl. syððan Hrēðlingas tō hagan þrungon (after the Hrethlingas had pressed into the hedge), 2961.

for-þringan, to press out; rescue, protect: inf. þæt hē ne mehte ...þā wēa-lāfe wīge for-þringan þēodnes þegne (that he could not rescue the wretched remnant from the king's thane by war), 1085.

ge-þringan, to press: pret. sg. cēol up geþrang (the ship shot up), i.e. on the shore in landing), 1913.

þrītig, num., thirty (neut. subst.): acc. sg. w. partitive gen.: þrītig þegna, 123; gen. þrīttiges (XXXtiges MS.) manna, 379.

þrīst-hȳdig, adj., bold-minded, valorous: nom. sg. þīoden þrīst-hȳdig (Bēowulf), 2811.

þrowian, w. v. w. acc., to suffer, endure: inf. (hāt, gnorn) þrowian, 2606, 2659; pret. sg. þrowade, 1590, 1722; þrowode, 2595.

þrȳð, st. f., abundance, multitude, excellence, power: instr. pl. þrȳðum (excellently, extremely; excellent in strength?), 494.

þrȳð-ærn, st. n., excellent house, royal hall: acc. sg. (of Heorot), 658.

þrȳðlīc, adj., excellent, chosen: nom. sg. þrȳð-līc þegna hēap, 400, 1628; superl. acc. pl. þrȳð-līcost, 2870.

þrȳð-swȳð, st. n.?, great pain (?): acc., 131, 737 [? adj., very powerful, exceeding strong].

þrȳð-word, st. n., bold speech, choice discourse: nom. sg., 644. (Great store was set by good table-talk: cf. Lachmann's Nibelunge, 1612; Rīgsmāl, 29, 7, in Möbius, p. 79b, 22.)

þrym, st. m.: 1) power, might, force: nom. sg. ȳða þrym, 1919; instr. pl. = adv. þrymmum (powerfully), 235.--2) glory, renown: acc. sg. þrym, 2.--Comp. hyge-þrym.

þrym-līc, adj., powerful, mighty: nom. sg. þrec-wudu þrym-līc (the mighty spear), 1247.

þū, pron., thou, 366, 407, 445, etc.; acc. sg. þec (poetic), 948, 2152, etc.; þē, 417, 426, 517, etc.; after compar. sēlran þē (a better one than thee), 1851. See gē.

þunca, w. m. See æf-þunca.

ge-þungen. See ge-þingan, st. v.

þurfan, pret.-pres. v., to need: pres. sg. II. nō þū ne þearft ... sorgian (needest not care), 450; so, 445, 1675; III. ne þearf ... onsittan (need not fear), 596; so, 2007, 2742; pres. subj. þæt hē ... sēcean þurfe, 2496;

pret. sg. þorfte, 157, 1027, 1072, 2875, 2996; pl. nealles Hetware hrēmge þorfton (i.e. wesan) fēðe-wīges (needed not boast of their foot-fight), 2365.

ge-þuren. See þweran.

þurh, prep. w. acc. signifying motion through, hence: I. local, through, throughout: wōd þā þurh þone wæl-rēc (went then through the battle-reek), 2662.--II. causal: 1) on account of, for the sake of, owing to: þurh slīðne nīð (through fierce hostility, heathenism), 184; þurh holdne hige (from friendliness), 267; so, þurh rūmne sefan, 278; þurh sīdne sefan, 1727; ēoweð þurh egsan uncūðne nīð (shows unheard-of hostility by the terror he causes), 276; so, 1102, 1336, 2046. 2) by means of, through: heaðo-ræs for-nam mihtig mere-dēor þurh mīne hand, 558; þurh ānes cræft, 700; so, 941, 1694, 1696, 1980, 2406, 3069.

þus, adv., so, thus, 238, 337, 430.

þunian, w. v., to din, sound forth: pret. sg. sund-wudu þunede, 1907.

þūsend, num., thousand: 1) fem. acc. ic þē þūsenda þegna bringe tō helpe, 1830.--2) neut. with measure of value (sceat) omitted: acc. seofan þūsendo, 2196; gen. hund-þūsenda landes and locenra bēaga (100,000 sceattas' worth of land and rings), 2995.--3) uninflected: acc. þūsend wintra, 3051.

þwǣre, adj., affable, mild: in comp. man-þwǣre.

ge-þwǣre, adj., gentle, mild: nom. pl. ge-þwǣre, 1231.

ge-þweran, st. v., to forge, strike: pret. part. heoru ... hamere ge-þuren (for ge-þworen) (hammer-forged sword), 1286.

þȳhtig. See þīhtig.

ge-þyld (see þolian), st. f.: 1) patience, endurance: acc. sg. ge-þyld, 1396.--2) steadfastness: instr. pl. = adv.: ge-þyldum (steadfastly, patiently), 1706.

þyle, st. m., spokesman, leader of the conversation at court: nom. sg., 1166, 1457.

þyncan, þincean, w. v. w. dat. of pers., to seem, appear: pres. sg. III. þinceð him tō lȳtel (it seems to him too little), 1749; ne þynceð mē gerysne, þæt wē (it seemeth to me not fit that we ...), 2654; pres. pl. hȳ ... wyrðe þinceað eorla ge-æhtlan (they seem worthy contenders with (?) earls; or, worthy warriors), 368; pres. subj. swā him ge-met þince, 688; inf. þincean, 1342; pret. sg. þūhte, 2462, 3058; nō his līf-gedāl sār-līc þūhte secga ǣnigum (his death seemed painful to none of men), 843; pret. pl. þǣr him fold-wegas fǣgere þūhton, 867.

of-þincan, to displease, offend: inf. mǣg þæs þonne of-þyncan þēoden (dat.) Heaðo-beardna and þegna gehwām þāra lēoda, 2033.

þyrs, st. m., giant: dat. sg. wið þyrse (Grendel), 426.

þys-līc, adj., such, of such a nature: nom. sg. fem. þys-līcu þearf, 2638.

þȳ. See þæt.

þȳwan (M.H.G. diuhen, O.H.G. duhan), w. v., to crush, oppress: inf. gif þec ymb-sittend egesan þȳwað (if thy neighbors oppress thee with dread), 1828.

þȳstru, st. f., darkness: dat. pl. in þȳstrum, 87.

ge-þȳwe, adj., customary, usual: nom. sg. swā him ge-þȳwe ne wǣs (as was not his custom), 2333.

U

ufan, adv., from above, 1501; above, 330.

ufera (prop. higher), adj., later: dat. pl. ufaran dōgrum, 2201, 2393.

ufor, adv., higher, 2952.

umbor, st. n., child, infant: acc. sg., 46; dat. sg., 1188.

un-blīðe, adv.(?), unblithely, sorrowfully, 130, 2269; (adj., nom. pl.?), 3032.

un-byrnende, pres. part., unburning, without burning, 2549.

unc, dat. and acc. of the dual wit, us two, to us two, 1784, 2138, 2527; gen. hwæðer ... uncer twēga (which of us two), 2533; uncer Grendles (of us two, G. and me), 2003.

uncer, poss. pron., of us two: nom. sg. [uncer], 2002(?); dat. pl. uncran eaferan, 1186.

un-cūð, adj.: 1) unknown: nom. sg. stīg ... eldum uncūð, 2215; acc. sg. neut. uncūð ge-lād (unknown ways), 1411.--2) unheard-of, barbarous, evil: acc. sg. un-cūðne nīð, 276; gen. sg. un-cūðes (of the foe, Grendel), 961.

under, I. prep. w. dat. and acc.: 1) w. dat., answering question where? = under (of rest), contrasted with over: bāt (wæs) under beorge, 211; þā cwōm Wealhþēo forð gān under gyldnum bēage (W. walked forth under a golden circlet, i.e. decked with), 1164; siððan hē under segne sine ealgode (under his banner), 1205; hē under rande ge-cranc (sank under his shield), 1210; under wolcnum, 8, 1632; under heofenum, 52, 505; under roderum, 310; under helme, 342, 404; under here-grīman, 396, 2050, 2606; so, 711, 1198, 1303, 1929, 2204, 2416, 3061, 3104.--2) w. acc.: a) answering question whither? = under (of motion): þā secg wīsode under Heorotes hrōf, 403; siððan æfen-lēoht under heofenes hādor be-holen weorðeð, 414; under sceadu bregdan, 708; flēon under fen-hleoðu, 821; hond ālegde ... under gēapne hrōf, 837; tēon in under eoderas, 1038; so, 1361, 1746, 2129, 2541, 2554, 2676, 2745; so, hæfde þā for-sīðod sunu Ecg-þēowes under gynne grund, 1552 (for-sīðian requires acc.). b) after verbs of venturing and fighting, with acc. of object had in view: hē under hārne stān ...āna ge-nēðde frēcne dæde, 888; ne dorste under ȳða ge-win aldre ge-nēðan, 1470. c) indicating extent, with acc. after expressions of limit, etc.: under swegles begong (as far as the sky extends), 861, 1774; under heofenes hwealf (as far as heaven's vault reaches), 2016.

II. Adv., beneath, below: stīg under læg (a path lay beneath, i.e. the rock), 2214.

undern-mæl, st. n., midday: acc. sg., 1429.

un-dyrne, un-derne, adj., without concealment, plain, clear: nom. sg., 127, 2001; un-derne, 2912.

un-dyrne, adv., plainly, evidently; un-dyrne cūð, 150, 410.

un-fæger, adj., unlovely, hideous: nom. sg. lēoht un-fæger, 728.

un-fǣcne, adj., without malice, sincere: nom. sg., 2069.

un-fǣge, adj., not death-doomed or "fey": nom. sg., 2292; acc. sg. un-fǣgne eorl, 573.

un-flitme, adv., solemnly, incontestably: Finn Hengeste elne unflitme āðum benemde (F. swore solemnly to H. with oaths) [if an adj., elne un-f. = unconquerable in valor], 1098.

un-forht, adj., fearless, bold: nom. sg., 287; acc. pl. unforhte (adv.?), 444. See Note.

un-from, adj., unfit, unwarlike: nom. sg., 2189.

un-frōd, adj., not aged, young: dat sg. guman un-frōdum, 2822.

un-gedēfelīce, adv., unjustly, contrary to right and custom, 2436.

un-gemete, adv., immeasurably, exceedingly, 2421, 2722, 2729.

un-gemetes, adv. gen. sg., the same, 1793.

un-geāra, adv., (not old), recently, lately, 933; soon, 603.

un-gifeðe, adj., not to be granted; refused: nom. sg., 2922.

un-glēaw, adj., regardless, reckless: acc. sg. sweord ... ecgum unglēaw (of a sharp-edged sword), 2565.

un-hār, adj., very gray: nom. sg., 357; (bald?).

un-hǣlo, st. f., mischief, destruction: gen. sg. wiht un-hǣlo (the demon of destruction, Grendel), 120.

un-hēore, un-hȳre, adj., monstrous, horrible: nom. sg. m., weard un-hīore (the dragon), 2414; neut. wīf un-hȳre (Grendel's mother), 2121; nom. pl. neut. hand-sporu ... unhēoru (of Grendel's claws), 988.

un-hlytme, un-hlitme, adv. (cf. A.S. hlytm = lot; O.N. hluti = part division), undivided, unseparated, united, 1130 [unless = un-flitme,

1098]. See Note.

un-lēof, adj., hated: acc. pl. seah on un-lēofe, 2864.

un-lifigende, pres. part., unliving, lifeless: nom. sg. un-lifigende, 468; acc. sg. un-lyfigendne, 1309; dat. sg. un-lifgendum, 1390; gen. sg. un-lyfigendes, 745.

un-lȳtel, adj., not little, very large: nom. sg. duguð un-lȳtel (a great band of warriors? or great joy?), 498; dōm un-lȳtel (no little glory), 886; acc. sg. torn un-lȳtel (very great shame, misery), 834.

un-murnlīce, adv., unpityingly, without sorrowing, 449, 1757.

unnan, pret.-pres. v., to grant, give; wish, will: pret.-pres. sg. I. ic þē an tela sinc-gestrēona, 1226; weak pret. sg. I. ūðe ic swīðor þæt þū hine selfne ge-sēon mōste, 961; III. hē ne ūðe þæt ...(he granted not that ...), 503; him god ūðe þæt ... hē hyne sylfne ge-wræc (God granted to him that he avenged himself), 2875; þēah hē ūðe wēl (though he well would), 2856.

ge-unnan, to grant, permit: inf. gif hē ūs ge-unnan wile þæt wē hine ... grētan mōton, 346; mē ge-ūðe ylda waldend, þæt ic ... ge-seah hangian (the Ruler of men permitted me to see hanging ...), 1662.

un-nyt, adj., useless: nom. sg., 413, 3170.

un-riht, st. n., unright, injustice, wrong: acc. sg. unriht, 1255, 2740; instr. sg. un-rihte (unjustly, wrongly), 3060.

un-rīm, st. n., immense number: nom. sg., 1239, 3136; acc. sg., 2625.

un-rīme, adj., countless, measureless: nom. sg. gold un-rīme, 3013.

un-rōt, adj., sorrowing: nom. pl. un-rōte, 3149.

un-snyttru, st. f., lack of wisdom: dat. pl. for his un-snyttrum (for his unwisdom), 1735.

un-softe, adv., unsoftly, with violence (hardly?), 2141; scarcely, 1656.

un-swȳðe, adv., not strongly or powerfully: compar. (ecg) bāt unswīðor þonne his þīod-cyning þearfe hæfde (the sword bit less sharply than the prince of the people needed), 2579; fȳr unswīðor wēoll, 2882.

un-synnig, adj., guiltless, sinless: acc. sg. un-synnigne, 2090.

un-synnum, adv. instr. pl., guiltlessly, 1073.

un-tǣle, adj., blameless: acc. pl. un-tǣle, 1866.

un-tȳder, st. m., evil race, monster: nom. pl. un-tȳdras, 111. [Cf. Ger. un-mensch.]

un-wāclīc, adj., that cannot be shaken; firm, strong: acc. sg. ād ... un-wāclīcne, 3139.

un-wearnum, adv. instr. pl., unawares, suddenly; (unresistingly?), 742.

un-wrecen, pret. part., unavenged, 2444.

up, adv., up, upward, 224, 519, 1374, 1620, 1913, 1921, 2894; (of the voice), þā wæs ... wōp up āhafen, 128; so, 783.

up-lang, adj., upright, erect: nom. sg., 760.

uppe (adj., ūfe, ūffe), adv., above, 566.

up-riht, adj., upright, erect: nom. sg., 2093.

uton. See wuton.

Ū

ūð-genge, adj., transitory, evanescent, ready to depart, (fled?): þǣr wæs æsc-here ... feorh ūð-genge, 2124.

ūhte, w. f., twilight or dawn: dat. or acc. on ūhtan, 126.

ūht-floga, w. m., twilight-flier, dawn-flier (epithet of the dragon): gen. sg. ūht-flogan, 2761.

ūht-hlem, st. m., twilight-cry, dawn-cry: acc. sg., 2008.

ūht-sceaða, w. m., twilight- or dawn-foe: nom. sg., 2272.

ūs, pers. pron. dat. and acc. of wē (see wē), us, to us, 1822, 2636, 2643, 2921, 3002, 3079; acc. (poetic), ūsic, 2639, 2641, 2642;--gen. ūre: ūre ǣg-hwylc (each of us), 1387; ūser, 2075.

ūser, possess, pron.: nom. sg. ūre man-drihten, 2648; dat. sg. ūssum hlāforde, 2635; gen. sg. neut. ūsses cynnes, 2814; dat. pl. ūrum ... bām (to us both, two) (for unc bām), 2660.

ūt, adv., out, 215, 537, 664, 1293, 1584, 2082, 2558, 3131.

ūtan, adv., from without, without, 775, 1032, 1504, 2335.

ūt-fūs, adj., ready to go: nom. sg. hringed-stefna īsig and ūt-fūs, 33.

ūt-weard, adj., outward, outside, free: nom. sg. eoten (Grendel) wæs ūt-weard, 762.

ūtan-weard, adj., without, outward, from without: acc. sg. hlǣw ... ealne ūtan-weardne, 2298.

W

wacian, w. v., to watch: imper. sg. waca wið wrāðum! 661.

wadan, st. v., (cf. wade, waddle) to traverse; stride, go: pret. sg. wōd þurh þone wæl-rēc, 2662; wōd under wolcnum (stalked beneath the clouds), 715.

ge-wadan, to attain by moving, come to, reach: pret. part. oð þæt ... wunden-stefna ge-waden hæfde, þæt þā līðende land ge-sāwon (till the ship had gone so far that the sailors saw land), 220.

on-wadan, w. acc., to invade, befall: pret. sg. hine fyren on-wōd(?), 916.

þurh-wadan, to penetrate, pierce: pret. sg. þæt swurd þurh-wōd wrǣt-līcne wyrm, 891; so, 1568.

wāg, st. m., wall: dat. sg. on wāge, 1663; dat. pl. æfter wāgum (along the walls), 996.

wala, w. m., boss: nom. pl. walan, 1032 (cf. Bouterwek in Haupt XI., 85 seqq.).

walda, w. m., wielder, ruler: in comp. an-, eal-walda.

wald-swaðu, st. f., forest-path: dat. pl. æfter wald-swaðum (along the wood-paths), 1404.

wam, wom, st. m., spot, blot, sin: acc. sg. him be-beorgan ne con wom (cannot protect himself from evil or from the evil strange orders, etc.; wom = wogum? = crooked?), 1748; instr. pl. wommum, 3074.

wan, won, adj., wan, lurid, dark: nom. sg, ȳð-geblond ... won (the dark waves), 1375; se wonna hrefn (the black raven), 3025; wonna lēg (lurid flame), 3116; dat. sg. f. on wanre niht, 703; nom. pl. neut. scadu-helma ge-sceapu ... wan, 652.

wang, st. m., mead, field; place: acc. sg. wang, 93, 225; wong, 1414, 2410, 3074; dat. sg. wange, 2004; wonge, 2243, 3040; acc. pl. wongas, 2463.--Comp.: freoðo-, grund-, medo-, sǣ-wang.

wang-stede, st. m., (locus campestris), spot, place: dat. sg. wong-stede, 2787.

wan-hȳd (for hygd), st. f., heedlessness, recklessness: dat. pl. for his won-hȳdum, 434.

wanian, w. v.: 1) intrans., to decrease, wane: inf. þā þæt sweord ongan ... wanian, 1608.--2) w. acc., to cause to wane or lessen: pret. sg. hē tō lange lēode mīne wanode, 1338.

ge-wanian, to decrease, diminish: pret. part. is mīn flet-werod ... ge-wanod, 477.

wan-sǣlig, adj., unhappy, wretched: nom. sg. won-sǣlig wer (Grendel), 105.

wan-sceaft, st. f., misery, want: acc. sg. won-sceaft, 120.

warian, w. v. w. acc., to occupy, guard, possess: pres. sg. III. þǣr hē hǣðen gold warað (where he guards heathen gold), 2278; pl. III. hīe (Grendel and his mother) dȳgel land warigeað, 1359; pret. sg.

(Grendel) goldsele warode, 1254; (Cain) wēsten warode, 1266.

waroð, st. m., shore: dat. sg. tō waroðe, 234; acc. pl. wide waroðas, 1966.

waru, st. f., inhabitants, (collective) population: in comp. land-waru.

wā, interj., woe! wā bið þǣm þe... (woe to him that...), 183.

wāðu, st. f., way, journey: in comp. gamen-wāðu.

wānian, w. v., to weep, whine, howl, w. acc.: inf. gehȳrdon ... sār wānigean helle hǣftan (they heard the hell-fastened one lamenting his pain), 788; pret. sg. [wānode], 3152(?).

wāt. See witan.

wǣcean, w. v., to watch: pret. part wǣccende, 709, 2842; acc. sg. m. wǣccendne wer, 1269. See wacian.

wǣcnan, w. v., to be awake, come forth: inf., 85.

wǣcnan, st. v., to awake, arise, originate: pret. sg. þanon (from Cain) wōc fela geō-sceaft-gāsta, 1266; so, 1961; pl. þām fēower bearn ... in worold wōcun, 60.

on-wǣcnan: 1) to awake (intrans.): pret. sg. þā se wyrm on-wōc (when the drake awoke), 2288.--2) to be born: pret. sg. him on-wōc hēah Healfdene, 56; pl. on-wōcon, 111.

wǣd, st. n., (the moving) sea, ocean: nom. wado weallende, 546; wadu weallendu, 581; gen. pl. wada 508.

wǣfre, adj., wavering (like flame), ghostlike, without distinct bodily form: nom. sg. wǣl-gǣst wǣfre (of Grendel's mother), 1332;-- flickering, expiring: nom. sg. wǣfre mōd, 1151; him wǣs geōmor sefa, wǣfre and wǣl-fūs, 2421.

be-wǣgnan, w. v., to offer: pret part, him wǣs ... frēond-laðu wordum be-wǣgned, 1194.

wǣl, st. n., battle, slaughter, the slain in battle: acc. sg. wǣl, 1213, 3028, blōdig wæl, 448; oððe on wæl crunge (or in battle, among the slain, fall), 636; dat. sg. sume on wæle crungon (some fell in the slaughter), 1114; dat. sg. in Fr...es wæle (proper name in MS. destroyed), 1071; nom. pl. walu, 1043.

wæl-bed, st. n., slaughter-bed, deathbed: dat. sg. on wæl-bedde, 965.

wæl-bend, st. f., death-bond: acc. sg. or pl. wæl-bende ... hand-gewriðene, 1937.

wæl-blēat, adj., deadly, mortal, cruel: acc. sg. wunde wæl-blēate, 2726.

wæl-dēað, st. m., death in battle: nom. sg., 696.

wæl-drēor, st. m., battle-gore: instr. sg. wæl-drēore, 1632.

wæl-fāh, adj., slaughter-stained, blood-stained: acc. sg. wæl-fāgne winter, 1129.

wæl-fæhð, st. f., deadly feud: gen. pl. wæl-fæhða, 2029.

wæl-feall, st. m., (fall of the slain), death, destruction: dat. sg. tō wæl-fealle, 1712.

wæl-fūs, adj., ready for death, foreboding death: nom. sg., 2421.

wæl-fyllo, st. f., fill of slaughter: dat. sg. mid þǣre wæl-fulle (i.e. the thirty men nightly slaughtered at Heorot by Grendel), 125; wæl-fylla? 3155.

wæl-fȳr, st. n.: 1) deadly fire: instr. sg. wæl-fȳre (of the fire-spewing dragon), 2583.--2) corpse-consuming fire, funeral pyre: gen. pl. wæl-fȳra mǣst, 1120.

wæl-gǣst, st. m., deadly sprite (of Grendel and his mother): nom. sg. wæl-gǣst, 1332; acc. sg. þone wæl-gǣst, 1996.

wæl-hlem, st. m., death-stroke: acc. sg. wæl-hlem þone, 1996.

wælm, st. m., flood, whelming water: nom. sg. þǣre burnan wælm, 2547; gen. sg. þæs wælmes (of the surf), 2136.--Comp. cear-wælm.

wæl-nīð, st. m., deadly hostility: nom. sg., 3001; dat. sg. æfter wæl-nīðe, 85; nom. pl. wæl-nīðas, 2066.

wæl-rāp, st. m., flood-fetter, i.e. ice: acc. pl. wæl-rāpas, 1611; (cf. wæll, wel, wyll = well, flood: leax sceal on wæle mid scēote scrīðan, Gnom. Cott. 39).

wæl-rǣs, st. m., deadly onslaught: nom. sg., 2948; dat. sg. wæl-rǣse, 825, 2532.

wæl-rest, st. f., death-bed, acc. sg. wæl-reste, 2903.

wæl-rēc, st. m., deadly reek or smoke: acc. sg. wōd þā þurh þone wæl-rēc, 2662.

wæl-rēaf, st, n., booty of the slain, battle-plunder: acc. sg., 1206.

wæl-rēow, adj., bold in battle: nom. sg., 630.

wæl-sceaft, st. m., deadly shaft, spear: acc. pl. wæl-sceaftas, 398.

wæl-seax, st. n., deadly knife, war-knife: instr. sg. wæll-seaxe, 2704.

wæl-stenge, st. m., battle-spear: dat. sg. on þām wæl-stenge, 1639.

wæl-stōw, st. f., battle-field: dat. sg. wæl-stōwe, 2052, 2985.

wæstm, st. m., growth, form, figure: dat. sg. on weres wæstmum (in man's form), 1353.

wæter, st. n., water: nom. sg., 93, 1417, 1515, 1632; acc. sg. wæter, 1365, 1620; dēop wæter (the deep), 509, 1905; ofer wīd wæter (over the high sea], 2474; dat. sg. æfter wætere (along the Grendel-sea), 1426; under wætere (at the bottom of the sea), 1657; instr. wætere, 2723; wætre, 2855; gen. sg. ofer wæteres hrycg (over the surface of the sea), 471; on wæteres ǣht, 516; þurh wæteres wylm (through the sea-wave), 1694; gen. = instr. wæteres weorpan (to sprinkle with water), 2792.

wæter-egesa, st. m., water-terror, i.e. the fearful sea: acc. sg., 1261

wæter-ȳð, st. f., water-wave, billow: dat. pl. wæter-ȳðum, 2243.

wǣd, st. f., (weeds), garment: in comp. here-, hilde-wǣd.

ge-wǣde, st. n., clothing, especially battle-equipments: acc. pl. gewǣdu, 292.--Comp. eorl-gewǣde.

wǣg, st. m., wave: acc. sg. wǣg, 3133.

wǣg-bora, w. m., wave-bearer, swimmer (bearing or propelling the waves before him): nom. sg. wundorlīc wǣg-bora (of a sea-monster), 1441.

wǣg-flota, w. m., sea-sailer, ship: acc. sg. wēg-flotan, 1908.

wǣg-holm, st. m., the wave-filled sea: acc. sg. ofer wǣg-holm, 217.

wǣge, st. n., cup, can: acc. sg. fǣted wǣge, 2254, 2283.--Comp.: ealo-, līð-wǣge.

wǣg-līðend, pres. part., sea-farer: dat. pl. wǣg-līðendum (et līðendum, MS.), 3160.

wǣg-sweord, st. n., heavy sword: acc. sg., 1490.

wǣn, st. m., wain, wagon: acc. sg. on wǣn, 3135.

wǣpen, st. n., weapon; sword: nom. sg., 1661; acc. sg. wǣpen, 686, 1574, 2520, 2688; instr. wǣpne, 1665, 2966; gen. wǣpnes, 1468; acc. pl. wǣpen, 292; dat. pl. wǣpnum, 250, 331, 2039, 2396. --Comp.: hilde-, sige-wǣpen.

wǣpned-man, st. m., warrior, man: dat. sg. wǣpned-men, 1285.

wǣr, st. f., covenant, treaty: acc. sg. wǣre, 1101;--protection, care: dat. sg. on frēan (on þǣs waldendes) wǣre (into God's protection), 27, 3110.--Comp.: frioðo-wǣr.

wǣsma, w. m., fierce strength, war-strength: in comp. here-wǣsma, 678.

wē, pers. pron., we, 942, 959, 1327, 1653, 1819, 1820, etc.

web, st. n., woven work, tapestry:, nom. pl. web, 996.

webbe, w. f., webster, female weaver: in comp. freoðu-webbe.

weccan, weccean, w. v. w. acc., to wake, rouse; recall: inf. wīg-bealu weccan (to stir up strife), 2047; nalles hearpan swēg (sceal) wīgend weccean (the sound of the harp shall not wake up the warriors), 3025; ongunnon þā ... bæl-fȳra mæst wīgend weccan (the warriors then began to start the mightiest of funeral pyres), 3145; pret. sg. wehte hine wætre (roused him with water, i.e. Wīglāf recalled Bēowulf to consciousness), 2855.

tō-weccan, to stir up, rouse: pret, pl. hū þā folc mid him (with one another), fǣhðe tō-wehton, 2949.

wed, st. n., (cf. wed-ding), pledge: dat. sg. hyldo tō wedde (as a pledge of his favor), 2999.

weder, st. n., weather: acc. pl. wuldor-torhtan weder, 1137; gen. pl. wedera cealdost, 546.

ge-wef, st. n., woof, weaving: acc. pl. wīg-spēda ge-wiofu (the woof of war-speed: the battle-woof woven for weal or woe by the Walkyries; cf. Njals-saga, 158), 698.

weg, st. m., way: acc. sg. on weg (away, off), 264, 764, 845, 1431, 2097; gyf þū on weg cymest (if thou comest off safe, i.e. from the battle with Grendel's mother), 1383.--Comp.: feor-, fold-, forð-, wīd-weg.

wegan, st. v. w. acc., to bear, wear, bring, possess: subj. pres. nāh hwā sweord wege (I have none that may bear the sword), 2253; inf. nalles (sceal) eorl wegan māððum tō ge-myndum (no earl shall wear a memorial jewel), 3016; pret. ind. hē þā frætwe wæg ... ofer ȳða ful (bore the jewels over the goblet of the waves), 1208; wæl-seaxe ... þæt hē on byrnan wæg, 2705; heortan sorge wæg (bore heart's sorrow); so, 152, 1778, 1932, 2781.

ǣt-wegan = auferre, to carry off: syððan Hāma ǣt-wæg tō þǣre byrhtan byrig Brōsinga mene (since H. bore from the bright city the Brōsing-collar), 1199.

ge-wegan (O.N. wega), to fight: inf. þē hē wið þām wyrme ge-wegan sceolde, 2401.

wēl, well, adv.: 1) well: wēl bið þǣm þe ... (well for him that ...!), 186; sē þe wēl þenceð (he that well thinketh, judgeth), 289; so, 640, 1046, 1822, 1834, 1952, 2602; well, 2163, 2813.--2) very, very much: Gēat ungemetes wēl ... restan lyste (the Geat longed sorely to rest), 1793.--3) indeed, to be sure, 2571, 2856.

wela, w. m., wealth, goods, possessions: in comp. ǣr-, burg-, hord-, māððum-wela.

wēl-hwylc, indef. pron., = quivis, any you please, any (each, all): gen. pl. wēl-hwylcra wilna, 1345; w. partitive gen.: nom. sg. witena wēl-hwylc, 266;--substantively: acc. neut. wēl-hwylc, 875.

welig, adj., wealthy, rich: acc. sg. wīc-stede weligne Wǣgmundinga, 2608.

wēl-þungen, pres. part., well-thriven (in mind), mature, high-minded: nom. sg. Hygd (wǣs) swīðe geong, wīs, wēl-þungen, 1928.

wenian, w. v., to accustom, attract, honor: subj. pret. þæt ... Folcwaldan sunu ... Hengestes hēap hringum wenede (sh. honor), 1092.

be-(bi-)wenian, entertain, care for, attend: pret. sg. mæg þæs þonne of-þyncan þēoden Heaðo-beardna ... þonne hē mid fǣmnan on flet gǣð, dryht-bearn Dena duguða bi-wenede (may well displease the prince of the H.... when he with the woman goes into the hall, that a noble scion of the Danes should entertain, bear wine to, the knights, cf. 494 seqq.; or, a noble scion of the Danes should attend on her?), 2036; pret. part. nom. pl. wǣron hēr tela willum be-wenede, 1822.

wendan, w. v., to turn: pres. sg. III. him eal worold wendeð on willan (all the world turns at his will), 1740.

ge-wendan, w. acc.: l) to turn, turn round: pret. sg. wicg gewende (turned his horse), 315.--2) to turn (intrans.), change: inf. wā bið þǣm þe sceal ... frōfre ne wēnan, wihte ge-wendan (woe to him that shall have no hope, shall not change at all), 186.

on-wendan, to avert, set aside: 1) w. acc.: inf. ne mihte snotor hæleð wēan on-wendan, 191.--2) intrans.: sibb æfre ne mæg wiht on-wendan þām þe wēl þenceð (in, to, him that is well thinking friendship can not be set aside), 2602.

wer, st. m., man, hero: nom. sg. (Grendel), 105; acc. sg. wer (Bēowulf), 1269, 3174; gen. sg. on weres wæstmum (in man's form), 1353; nom. pl. weras, 216, 1223, 1234, 1441, 1651; dat. pl. werum, 1257; gen. pl. wera, 120, 994, 1732, 3001; (MS. weora), 2948.

wered, st. n., (as adj. = sweet), a sort of beer (probably without hops or such ingredients): acc. sg. scīr wered, 496.

were-feohte, f., defensive fight, fight in self-defence: dat. pl. for were-fyhtum (fere fyhtum, MS.), 457.

werðo, st. f., curse, outlawry, condemnation: acc. sg. þū in helle scealt werðo drēogan, 590.

werian, to defend, protect: w. vb., pres. sg. III. beaduscrūda ... þæt mīne brēost wereð, 453; inf. wit unc wið hron-fixas werian þōhton, 541; pres. part. w. gen. pl. wergendra tō lȳt (too few defenders), 2883; pret. ind. wæl-rēaf werede (guarded the battle-spoil), 1206; se hwīta helm hafelan werede (the shining helm protected his head), 1449; pl. hafelan weredon, 1328; pret. part. nom. pl. gē ... byrnum werede (ye ... corselet-clad), 238, 2530.

be-werian, to protect, defend: pret. pl. þæt hīe ... lēoda land-geweorc lāðum be-weredon scuccum and scinnum (that they the people's land-work from foes, from monsters and demons, might defend), 939

werig, adj., accursed, outlawed: gen. sg. wergan gāstes (Grendel), 133; (of the devil), 1748.

werod, weorod, st. n., band of men, warrior-troop: nom. sg. werod, 652; weorod, 290, 2015, 3031; acc. sg. werod, 319; dat. instr. sg. weorode, 1012, 2347; werede, 1216; gen. sg. werodes, 259; gen. pl. wereda, 2187; weoroda, 60.--Comp.: eorl-, flet-werod.

wer-þēod, st. f., people, humanity: dat. sg. ofer wer-þēode, 900.

wesan, v., to be: pres. sg. I. ic eom, 335, 407; II. þū eart, 352, 506; III. is, 256, 272, 316, 343, 375, 473, etc.; nū is þīnes mægenes blǣd āne hwīle (the prime [fame?] of thy powers lasteth now for a while), 1762; ys, 2911, 3000, 3085; pl. I. wē synt, 260, 342; II. syndon, 237, 393; III. syndon, 257, 361, 1231; synt, 364; sint, 388; subj. pres. sīe, 435, 683, etc.; sȳ, 1832, etc.; sig, 1779, etc.; imper. sg. II. wes, 269 (cf. wassail, wes

393

hǣl), 407, 1171, 1220, 1225, etc.; inf. wesan, 272, 1329, 1860, 2709, etc. The inf. wesan must sometimes be supplied: nealles Hetware hrēmge þorfton (i.e. wesan) fēðe-wīges, 2364; so, 2498, 2660, 618, 1858; pres. part. wesende, 46; dat. sg. wesendum, 1188; pret. sg. I., III. wæs, 11, 12, 18, 36, 49, 53, etc.; wæs on sunde (was a-swimming), 1619; so, 848, 850(?), 970, 981, 1293; progressive, wæs secgende (for sæde), 3029; II. wǣre, 1479, etc.; pl. wǣron, 233, 536, 544, etc.; wǣran (w. reflex, him), 2476; pret. subj. wǣre, 173, 203, 594, 946, etc.; progressive, myndgiend wǣre (for myndgie), 1106.--Contracted neg. forms: , nis = ne + is, 249, 1373, etc.; næs = ne + wæs, 134, 1300, 1922, 2193, etc. (cf. uncontracted: ne wæs, 890, 1472); nǣron = ne + wǣron, 2658; nǣre = ne + wǣre, 861, 1168. See cniht-wesende.

wēg. See wǣg.

wēn, st. f., expectation, hope: nom. sg., 735, 1874, 2324; nū is lēodum wēn orleg-hwīle (gen.) (now the people have weening of a time of strife), 2911; acc. sg. þæs ic wēn hæbbe (as I hope, expect), 383; so, þæs þe ic [wēn] hafo, 3001; wēn ic talige, 1846; dat. pl. bēga on wēnum (in expectation of both, i.e. the death and the return of Bēowulf), 2896. See or-wēna.

wēnan, w. v., to ween, expect, hope: 1) absolutely; pres. sg. I. þæs ic wēne (as I hope), 272; swā ic þē wēne tō (as I hope thou wilt: Bēowulf hopes Hrōðgār will now suffer no more pain), 1397.--2) w. gen. or acc. pres. sg. I. þonne wēne ic tō þē wyrsan ge-þinges, 525; ic þǣr heaðu-fȳres hātes wēne, 2523; III. secce ne wēneð to Gār Denum (weeneth not of contest with the Gar-Danes), 601; inf. (beorhtre bōte) wēnan (to expect, count on, a brilliant [? a lighter penalty] atonement), 157; pret. pl. þæs ne wēndon ǣr witan Scyldinga þæt ... the wise men of the Scyldings weened not of this before, that...), 779; þæt hig þæs ǣðelinges eft ne wēndon þæt hē ... sēcean cōme (that they looked not for the atheling again that he ... would come to seek ...), 1598.--3) w. acc. inf.: pret. sg. wēnde, 934.--4) w. depend. clause: pres. sg. I. wēne ic þæt..., 1185; wēn' ic þæt..., 338, 442; pret. sg. wēnde, 2330; pl. wēndon, 938, 1605.

wēpan, st. v., to weep: pret. sg. [wēop], 3152 (?).

werig, adj., weary, exhausted, w. gen.: nom. sg. sīðes wērig (weary from the journey, way-weary), 579; dat. sg. sīðes wērgum, 1795;--w. instr.: acc. pl. wundum wērge (wound-weary), 2938.--Comp.: dēað-, fyl-, gūð-wērig.

ge-werigean, w. v., to weary, exhaust: pret. part. ge-wērgad, 2853.

wērig-mōd, adj., weary-minded (animo defessus): nom. sg., 845, 1544.

wēste, adj., waste, uninhabited: acc. sg. win-sele wēstne, 2457.

wēsten, st. n., waste, wilderness: acc. sg. wēsten, 1266.

wēsten, st. f., waste, wilderness: dat. sg. on þǣre wēstenne, 2299.

weal, st. m.: 1 wall, rampart: dat. instr. sg. wealle, 786, 892, 3163; gen. sg. wealles, 2308.--2) elevated sea-shore: dat. sg. of wealle, 229; acc. pl. windige weallas, 572, 1225.--3) wall of a building: acc, sg. wið þæs recedes weal, 326; dat. sg. be wealle, 1574; hence, the inner and outer rock-walls of the dragon's lair (cf. Heyne's essay: Halle Heorot, p. 59): dat. sg., 2308, 2527, 2717, 2760, 3061, 3104; gen. sg. wealles, 2324.-- Comp.: bord-, eorð-, sǣ-, scyld-weal.

ge-wealc, st. n., rolling: acc. sg. ofer ȳða ge-wealc, 464.

ge-weald, st. n., power, might: acc. sg. on fēonda ge-weald (into the power of his foes), 809, 904; so, 1685; geweald āgan, hæbban, ā-bēodan (w. gen. of object = to present) = to have power over, 79, 655, 765, 951, 1088, 1611, 1728. See on-weald.

wealdan, st. v., to wield, govern, rule over, prevail: 1) absolutely or with depend, clause: inf. gif hē wealdan mōt (if he may prevail), 442; þǣr hē ... wealdan mōste swā him Wyrd ne ge-scrāf (if [where?] he was to prevail, as Weird had not destined for him), 2575; pres. part. waldend (God), 1694; dat. wealdende, 2330; gen. waldendes, 2293, 2858, 3110.--2) with instr. or dat.: inf. þām wǣpnum wealdan (to wield, prevail with, the weapons), 2039; Gēatum wealdan (to rule the Gēatas), 2391; þēah-hordum wealdan (to rule over, control, the treasure of rings), 2828; wæl-stōwe wealdan (to hold the field of battle), 2985; pret. sg. wēold, 465, 1058, 2380, 2596; þenden wordum wēold wine Scyldinga (while the friend of the S. ruled the G.), 30; pl. wēoldon, 2052.--3) with gen.: pres. sg. I. þenden ic wealde wīdan rīces, 1860; pres. part. wuldres wealdend(waldend), 17, 183, 1753; weard, 2514; the 'dragon is called ylda waldend, 1662; waldend fīra, 2742; sigora waldend, 2876 (designations of God); pret. sg. wēold, 703, 1771.

ge-wealdan, to wield, have power over, arrange: 1) w. acc.: pret. sg. hālig god ge-wēold wīg-sigor, 1555.--2) w. dat.: pret. cyning ge-wēold his ge-witte (the king possessed his senses), 2704.--3) w. gen.: inf. hē ne mihte nō ... wǣpna ge-wealdan, 1510.

ge-wealden, pret. part., subject, subjected: acc. pl. gedēð him swā gewealdene worolde dǣlas, 1733.

weallan, st. v.: 1) to toss, be agitated (of the sea): pres. part. nom. pl. wadu weallende (weallendu), 546, 581; nom. sg. brim weallende, 848; pret. ind. wēol, 515, 850, 1132; wēoll, 2139.--2) figuratively (of emotions), to be agitated: pres. pl. III. syððan Ingelde weallað wæl-nīðas (deadly hate thus agitates Ingeld), 2066; pres. part. weallende, 2465; pret. sg. hreðer inne wēoll (his heart was moved within him), 2114; hreðer ǣðme wēoll (his breast [the dragon's] swelled from breathing, snorting), 2594; brēost innan wēoll þēostrum ge-þoncum, 2332; so, wēoll, 2600, 2715, 2883.

weall-clif, st. n., sea-cliff: acc. sg. ofer weall-clif, 3133.

weallian, w. v., to wander, rove about: pres. part. in comp. heoro-weallende, 2782.

weard, st. m., warden, guardian; owner: nom. sg. weard Scyldinga (the Scyldings' warden of the march), 229; weard, 286, 2240; se weard, sāwele hyrde, 1742; the king is called bēah-horda weard, 922; rīces weard, 1391; folces weard, 2514; the dragon is called weard, 3061; weard un-hīore, 2414; beorges weard, 2581; acc. sg, weard, 669; (dragon), 2842; beorges weard (dragon), 2525, 3067.--Comp.: bāt-, ēðel-, gold-, hēafod-, hord-, hȳð-, land-, rēn-, sele-, yrfe-weard.

weard, st. m., possession (Dietrich in Haupt XI., 415): in comp. eorð-weard, 2335.

weard, st. f., watch, ward: acc. sg. wearde healdan, 319; wearde hēold, 305.--Comp. ǣg-weard.

weard, adj., -ward: in comp. and-, innan-, ūt-weard, 1288, etc.

weardian, w. v. w. acc.: 1) to watch, guard, keep: inf. hē his folme forlēt tō līf-wraðe, lāst weardian (Grendel left his hand behind as a life-saver, to guard his track [Kemble]), 972; pret. sg. him sīo swīðre swaðe weardade hand on Hiorte (his right hand kept guard for him in H., i.e. showed that he had been there), 2099; sg. for pl. hȳrde ic þæt þām frætwum fēower mēaras lungre gelīce last weardode (I heard that four horses, quite alike, followed in the traces of the armor), 2165.--2) to hold, possess, inhabit: pret. sg. fīfel-cynnes eard ... weardode (dwelt in the abode of the sea-fiends), 105; reced weardode un-rīm eorla (an immense number of earls held the hall), 1238; pl. þǣr wē gesunde sæl weardodon, 2076.

wearh, st. m., the accursed one; wolf: in comp. heoro-wearg, 1268.

wearn, st. f.: 1) resistance, refusal, 366.--2) warning?, resistance? See un-wearnum, 742.

weaxan, st. v., to wax, grow: pres. sg. III. oð þæt him on innan ofer-hygda dǣl weaxeð (till within him pride waxeth), 1742; inf. weaxan, 3116; pret. sg. wēox, 8.

ge-weaxan, to grow up: pret. sg. oft þæt sēo geogoð ge-wēox, 66.

ge-weaxan to, to grow to or for something: pret. sg. ne ge-wēox hē him to willan (grew not for their benefit), 1712.

wēa, w. m., woe, evil, misfortune: nom. sg., 937; acc. sg. wean, 191, 423, 1207, 1992, 2293, 2938; gen. pl. wēana, 148, 934, 1151, 1397.

wēa-lāf, st. f., wretched remnant: acc. pl. þā wēa-lāfe (the wretched remnant, i.e. Finn's almost annihilated band), 1085, 1099.

wēa-spel, st. n., woe-spell, evil tidings: dat. sg. wēa-spelle, 1316.

ge-weoldum. See ge-wild.

weorc, st. n.: 1) work, labor, deed: acc. sg., 74; (war-deed), 1657; instr. sg. weorce, 1570; dat. pl. weorcum, 2097; wordum ne (and) worcum, 1101, 1834; gen. pl. worda and worca, 289.--2) work, trouble, suffering: acc. sg. þæs gewinnes weorc (misery on account of this strife), 1722; dat. pl. adv. weorcum (with labor), 1639.--Comp.: bǣdo-, ellen-, heaðo-, niht-weorc.

ge-weorc, st. n.: 1) work, deed, labor: nom. acc. sg., 455, 1563, 1682, 2718, 2775; gen. sg. ge-weorces, 2712. Comp.: ǣr-, fyrn-, gūð-, hond-, nīð-ge-weorc.--2) fortification, rampart: in comp. land-geweorc, 939.

weorce, adj., painful, bitter: nom. sg., 1419.

weorð, st. n., precious object, valuable: dat. sg. weorðe, 2497.

weorð, adj., dear, precious: nom. sg. weorð Denum æðeling (the atheling dear to the Danes, Bēowulf), 1815; compar. nom. sg. þæt hē syððan wæs ... māðme þȳ weorðra (more honored from the jewel), 1903; cf. wyrðe.

weorðan, st. v.: 1) to become: pres. sg. III. beholen weorðeð (is concealed), 414; underne weorðeð (becomes known), 2914; so, pl. III. weorðað, 2067; wurðað, 282; inf. weorðan, 3179; wurðan, 808; pret. sg. I., III. wearð, 6, 77, 149, 409, 555, 754, 768, 819, 824, etc.; pl. wurdon, 228; subj. pret. wurde, 2732.--2) inf. to frōfre weorðan (to become a help), 1708; pret. sg. wearð hē Heaðolāfe tō hand-bonan, 460; so, wearð, 906, 1262; ne wearð Heremōd swā (i.e. to frōfre) eaforum Ecgwelan, 1710; pl. wurdon, 2204; subj. pret. sg. II. wurde, 588.--3) pret. sg. þæt hē on fylle wearð (that he came to a fall), 1545.--4) to happen, befall: inf. unc sceal weorðan ... swā unc Wyrd ge-tēoð (it shall befall us two as Fate decrees), 2527; þurh hwæt his worulde gedāl weorðan sceolde, 3069; pret. sg. þā þǣr sōna wearð ed-hwyrft eorlum (there was soon a renewal to the earls, i.e. of the former perils), 1281.

ge-weorðan: 1) to become: pret. sg. ge-wearð, 3062; pret. part. cearu wæs genīwod ge-worden (care was renewed), 1305; swā us ge-worden is, 3079.--2) to finish; complete?: inf. þæt þū ... lēte Sūð-Dene sylfe ge-weorðan gūðe wið Grendel (that thou wouldst let the S. D. put an end to their war with Grendel), 1997.--3) impersonally with acc., to agree, decide: pret. sg. þā þæs monige ge-wearð þæt ... (since many agreed that ...), 1599; pret. part. hafað þæs ge-worden wine Scyldinga, rīces hyrde, and þæt rǣd talað þæt hē ... (therefore hath it so appeared(?) advisable to the friend of the S., the guardian of the realm, and he counts it a gain that ...), 2027.

weorð-ful, adj., glorious, full of worth: nom. sg. weorð-fullost, 3100.

weorðian, w. v., to honor, adorn: pret. sg. þǣr ic ... þīne lēode weorðode weorcum (there honored I thy people by my deeds), 2097; subj. pret. (þæt hē) æt feoh-gyftum ... Dene weorðode (that he would honor the

Danes at, by, treasure-giving), 1091.

ge-weorðian, ge-wurðian, to deck, ornament: pret. part. hire syððan wæs æfter bēah-þege brēost ge-weorðod, 2177; wæpnum ge-weorðad, 250; since ge-weorðad, 1451; so, ge-wurðad, 331, 1039, 1646; wide ge-weorðad (known, honored, afar), 1960.

weorð-līce, adv., worthily, nobly: superl. weorð-līcost, 3163.

weorð-mynd, st. f. n., dignity, honor, glory: nom. sg., 65; acc. sg. geseah þā eald sweord ..., wigena weorðmynd (saw an ancient sword there, the glory of warriors), 1560; dat. instr. pl. weorð-myndum, 8; tō worð-myndum, 1187; gen. pl. weorð-mynda dǣl, 1753.

weorðung, st. f., ornament: in comp. brēost-, hām-, heorft-, hring-, wīg-weorðung.

weorod. See werod.

weorpan, st. v.: 1) to throw, cast away, w. acc.: pret. sg. wearp þā wunden-mǣl wrǣttum gebunden yrre ōretta, þǣt hit on eorðan læg (the wrathful warrior threw the ornamented sword, that it lay on the earth), 1532.--2) to throw around or about, w. instr.: pret. sg. beorges weard ... wearp wǣl-fȳre (threw death-fire around), 2583.--3) to throw upon: inf. hē hine eft ongan wǣteres (instr. gen.) weorpan (began to cast water upon him again), 2792.

for-weorpan, w. acc., to cast away, squander: subj. pret. þǣt hē gēnunga gūð-gewǣdu wrāðe for-wurpe (that he squandered uselessly the battle-weeds, i.e. gave them to the unworthy), 2873.

ofer-weorpan, to stumble: pret. sg. ofer-wearp þā ... wigena strengest, 1544.

weotian, w. v., to provide with, adjust(?): pret. part. acc. pl. wǣl-bende weotode, 1937.

be-weotian, be-witian, w. v. w. acc., to regard, observe, care for: pres. pl. III. be-witiað, 1136; pret. sg. þegn ... sē þe ... ealle be-weotede þegnes þearfe (who would attend to all the needs of a thane), 1797; draca sē þe ... hord be-weotode (the drake that guarded a treasure), 2213;--to carry out, undertake: pres. pl. III. þā ... oft be-witigað sorh-fulne sīð on segl-rāde, 1429.

wicg, st. n., steed, riding-horse: nom. sg., 1401; acc. sg. wicg, 315; dat. instr. sg. wicge, 234; on wicge, 286; acc. pl. wicg, 2175; gen. pl. wicga, 1046.

ge-widor, st. n., storm, tempest: acc. pl. lāð ge-widru (loathly weather), 1376.

wið prep. w. dat. and acc., with fundamental meanings of division and opposition: 1) w. dat., against, with (in hostile sense), from: þā wið gode wunnon, 113; āna (wan) wið eallum, 145; ymb feorh sacan, lāð wið lāðum, 440; so, 426, 439, 550, 2372, 2521, 2522, 2561, 2840, 3005; þǣt him holt-wudu ... helpan ne meahte, lind wið līge, 2342; hwæt ... sēlest wǣre wið fǣr-gryrum tō ge-fremmanne, 174; þǣt him gāst-bona gēoce gefremede wið þēod-þrēaum, 178; wið rihte wan (strove against right), 144; hæfde ... sele Hrōðgāres ge-nered wið nīðe (had saved H.'s hall from strife), 828; (him dyrne langað ...) beorn wið blōde (the hero longeth secretly contrary to his blood, i.e. H. feels a secret longing for the non-related Bēowulf), 1881; sundur ge-dǣlan līf wið līce (to sunder soul from body), 2424; strēamas wundon sund wið sande (the currents rolled the sea against the sand), 213; līg-ȳðum forborn bord wið ronde (rond, MS.) (with waves of flame burnt the shield against, as far as, the rim), 2674; holm storme wēol, won wið winde (the sea surged, wrestled with the wind), 1133; so, hiora in ānum wēoll sefa wið sorgum (in one of them surged the soul with sorrow [against?, Heyne]), 2601; þǣt hire wið healse heard grāpode (that the sharp sword bit against her neck), 1567.--2) w. acc.: a) against, towards: wan wið Hrōðgār (fought against H.), 152; wið fēonda gehwone, 294; wið wrāð werod, 319; so, 540, 1998, 2535; hine hālig god ūs on-sende wið Grendles gryre, 384; þǣt ic wið þone gūð-flogan gylp ofer-sitte (that I refrain from boastful speech against the battle-flier), 2529; ne wolde wið manna ge-hwone ... feorh-bealo feorran (would not cease his life-plotting against any of the men; or, withdraw life-bale from, etc.? or, peace would not have with any man..., mortal bale withdraw?, Kemble), 155; ic þā lēode wāt gē wið fēond gē wið frēond fǣste geworhte (towards foe and friend), 1865; hēold hēah-lufan wið hæleða brego (cherished high love towards the prince of heroes), 1955; wið ord and wið ecge ingang forstōd (prevented entrance to spear-point and sword-edge), 1550. b) against, on, upon, in: setton sīde scyldas ... wið þæs recedes weal (against the wall of the hall), 326; wið eorðan fæðm (eardodon) (in the bosom of the earth),

3050; wið earm ge-sæt (sat on, against, his arm), 750; so, stīð-mōd ge-stōd wið stēapne rond, 2567; [wið duru healle ēode] (went to the door of the hall), 389; wið Hrefna-wudu (over against, near, H.), 2926; wið his sylfes sunu setl ge-tǣhte (showed me to a seat with, near, beside, his own son), 2014. c) towards, with (of contracting parties): þæt hīe healfre ge-weald wið Eotena bearn āgan mōston (that they power over half the hall with the Eotens' sons were to possess), 1089; þenden hē wið wulf wæl rēafode (whilst with the wolf he was robbing the slain), 3028.--3) Alternately with dat. and acc., against: nū wið Grendel sceal, wið þām āglǣcan, āna gehegan þing wið þyrse, 424-426;--with, beside: ge-sæt þā wið sylfne..., mæg wið mæge, 1978-79.

wiðer-gyld, st. n., compensation: nom. sg., 2052, [proper name?].

wiðer-rǣhtes, adv., opposite, in front of, 3040.

wiðre, st. n., resistance: gen. sg. wiðres ne truwode, 2954.

wiht, st. f.: 1) wight, creature, demon: nom. sg. wiht unhǣlo (the demon of destruction, Grendel), 120; acc. sg. syllīcran wiht (the dragon), 3039.--2) thing, something, aught: nom. sg. w. negative, nē hine wiht dweleð (nor does aught check him), 1736; him wiht ne spēow (it helped him naught), 2855; acc. sg. nē him þæs wyrmes wīg for wiht dyde (nor did he count the worm's warring for aught), 2349; ne meahte ic ... wiht gewyrcan (I could not do aught ...), 1661;--w. partitive gen.: nō ... wiht swylcra searo-niða, 581;--the acc. sg. = adv. like Germ. nicht: nē hīe hūru wine-drihten wiht ne lōgon (did not blame their friendly lord aught), 863; so, ne wiht = naught, in no wise, 1084, 2602, 2858; nō wiht, 541; instr. sg. wihte (in aught, in any way), 1992; ne ... wihte (by no means), 186, 2278, 2688; wihte ne, 1515, 1996, 2465, 2924.--Comp.: ā-wiht (āht = aught), ǣl-wiht, ō-wiht.

wil-cuma, w. m., one welcome (qui gratus advenit): nom. pl. wil-cuman Denigea lēodum (welcome to the people of the Danes), 388; so, him (the lord of the Danes) wil-cuman, 394; wil-cuman Wedera lēodum (welcome to the Gēatas), 1895.

ge-wild, st. f., free-will? dat. pl. nealles mid ge-weoldum (sponte, voluntarily, Bugge), 2223.

wil-dēor (for wild-dēor), st. n., wild beast: acc. pl. wil-dēor, 1431.

wil-gesīð, st. m., chosen or willing companion: nom. pl. -ge-sīðas, 23.

wil-geofa, w. m., ready giver (= voti largitor: princely designation), joy-giver?: nom. sg. wil-geofa Wedra lēoda, 2901.

willa, w. m.: 1) will, wish, desire, sake: nom. sg. 627, 825; acc. sg. willan, 636, 1740, 2308, 2410; instr. sg. ānes willan (for the sake of one), 3078; so, 2590; dat. sg. tō willan, 1187, 1712; instr. pl. willum (according to wish), 1822; sylfes willum, 2224, 2640; gen. pl. wilna, 1345.--2) desirable thing, valuable: gen. pl. wilna, 661, 951.

willan, aux. v., will: in pres. also shall (when the future action is depend. on one's free will): pres. sg. I. wille ic ā-secgan (I will set forth, tell out), 344; so, 351, 427; ic tō sǣ wille (I will to sea), 318; wylle, 948, 2149, 2513; sg. II. þū wylt, 1853; sg. III. hē wile, 346, 446, 1050, 1182, 1833; wyle, 2865; wille, 442, 1004, 1185, 1395; ǣr hē in wille (ere he will in, i.e. go or flee into the fearful sea), 1372; wylle, 2767; pl. I. wē ... wyllað, 1819; pret. sg. I., III. wolde, 68, 154, 200, 646, 665, 739, 756, 797, 881, etc.; nō ic fram him wolde (i.e. flēotan), 543; so, swā hē hira mā wolde (i.e. ā-cwellan), 1056; pret. pl. woldon, 482, 2637, 3173; subj. pret., 2730.--Forms contracted w. negative: pres. sg. I. nelle (= ne + wille, I will not, nolo), 680, 2525(?); pret. sg. III. nolde (= ne + wolde), 792, 804, 813, 1524; w. omitted inf. þā metod nolde, 707, 968; pret. subj. nolde, 2519.

wilnian, w. v., to long for, beseech: inf. wēl bið þǣm þe mōt ... tō fæder fæðmum freoðo wilnian (well for him that may beseech protection in the Father's arms), 188.

wil-sīð, st. m., chosen journey: acc. sg. wil-sīð, 216.

ge-win, st. n.: 1) strife, struggle, enmity, conflict: acc. sg., 878; þā hīe ge-win drugon (endured strife), 799; under ȳða ge-win (under the tumult of the waves), 1470; gen. sg. þǣs ge-winnes weorc (misery for this strife), 1722.--2) suffering, oppression: nom. sg., 133, 191; acc. sg. eald ge-win, 1782.--Comp.: fyrn-, ȳð-ge-win.

wīn-ǣrn, st. n., hall of hospitality, hall, wine-hall: gen. sg. wīn-ǣrnes, 655.

wind, st. m., wind, storm: nom. sg., 547, 1375, 1908; dat. instr. sg. winde, 217; wið winde, 1133.

windan, st. v.: 1) intrans., to wind, whirl: pret. sg. wand tō wolcnum wæl-fȳra mæst, 1120.--2) w. acc., to twist, wind, curl: pret. pl. strēamas wundon sund wið sande, 212; pret. part. wunden gold (twisted, spirally-twined, gold), 1194, 3135; instr. pl. wundnum (wundum, MS.) golde, 1383.

æt-windan, to wrest one's self from, escape: pret. sg. sē þǣm fēonde æt-wand, 143.

be-windan, to wind with or round, clasp, surround, envelop (involvere): pret. sg. þē hit (the sword) mundum be-wand, 1462; pret. part. wīrum be-wunden (wound with wires) 1032; feorh ... flǣsce be-wunden (flesh-enclosed), 2425; gār ... mundum be-wunden (a spear grasped with the hands), 3023; iū-manna gold galdre be-wunden (spell-encircled gold), 3053; (āstāh ...) lēg wōpe be-wunden (uprose the flame mingled with a lament), 3147.

ge-windan, to writhe, get loose, escape: inf. wīdre ge-windan (to flee further), 764; pret. sg. on flēam ge-wand, 1002.

on-windan, to unwind, loosen: pres. sg. (þonne fæder) on-windeð wæl-rāpas, 1611.

win-dæg, st. m., day of struggle or suffering: dat. pl. on þyssum win-dagum (in these days of sorrow, i.e. of earthly existence), 1063.

wind-bland (blond), st. n., wind-roar: nom. sg., 3147.

wind-gereste, f., resting-place of the winds: acc. sg., 2457.

windig, adj., windy: acc. pl. windige (weallas, nǣssas), 572, 1359; windige weallas (wind geard weallas, MS.), 1225.

wine, st. m., friend, protector, especially the beloved ruler: nom. sg. wine Scyldinga, lēof land-fruma (Scyld), 30; wine Scyldinga (Hrōðgār), 148, 1184. As vocative: mīn wine, 2048; wine mīn, Bēowulf (Hunferð), 457, 530, 1705; acc. sg. holdne wine (Hrōðgār), 376; wine Deniga, Scyldinga, 350, 2027; dat. sg. wine Scyldinga, 170; gen. sg. wines (Bēowulf), 3097; acc. pl. wine, 21; dat. pl. Denum eallum, winum Scyldinga, 1419; gen. pl. winigea lēasum, 1665; winia bealdor, 2568.-- Comp.: frēa-, frēo-, gold-, gūð-, mǣg-wine.

wine-dryhten, st. m., (dominus amicus), friendly lord, lord and friend: acc. sg. wine-drihten, 863, 1605; wine-dryhten, 2723, 3177; dat. sg. wine-drihtne, 360.

wine-geōmor, adj., friend-mourning: nom. sg., 2240.

wine-lēas, adj., friendless: dat. sg. wine-lēasum, 2614.

wine-mǣg, st. m., dear kinsman: nom. pl. wine-māgas, 65.

ge-winna, w. m., striver, struggler, foe: comp. eald-, ealdor-gewinna.

winnan, st. v., to struggle, fight: pret. sg. III. wan āna wið eallum, 144; Grendel wan ... wið Hrōðgār, 151; holm ... won wið winde (the sea fought with the wind: cf. wan wind endi water, Heliand, 2244), 1133; II. eart þū se Bēowulf, sē þe wið Brecan wunne, 506; pl. wið gode wunnon, 113; þǣr þā graman wunnon (where the foes fought), 778.

wīn-reced, st. n., wine-hall, guest-hall, house for entertaining guests: acc. sg., 715, 994.

wīn-sele, st. m., the same, wine-hall: nom. sg., 772; dat. sg. wīn-sele, 696 (cf. Heliand Glossary, 369 [364]).

winter, st. m. n.: 1) winter: nom. sg., 1133, 1137; acc. sg. winter, 1129; gen. sg. wintres, 516.--2) year (counted by winters): acc. pl. fīftig wintru (neut.), 2210; instr. pl. wintrum, 1725, 2115, 2278; gen. pl. wintra, 147, 264, 1928, 2279, 2734, 3051.

wintre, adj., so many winters (old): in comp. syfan-wintre.

ge-wislīce, adv., certainly, undoubtedly: superl. gewislīcost, 1351.

wist, st. f., fundamental meaning = existentia, hence: 1) good condition, happiness, abundance: dat. sg. wunað hē on wiste, 1736.--2) food, subsistence, booty: dat. sg. þā wæs æfter wiste wōp up ā-hafen (a cry was then uplifted after the meal, i.e. Grendel's meal of thirty men), 128.

wist-fyllo, st. f., fulness or fill of food, rich meal: gen. sg. wist-fylle, 735.

wit, st. n., (wit), understanding: nom. sg., 590.--Comp.: fyr-, in-wit.

ge-wit, st. n.: 1) consciousness. dat. sg. ge-wēold his ge-witte, 2704.--2) heart, breast: dat. sg. fȳr unswīðor wēoll (the fire surged less strongly from the dragon's breast), 2883.

wit, pers. pron. dual of wē, we two, 535, 537, 539, 540, 544, 1187, etc. See unc, uncer.

wita, weota, w. m., counsellor, royal adviser; pl., the king's council of nobles: nom. pl. witan, 779: gen. pl. witena, 157, 266, 937 weotena, 1099.--Comp.: fyrn-, rūn-wita.

witan, pret.-pres. v., to wot, know. 1) w. depend, clause: pres. sg. I., III. wāt, 1332, 2657; ic on Higelāce wāt þæt hē ... (I know as to H., that he ...), 1831; so, god wāt on mec þæt ...(God knows of me, that ...), 2651; sg. II. þū wāst, 272; weak pret. sg. I., III. wiste, 822; wisse, 2340, 2726; pl. wiston, 799, 1605; subj. pres. I. gif ic wiste, 2520.--2) w. acc. and inf.: pres. sg. I. ic wāt, 1864.--3) w. object, predicative part, or adj.: pret. sg. III. tō þæs hē win-reced ... gearwost wisse, fǣttum fāhne, 716; so, 1310; wiste þǣm āhlǣcan hilde ge-binged, 647.--4) w. acc., to know: inf. witan, 252, 288; pret. sg. wisse, 169; wiste his fingra ge-weald on grames grāpum, 765; pl. II. wisson, 246; wiston, 181.

nāt = ne + wāt, I know not: 1) elliptically with hwylc, indef. pronoun = some or other: sceaða ic nāt hwylc.--2) w. gen. and depend. clause: nāt hē þāra gōda, þæt hē mē on-gēan slēa, 682.

ge-witan, to know, perceive: inf. þæs þe hīe gewis-līcost ge-witan meahton, 1351.

be-witian. See be-weotian.

wītig, adj., wise, sagacious: nom. sg. wītig god, 686, 1057; wītig drihten (God), 1555; wittig drihten, 1842.

ge-wittig, adj., conscious: nom. sg. 3095.

ge-wītnian, w. v., to chastise, punish: wommum gewītnad (punished with plagues), 3074.

wīc, st. n., dwelling, house: acc. sg. wīc, 822, 2590;--often in pl. because houses of nobles were complex: dat. wīcum, 1305, 1613, 3084; gen. wīca, 125, 1126.

ge-wīcan, st. v., to soften, give way, yield (here chiefly of swords): pret. sg. ge-wāc, 2578, 2630.

wīc-stede, st. m., dwelling-place: nom. sg. 2463; acc. sg. wīc-stede, 2608.

wīd, adj., wide, extended: 1) space: acc. sg. neut. ofer wīd wæter, 2474; gen. sg. wīdan rīces, 1860; acc. pl. wīde sīðas, waroðas, 878, 1966.--2) temporal: acc. sg. wīdan feorh (acc. of time), 2015; dat. sg. tō wīdan feore, 934.

wīde, adv., widely, afar, 18, 74, 79, 266, 1404, 1589, 1960, etc.; wīde cūð (widely, universally, known), 2136, 2924; so, underne wīde, 2914; wīde geond eorðan (over the whole earth, widely), 3100;--modifier of superl.: wreccena wīde mǣrost (the most famous of wanderers, exiles), 899.--Compar. wīdre, 764.

wīd-cūð, adj., widely known, very celebrated: nom. sg. neut., 1257; acc. sg. m. wīd-cūðne man (Bēowulf), 1490; wīd-cūðne wēan, 1992; wīd-cūðes (Hrōðgār), 1043.

wīde-ferhð, st. m. n., (long life), great length of time: acc. sg. as acc. of time: wīde-ferhð (down to distant times, always), 703, 938; ealne wīde-ferhð, 1223.

wīd-floga, w. m., wide-flier (of the dragon): nom. sg., 2831; acc. sg. wīd-flogan, 2347.

wīd-scofen, pret. part., wide-spread? causing fear far and wide? 937.

wīd-weg, st. m., wide way, long journey: acc. pl. wīd-wegas, 841, 1705.

wīf, st. n., woman, lady, wife: nom. sg. frēo-līc wīf (Queen Wealhþēow), 616; wīf un-hȳre (Grendel's mother), 2121; acc. sg. drihtlīce wīf (Finn's wife), 1159; instr. sg. mid þȳ wīfe (Hrōðgār's daughter, Frēawaru), 2029; dat. sg. þām wīfe (Wealhþēow), 640; gen. sg. wīfes (as opposed to man), 1285; gen. pl. wera and wīfa, 994.--Comp.: āglǣc-, mere-wīf.

wīf-lufe, w. f., wife-love, love for a wife, woman's love: nom. pl. wīf-lufan, 2066.

wīg, st. m.: 1) war, battle: nom. sg., 23, 1081, 2317, 2873; acc. sg., 686,

1084, 1248; dat. sg. wīge, wigge, 1338, 2630, 1657, 1771; as instr., 1085; ; gen. sg. wīges, 65, 887, 1269.--2) valor, warlike prowess: nom. sg. wæs his mōd-sefa manegum ge-cȳðed, wīg and wīsdōm, 350; wīg, 1043; wīg ... eafoð and ellen, 2349; gen. sg. wīges, 2324.--Comp. fēðe-wīg.

wiga, w. m., warrior, fighter: nom. sg., 630; dat. pl. wigum, 2396; gen. pl. wigena, 1544, 1560, 3116.--Comp.: æsc-, byrn-, gār-, gūð-, lind-, rand-, scyld-wiga.

wīgan, st. v., to fight: pres. sg. III. wīgeð, 600; inf., 2510.

wīgend, pres. part., fighter, warrior: nom. sg., 3100; nom. pl. wīgend, 1126, 1815, 3145; acc. pl. wīgend, 3025; gen. pl. wīgendra, 429, 900, 1973, 2338.--Comp. gārwīgend.

wīg-bealu, st. n., war-bale, evil contest: acc. sg., 2047.

wīg-bil, st. n., war-bill, battle-sword: nom. sg., 1608.

wīg-bord, st. n., war-board or shield: acc. sg., 2340.

wīg-cræft, st. m., war-power: acc. sg., 2954.

wīg-cræftig, adj., vigorous in fight, strong in war: acc. sg. wīg-cræftigne (of the sword Hrunting), 1812.

wīg-freca, w. m., war-wolf, war-hero: acc. sg. wīg-frecan, 2497; nom. pl. wīg-frecan, 1213.

wīg-fruma, w. m., war-chief or king: nom. sg., 665; acc. sg. wīg-fruman, 2262.

wīg-geatwe, st. f. pl., war-ornaments, war-gear: dat. pl. on wīg-geatwum (-getawum, MS.), 368.

wīg-ge-weorðad, pret. part., war-honored, distinguished in war, 1784? See Note.

wīg-gryre, st. m., war-horror or terror: nom. sg., 1285.

wīg-hete, st. m., war-hate, hostility: nom. sg., 2121.

wīg-heafola, w. m., war head-piece, helmet: acc. sg. wīg-heafolan, 2662.--Leo.

wīg-hēap, st. m., war-band: nom sg., 447.

wīg-hryre, st. m., war-ruin, slaughter, carnage: acc. sg., 1620.

wīg-sigor, st. m., war-victory: acc. sg., 1555.

wīg-sped, st. f.?, war-speed, success in war: gen. pl. wīg-spēda, 698.

wīg-weorðung, st. f., idol-worship, idolatry, sacrifice to idols: acc. pl. -weorðunga, 176.

wīn, st. n., wine: acc. sg., 1163, 1234; instr. wīne, 1468.

wīr, st. n., wire, spiral ornament of wire: instr. pl. wīrum, 1032; gen. pl. wīra, 2414.

wīs, adj., wise, experienced, discreet: nom. sg. m. wīs (in his mind, conscious), 3095; f. wīs, 1928; in w. form, se wīsa, 1401, 1699, 2330; acc. sg. þone wīsan, 1319; gen. pl. wīsra, 1414; w. gen. nom. sg. wīs wordcwida (wise of speech), 1846.

wīsa, w. m., guide, leader: nom. sg. werodes wīsa, 259.--Comp.: brim-, here-, hilde-wīsa.

wīscte. See wȳscan.

wīs-dōm, st. m., wisdom, experience: nom. sg., 350; instr. sg. wīs-dōme, 1960.

wīse, w. f., fashion, wise, custom: acc. sg. (instr.) ealde wīsan (after ancient custom), 1866.

wīs-fæst, adj., wise, sagacious (sapientiā firmus): nom. sg. f., 627.

wīs-hycgende, pres. part. wise-thinking, wise, 2717.

wīsian, w. v., to guide or lead to, direct, point out: 1) w. acc.: inf. hēan wong wīsian, 2410; pret. sg. secg wīsade land-gemyrcu, 208.--2) w. dat.: pres. sg. I. ic ēow wīsige (I shall guide you), 292, 3104; pret. sg. sē þǣm heaðo-rincum hider wīsade, 370; sōna him sele-þegn ... forð wīsade (the hall-thane led him thither forthwith, i.e. to his couch), 1796; stīg wīsode gumum ǣt-gǣdere, 320; so, 1664.--3) w. prep.?: pret. sg. þā secg wīsode under Heorotes hrōf (when the warrior showed them the way under Heorot's roof, [but under H.'s hrōf depends rather on snyredon ǣtsomne]), 402.

wītan, st. v., properly to look at; to look at with censure, to blame, reproach, accuse, w. dat. of pers. and acc. of thing: inf. for-þām mē wītan ne þearf waldend fīra morðor-bealo māga, 2742.

ǣt-wītan, to blame, censure (cf. 'twit), w. acc. of thing: pret. pl. ǣt-witon wēana dǣl, 1151.

ge-wītan, properly spectare aliquo; to go (most general verb of motion): 1) with inf. after verbs of motion: pret. sg. þanon eft ge-wāt ... tō hām faran, 123; so, 2570; pl. þanon eft gewiton ... mēarum rīdan, 854. Sometimes with reflex, dat.: pres. sg. him þā Scyld ge-wāt ... fēran on frēan wǣre, 26; gewāt him ... rīdan, 234; so, 1964; pl. ge-witon, 301.--2) associated with general infinitives of motion and aim: imper. pl. ge-wītað forð beran wǣpen and gewǣdu, 291; pret. sg. ge-wāt þā nēosian hēan hūses, 115; hē þā fāg ge-wāt ... man-drēam flēon, 1264; nyðer eft gewāt dennes nīosian, 3045; so, 1275, 2402, 2820. So, with reflex, dat.: him eft gewāt ... hāmes nīosan, 2388; so, 2950; pl. ge-witon, 1126.--3) without inf. and with prep, or adv.: pres. sg. III. þǣr firgen-strēam under nǣssa genipu niðer ge-wīteð, 1361; ge-wīteð on sealman, 2461; inf. on flōdes ǣht feor ge-wītan, 42; pret. sg. ge-wāt, 217; him ge-wāt, 1237, 1904; of līfe, ealdre ge-wāt (died), 2472, 2625; fyrst forð ge-wāt (time went on), 210; him ge-wāt ūt of healle, 663; ge-wāt him hām, 1602; pret. part. dat. sg. mē forð-ge-witenum (me defuncto, I dead), 1480.

oð-wītan, to blame, censure, reproach: inf. ne þorfte him þā lēan oð-wītan mon on middan-gearde, 2997.

wlanc, wlonc, adj., proud, exulting: nom. sg. wlanc, 341; w. instr. ǣse wlanc (proud of, exulting in, her prey, meal), 1333; wlonc, 331; w. gen. māðm-ǣhta wlonc (proud of the treasures), 2834; gen. sg. wlonces, 2954.--Comp. gold-wlanc.

wlātian, w. v., to look or gaze out, forth: pret. sg. sē þe ǣr ... feor wlātode, 1917.

wlenco, st. f., pride, heroism: dat. sg. wlenco, 338, 1207; wlence, 508.

wlite, st. m. form, noble form, look, beauty: nom. sg., 250.

wlite-beorht, adj., beauteous, brilliant in aspect: acc. sg. wlite-beorhtne wang, 93.

wlite-sēon, st. n. f., sight, spectacle: acc. sg., 1651.

wlitig, adj., beautiful, glorious, fair in form: acc. sg. wlitig (sweord), 1663.

wlītan, st. v., to see, look, gaze: pret. sg. hē ǣfter recede wlāt (looked along the hall), 1573; pret. pl. on holm wliton (looked on the sea), 1593; wlitan on Wīglāf, 2853.

geond-wlītan, w. acc., to examine, look through, scan: inf. wrǣte giond-wlītan, 2772.

wōh-bogen, pret. part., (bent crooked), crooked, twisted: nom. sg. wyrm wōh-bogen, 2828.

wolcen, st. n. m., cloud (cf. welkin): dat. pl. under wolcnum (under the clouds, on earth), 8, 652, 715, 1771; tō wolcnum, 1120, 1375.

wollen-tēar, adj., tear-flowing, with flowing tears: nom. pl. wollen-tēare, 3033.

wom. See wam.

won. See wan.

worc. See weorc.

word, st. n.: 1) word, speech: nom. sg., 2818; acc. sg. þæt word, 655, 2047; word, 315, 341, 390, 871, 2552; instr. sg. worde, 2157; gen. sg. wordes, 2792; nom. pl. þā word, 640; word, 613; acc. pl. word (of an alliterative song), 871; instr. pl, wordum, 176, 366, 627, 875, 1101, 1173, 1194, 1319, 1812, etc.; ge-saga him wordum (tell them in words, expressly), 388. The instr. wordum accompanies biddan, þancian, be-wǣgnan, secgan, hērgan, to emphasize the verb, 176, 627, 1194, 2796, 3177; gen. pl. worda, 289, 398, 2247, 2263(?), 3031.--2) command, order: gen. sg. his wordes geweald habban (to rule, reign), 79; so, instr. pl. wordum wēold, 30.--Comp.: bēot-, gylp-, meðel-, þrȳð-word.

word-cwide, st. m., (word-utterance), speech: acc. pl. word-cwydas, 1842; dat. pl. word-cwydum, 2754; gen. pl. word-cwida, 1846.

word-gid, st. m, speech, saying: acc. sg. word-gyd, 3174.

word-hord, st. n., word-hoard, treasury of speech, mouth: acc. sg. word-hord on-lēac (unlocked his word-hoard, opened his mouth, spoke), 259.

word-riht, st. n., right speech, suitable word: gen. pl. Wīglāf maðelode word-rihta fela, 2632.

worð-mynd. See weorð-mynd.

worðig (for weorðig), st. m., palace, estate, court: acc. sg. on worðig (into the palace), 1973.

worn, st. n., multitude, number: acc. sg. worn eall (very many), 3095; wintra worn (many years), 264; þonne hē wintrum frōd worn ge-munde (when he old in years thought of their number), 2115. Used with fela to strengthen the meaning: nom. acc. sg. worn fela, 1784; hwæt þū worn fela ... spræce (how very much thou hast spoken!), 530; so, eal-fela eald-gesegena worn, 871; gen. pl. worna fela, 2004, 2543.

woruld, worold, st. f., humanity, world, earth: nom. sg. eal worold, 1739; acc. sg. in worold (wacan) (to be born, come into the world), 60; worold oflǣtan, of-gifan (die), 1184, 1682; gen. sg. worolde, 951, 1081, 1388, 1733; worulde, 2344; his worulde ge-dāl (his separation from the world, death), 3069; worolde brūcan (to enjoy life, live), 1063; worlde, 2712.

worold-ār, st. f., worldly honor or dignity: acc. sg. worold-āre, 17.

woruld-candel, st. f., world-candle, sun: nom. sg., 1966.

worold-cyning, st. m., world king, mighty king: nom. sg., 3182; gen. pl. worold-cyninga, 1685.

woruld-ende, st. m., world's end: acc. sg., 3084.

worold-rǣden, st. f., usual course, fate of the world, customary fate: dat. sg. worold-rǣdenne, 1143?

wōp, st. m., (whoop), cry of grief, lament: nom. sg., 128; acc. sg. wōp, 786; instr. sg. wōpe, 3147.

wracu, st. f., persecution, vengeance, revenge: nom. sg. wracu (MS, uncertain), 2614; acc. sg. wrǣce, 2337.--Comp.: gyrn-, nȳd-wracu.

wraðu, st. f., protection, safety: in comp. līf-wraðu.

wrāð, adj., wroth, furious, hostile: acc. sg. neut. wrāð, 319; dat. sg. wrāðum, 661, 709; gen. pl. wrāðra, 1620.

wrāðe, adv., contemptibly, disgracefully, 2873.

wrāð-līce, adv., wrathfully, hostilely (in battle), 3063.

wrāsn, st. f., circlet of gold for the head, diadem, crown: in comp. frēa-wrāsn.

wrǣc-lāst, st. m., exile-step, exile, banishment: acc. sg. wrǣc-lāstas trǣd (trod exile-steps, wandered in exile), 1353.

wrǣc-mǣcg, st. m., exile, outcast: nom. pl. wrǣc-mǣcgas, 2380.

wrǣc-sīð, st. m., exile-journey, banishment, exile, persecution: acc. sg., 2293; dat. sg. -sīðum, 338.

wrǣt, st. f., ornament, jewel: acc. pl. wrǣte (wrǣce, MS.), 2772, 3061; instr. pl. wrǣttum, 1532; gen. pl. wrǣtta, 2414.

wrǣt-līc, adj.: 1) artistic, ornamental; valuable: acc. sg. wrǣt-līcne wundur-māððum, 2174; wrǣt-līc wǣg-sweord, 1490; wīg-bord wrǣt-līc, 2340.--2) wondrous, strange: acc. sg. wrǣt-līcne wyrm [from its rings or spots?], 892; wlite-sēon wrǣt-līc, 1651.

wrǣc, st. f., persecution; hence, wretchedness, misery: nom. sg., 170; acc. sg. wrǣc, 3079.

wrecan, st. v. w. acc.: 1) to press, force: pret. part. þǣr wæs Ongenþēo ... on bīd wrecen, 2963.--2) to drive out, expel: pret. sg. ferh ellen wrǣc,

2707.--3) to wreak or utter: gid, spel wrecan (to utter words or songs); subj. pres. sg. III. hē gyd wrece, 2447; inf. wrecan spel ge-rāde, 874; word-gyd wrecan, 3174; pret. sg. gyd ǣfter wrǣc, 2155; pres. part. þǣr wæs ... gid wrecen, 1066.--4) to avenge, punish: subj. pres. þæt hē his frēond wrece, 1386; inf. wolde hire mǣg wrecan, 1340; so, 1279, 1547; pres. part. wrecend (an avenger), 1257; pret. sg. wrǣc Wedera nīð, 423; so, 1334, 1670.

ā-wrecan, to tell, recount: pret. sg. ic þis gid be þē ā-wrǣc (I have told this tale for thee), 1725; so, 2109.

for-wrecan, w. acc., to drive away, expel; carry away: inf. þȳ lǣs him ȳða þrym wudu wyn-suman for-wrecan meahte (lest the force of the waves might carry away the winsome ship), 1920; pret. sg. hē hine feor for-wrǣc ... man-cynne fram, 109.

ge-wrecan, w. acc., to avenge, wreak vengeance upon, punish: pret. sg. ge-wrǣc, 107, 2006; hē ge-wrǣc (i.e. hit, this) cealdum cear-sīðum, 2396; hē hine sylfne ge-wrǣc (avenged himself), 2876; pl. ge-wrǣcan, 2480; pret. part. ge-wrecen, 3063.

wrecca, w. m., (wretch), exile, adventurer, wandering soldier, hero: nom. sg. wrecca (Hengest), 1138; gen. pl. wreccena wīde mǣrost (Sigemund), 899.

wreoðen-hilt, adj., wreathen-hilted, with twisted hilt: nom. sg., 1699.

wridian, w. v., to flourish, spring up: pret. sg. III. wridað, 1742.

wriða, w. m., band: in comp. bēag-wriða (bracelet), 2019.

wrixl, st. n., exchange, change: instr. sg. wyrsan wrixle (in a worse way, with a worse exchange), 2970.

ge-wrixle, st. n., exchange, arrangement, bargain: nom. sg. ne wæs þæt ge-wrixle til (it was not a good arrangement, trade), 1305.

wrixlan, w. v., to exchange: inf. wordum wrixlan (to exchange words, converse), 366; 875 (tell).

wrīðan, st. v. w. acc.: 1) to bind, fasten, wreathe together: inf. ic hine (him, MS.) ... on wæl-bedde wrīðan þōhte, 965.--2) to bind up (a wounded person, a wound): pret. pl. þā wǣron monige þē his mǣg wriðon, 2983. See hand-gewriðen.

wrītan, st. v., to incise, engrave: pret. part. on þǣm (hilte) wæs ōr writen fyrn-gewinnes (on which was engraved the origin of an ancient struggle), 1689.

for-wrītan, to cut to pieces or in two: pret. sg. for-wrāt Wedra helm wyrm on middan, 2706.

wrōht, st. m. f., blame, accusation, crime; here strife, contest, hostility: nom. sg., 2288, 2474, 2914.

wudu, st. m., wood: 1) material, timber: nom. pl. wudu, 1365; hence, the wooden spear: acc. pl. wudu, 398.--2) forest, wood: acc. sg. wudu, 1417.--3) wooden ship: nom. sg. 298; acc. sg. wudu, 216, 1920.--Comp.: bǣl-, bord-, gamen-, heal-, holt-, mǣgen-, sǣ-, sund-, þrec-wudu.

wudu-rēc, st. m., wood-reek or smoke: nom. sg., 3145.

wuldor, st. n., glory: nom. sg. kyninga wuldor (God), 666; gen. sg. wuldres wealdend, 17, 183, 1753; wuldres hyrde, 932, (designations of God).

wuldor-cyning, st. m., king of glory, God. dat. sg. wuldur-cyninge, 2796

wuldor-torht, adj., glory-bright, brilliant, clear: acc. pl. wuldor-torhtan weder, 1137.

wulf, st. m., wolf: acc. sg., 3028.

wulf-hlið, st. n., wolf-slope, wolf's retreat, slope whereunder wolves house: acc. pl. wulf-hleoðu, 1359.

wund, st. f., wound: nom. sg., 2712, 2977; acc. sg. wunde, 2532, 2907; acc. sg. wunde, 2726; instr. pl. wundum, 1114, 2831, 2938.--Comp. feorh-wund.

wund, adj., wounded, sore: nom. sg., 2747; dat. sg. wundum, 2754; nom. pl. wunde, 565, 1076.

wunden-feax, adj., curly-haired (of a horse's mane): nom. sg., 1401.

wunden-heals, adj., with twisted or curved neck or prow: nom. sg. wudu wunden-hals (the ship), 298.

wunden-heorde?, curly-haired?: nom. sg. f., 3153.

wunden-mǣl, adj., damascened, etched, with wavy ornaments(?): nom. sg. neut., 1532 (of a sword).

wunden-stefna, w. m. curved prow, ship: nom. sg., 220.

wundor, st. n.: 1) wonder, wonderwork: nom. sg., 772, 1725; wundur, 3063; acc. sg. wundor, 841; wunder, 932; wundur, 2760, 3033, 3104; dat. sg. wundre, 932; instr. pl. wundrum (wondrously), 1453, 2688; gen. pl. wundra, 1608.--2) portent, monster: gen. pl. wundra, 1510.-- Comp.: hand-, nīð-, searo-wundor.

wundor-bebod, st. n., wondrous command, strange order: instr. pl. -bebodum, 1748.

wundor-dēað, st. m., wonder-death, strange death: instr. sg. wundor dēaðe, 3038.

wundor-fǣt, st. n., wonder-vat, strange vessel: dat. pl. of wundor-fatum (from wondrous vessels), 1163.

wundor-līc, adj., wonder like, remarkable: nom. sg., 1441.

wundor-māððum, st. m., wonder-jewel, wonderful treasure: acc. sg., 2174.

wundor-smið, st. m., wonder-smith, skilled smith, worker of marvellous things: gen. pl. wundor-smiða geweorc (the ancient giant's sword), 1682.

wundor-sēon, st. f., wondrous sight: gen. pl. wunder-sīona, 996.

wunian, w. v.: 1) to stand, exist, remain: pres. sg. III. þenden þǣr wunað on hēah-stede hūsa sēlest (as long as the best of houses stands there on the high place), 284; wunað hē on wiste (lives in plenty), 1736; inf. on sele wunian (to remain in the hall), 3129; pret. sg. wunode mid Finne (remained with F.), 1129.--2) w. acc. or dat., to dwell in, to inhabit, to possess: pres. sg. III. wunað wæl-reste (holds his death-bed), 2903; inf. wæter-egesan wunian scolde..., strēamas, 1261; wīcum wunian, 3084; w. prep.: pres. sg. Higelāc þǣr æt hām wunað, 1924.

ge-wunian, w. acc.: 1) to inhabit: inf. ge-[wunian], 2276.--2) to remain with, stand by: subj. pres. þæt hine on ylde eft ge-wunigen wil-ge-sīðas, 22.

wurðan. See weorðan.

wuton, v. from wītan, used as interj., let us go! up! w. inf.: wutun gangan tō (let us go to him!), 2649; uton hraðe fēran! 1391; uton nū efstan, 3102.

wylf, st. f., she-wolf: in comp. brim-wylf.

wylm, st. m., surge, surf, billow: num. sg. flōdes wylm, 1765; dat. wintres wylme (with winter's flood), 516; acc. sg. þurh wæteres wylm, 1694; acc. pl. heortan wylmas, 2508.--Comp.: brēost-, brim-, byrne-, cear-, fȳr-, heaðo-, holm-, sǣ-, sorh-wylm. See wǣlm.

wyn, st. f., pleasantness, pleasure, joy, enjoyment: acc. sg. mǣste ... worolde wynne (the highest earthly joy), 1081; eorðan wynne (earth-joy, the delightful earth), 1731; heofenes wynne (heaven's joy, the rising sun), 1802; hearpan wynne (harp-joy, the pleasant harp), 2108; þæt hē ... ge-drogen hæfde eorðan wynne (that he had had his earthly joy), 2728; dat. sg. weorod wæs on wynne, 2015; instr. pl. mægenes wynnum (in joy of strength), 1717; so, 1888.--Comp.: ēðel-, hord-, līf-, lyft-, symbel-wyn.

wyn-lēas, adj., joyless: acc. sg. wyn-lēasne wudu, 1417; wyn-lēas wīc, 822.

wyn-sum, adj., winsome, pleasant: acc. sg. wudu wyn-suman (the ship), 1920; nom. pl. word wæron wyn-sume, 613.

wyrcan, v. irreg.: 1) to do, effect, w. acc.: inf. (wundor) wyrcan, 931.--2) to make, create, w. acc.: pret. sg. þæt se æl-mihtiga eorðan worh[te], 92; swā hine (the helmet) worhte wǣpna smið, 1453.--3) to gain, win, acquire, w. gen.: subj. pres. wyrce, sē þe mōte, dōmes ǣr dēaðe, 1388.

be-wyrcan, to gird, surround: pret. pl. bronda betost wealle be-worhton, 3163.

ge-wyrcan: 1) intrans., to act, behave: inf. swā sceal geong guma gōde gewyrcean ... on fæder wine þæt ... (a young man shall so act with benefits towards his father's friends that ...), 20.--2) w. acc., to do, make, effect, perform: inf. ne meahte ic æt hilde mid Hruntinge wiht ge-wyrcan, 1661; sweorde ne meahte on þām āglǣcan ... wunde ge-wyrcean, 2907; pret. sg. ge-worhte, 636, 1579, 2713; pret. part. acc. ic þā lēode wāt ... fæste ge-worhte. 1865.--3) to make, construct: inf. (medo-ǣrn) ge-wyrcean, 69; (wīg-bord) ge-wyrcean, 2338; (hlǣw) ge-wyrcean, 2803; pret. pl. II. ge-worhton, 3097; III. ge-worhton, 3158; pret. part. ge-worht, 1697.--4) to win, acquire: pres. sg. ic mē mid Hruntinge dōm ge-wyrce, 1492.

Wyrd, st. f., Weird (one of the Norns, guide of human destiny; mostly weakened down = fate, providence): nom. sg., 455, 477, 572, 735, 1206, 2421, 2527, 2575, 2815; acc. sg. wyrd, 1057, 1234; gen. pl. wyrda, 3031. (Cf. Weird Sisters of Macbeth.)

wyrdan, w. v., to ruin, kill, destroy: pret. sg. hē tō lange lēode mine wanode and wyrde, 1338.

ā-wyrdan, w. v., to destroy, kill: pret. part.: ǣðeling monig wundum ā-wyrded, 1114.

wyrðe, adj., noble; worthy, honored, valued: acc. sg. m. wyrðne (ge-dōn) (to esteem worthy), 2186; nom. pl. wyrðe, 368; compar. nom. sg. rīces wyrðra (worthier of rule), 862.--Comp. fyrd-wyrðe. See weorð.

wyrgen, st, f., throttler [cf. sphinx], she-wolf; in comp. grund-wyrgen.

ge-wyrht, st. n., work; desert; in comp. eald-gewyrht, 2658.

wyrm, st. m., worm, dragon, drake: nom. sg., 898, 2288, 2344, 2568, 2630, 2670, 2746, 2828; acc. sg. wyrm, 887, 892, 2706, 3040, 3133; dat. sg. wyrme, 2308, 2520; gen. wyrmes, 2317, 2349, 2760, 2772, 2903; acc. pl. wyrmas, 1431.

wyrm-cyn, st. m., worm-kin, race of reptiles, dragons: gen. sg. wyrm-cynnes fela, 1426.

wyrm-fāh, adj., dragon-ornamented, snake-adorned (ornamented with figures of dragons, snakes, etc.: cf. Dietrich in Germania X., 278): nom. sg. sweord ... wreoðen-hilt and wyrm-fāh, 1699.

wyrm-hord, st. n., dragon-hoard: gen. pl. wyrm-horda, 2223.

for-wyrnan, w. v., to refuse, reject: subj. pres. II. þæt þū mē nō for-wyrne, þæt... (that thou refuse me not that...), 429; pret. sg. hē ne for-wyrnde worold-rǣdenne, 1143.

ge-wyrpan, w. v. reflex., to refresh one's self, recover: pret. sg. hē hyne ge-wyrpte, 2977.

wyrpe, st. m., change: acc. sg. ǣfter wēa-spelle wyrpe ge-fremman (after the woe-spell to bring about a change of things), 1316.

wyrsa, compar. adj., worse: acc. sg. neut. þæt wyrse, 1740; instr. sg. wyrsan wrixle, 2970; gen. sg. wyrsan geþinges, 525; nom. acc. pl. wyrsan wīg-frecan, 1213, 2497.

wyrt, st. f., [-wort], root: instr. pl. wudu wyrtum fæst, 1365.

wȳscan, w. v., to wish, desire: pret. sg. wīscte (rihde, MS.) þæs yldan (wished to delay that or for this reason, 2440, 1605(?). See Note.

Y

yfel, st n., evil: gen. pl. yfla, 2095.

yldan, w. v., to delay, put off: inf. nē þæt se āglǣca yldan þōhte, 740; weard wine-geōmor wīscte þæs yldan, þæt hē lȳtel fæc long-gestrēona brūcan mōste, 2240.

ylde, st. m. pl., men: dat. pl. yldum, 77, 706, 2118; gen. pl. ylda, 150, 606, 1662. See elde.

yldest. See eald.

yldo, st. f., age (senectus), old age: nom. sg., 1737, 1887; atol yldo, 1767; dat. sg. on ylde, 22.--2) age (ætas), time, era: gen. sg. yldo bearn, 70. See eldo.

yldra. See eald.

ylf, st. f., elf (incubus, alp): nom. pl. ylfe, 112.

ymb, prep. w. acc.: 1) local, around, about, at, upon: ymb hine (around, with, him), 399. With prep, postponed: hine ymb, 690; ymb brontne ford (around the seas, on the high sea), 568; ymb þā gif-healle (around the gift-hall, throne-hall), 839; ymb þǣs helmes hrōf (around the helm's roof, crown), 1031.--2) temporal, about, after: ymb ān-tīd ōðres dōgores (about the same time the next day), 219; ymb āne niht (after a night), 135.--3) causal, about, on account of, for, owing to: (frīnan) ymb þīnne sīð (on account of, concerning?, thy journey), 353; hwæt þū ... ymb Brecan sprǣce (hast spoken about B.), 531; so, 1596, 3174; nā ymb his līf cearað (careth not for his life), 1537; so, 450; ymb feorh sacan, 439; sundor-nytte behēold ymb aldor Dena, 669; ymb sund (about the swimming, the prize for swimming), 507.

ymbe, I. prep. w. acc. = ymb: 1) local, 2884, 3171; hlǣw oft ymbe hwearf (prep, postponed), 2297. 2) causal, 2071, 2619.--II. adv., around: him ... ymbe, 2598.

ymb-sittend, pres. part., neighbor gen. pl. ymb-sittendra, 9.

ymbe-sittend, the same: nom. pl. ymbe-sittend, 1828; gen. pl. ymbe-sittendra, 2735.

yppe, w. f., high seat, dais, throne: dat. sg. ēode ... tō yppan, 1816.

yrfe, st. n., bequest, legacy: nom. sg., 3052.

yrfe-lāf, st. f., sword left as a bequest: acc. sg. yrfe-lāfe, 1054; instr. sg. yrfe-lāfe, 1904.

yrfe-weard, st. m., heir, son: nom. sg., 2732; gen. sg. yrfe-weardes, 2454. (-as, MS.)

yrmðo, st. f., misery, shame, wretchedness: acc. sg. yrmðe, 1260, 2006.

yrre, st. n., anger, ire, excitement: acc. sg. godes yrre, 712; dat. sg, on yrre, 2093.

yrre, adj., angry, irate, furious: nom. sg. yrre ōretta (Bēowulf), 1533; þegn yrre (the same), 1576; gǣst yrre (Grendel), 2074; nom. pl. yrre, 770. See eorre.

yrringa, adv., angrily, fiercely, 1566, 2965.

yrre-mōd, adj., wrathful-minded, wild: nom. sg., 727.

ys, he is. See wesan.

Ȳ

ȳð (O.H.G. unda), st. f., wave; sea: nom. pl. ȳða, 548; acc. pl. ȳðe, 46, 1133, 1910; dat. pl. ȳðum, 210, 421, 534, 1438, 1908; ȳðum weallan (to surge with waves), 515, 2694; gen. pl. ȳða, 464, 849, 1209, 1470, 1919.--Comp: flōd-, līg-, wæter-ȳð.

ȳðan, w. v., to ravage, devastate, destroy: pret. sg. ȳðde eotena cyn, 421 (cf. īðende = depopulating, Bosworth, from AElfric's Glossary; pret. ȳðde, Wanderer, 85).

ȳðe. See ēaðe.

ȳðe-līce, adv., easily: ȳðe-līce hē eft ā-stōd (he easily arose afterwards), 1557.

ȳð-gebland, st. n., mingling or surging waters, water-tumult: nom. sg. -geblond, 1374, 1594; nom. pl. -gebland, 1621.

ȳð-gewin, st. n., strife with the sea, wave-struggle, rushing of water: dat. sg. ȳð-gewinne, 2413; gen. sg. -gewinnes, 1435.

ȳð-lād, st. f., water-journey, sea-voyage: nom. pl. ȳð-lāde, 228.

ȳð-lāf, st. f., water-leaving, what is left by the water (undarum reliquiae), shore: dat. sg. be ȳð-lāfe, 566.

ȳð-lida, w. m., wave-traverser, ship: acc. sg. ȳð-lidan, 198.

ȳð-naca, w. m., sea-boat: acc. sg. [ȳð-]nacan, 1904.

ȳð-gesēne. See ēð-gesȳne.

ȳwan, w. v. w. acc., to show: pret. sg. an-sȳn ȳwde (showed itself, appeared), 2835. See ēawan, ēowan.

ge-ȳwan, w. acc. of thing, dat. of pers., to lay before, offer: inf., 2150.

GLOSSARY TO FINNSBURH.

ābrecan, st. v., to shatter: part. his byrne ābrocen wǣre (his byrnie was shattered).

ānyman, st. v., to take, take away.

bān-helm, st. m., bone-helmet; skull, [shield, Bosw.].

buruh-þelu, st. f., castle-floor.

cēlod, part, (adj.?), keeled, i.e. boat-shaped or hollow.

dagian, w. v., to dawn: nē þis nē dagiað ēastan (this is not dawning from the east).

dēor-mōd, adj., brave in mood: dēor-mōd hæleð.

driht-gesīð, st m., companion, associate.

ēastan, adv., from the east.

eorð-būend, st. m., earth-dweller, man.

fēr, st. m. fear, terror.

fȳren, adj., flaming, afire: nom. f. swylce eal Finns-buruh fȳrenu wǣre (as if all Finnsburh were afire).

gehlyn, st. n., noise, tumult.

gellan, st. v., to sing (i.e. ring or resound): pres. sg. gylleð grǣg-hama (the gray garment [byrnie] rings); (the gray wolf yelleth?).

genesan, st. v., to survive, recover from: pret. pl. þā wīgend hyra wunda genæson (the warriors were recovering from their wounds).

gold-hladen, adj., laden with gold (wearing heavy gold ornaments).

grǣg-hama, w. m., gray garment, mail-coat; (wolf?--Brooke).

gūð-wudu, st. m., war-wood, spear.

hæg-steald, st. m., one who lives in his lord's house, a house-carl.

heaðo-geong, adj., young in war.
here-sceorp, st. n., war-dress, coat of mail.

hleoðrian, w. v., to speak, exclaim: pret. sg. hleoðrode ... cyning (the prince exclaimed).

hræw, st. n., corpse.

hrōr, adj., strong: here-sceorpum hrōr (strong [though it was] as armor, Bosw.).

lac (lað?)? for flacor, fluttering?

oncweðan, st. v., to answer: pres. sg. scyld scefte oncwyð (the shield answers the spear).

onwacnian, w. v., to awake, arouse one's self: imper. pl. onwacnigeað ..., wīgend mine (awake, my warriors!).

sceft (sceaft), st. m., spear, shaft.

sealo-brūn, adj., dusky-brown.

sige-beorn, st. m., victorious hero, valiant warrior.

swæðer (swā hwæðer), pron., which of two, which.

swān, st. m., swain, youth; warrior.

sweart, adj., swart, black.

swēt, adj., sweet: acc. m. swētne medo ... forgyldan (requite the sweet mead, i.e. repay, by prowess in battle, the bounty of their chief).

swurd-lēoma, w. m., sword-flame, flashing of swords.

þyrl, adj., pierced, cloven.

undearninga, adv., without concealment, openly.

wandrian, w. v., to fly about, hover: pret. sg. hræfn wandrode (the raven hovered).

waðol, st. m., the full moon [Grein]; [adj., wandering, Bosw.].

wæl-sliht (-sleaht), st. m., combat, deadly struggle: gen. pl. wæl-slihta gehlyn (the din of combats)

weā-dǣd, st. f., deed of woe: nom. pl. ārisað weā-dǣda.

witian (weotian), w. v., to appoint, determine: part. þē is ... witod.

wurðlīce (weorðlīce), adv., worthily, gallantly: compar. wurð-līcor.

wǣg, weg, st. m., way.

ALSO AVAILABLE FROM JIAHU BOOKS

Русланъ и Людмила — А. С. Пушкин – 9781909669000
Евгеній Онѣгинъ — А. С. Пушкин — 9781909669017
A Burmese Reader - R. F. St. Andrew St.John 9781909669086
Egils Saga (Old Norse) – 9781909669093
Canterbury Tales - Bilingual Reader – 9781909669390
And a range of Modern Scandanavian classics:
Kalevala   Kalevipoeg
Peer Gynt   Et Dukkehjem
Röda Rummet   Synnøve Solbakken
Fröken Julie-Fadren-Ett drömspel

www.ingramcontent.com/pod-product-compliance
Lightning Source LLC
Chambersburg PA
CBHW031611160426
43196CB00006B/92